绍兴禹庙大禹像及楹联（邱志荣 摄）

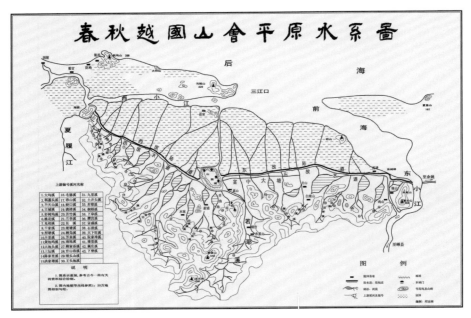

春秋越国山会平原水系图（邱志荣 绘制）

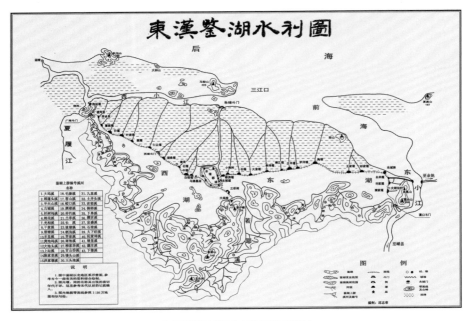

东汉鉴湖水利图（邱志荣 绘制）

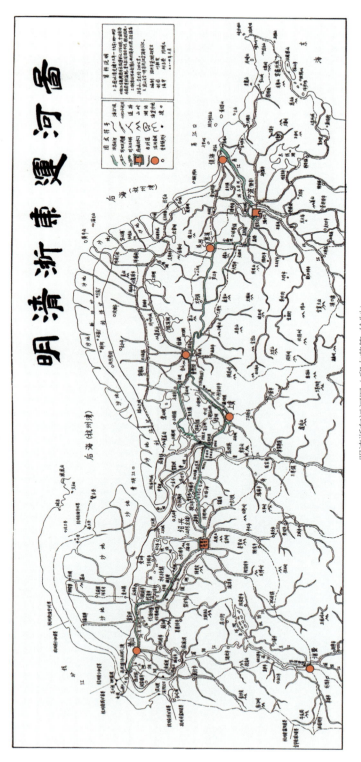

明清浙东运河图（邱志荣等 绘制）

康熙南巡进人绍兴城（摹自清代宫廷画《康熙南巡图》）

清代绍兴府与宁波府图

绍兴府城衢路图（引自《绍兴市水利志》2021年版）

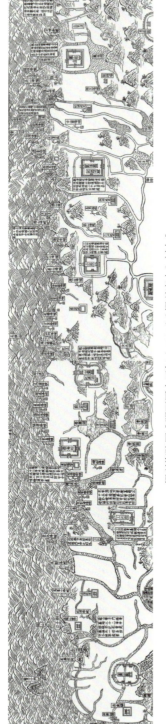

绍兴海防图［明万历十五年（1587）《绍兴府志》刻本］

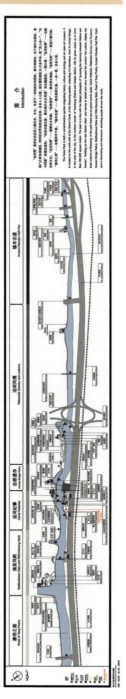

绍兴运河园图图（邱志荣等 绘制）

杭甬运河线路走向示意图

杭甬运河全线（引自《浙东运河史（上卷）》2014 年版）

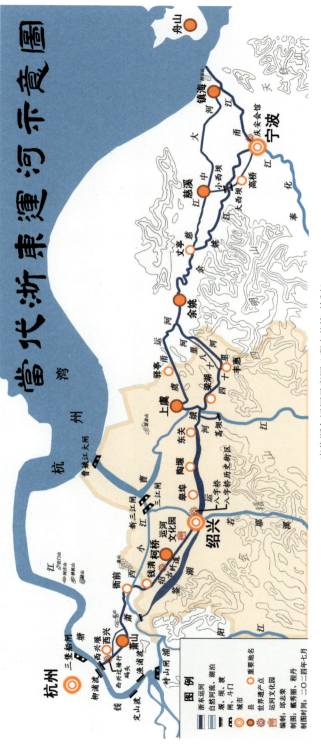

当代浙东运河示意图（邱志荣等 绘制）

杭州西兴过塘行运河（邱志荣 摄）

绍兴八字桥及八字桥历史文化街区（邱志荣 摄）

绍兴古纤道（盛建平 摄）

绍兴运河园"浪桨风帆"景区（邱志荣 摄）

宁波三江口（邱志荣 摄）

宁波庆安会馆（戴秀丽 摄）

宁波它山堰（邱志荣 摄）

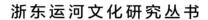

浙东运河文化研究丛书

浙东运河
简史

邱志荣　著

A Brief History of
the Zhedong Canal

ZHEJIANG UNIVERSITY PRESS
浙江大学出版社
·杭州·

图书在版编目（CIP）数据

浙东运河简史 / 邱志荣著. -- 杭州 ： 浙江大学出
版社，2024. 8. -- ISBN 978-7-308-25238-6

Ⅰ. K928.42

中国国家版本馆 CIP 数据核字第 20244WY552 号

浙东运河简史
ZHEDONG YUNHE JIANSHI

邱志荣　著

策划统筹	金更达　宋旭华
责任编辑	韦丽娟
责任校对	赵　珏
封面设计	杭州浙信文化传播有限公司
出版发行	浙江大学出版社
	（杭州市天目山路 148 号　邮政编码 310007）
	（网址：http://www.zjupress.com）
排　　版	杭州浙信文化传播有限公司
印　　刷	绍兴市越生彩印有限公司
开　　本	710mm×1000mm　1/16
插　　页	6
印　　张	35.25
字　　数	529 千
版 印 次	2024 年 8 月第 1 版　2024 年 8 月第 1 次印刷
书　　号	ISBN 978-7-308-25238-6
定　　价	168.00 元

审 图 号　浙杭 S（2024）17 号

浙江大学出版社市场运营中心电话（0571）88925591；http://zjdxcbs.tmall.com

"绍兴文化研究工程成果文库"序

　　文化是观察世界的窗口，每一种文化都有其独特的符号、价值和历史。文化是理解自身的钥匙，我们的身份认同、思维方式、行为模式等，都深深打上了文化的烙印。文化更是纵览时空的明灯，它映射着我们来时的足迹，照亮了我们前行的道路。

　　绍兴是中华文明体系中一个极具辨识度的地域样本，早在近万年前的新石器时代早中期，嵊州小黄山就有於越先民繁衍生息。华夏文明的重要奠基人尧、舜、禹等，都在绍兴留下大量的遗迹遗存和典故传说。有历史记载以来，绍兴境域和地名屡有递嬗，春秋时期为越国都城腹地，秦汉时期为会稽郡，隋唐时期称越州，南宋时取"绍奕世之宏休，兴百年之丕绪"之意改越州为绍兴，至今已沿用近千年。

　　绍兴地处长江三角洲南翼，神奇的北纬 30° 线把绍兴和世界诸多璀璨文明发源地联结在一起。绍兴有会稽山脉南北蜿蜒和浙东运河东西横贯，"从山阴道上行，山川自相映发，使人应接不暇"，"千岩竞秀，万壑争流，草木蒙笼其上，若云兴霞蔚"。基于坐陆面海的独特地理环境，越地先民以山为骨为脊，以水为脉为魂，艰苦卓绝，不断创造，形成了与自然风光交相辉映的壮丽人文景观。

　　越史数千年，可以说是一部跨越时空的文化史诗，它融合了地域特色、人文特质、时代特征，生动展现了绍兴人民孜孜不倦的热爱、追求与创造，早已渗透到了一代又一代绍兴人的血脉中。绍兴文化以先秦於越民族文化暨越国文化为辉煌起点，在与吴文化、楚文化等交流融合中，不断吐故纳新、丰富发展，逐渐形成了刚柔并济的独有特质，这在"鉴湖越台名士乡"彪炳史册的先贤们身上得到充分展现：从大禹的公而忘私、治水定邦，到勾践的卧薪尝胆、发愤图强；从王充的求真务实、破除谶纬，到谢安的高卧东山、决胜千里；从陆游的壮志未酬、诗成万首，到王阳明的知行合一、"真三不朽"；从徐渭的狂狷奇绝、"有明一人"，到张岱的心怀故国、"私史无贰"；从秋瑾的豪迈任侠、大义昭昭，到蔡元培的兼容并包、开明开放；从周恩来"面壁十年图破壁"的凌云志，到鲁迅"我以我血荐轩辕"的"民族魂"……一代代英雄豪杰无不深刻展现着绍兴鲜明的文化品格。

"稽山何巍巍，浙江水汤汤。"世纪之初，时任浙江省委书记习近平同志敏锐感知文化对经济社会发展的独特作用，强调进一步发挥浙江的人文优势，把"加快建设文化大省"纳入"八八战略"总体布局。他曾多次亲临绍兴调研文化工作，对文化基因挖掘、文化阵地打造、文化设施建设、文化队伍提升、人文经济发展等方面作出重要指示，勉励绍兴为繁荣和发展社会主义文化事业作出新的贡献。习近平总书记还在多种场合反复讲到王充、陆游、王阳明、秋瑾、蔡元培、鲁迅等绍兴文化名人，征引诗文、阐发思想，其言谆谆，其意殷殷。这些年来，绍兴广大干部群众始终把习近平总书记的深情厚爱牢记于心、见效于行，努力把文化这个最深沉的动力充分激发出来，把这个绍兴最鲜明的特质充分彰显出来，把这个共富最靓丽的底色充分展示出来，不断以人文底蕴赋能经济发展，以经济发展助推文化繁荣，全力打造人文经济学绍兴范例。这种人文经济共荣共生的特质，正是这座千年古城穿越时空的独特魅力，也是其阔步前行的深层动力。

2022 年 3 月，为深入贯彻习近平总书记在哲学社会科学工作座谈会上的重要讲话精神，认真落实浙江文化研究工程实施十五周年座谈会精神，绍兴在全省率先启动绍兴市"十四五"文化研究工程，对文化历史与现状展开全面、系统、有序的研究。一方面，借此挖掘和梳理绍兴历史文化资源，繁荣和丰富当代文化建设，规划和指导未来文化发展；另一方面，绍兴文化作为中华文化的重要组成部分，其当代的研究与传承是深入贯彻习近平文化思想的生动体现，对推动中华优秀传统文化保护传承具有重要意义。这是绍兴实施文化研究工程的初心和使命。

绍兴文化研究工程围绕"今、古、人、文"四个方面展开，出版系列图书，打造浙江文化研究工程的"绍兴样板"。在研究内容上，重点聚焦诗路文化、宋韵文化、运河文化、黄酒文化、戏曲文化等文化形态，挖掘绍兴历史文化底蕴；深入开展绍兴名人研究，解码名士之乡的文化基因；全面荟萃地方文献典籍，编纂出版《绍兴大典》，梳理绍兴千年文脉传承；系统展示古城精彩蝶变，解读人文经济绍兴实践。在研究力量上，通过建设特色研究平台、加强市内外院校与研究机构合作、公开邀约全国顶尖学者参与等方式，形成内外联动的整体合力，进一步提升研究层次和学术影响。

2023 年 9 月，习近平总书记再次亲临浙江考察，对浙江提出"要在建设中华民族现代文明上积极探索"的新要求，赋予绍兴"谱写新时代胆剑篇"的新使命。站在新的历史起点上，我们期待，通过深化绍兴文化研究工程，进一步擦亮历史文化名城和"东亚文化之都"的金名片，通过集结文化研究成果，进一步夯实赓续历史文脉、推进文化创造性转化和创新性发展的坚实根基。我们坚信，在习近平文化思想的指引下，坚持历史为根、文化为魂，必将能够更好扛起新的文化使命，打造更多中华民族现代文明建设的标志性成果，创造新时代绍兴文化新的高峰。

是为序。

中共绍兴市委书记　施惠芳

2024 年 8 月

"浙东运河文化研究丛书"序

　　四十余年的水利史、运河史及相关研究厚积薄发，多学科的学者合力推出了"浙东运河文化研究丛书"十卷本，将水利史、运河史研究扩展到水文化、运河文化研究领域，绍兴文化界迎来了又一个丰收季。丛书即将出版，主编嘱我作序。绍兴本就是蕴含深厚历史文化传统的城市，如今重点组织完成一套围绕浙东运河的包括历史、文化、地理、水利等多方面的研究成果，本是顺理成章的事，不需要他人多语。但是绍兴市领导为这个项目的启动和完成注入精力颇多，诸位作者付出了诸多心血和努力，所取得的成绩令人鼓舞，因此必须表示祝贺！并附带着对水文化研究的意义以及水历史与水文化的关系，谈点个人的看法，以就教于方家。

　　历史上的水文化研究蔚为大观。黄河流域的龙山文化、二里头文化，附属于长江流域的三星堆文化、河姆渡文化等，大都保有水文化的内容。当然考古学所揭示出来的物质创造和生产力水平，远落后于当今社会的计算机技术、航天工程所代表的物质进步和科技水平。但由于时代久远，这些远逝的物质成果和精神创造，都已演变成为一种文化符号。可见，文化概念是和历史密切相关的，如都江堰、大运河已被列为世界文化遗产，它们既是文化的物质载体，也是历史文化。进入春秋战国时期，老子、孔子、管子、荀子等先祖，对水的物质性和社会性也有许多深刻的阐释。《管子·水地》揭示了水的物质性，认为水是造就地球、构成生物的基本物质："水者何也？万物之本原也，诸生之宗室也"，"万物莫不以生"。在水的精神文化方面，大师们也都有生动的阐释。例如《荀子·宥坐》记载了孔子和弟子子贡之间的对话，这些对话颇为生动有趣。子贡问孔子：您为什么遇见大水都要停下来仔细观察呢？孔子答曰：你看，水滋养着万种生物，似德；水始终遵循着向低处流的道理，似义；水浩浩荡荡无穷无尽，似道；水跌落万丈悬崖而不恐惧，似勇；水无论居于何种容器，表面都是平的，似法；水满不必用"概"而自然平整，似正；水能深入细小孔隙，似察；水能使万物清洁，似善化；河水虽经过万种曲折，必流向东，似志。因此君子见到大水必然要停下来仔细观察。孔子阐述了对水文化的认知，他说水性，又从水性中提炼出人性和社会性，以及其中蕴含的哲理，展示水文化的美丽、丰富、生动和深刻。类似的认识不胜枚举，这里仅举此例。

近代以来，文科和理科相互融通的理念颇受推崇，许多著名学者纷纷倡导。祖籍绍兴的北大校长蔡元培在1918年前后曾多次在文章中提倡文理融通的理念。他曾力主"破学生专己守残之陋见"，要求学生"融通文、理两科之界限：习文科各门者，不可不兼习理科中之某种（如习史学者，兼习地质学；习哲学者，兼习生物学之类）；习理科者，不可不兼习文科之某种（如哲学史、文明史之类）"。他还指出："治自然科学者，局守一门，而不肯稍涉哲学，而不知哲学即科学之归宿，其中如自然哲学一部，尤为科学家所需要。"他坚信文理融通可以生发新思考和新认识。今时今日，融通的理念更应成为学术界的共识。近现代科学巨匠爱因斯坦也曾致力于科学与人文的相互融通。1931年，他在对加州理工学院学生的演讲中提出："如果你们想使你们一生的工作有益于人类，那么，你们只懂得应用科学本身是不够的。关心人的本身，应当始终成为一切技术上奋斗的主要目标。……在你们埋头于图表和方程时，千万不要忘记这一点！"爱因斯坦自身贯彻实践了他科学应该服务于人文的理念。由此，视文化为政治、经济、科技的原动力，亦无不可。

文化体现出一种思维方式。

无论是东方文明还是西方文明，科学在古代都与人文处于同一体系，后来才发生分化。近百年来，西方更强调分析，而东方更强调综合。历史上的水问题，本来是在多种复杂条件下发生的，如果脱离了人文的背景，将难以获得全面的解读。历史、人文与科学相互融通，才能寻得可信的答案。以水利所属的学科为例，早前它是属于土木工程类的，后来单独分出来，再后来又分属水资源、泥沙、结构、岩土、机电等学科门类。学科门类越分越细，但各学科并非原本就是这样独立存在的，而是由于我们一时从整体上认识不了那么复杂的水问题，于是将其分解成一个个学科来研究，一个学科之中再分若干研究方向。然而细分以后，分解的各个部分就逐渐远离水利的整体，甚至妨碍对整体的理解。对学科的细分促进了认识的深入，但原本的整体被拆分后，在使用单一的、精密的分析方法去解读受多因子影响的问题时，可能得出与实际相差甚远的结论。诺贝尔奖获得者、比利时物理化学家普里高津就认为，"现代科学的新趋势已经走向一个新的综合，一个新的归纳"，他呼吁"将强调实验及定量表述的西方传统，和整合研究的自在系统的中国传统结合起来"，倡导对已有的学科门类进行整合，并要求历史和人文研究的加入。文艺复兴时期，欧洲一些思想家力求在古希腊和古罗马的优秀思想中寻找智慧。如今，我们在科学研究和方法论上是否也需要"复兴"点什么？这种"复兴"或可以使人们的认识得到某种程度的升华。

自然科学需要持有怀疑态度和批判精神，而其来源之一便是比较与融通，便是科学与人文的结合。新的学科生长点往往便生发于可以激发更多想象力的交叉领域研究。苏轼在观察庐山时说："横看成岭侧成峰，远近高低各不同。不识庐山真面目，只缘身在此山中。"大自然千姿百态，有无数个角度可以解读它，科学是一个，人文是另一个，而科学与人文的交叉融合将会使认识更加全面和丰富。既然现代基础科学在继承传统文化的过程中，依然能够推陈出新，正如数学家吴文俊和药理学家屠呦呦的工作所展现的那样，那么像水问题这样以大自然为背景、受人文因素影响更多、边界条件更复杂的学科领域，更要发挥交叉研究的优势。

古往今来，水问题的历史研究相沿不断。即使在近百年来水利科学技术突飞猛进的时代，水问题的历史研究仍不失其光辉，其本质便在于具有整合融通的优势。例如，近几十年来，水利史在着重探讨水利工程技术及其溯源研究的基础上，又加强了水利与社会相互影响的研究，其着眼点是进一步考察社会、政治、经济、文化、环境对水利的影响；同时引入相关自然科学学科如地理、气象和相关社会科学学科如哲学、经济的研究方法，以及开发相关的整合研究途径与方法，在师法古今中引申出对现实水问题，特别是宏观问题有实际价值的意见和办法。

研究水问题，水利史的加入甚至是提供了一条捷径。水利史的研究在大型工程和水利思想建设中的作用是有迹可循的。中国水利水电科学研究院水利史研究所就曾提出有说服力的成果。1989 年，《长江三峡地区大型岩崩与滑坡的历史与现状初步考察》被纳入《长江三峡地质地震专家论证文集》；1991 年提出的"灾害的双重属性"概念，被 2002 年修订的《中华人民共和国水法》所吸收；1991 年在"纪念鉴湖建成 1850 周年暨绍兴平原古代水利研讨会"上提出的"人与自然和谐发展"，被时任水利部部长认为是"破解中国水问题的核心理念"；1994 年完成的"三峡库区移民环境容量研究"项目，提出"分批外迁到环境容量相对宽裕的地区，实施开发性移民"的新方针，由长江水利委员会上报国务院三峡工程建设委员会办公室，两年后直接引起原定的长江三峡水库移民"就地后靠"方针的根本改变。2000 年以来，多项中国灌溉工程遗产的历史研究被国际组织认可，多项工程被纳入世界灌溉工程遗产名录。围绕京杭运河、隋唐运河、浙东运河全线及其重要节点的一系列成果，对中国大运河申遗起到了基础性支撑作用。这些成果是水利史基础研究长期积累的显现，其中一些成果既是水历史研究，又是水文化研究。

现代人有时轻视古人，认为他们的认知"简单"。但哪怕是"简单"的水问题，也包含了最基本的水流与建筑物间错综复杂的相互作用，以及对人与自然关系最基本的理解。这种"简单"其实是在排除了一些非基本的复杂因素的干扰后，问题本质得以更清晰地呈现，体现了大道至简、古今相通的智慧。爱因斯坦曾在 1944 年尖锐地指出："物理学的当前困难，迫使物理学家比其前辈更深入地去掌握哲学问题。"这句话不仅限于物理学范畴，实乃振聋发聩的警世恒言，提醒我们所有学科领域都应重视对历史与文化的探究。在此再一次重申："现代科学技术的发展对古老历史科学提出了新的要求，同时它又为历史研究的深入提供了新的方法和手段。科学的发展非但不应排斥历史与文化，相反地，把历史的经验和信息科学化，正是科学所要完成的重要课题。"

文化还是一种精神。

大禹治水的"禹疏九河""三过家门而不入"的佳话，铸就了中华民族艰苦奋斗的民族精神，其中蕴含的改造与顺应自然、人与自然和谐共生的思想尤为宝贵。世上许多民族有大洪水再造世界的故事流传，但只有大禹治水是讲先民在领袖带领下通过众志成城的奋斗战胜了洪水，奠定了中华大地的繁荣发展，并使得禹文化从此成为民族文化宝库中的一颗璀璨明珠。

又如都江堰飞沙堰与分水鱼嘴和宝瓶口配合，实现了自动调节内外江的分流比，既使枯水期多送水入宝瓶口，又利用凤栖窝前的弯道，强化了弯道环流，使洪水期多排沙到外江，把水力学与河流泥沙动力学原理发挥得近乎完美，可谓"乘势利导，因时制宜"哲学思想在工程实践中的生动应用，深刻诠释了人与自然和谐共生的理念。有赖科学与人文的结合，都江堰实现了运行两千多年的举世公认的卓越成就。

在水文化中，人与自然的和谐是永恒的主题。北宋时期，黄河堤防频繁决溢，治河思想因此空前活跃。苏轼在《禹之所以通水之法》一文中提出："治河之要，宜推其理，而酌之以人情。"这里的"理"，是治河的科学原理，"人情"则是社会。他认为："古者，河之侧无居民，弃其地以为水委。今也，堤之而庐民其上，所谓爱尺寸而忘千里也。"他继承了大禹的治水理念，结合宋代人居情况，建议设置滞洪区以减轻洪灾损失，极有见地。

重视水历史和水文化研究不是一时兴起，它就是中华文化的重要组成部分。在水利科学技术迅猛发展的今天，传统水利工程技术已经陈旧，但随着时代的发展，人们越来越清楚地看到，水利的成败得失不仅取决于对水的运动规律的认知和水利设施安全的保障，也直接受到诸多社会因素的影响。离开广阔而深刻的人文、历史背景来孤立地就水利谈水利是片面的。甚至可以认为，对许多水问题的解答，只靠自然科学是无能为力的，急需人文学科的参与。我们在五千年文明史中积累的许多经验和教训，都来自传统文化。因此，面对水问题，我们需要跨学科的综合视角，将自然科学与人文科学紧密结合。如果我们只寄希望于人为设计的各种各样的模型，其局限性显而易见，我们必须同时向大自然学习，因为大自然才是真正的大师。

以上对水历史和水文化的认识，是我有感于本丛书的布陈表达了类似的理解而就此说点补充的话。

至于夏商周三代之后的我国早期运河工程，《史记·河渠书》就曾历数。司马迁说："此渠皆可行舟，有余则用溉浸，百姓飨其利。"此中所言也包括吴越一带的运河在内。《越绝书》具体记载的有吴国境内太湖西边的胥溪，东边围绕太湖并入长江的常州、无锡、苏州间的水路，再向南横绝钱塘江而直入山阴（即今之绍兴）。山阴再向东则有"山阴故水道"直通曹娥江，这就是本丛书重点讨论的浙东运河的前身。越国有了古代浙东运河之利，就有了向北与吴国争锋以及与诸侯争霸的资本，于是演绎了"卧薪尝胆"和"十年生聚，十年教训"的历史剧目。交通的便利更促进了本地区文化的发展。

学习文化，理解其中丰富的内涵，对研究运河的历史发展大有裨益；同时，深入钻研运河工程和运河历史，也会对其文化内涵有更深度的解读，二者相得益彰，非只注重一方可比。"浙东运河文化研究丛书"十卷本的布陈涵盖了运河史、文化遗存、运河生态廊道、通江达海交通衔接与文化传播、名人行迹、历代文学与诗歌、名城与名镇、民俗与民风、传统产业继承与发扬等诸方面。丛书在以往研究基础上吸纳了最新的研究成果，通过近年来对史料的进一步挖掘和多视角的解读，以及对文化遗存的新发现，还原了浙东运河历史文化的诸多细节，将浙东运河与中国大运河的相关性、独特性及其在中国历史中的地位更为生动地呈现了出来，诠释了主流学界对文化的定义，即文化是"人类知识、信仰和行为的整体。在这一定义上，文化包括语言、思想、信仰、风俗习惯、禁忌、法规、制度、工具、技术、艺术品、礼仪、仪式及其他有关成分"（《不列颠百科全书》国际中文版）。由此也可见本丛书的内容丰富和意义深远。

丛书作者们通过努力完成了一项创新性的工作，促进了水利史尤其是运河史和运河文化研究的进一步成长。由此继之，也期待浙东运河与文化交叉研究的再深入，产出更多的优秀成果，让古老的浙东运河展现出时代的风采。

谨致祝贺。

周魁一

2024 年 1 月 26 日于白浮泉畔

目　录　I　C　O　N　T　E　N　T　S

第一章
浙东山水
大势

第二章
史前水运及
大禹传说

第
三
章

越
国
时
期

第四章　秦汉六朝时期

第
五
章

隋
唐
时
期

第六章　两宋时期

第七章

明清时期

目　录　I　C　O　N　T　E　N　T　S

第八章
晚清民国
时期

第九章 中华人民共和国成立后

概　述

　　运河，是人工开凿的航运渠道，用以沟通不同的江河、湖泊、海洋，缩短通航里程，改善通航条件。中国古时把它称作"沟""渠""漕渠""运渠"等，宋朝以后才称"运河"。①

　　考古发现距今8000—7000年的萧山跨湖桥文化遗址已使用独木舟，这堪称我国迄今发现的最早而又最长的独木舟出土文物。②至于井头山遗址③、河姆渡文化遗址发现了更多的木船桨④、独木舟遗骸⑤。还发现过一处用木桩和木板构成的河埠头遗迹。这些都是古越舟楫使用久远、水运素来发达的见证。

　　"浙东"概念早在《水经注·浙江水》中已有记载："句践霸世，徙都琅邪，后为楚伐，始还浙东。"最早记载浙东运河的是东汉时期成书的《越绝书》，书中称其为"山阴故水道"，早在春秋越国便已存在，是我国最古

---

① 中国大百科全书总编辑委员会编：《中国大百科全书·交通》，中国大百科全书出版社1998年版，第611页。

② 徐峰等：《中国第一舟完整再现》，《杭州日报》2002年11月26日第3版。

③ 主要参考孙国平：《梦回远古——从河姆渡到田螺山》，《大众考古》2013年第5期。

④ 浙江省文物管理委员会：《河姆渡遗址第一期发掘报告》，《考古学报》1978年第1期；汪济英、林华东等：《浙江文物》，浙江人民出版社1987年版，第14页。

⑤ 浙江省文物考古研究所等：《浙江余姚鲻山遗址发掘简报》，《考古》2001年第10期。

老的人工运河之一。之后又称"漕渠"[①]，后又称"运道塘"[②]、"运河"[③]、"官塘"[④]、"浙东运河"等，其各段的称谓又有"西兴运河""萧绍曹运河""虞甬运河"等。主要航线：北起钱塘江南岸，经西兴镇到萧山，东南到钱清镇，再东南过绍兴城至曹娥江，过曹娥江以东至梁湖镇，东经上虞丰惠旧县城到达通明坝而与姚江汇合（全长约125千米，此段为人工运河）；之后，经余姚、宁波汇合奉化江后称为甬江，东流镇海以南入海（此段以天然河道为主，亦有部分人工改造工程）。自西兴镇到镇海全程200余千米。2014年6月22日，由京杭运河、隋唐运河、浙东运河3段组成的中国大运河，被列入《世界遗产名录》。

一、历史演变和地位

"灌溉运河或许是与农业同时开始的，比作为航运运河的发展要早得多。"[⑤]浙东运河兴建之初主要也是为农业灌溉，之后沟通和扩大了内河航运，再之后成为浙东地区对外交往的水上要道，形成浙东商贸线和海上丝绸之路。在古代，浙东运河是浙东地区最大的公益性工程，对当地水利、交通、经济社会发展起着保障作用。

（一）山阴故水道为我国最早的人工运河之一

距今4000年前后，海侵过后的山会平原仍多为湖泊沼泽和咸潮出没之地，并且形成了山会平原一系列多为南北向的自然河流。至前5世纪初，越王句践即位后，越部族的生产活动中心已从南部山区，进入山北的一系

---

① （宋）曾巩：《越州鉴湖图序》，《曾巩集》卷十三，中华书局1984年版，第205—209页。

② （宋）欧阳修、宋祁：《新唐书·地理志》第四册卷四十一，中华书局1975年版，第1060—1061页。

③ （元）脱脱等：《宋史·河渠志》第七册卷九十七，中华书局1985年版。

④ （宋）徐次铎：《复鉴湖议》，嘉泰《会稽志》卷一三，《四库全书》本。

⑤ *The Concise Columbia Encyclopedia*, Columbia University Press 1893, p.135.

列冲积扇地段。

前490年，句践在以今龙山为中心的9个孤丘，东西约5里，南北约7里的范围内，先建小城（即今绍兴城的中心），不久又在小城外建成大小城10倍的山阴大城，至此，形成越国水陆交通枢纽和政治、经济、军事和文化中心。

《越绝书》卷八载："山阴古故陆道，出东郭，随直渎阳春亭。山阴故水道，出东郭，从郡阳春亭，去县五十里。"据考证，故水道西起今绍兴城东郭门，东至今上虞区东关镇西的炼塘村，全长约25千米。[1]"山阴故水道"以北毗邻故陆道，南则为富中大塘，其作用首先是挡潮和为南部生产基地蓄水排涝，之后航运功能不断提升。

由于故水道横亘于平原南北向的自然河流之中，其人工沟通有一个过程，其连成时间必然早于越王句践建城时。这条河流应随着卷转虫海侵海退后越族人在平原活动范围的不断扩大，而逐步形成航运要道。至句践到平原建城时将其疏挖整治，形成整体，并使其更充分发挥航运、水利等综合作用。同时由于山会平原西部的开发和连通钱塘江以及与中原各地交往的需要，在山会平原西部必然也会有一条当时东西向与故水道相连的人工运河。在越王句践时期实际已形成了一条东起东小江口（后称曹娥江），过炼塘，西至绍兴城东郭门，经绍兴城沿今柯岩、湖塘一带至西小江再至固陵，全程近200里的古越人工水道。

《越绝书》卷二："百尺渎、奏江，吴以达粮。"百尺渎又称"百尺浦"。"百尺浦在县西四十里。《舆地志》云：'越王起百尺楼于浦上望海，因以为名。'今废。"[2]在今海宁市南盐官镇西南40里河庄山侧,原钱塘江北岸。[3]

---

① 盛鸿郎、邱志荣：《我国最早的人工运河之一：山阴故水道》，盛鸿郎主编：《鉴湖与绍兴水利》，中国书店1991年版。

② 咸淳《临安志》卷三六《盐官志》。

③ 《海宁州志稿》卷二《山川》："胡家山，旧名黄山，又称越（城）山，在河庄山东一里。……越王起百尺楼望海，疑即其处，故越城所由名邪。"（民国十一年版，第3页）

直到宋元之后钱塘江渐走北大门，其山已在钱塘江南岸。故百尺渎这条从吴国的苏州向南，经过吴江、平望、嘉兴、崇德，在今浙江省海宁市南盐官镇西南40里河庄山的水道和越国相通。①《越绝书》卷二又记载："吴古故水道，出平门上郭池，入渎，出巢湖，上历地，过梅亭，入杨湖，出渔浦，入大江，奏广陵。"此古故水道应自今苏州西北行，穿过漕湖，逆太伯渎与江南运河而上，再经阳湖北入古芙蓉湖，然后由利港入于长江，以达扬州。②

越国对外文化、贸易交流是以山阴故水道存在为基础和主要航线的。之后，随着浙东运河形成发展，浙东海上丝绸之路通过运河和宁波港口相连，举世闻名。

秦始皇灭六国后，为加强对东南地区的控制，注重对这一带河渠道路的整治，沟通和形成了长江和钱塘江的江南运河的基本走向，进而使得山会地区与北方航运交通更加畅达。秦始皇巡越也促进了南北航线较大规模的整治，山会航道又有了新的发展。

山阴故水道的经济、社会效益十分显著。当时越国的生产生活基地主要在山会地区东南部，也就是《越绝书》记载的故水道所经之地。以为故水道提供防洪、排涝和航运交通之便的山会平原东部的富中大塘为例③：富中大塘的建成时间应略晚于山阴故水道，北堤基本与山阴故水道平行。早期，富中大塘塘内面积为50余平方千米，有近6万亩可耕农田。富中大塘兴建后，由于水利、航运条件的改善，农业生产的重心开始由山丘向平原水网地带转移，其主要粮产区便在富中大塘。此塘也为山会平原自然环境的改造和经济、文化的发展奠定了重要基础。故水道之效益由此可见。

---

① 张承宗、李家钊：《秦始皇东巡会稽与江南运河的开凿》，《浙江月刊》1999年第6期。

② 汪波：《江南运河的形成及其演变》，陈桥驿主编：《中国运河开发史》，中华书局2008年版，第320页。

③ 陈鹏儿、沈寿江、邱志荣：《春秋绍兴水利初探》，盛鸿郎：《鉴湖与绍兴水利》，中国书店1991年版，第119页。

山阴故水道在我国航运史上有着十分重要的地位。其开挖年代应该可以基本论定，所处地理位置也十分明确，不但是越国之基础命脉，而且通过钱塘江沟通吴越两地，通过沿海码头沟通海外。因此，山阴故水道可谓我国历史上兴建年代最早，并且至今依然保存较好的人工运河之一。

（二）汉唐时期浙东运河格局基本形成

汉顺帝永和五年（140），会稽郡太守马臻纳山会平原三十六源之水，兴建了鉴湖。湖的南界是稽北丘陵，北界是人工修筑的湖堤。除去湖中岛屿，鉴湖面积约为 172.7 平方千米，正常蓄水量 2.68 亿立方米。鉴湖北堤是在原山阴故水道的基础上增高堤坝，新建和完善涵闸设施而成的，西起广陵斗门，东至蒿口斗门，全长 56.5 千米。[①] 鉴湖以西过西小江至钱塘江边的西兴渡口，沟通钱塘江航道。鉴湖向东的一条航线过白米堰、曹娥堰后到曹娥江东经上虞，至姚江可达明州；西北则为曹娥江通杭州湾航道。其向东的另一条航线至白米堰往南过蒿坝，沿曹娥江可达嵊州、天台。鉴湖是我国长江以南最古老的大型蓄水工程，建成后，水位抬高和设施完善使航运条件更为优越。从鉴湖初创至晋代，山会地区主航线即为鉴湖，自晋后至唐，西线（山阴县）的航线渐为西兴运河所取代，而东线（会稽县）鉴湖仍为主航线并延承至现代。[②]

"境绝利博，莫如鉴湖。"[③] 鉴湖的兴建，为山会地区提供了优越的水利条件，使会稽经济、社会、文化迅速发展，同时也对水利、航运等基础设施提出了新的要求。公元 300 年前后，在晋会稽内史贺循（260—319）主持下，又开凿了著名的西兴运河。"运河在府西一里，属山阴县，自会稽东流县界五十余里入萧山县，《旧经》云：晋司徒贺循临郡，凿此以溉

---

① 盛鸿郎、邱志荣：《古鉴湖新证》，盛鸿郎主编：《鉴湖与绍兴水利》，中国书店 1991 年版，第 13 页。

② 邱志荣：《上善之水·绍兴水文化》，学林出版社 2012 年版，第 69 页。

③ （宋）王十朋：《会稽风俗赋》，《王十朋全集》卷十六，上海古籍出版社 1998 年版，第 825 页。

田。"① 它自郡城西郭西经柯桥、钱清、萧山直到钱塘江边,起初称"漕渠"。因运河从萧山向北在固陵镇与钱塘江汇合,而固陵从晋代即称"西兴",故名"西兴运河"。开凿之初,首先是为了灌溉。由于运河与鉴湖堤基本平行,相距多在 5000 米之内,鉴湖的多处闸、堰都和这条运河相通,这使得鉴湖的排灌效益大为提高,又由于沟通了山会平原西部鉴湖以北的南北向河流,对调节水资源也十分有利。西兴运河东至绍兴西郭门入城,再向东,过郡城东部的都赐堰进入鉴湖,既可溯鉴湖与稽北丘陵的港埠通航,也可沿鉴湖到达曹娥江边,沟通了钱塘江和曹娥江两条河流。当然,随着这条运河的航运功能不断扩大,便成为这一地区的主航道。之后,鉴湖和运河的效益充分显现。至东晋,晋元帝面对会稽殷实繁荣的景象赞叹不已:"今之会稽,昔之关中。"②

《读史方舆纪要》载:"运河即江南河也。隋大业中将东巡会稽,乃发民开江南河,自京口至馀杭八百余里。"③ 由此可知,隋炀帝开挖江南运河的主要目的之一是"东巡会稽":既然隋炀帝要到会稽,浙东运河段肯定也要进行大规模整治。唐开元二十六年(738),从越州析出鄞县等四县为明州,明州成为一个独立的行政区域。因为浙东运河,明州有了一条较稳定的直通华东、华中、华北各地的航线,成了得天独厚的海港城市。

唐代,西兴运河的航运地位更加突出。元和十年(815),观察使孟简开运道塘,这是西兴运河南岸塘路合一的河岸工程。④ 这也是西兴运河通航和管理标准提升的重要标志。又嘉泰《会稽志》卷十:"新河在府城西北二里,唐元和十年观察使孟简所浚。"唐人李吉甫说:"凡东南东南郡邑无水不通水,故天下货利,舟楫居多。"⑤

---

① 嘉泰《会稽志》卷十。

② (唐)房玄龄等:《晋书·诸葛恢传》,中华书局 1974 年版,第 2042 页。

③ (清)顾祖禹撰,贺次君、施和金点校:《读史方舆纪要》卷八十九,中华书局 2005 年版,第 4112 页。

④ (宋)欧阳修、宋祁:《新唐书·地理志》。

⑤ (唐)李肇撰,聂清风校注:《唐国史补校注》,中华书局 2021 年版,第 294 页。

唐代浙东地区重视农田水利，据《新唐书·地理志》载：唐代会稽增修防海塘；山阴凿越王山堰，作朱储斗门，置新径斗门；上虞置任屿湖、黎湖；明州置小江湖，开西湖，增修广德湖，筑仲夏堰等。此外，还有唐大和七年（833）鄞县（今宁波市鄞州区）令王元暐兴建的位于宁波西南50余里的鄞州区鄞江桥西樟溪之上的它山堰工程。这些举措不但提高了农田灌溉能力，还为当时明州城内运河航运提供了较稳定的水源，充分反映了水利的综合效益。运河水利的兴盛对促进当地经济社会发展的作用是巨大的，唐代越州刺史元稹在长庆年间（821—824）有诗称"会稽天下本无俦，任取苏杭作辈流"[①]。

　　唐代尤其是晚唐是浙东海上丝绸之路较快发展的时期，由于鉴湖和西兴运河的交通便利，甬江和钱塘江通过浙东运河的交通运输业快速发展，越州城成为浙东航运的中心枢纽城市，不但与国内各地加强了商贸交易，又由于明州港口的发展，与日本、朝鲜及南洋等国家的商来客往更加频繁。

　　五代时期，由于陆路及内河航运受阻，沿海航线便成为吴越国通往闽广和中原各地的主要航线，北上中原的航线不仅贡赋常由此道，使者往来及贸易通商也"常泛海以至中国"，而"滨海诸州皆置博易务，与民贸易"[②]。当时的航道大致由钱塘江走浙东运河到明州，再北上，经山东半岛，登州、莱州，然后取道东西两京（今河南开封、洛阳）[③]。据记载，钱佐时"航海所入，岁贡百万"[④]，足见其海上航运贸易之盛。此外，吴越国还依靠这条沿海航线，再越海至辽东半岛，与契丹等国建立了海上交往。

（三）两宋时期浙东运河为国家级主航道

　　宋代是浙东运河的辉煌期，浙东地区经济继续快速发展。南宋是绍兴

---

① （宋）孔延之编：《会稽掇英总集》卷一，清山阴杜氏浣花宗塾刻本。

② （宋）欧阳修撰：《新五代史》卷三十《汉臣传·刘铢》，中华书局1974年版，第335页。

③ 童隆福主编：《浙江航运史·古近代部分》，人民交通出版社1993年版，第54页。

④ （宋）薛居正等撰：《旧五代史》卷一三三《世袭列传·钱佐》，中华书局1976年版，第1774页。

城市发展史上的一次飞跃，绍兴已成富庶的鱼米之乡，在全国城市中有杰出地位。建炎三年（1129），宋高宗赵构从杭州过浙东运河到越州，驻跸州治。绍兴元年（1131），赵构驻越州，升越州为绍兴府。南宋都临安，浙东运河是其通向南、北、东三条水运干道之一，绍兴、明州、台州成了临安的主要后方，也是海上丝绸之路的门户。

北宋末叶，知明州军蔡肇记载了他从杭州到明州运河沿途所见的景象："三江重复，百怪垂涎，七堰相望，万牛回首。"① 熙宁五年（1072），日本僧人成寻乘船从杭州出发，沿浙东运河经越州、曹娥，溯曹娥江而上，到剡县，又坐轿去国庆寺。回杭州后又沿江南运河经秀州、苏州、扬州去五台山。② 可见从浙东运河沿大运河河道之畅达。

至南宋，鉴湖堙废③，西兴运河及原东鉴湖为主形成的浙东运河航运地位更加突出，特别是由于宋室南渡后，"论四方之民云集两浙，百倍常时"④。南宋定都临安，政治、经济形势的巨大变化使浙东运河的重要性更加显现。这条运河成为繁华富庶的绍兴府、明州和浙东运河沿岸其他城镇的水上交通枢纽。南宋状元王十朋《会稽风俗赋》在描述浙东运河的水运状况时说："堰限江河，津通漕输。航瓯舶闽，浮鄞达吴。浪桨风帆，千艘万舻。"⑤

宋代是浙东海上丝绸之路的鼎盛期。北宋时期，明州港是当时五个对外贸易港之一，是同日本、高丽往来的主要口岸。在南宋时期，明州港是当时全国的四大港口之一。

运河航运繁盛，也对管理和整治提出更高要求。无论是中央政府还是地方政府，都高度重视对运河的整治和管理。整治里程之长，投入之多，

---

① 嘉泰《会稽志》卷十。
② ［日］成寻：《参天台五台山记》，白化文、李鼎霞校点，花山文艺出版社 2008年版。
③ （清）顾祖禹撰，贺次君、施和金点校：《读史方舆纪要》卷九十二，第 4213 页。
④ （宋）李心传：《建炎以来系年要录》卷一五八。
⑤ （宋）王十朋：《王十朋全集·文集》卷十六，第 852 页。

对管理人员要求之高在历史上都是少有的。在运河整治、管理工作中，有杰出贡献者为绍兴知府汪纲。

元代，浙东运河地位不及南宋时期，但仍是庆元港联系腹地的主要航线。庆元港是当时三大主要贸易港之一，是与日本、朝鲜贸易往来的重要口岸，元朝对其多有建设、疏浚之举。

（四）明清时期浙东运河为中国大运河的南端

明成化九年（1473），戴琥任绍兴知府，对绍兴平原河网及运河集中进行了整治。明嘉靖十五年（1536）七月，绍兴知府汤绍恩主持兴建了著名的滨海三江大闸，大闸正常泄流量可达 280 米³/ 秒。三江闸建成，山会海塘连成一线，始与后海隔绝。至此，山会平原形成了以三江闸为排蓄总枢纽的绍兴平原内河水系网。三江闸建成不但使这一地区水旱灾害锐减，还为航运、水产等创造了有利的条件。此外，明代中叶以来，浦阳江进行了人工改道，出口经临浦，过碛堰山北流至渔浦到钱塘江，西小江再不受浦阳江干扰。于是浙东运河的主要段落，即由钱塘江南岸经过绍兴到曹娥的 200 里航道，可以一直通航，不再需牵挽盘驳之劳。

明代政府对运河的整治十分重视，明嘉靖四年（1525），绍兴知府南大吉主持大规模修整府城内外运河。明弘治中（1488—1505），山阴知县李良重修，甃以石。明季湛然僧再修之，石塘宽不逾丈。至此，200 里运河堤岸多成石塘。

明万历《绍兴府志》卷七载："运河自西兴抵曹娥横亘二百余里，历三县，萧山河至钱清长五十里，东入山阴经府城至小江桥长五十五里，又东入会稽长一百里。……有风则帆，无风则牵，或击或刺，不间昼夜。"其繁盛可见一斑。

明弘治年间是中国大运河史上运河河道比较畅通的时期。弘治元年（1488），朝鲜官员崔溥在海上遇险后漂流至浙东台州沿海，上岸后由官府接待，沿运河北上抵达北京，北返归国。他在后来写的《漂海录》一书中详细记载了一路的见闻，比较完整地反映了运河的实际情况，这也是浙东运河沿途经济、社会、文化兴盛的重要史证。

根据明朝徽商黄汴编纂的《天下水陆路程》和清朝憺漪子编纂的《天下路程图引》记载，明清杭州至宁波的水路总长443里。①

清代，浙东地区经济发展，人口增长，城镇繁华，运河在当地经济社会发展中地位十分突出，运河塘路的建设标准也就更高，古纤道"白玉长堤"在此时得名。康乾盛世中，两位帝王尤重拜祭大禹，因此在乘龙舟途经浙东运河时留下了辉煌的篇章。《南巡盛典》②记载了当时为迎接乾隆帝祭禹而整治浙江海塘、浙东运河的情况，以及乾隆途经之地和其所写的诗文。

明清时期虽然政府采取了严厉的海禁政策，但政府与海外诸国的官方贸易，仍以勘合贸易、进贡为名存在。清乾隆五十五年（1790）前后，朝廷制作了大运河全图③，第二部分绘制的是从绍兴府经杭州直至京城的大运河，详细反映了运河沿途各府县周边水道、湖泊、山川、河流间沟通关联济运情形，足证浙东运河为中国大运河南起始端。

晚清时期，江南地区兵事颇盛，战火纷飞，浙东运河也呈现了战时特点。鸦片战争爆发后，清政府在英国侵略军炮舰的威逼下屈服投降。1842年，同英国先签订了丧权辱国的《南京条约》，而后又签订了《五口通商章程》。自此，宁波港作为向西方开放的口岸，浙东海上丝绸之路被纳入新的经济贸易圈中，并受到西方文明较大的影响。1904—1905年，浙江人民取得了抵制和反对法国强索绍兴内河权斗争的胜利。1908年7月，宁波人虞和德邀集同乡，并联合绍兴巨商集股创办了宁绍商轮股份有限公司，不但打破了外国航运势力和封建势力对甬沪线的垄断局面，并且在较长一段时间中和外国航运势力进行坚决斗争并最后取得重大胜利。

民国时期江浙经济发展较快，浙东运河地位显得日趋重要，全线整治

---

① 童隆福主编：《浙江航运史·古近代部分》，第131页。

② （清）高晋等纂修：《南巡盛典》，《四库全书》本。

③ 刘枫主编，全国政协文史和学习委员会编：《九省运河泉源水利情形图》，浙江古籍出版社2006年版。

也提上了议事日程。《浙东运河之重要性与整理意见》[①]为杨健时受浙江省建设厅委派，计划对浙东运河进行整治所提的意见方案。此成果系统、深入、周密，具有很强的可操作性。这样一个事关国家和民生，且已列入国家计划，上报中央政府的大运河整治工程方案，惜因日本次年挑起七七事变，中日战争全面爆发而未能实施。

抗战时期，浙东运河航运呈现出从军工运输繁重到基本瘫痪的状况。甬江口封港也使宁波港出现了短期繁荣的畸形现象。

抗战胜利后实行了接收敌伪船舶和码头设施、疏浚清理航道、抢修水利工程、整顿钱江渡口等措施，浙东运河航运尤其是民族轮船航运业得到了短暂的恢复发展。

二、工程技术和特色

浙东运河独特的工程技术产生由来已久，形成的根本原因是浙东地区自身的地理环境和人们的生活习俗，这是古代浙东人民在水利、水运上的杰出创造。有著作谓"一些很少受到物理及水平测量原理教育的人，竟然能将如此伟大的工程完成得尽善尽美，真是让人难以相信"[②]。

（一）系统的航道水位控制工程

早期的港口码头

浙东运河的最西端便是钱塘江，钱塘江是著名的潮汐河流，而运河是内河，不能直接与之相通，因此必须设置港口码头和埭以供船只停泊、阻水和交通盘驳。《越绝书》卷八记载了石塘、防坞等："浙江南路西城者，范蠡敦兵城也。其陵固可守，故谓之固陵。所以然者，以其大船军所置

---

① 杨健：《浙东运河之重要性与整理意见》，《浙江省建设月刊》第十卷，民国二十五年（1936）第三期。

② ［法］李明：《中国近事报告1687—1692》，郭强、龙云、李伟译，大象出版社2004年版。李明，法国传教士，本书第十章第三节有介绍。

也。"《水经注·浙江水》:"浙江又径固陵城北,昔范蠡筑城于浙江之滨,言可以固守,谓之固陵,今之西陵也。"一般认为固陵即萧山之越王城山,位于萧山城西偏南约1500米处。越王城山以钱塘江为天堑,易守难攻,越国以此为水军基地,此地可北通钱塘江至北岸的码头。固陵是越国第一大沿海港口,在越国钱塘江航运及对外军事、经济、文化等活动中发挥着极为重要的作用。此外,钱塘江畔还有柳浦、浦阳南津、浦阳北津等埭沟通南北两岸。

闸堰

早在2500以前建成的越国山阴故水道,在东西向运河和南北向自然河道的交汇处,已设有木制的水闸类控水工程。[①] 浙东运河是诸多的河流和湖泊连接而成的,其所穿越的钱塘江、钱清江、曹娥江、余姚江落差较大,又受潮汐影响,因此,运河通航水位必须依赖闸、堰调节。在鉴湖全盛时期,航运必须使鉴湖与外江及鉴湖以北平原航线沟通,由于鉴湖上的闸多在湖与平原河网的连接处,在水位上下差不是很大的情况下可以开闸通航。鉴湖与外江通航主要依靠堰坝,堰一般是用泥或石建砌而成,表面光滑,高程在鉴湖常水位之间。

它山堰工程

宋魏岘《四明它山水利备览》称,时筑堰,"规其高下之宜。涝则七分水入江,三分水入溪,以泄暴流;旱则七分入溪,三分入江,以供灌溉"。入溪之水,分别经南塘河、小溪港引水灌溉鄞西平原24万亩农田。南塘河又引水入宁波城南门,蓄潴日、月两湖,再经支渠脉络,进入城内,供生活、航运用水。又在南塘河上兴建乌金、积渎、行春3座泄洪闸,涝排旱蓄。它山堰"是我国建坝史上首次出现的以大块石叠砌而成的拦河滚水坝"[②]。

---

① 盛鸿郎、邱志荣:《我国最早的人工运河之一:山阴故水道》,盛鸿郎主编:《鉴湖与绍兴水利》,中国书店1991年版,第129页。

② 武汉水利电力学院、水利水电科学研究院《中国水利史稿》编写组:《中国水利史稿》中册,水利电力出版社1987年版,第36页。

北宋浙东运河所谓的"三江重复"，是指把运河分隔成多段落的钱塘江、钱清江、曹娥江三条潮汐河流，一条接一条横截运河，最后总归杭州湾；"百怪垂涎"，是指运河沿途上游山丘河流众多，蜿蜒而下，变化多端；"七堰相望"则是指西兴堰、钱清北堰、钱清南堰、都泗堰、曹娥堰、梁湖堰及通明堰接连可望；"万牛回首"指小者挽牵、大者盘驳，主要依靠牛力，老牛负重，盘旋回首，步履艰难地拖船过堰的场景。通明堰是浙东运河东部人工运河和自然河流的标志性分界点，"通明北堰在县东一十里"[①]。通明堰所处地势险要，运河与余姚江水位高差较大，船运很不便利，故嘉泰元年（1201）又置通明南堰[②]。

水则

浙东运河在绍兴平原段河湖密布，东西南北又存在一定的水位差，由于各地和不同季节对河湖的防洪、排涝、灌溉、航运有着不同的要求，因此对水位必须统一调度。南朝宋孔灵符《会稽记》称："筑塘蓄水，水高（田）丈余，田又高海丈余。若水少则泄湖灌田，如水多则闭湖泄田中水入海。"这个控制鉴湖河网水位入海的枢纽工程便是位于绍兴城正北 12.5千米的玉山斗门。玉山斗门的主要作用为挡潮和控制北部平原河网水位。

到北宋庆历中，任两浙转运使、兵部员外郎的杜杞，又根据当时水位实际，立水则于鉴湖，水则在管理调控水位上有明确有效的操作规范和制度。宛委山刻有"同定水则于稽山之下，永为民利"[③]。

明成化十二年（1476），戴琥在深入实地调查和总结历史经验的基础上创山会水则（水位尺），置于贯通山会平原诸河湖的绍兴府城内佑圣观前河中，并在观内立一块"山会水则碑"以观测水位，管理十几千米以外的玉山斗门的启闭，这可以调节整个山会平原河网高、中、低田的灌溉和航运。这是山会平原河湖网系统整治和有效管理的标志，也是绍兴水利、航运史上的一个杰出创造。这座水则一直使用到汤绍恩主持建成三江闸为

---

① 嘉泰《会稽志》卷四。
② 嘉泰《会稽志》卷四。
③ 邱志荣：《绍兴风景园林与水》，学林出版社 2008 年版，第 214 页。

止，共计 61 年。

三江闸建成后，在闸上游三江城外和绍兴府城内各立了一石制水则，自上而下刻有"金、木、水、火、土"五字以作启闭准则，按水则启闭，外御潮汐，内则涝排旱蓄，控制水位，确保航运。

（二）早期先进的木桩基础处理、木制设施应用技术

在山阴故水道建设时，越国尽可能综合利用开挖的土方建成富中大塘，沿河岸必定会有诸多的闸、堰、涵洞一类设施，这类设施中的闸应以木结构为主。

鉴湖能建各类形制的斗门、闸、堰等水门 69 所，使用木制技术在鉴湖早期的斗门、闸制作中也可得到印证。此较大规模的玉山斗门闸在宋前采用的是木结构，也可见越地木制水闸技术之高超和使用之广泛。

据考证，1987 年在绍兴县湖塘乡西跨湖桥桥北的堰下江上开挖所见的松树桩基，确定距今年代为 1670±189 年，基本可以认为是筑鉴湖时打入的桩基。在近几十年来的挖河和建桥中，都发现鉴湖塘基有木桩和泥煤。这表明在鉴湖堤上的排灌设施及一些重要地段，兴筑时都采用了以木桩先入地基的技术。[①]

（三）举世闻名的石堤、石桥营建工艺

浙东运河沿线除钱塘江、西小江、曹娥江、余姚江水位变化高差较大，内河航运水位年际变化并不大，一般在 1 米上下，河势相对稳定。运河为人工开挖，必须筑堤护河。山阴故水道建设，堤岸除涵闸设施采用部分砌石及木制外，基本为土堤。至唐代观察使孟简在山阴县西兴运河南岸建运道塘，部分路段已从泥塘改为石塘，之后运河堤岸建设标准渐趋向石塘路发展。

浙东运河航船之动力在古代或靠摇橹，或靠风帆，或依靠堤岸纤夫背

---

① 盛鸿郎、邱志荣：《古鉴湖新证》，盛鸿郎主编：《鉴湖与绍兴水利》，中国书店 1991 年版。

纤。由于摇橹费力而速度慢，且浙东地区一般风力平常，背纤便成为行船的主要方式之一。运河形成和保护要筑堤岸，背纤要有纤道，于是便形成了闻名于世的浙东运河古纤道。古纤道是古人于浙东运河上行舟背纤和躲避风浪的通道，也是我国航运技术史上的杰出创造。古纤道西起钱清，东至曹娥，全长近75千米，其主要地段位于柯桥至钱清一带的运河上。纤道可分为单面临水和双面临水两大类，根据地形和实际需要建造。

石墩纤道桥，一名"铁链桥"，位于阮社太平桥至湖塘板桥一带的运河上，有两段。"自太平桥起至板桥止，所有塘路以及玉、宝带桥，共计281洞。"①

至于运河南北行人的往返，便必须有赖于横跨运河的大中型石桥。据统计，浙东运河上多横架之桥，仅绍兴古纤道上就有这类石桥四十余座，②它们形式多样，多姿多彩，是纤道不可分割的组成部分。其中荫毓桥、融光桥、太平桥、迎恩桥、会龙桥和泾口大桥，在我国水利桥梁建筑史上具有较高的研究价值和地位。余姚的通济桥，是浙东地区跨度最大的圆拱石桥，故被誉为"浙东第一桥"。《建桥碑记》云："海舶过而风帆不解。"

浙东运河上最早有文献记载和目前可考的古桥是位于绍兴古城东缘，在越国时已存的灵汜桥。运河及沿岸石制桥梁众多，茅以升先生在《绍兴石桥·序言》中称："我国古代传统的石桥，千姿百态，几尽见于此乡。"③唐寰澄《中国科学技术史·桥梁卷》中选录桥梁最多的三个地区分别是绍兴、苏州和温州。浙东运河石桥营造技术高超，其选址、桥型设计由实地放样、打桩砌桥基础、砌桥墩安置拱架、砌拱压顶装饰保养而成。部分石桥如八字桥、广宁桥等的营造技艺为国内罕见。桥梁形式多样，形成了极为系统的技术框架，不仅数量多，营建技术科学，选料讲究，布局、选址合理，而且重要的古桥使用寿命能达千年以上。

---

① 据现存于纤道桥上的清光绪九年（1883）八月乡绅章文镇、章彩彰以及匠人毛文珍、周大宝凿刻的《重修纤道桥碑记》。
② 周燕儿：《绍兴古纤道考查记》，盛鸿郎主编：《鉴湖与绍兴水利》，第224页。
③ 陈从周、潘洪萱：《绍兴石桥》，上海科学技术出版社1996年版，第4页。

（四）卓越的航船制作能力

《越绝书》卷八载："舟室者，句践船宫也。去县五十里。"这个距离国都 25 千米、坐落在钱塘江南岸的"舟室"，即"船宫"，就是越国的造船工场。越国还有专事管理造船的船官司，有众多的造船工，他们被称为"木客""作士""楼船卒"，都是专职木工，主要建造船只。

越国各类船只的主要形制有：楼船、戈船、翼船、扁舟、方舟、舲、乘舟等。造船数量也不少。句践灭吴以后迁都琅琊，"从琅琊起观台。台周七里，以望东海，死士八千人，戈船三百艘"①。在战国后期，越国的造船业在技术和数量上，都处于领先水平。

由于古代浙东运河水运发达，舟楫之行也就成为主要交通习俗。宋代孙因有《越问·舟楫》予以生动描述和热情歌颂。②

隋代江浙一带造船业的发达，已经引起朝廷的防范和警惕。唐代为适应经济繁荣和外交贸易的需要，造船基地和船的数量增加很快。造船技术也明显进步，杭州、越州都是造船业发达之地，尤以造大船、海船闻名。

对五代时期吴越的造船业，日本学者中村新太郎说："仅从日本史书中所见，前后算来，商船往来就有十四次，而实际上恐怕还要更多。这些往来的船只，全是中国船，日本船一只也没有。而中国船中，几乎又都是吴越的船只。"③

宋元时期浙江杭州和明州等地都设有造船厂，宋时设在明州的船坊指挥，杭州的船务指挥等厢兵，其主要职责就是打造船只。④明州造船厂主要设在今姚江南岸的江心寺到江东庙一带，后来这里被称为"战船街"。在 1979 年的东门口遗址发掘中，曾发现宋元时代修船厂遗址。南宋初年，

---

① （东汉）袁康：《越绝书》卷八，《四部丛刊》本。
② 宝庆《会稽续志》卷八，清采鞠刊刻本。
③ ［日］中村新太郎：《日中两千年——人物往来与文化交流》，张柏霞译，吉林人民出版社 1980 年版，第 161 页。
④ 童隆福主编：《浙江航运史·古近代部分》，第 77 页。

"欲令两浙、江东西路各造船二百只，专充运粮使用"①。

宋代出使国外的海船许多在浙江打造，如宋神宗派使者出使高丽，命明州"造万斛船二只"②，分别为凌虚致远安济神舟和灵飞顺济神舟。当年，徐兢描写宋徽宗遣使至高丽，乘坐的是两条明州打造的神舟，谓"巍如山岳，浮动波上，锦帆鹢首，屈服蛟螭，所以晖赫皇华，震慑夷狄"③。

宋代造船技术的高超堪称全国之最。在施工管理上，宋代造船工匠已能按图纸施工；在船型上，已能打造江海两用船。宋元时期，浙江民间的造船业也相当发达，主要营造商船、客船、游船及其他民用船只，所造船只为民间船主所有。开庆《四明续志》卷六记载庆元府可征用的民船有7916艘，可见数量之巨。

宋元绍兴水上之舟，已有较高标准，较常见有画船。画船一类游船在当时已普遍使用。

明清时期，绍兴航运和用于生产、生活的舟船不断增多，质量提高了，形制也日趋完备。主要航埠船有航船、埠船、乌篷船、楼船等。

1920年以前，宁波仍是浙江最大的帆船集中地，进出港的数量很大，每年7000—8500艘次，35万—40万吨载重总量。

民国年间浙江的手工造船仍有较高水平，所造海船以宁波船型为主，内江的木船则以江山船和绍兴船为主。

三、文化风情和影响

浙东地区文化发达、沉积深厚、交流广泛，运河又起着巨大的承载和推送作用。运河文化的产生发展大致包括三部分：一是运河本地产生的文化；二是外地精英带来的先进文化以及在浙东创作的文化作品；三是通过运河拓宽了对外文化交流渠道。

① 《宋会要辑稿》食货五〇，民国北平图书馆影印本。
② （宋）张师正：《倦游杂录》，大象出版社2019年版，第50页。
③ （宋）徐兢：《宣和奉使高丽图经》卷三十四，大象出版社2019年版，第293页。

（一）文化学术承载之河

绍兴为越文化的中心，浙东运河则从其雏形山阴故水道起就一直是这里的文化滋生和传播之地。

浙东之地舜禹传说流传甚广。《水经注·渐江水》："《晋太康地记》曰：舜避丹朱于此，故以名县，百官从之，故县北有百官桥。"此便为上虞"百官"地名之来历，亦为曹娥江古名"舜江"的由来。著名传说和史书中都提到了大禹治水来到会稽，在沿运及周边区域仍流传着大禹三过家门而不入、毕功于了溪、诛杀防风氏、涂山娶妻等众多动人的传说，会稽山下也就有了历史悠久、殿宇宏壮的大禹陵。

《吴越春秋》卷七记载越王句践入臣于吴，群臣送浙江之上，越王夫人乃据船而哭，作《愁歌》。此歌是感人肺腑、生离死别的绝唱。《越绝书》卷八还记载了句践习教美女西施、郑旦的"美人宫"在东郭门外的山阴故水道边。之后，又有了西子于此采莲的传说。汉刘向《说苑·善说》是古越水文化与楚文化交流之写照。

浙东"西则迫江，东则薄海"[①]。潮起潮落，波涛汹涌，变幻莫测，令人惊颤。于是越人中产生了对海潮之神的崇拜，他们认为是神的意志主宰着这一自然现象。最著名的海潮之神当数伍子胥和文种，他们的神话故事在运河沿岸广泛传播。

运河沿岸还流传着一个凄切而优美动人的孝女曹娥为寻父投江而死的故事。后人为纪念其孝，名其所投之江为"曹娥江"。曹娥庙中亦留下了东汉学者蔡邕和杨修"绝妙好辞"的故事。

鉴湖建成后会稽的自然环境起了转折性的变化，而西兴运河的建设又使山会平原水利、社会环境更趋优越。于是越文化的神秘，会稽山的高深莫测，古鉴湖的风光无限，古水道的悠远，吸引众多的文人学者、迁客骚人沿鉴湖、西兴运河航线畅游。魏晋南北朝时期，会稽相对成了偏安之地，

---

① （东汉）袁康：《越绝书》卷四。

于是文人学士多会于此。"会稽有佳山水,名士多居之。"① 谢灵运在会稽的山水诗很有影响,开一代风气。

唐代有更多文人学士闻名来越游览,这条游览线路大致范围为从钱塘江到西兴,其中一条经西兴运河到绍兴城,另一条从鉴湖到绍兴城,或至若耶溪,或沿东鉴湖至曹娥江,经剡溪到天台山。据研究,载入《全唐诗》的来浙诗人有 278 人②,这些诗人多为唐代诗人中的杰出代表,沿途创作了大量的优秀诗篇,这条线路因此被誉为"唐诗之路"。

南宋诗人陆游家住西兴运河近处,从少壮离家到晚年家居,常泛舟运河之中,或记述事物,或歌咏风光,多有妙篇佳作。明清文人在浙东运河歌咏之作不断,明袁宏道有"钱塘艳若花,山阴芊如草"③ 句广为传诵;清齐召南有"白玉长堤路,乌篷小画船"④ 句脍炙人口。

浙东运河及沿海港口也是这一地区对外文化交流的重要承载之地。古越有四通八达的河、湖,故水道呈东西向连通,又滨海,因此越人能利用舟楫和水上航道进行航海和对外文化交流。由此对古越文化,尤其是在稻作农耕、养蚕纺织、建筑、冶炼、宗教、思想艺术等方面产生深远之影响。⑤

唐代,在中日两国交流方面成就最突出者是高僧鉴真。他不畏艰险,东渡日本,讲授佛学理论,传播博大精深的中国文化。鉴真第五次赴日,最后是从越州城出发,取道浙东运河东渡。

宋代,日本僧人成寻《参天台五台山记》不但记述了运河水道,还记

① (唐)房玄龄等:《晋书·王羲之传》卷八十,第 2098—2099 页。

② 竺岳兵:《剡溪——唐诗之路》,傅璇琮主编:《唐代文学研究(第六辑)》,广西师范大学出版社 1996 年版,第 867 页。

③ (明)袁宏道:《山阴道上》(清)嵇曾筠等修:《浙江通志》卷二百七十二,《四库全书》本。

④ (清)齐召南:《山阴》,(清)阮元、杨秉初辑:《两浙輶轩录》卷二十二,浙江古籍出版社 2012 年版,第 1545 页。

⑤ 方杰:《越国文化》,上海社会科学出版社 1998 年版,第 349 页。

载了诸多沿运山川风光、风土人情。①

明代，朝鲜人崔溥写的《漂海录》，因其对所见所闻作了多层面的实录，为研究我国明代大运河史提供了第一手资料，极有考证价值。

朱舜水（1600—1682），名之瑜，字楚玙，余姚人。这位著名的学者，东渡日本，为浙东文化传播到日本做出了巨大的努力。在他的影响下，当时日本思想界崛起了独树一帜的儒家学派——水户学派。

17世纪中叶，两次来华并在浙江杭州、绍兴、金华、兰溪、宁波传教的意大利传教士卫匡国，在向欧洲介绍中国历史文化时，称绍兴是"中国最美丽的城市"②。

冈千仞（1833—1914），日本著名汉学家。其《观光纪游》近10万字，是近代日本用汉文体著作的中国游记中最有代表性的一部。冈千仞的浙东游记主要是记录了沿浙东运河和曹娥江的行程，因此记述浙东风土人情、名胜古迹甚多，颇具史料价值。

运河沿岸不但有丰富的物质文化遗存，亦有众多的非物质文化遗存。它们闻名遐迩。如大禹祭典、梁祝传说、绍兴师爷、绍兴水乡社戏、绍兴乌毡帽、绍兴背纤号子、妈祖信仰、百年龙舞的故事等文化遗存以其历史悠久、内容丰富在浙东运河沿岸影响深远、流传广泛。

运河沿岸的湖塘、阮社、柯桥、东浦、东关一带酒坊遍布，酒香千里，酒旗斜耸，船行不绝，运送不断。绍兴酒为黄酒之冠，1988年"古越龙山"加饭酒被定为国宴酒，2006年绍兴黄酒酿制技艺又被列入国家非物质文化遗产名录。

越族自古是一个能歌好咏的民族，运河沿岸及周边河道的水上戏台是其演、弹、歌的舞台。戏曲艺术的不断发展也形成了富有水乡特色的剧种，绍剧、越剧、绍兴平湖调、新昌调腔等颇有影响和特色。

---

① ［日］成寻：《参天台五台山记》，白化文、李鼎霞校点，花山文艺出版社2008年版。

② ［意］卫匡国：《鞑靼战纪》，戴寅译，杜文凯编：《清代西人见闻录》，中国人民大学出版社1985年版，第35—36页。

（二）历史名人荟萃之地

浙东运河地处山川灵秀之地，"海岳精液，善生俊异"①。宋陆佃在《适南亭记》中记："会稽山川之秀，甲于东南。自晋以来，高旷宏放之士，多在于此。"②重要的区域位置和水乡泽国主航道地位，使众多历史精英人物汇集于此。

秦始皇巡越，"上会稽，祭大禹，望于南海，而立石刻颂秦德"③，并乘舟山阴故水道上，于是运河边有秦望村和秦望桥，东湖绕门山相传为秦始皇驻马之地。

东汉王充（27—约97），字仲任，上虞人，著名唯物主义哲学家。其著有《论衡》八十五篇，二十余万言。④此书在哲学思想史上具有振聋发聩的力量和作用，对人们正确地认识人与自然、人与水环境有重要的启迪作用。

东汉会稽太守刘宠为官清廉，甚为百姓爱戴，离任时，乡间5位老人各背100大钱送其作盘缠，宠仅收一枚表示感谢，又在运河旁的西小江中将钱投入江中⑤，这也是历史上亲民爱民的循吏所表现的一种值得永志纪念的事迹。清代乾隆帝沿运河在清水亭有题诗歌颂。

东汉大学者蔡邕（132—192）曾浪迹会稽，相传在今绍兴柯桥的竹亭取亭中竹椽制成长笛，吹出悠扬的乐声，闻名越中。⑥后人为纪念其人其事，在柯桥运河边重建柯亭，至今犹存。今柯桥运河边的荫毓古桥有楹联"一声渔笛忆中郎，几处村酤祭两阮"，上联即用此典故。

东晋永和九年（353）三月初三，书圣王羲之（303—361）与名流41

---

① （晋）陈寿，（南朝宋）裴松之注：《三国志·虞翻传》注引《会稽典录》，中华书局1982年版，第1325页。

② 万历《绍兴府志》卷三九。

③ （西汉）司马迁：《史记·秦始皇本纪》，清武英殿校刻本。

④ （刘宋）范晔：《后汉书·王充传》，清武英殿校刻本。

⑤ （刘宋）范晔：《后汉书·刘宠传》。

⑥ 《世说新语·轻诋第二十六》第20条注引伏滔《长笛赋叙》。

人会集会稽山下，运河之畔，在"有崇山峻岭，茂林修竹，又有清流激湍，映带左右"的兰亭饮酒赋诗，畅叙幽情，留下了不朽名篇和千古书法绝本《兰亭序》。《兰亭序》是人与自然和谐交融的结晶。

谢安（320—385），字安石，东晋陈郡阳夏（今河南周口市太康县）人。谢安曾寓居会稽，在东山隐居，为江东名士领袖，朝野瞩望，足迹遍及运河、曹娥江两岸，有"东山再起"之说。今上虞东山有晋太傅谢公墓碑，供人凭吊。

据记载，南宋两位皇帝理宗、度宗早年于西兴运河绍兴城西入口迎恩门边生活，并发祥而登龙庭。① 今浴龙宫、全后宅、会龙桥是其生活和纪念之地。

王守仁（1472—1529），字伯安，明代著名理学家、教育家。曾在山阴故水道南侧若耶溪畔的宛委山中的"阳明洞天"之侧结庐，设帐讲学，因以为号，人称"阳明先生"。在其被贬龙场时期，忽然大悟"格物致知"之旨，提出"致良知"说，形成了他的"心学"思想体系。

明末理学家刘宗周（1578—1645），字起东，号念台，山阴（今浙江绍兴）人。因讲学蕺山，人称"蕺山先生"，为一代儒学名臣。刘宗周于崇祯四年（1631）在浙东运河沿岸的山阴创建证人书院，其学被称为"蕺山学派"。

浙东学派是我国历史上颇具特色和成就的学术流派，起源于宋代经元明过渡时期，在清代到达鼎盛。其代表人物黄宗羲（1610—1695）为余姚人，万斯同（1638—1702）为鄞县（今宁波市鄞州区）人，全祖望（1705—1755）为鄞县人，章学诚（1738—1801）为会稽（今绍兴市）人。他们的一个共同特点都是从小受浙东运河自然环境的养育，接受浙东文化的哺育和熏陶。

遥想当年清康、乾两帝先后横渡钱塘江，沿运河浩荡南下，一时间紫气蔽日，彩云遮天，龙舟独尊，千帆竞发，沿河百官黎民云集，迎接圣驾，

---

① （清）悔堂老人：《越中杂识》上卷《帝王》，浙江人民出版社 1983 年版。

是何等壮观气象。孙中山沿运河到绍兴、宁波拜谒大禹陵，宣传民主革命，瞻览风景，筹划浙东前景，留下深远印记。周恩来在抗战危急关头，乘舟运河，宣传抗日，激励民众等意义非凡的历史场景均已载入史册，为绍兴人民广为传颂。辛亥革命前后，绍兴更有徐锡麟、秋瑾、陶成章、鲁迅、蔡元培等人的光辉业绩功垂史册，他们是浙东之骄傲。毛泽东有诗曰："鉴湖越台名士乡，忧忡为国痛断肠。剑南歌接秋风吟，一例氤氲入诗囊。"[1]可谓不尽名人在浙东，处处胜迹留运河。

（三）风景名胜卓绝之乡

浙东属"山—原—海"地形，"山有金木鸟兽之殷，水有鱼盐珠蚌之饶"[2]，千岩竞秀，万壑争流，河湖广阔，碧水长流，东海无垠，万岛所聚，风调雨顺，物产丰富，加之数千年的文化积淀，于是在浙东运河沿岸有着奇特的山水自然风光和众多的名胜古迹。

1. 绍兴

明刘基在《游云门记》中称："语东南山水之美者，莫不曰会稽。岂其他无山水哉？多于山则深沉杳绝，使人惨凄而寂寥；多于水则旷漾浩瀚，使人望洋而靡漫。独会稽为得其中，虽有层峦复冈，而无梯磴攀陟之劳；大湖长溪，而无激冲漂覆之虞。于是适意游赏者，莫不乐往而忘疲焉。"[3]祁彪佳《越中园亭记》楚人胡恒所作序称："越中众香国也，越中之水无非山，越中之山无非水，越中之山水无非园，不必别为园。越中之园无非佳山水，不必别为名。"

绍兴是东方水城。"浙东之郡，会稽为大。"[4]"鉴水环其前，卧龙拥其

---

[1]　毛泽东：《七绝二首·纪念鲁迅八十寿辰》（其二），《人民日报》1996 年 9 月 20 日，第 11 版。

[2]　（晋）陈寿，（南朝宋）裴松之注：《三国志·虞翻传》注引《会稽典录》，第 1325 页。

[3]　（明）刘基：《刘基集》，林家骊点校，浙江古籍出版社 1999 年版，第 104 页。

[4]　（宋）陆游：《法云寺观音殿记》，《陆游全集校注·渭南文集校注》卷十九，浙江古籍出版社 2015 年版，第 268 页。

后，稽山出其东，秦望直其南。自浙以东，最为胜处。"① 浙东运河沿线的中心城市绍兴是国务院 1982 年公布的首批全国 24 座历史文化名城之一，建城已有 2500 年历史。古代浙东运河穿越绍兴城而过。运河经迎恩门入绍兴城后分为 2 支。"其纵者自江桥至南殖利门，北至昌安水门；其横者都泗门至西郭门，中间支河甚多，皆通舟楫。"② 绍兴水城可谓镶嵌在浙东运河之中的一颗璀璨明珠。至清代，全城 7.4 平方千米范围内，有大小河道 32 条，总长 60 余千米，约占全城面积 30%。

2. 宁波

宁波是东方明珠，"古越地之东境"。"东通吴会，南接江湖，西连都邑。川泽沃衍，风俗澄清。海陆珍异所聚，蕃汉商贾并凑。……四明在浙东，最为濒海，宜有瑰奇伟特之观，快登临者之心目。大江横其前，群山拱其外。岛屿出没，云烟有无，浪舶风帆，来自天际。又州之井屋，尽在目中。"③ 宁波是著名的中国国家历史文化名城，历史悠久、文化深厚、经济发达，其海城风光闻名已久。

宁波城发端于姚江、甬江、奉化江交汇的三江口地区，有西塘河、南塘河等人工运河引入，为诸多水系交汇的核心城市，是重要的交通枢纽。唐代，随着明州城的崛起，对外交通贸易日趋繁荣，明州港成为全国四大港口之一。

浙东运河沿线著名的古县城萧山、百官、丰惠、余姚、慈城等，各具特色风光。之外，沿运多古镇，如：西兴镇，位于钱塘江南岸，临江扼（运）河，地势险要，交通发达，历史时期系钱塘古渡，浙东运河起点，萧绍海塘之西江塘与北海塘的分界处，浙东地区西出钱塘江的主要通道，史称两浙门户；钱清镇，西邻萧山，东接柯桥，地处钱清江与西兴运河交汇处，历来为绍兴赴杭的水陆交通要道；柯桥，历史悠久，文化厚重，古

---

① （宋）王象之编著：《舆地纪胜·绍兴府》卷第十，浙江古籍出版社 2013 年版，第 368 页。

② 乾隆《绍兴府志》卷四十《水利》。

③ （宋）王象之编著：《舆地纪胜·庆元府》卷第十一，第 430 页。

街、纤道、小桥，具有典型的江南水乡集镇特色，素有"金柯桥"之称；丈亭镇，是姚江中段的水陆交通枢纽，自古就是宁绍水陆通途中心重镇，商贾客旅汇聚于此候潮而行。其他如沿运的东浦镇、安昌镇、皋埠镇、驿亭镇、高桥镇、贵驷镇、骆驼镇、长石镇等古镇都各具特色，历史悠久，文化深厚，风光无限，名闻遐迩。

四、现代化整治、保护与开发

20世纪末以来，针对现代浙东运河航运功能的变化，以及周边河网的水质、水量、航道的现状，浙东运河沿运各城市采取多种举措，注重对古运河和周边河道的整治、保护及新航线的开发。

（一）持续开展河道综合整治

20世纪末以来，运河沿线及周边河道实施综合整治，建设了绍兴环城河、运河园，宁波300里文化长廊，萧山湘湖等经典运河工程。环城河"举社会之力，治古越河道"；运河园"传承古越文脉，展示水乡风情"的做法和成效，受到了国家、省领导和专家的高度肯定，也为广大人民群众所交口赞誉。

以城市河道水街为主线，绍兴成功规划建设历史街区。2003年，仓桥直街被联合国教科文组织授予"文化遗产保护优秀奖"。

21世纪以来开展的持续水环境综合治理中，沿运各地始终把治理运河污水、产业调整、清淤、日常保洁作为清水工作的重中之重，成效明显。运河主要断面水质从2014年初的劣V类，提升到2017年的Ⅲ类。浙东运河各河段实施了河长制，全面加强运河保护、管理的领导力度。

（二）浙东引水工程

曹娥江大闸

位于曹娥江河口与钱塘江交汇处，距绍兴城北东约30千米。该工程是国家批准实施的重大水利项目，是中国在河口建设的规模最大的水闸工程，也是浙东引水的枢纽工程。工程效益以防洪（潮）、治涝为主，兼顾水资源开发利用、水环境保护和航运等综合功能。总可利用调水量多年平均可达 6.9 亿立方米，十分有利于富春江引水经曹娥江大闸水库，向宁波、舟山等地供水。主体工程于 2005 年 12 月 30 日开工，2011 年 5 月通过竣工验收并投入运行。工程总投资 12.38 亿元。

浙东引水萧山枢纽工程

位于钱塘江、富春江、浦阳江三江汇合口义桥镇。工程设计引水量为 8.9 亿米³/年。此工程使萧绍平原和姚江平原连为一体，富春江引水经曹娥江大闸水库，可向宁波、舟山等地补充工业和农灌一般用水。在改善水环境的同时改善航运条件，杭甬运河曹娥江段 500 吨航运保证率可从建曹娥江大闸前的 50% 左右提高到 90% 以上。2013 年 2 月，浙东引水萧山枢纽工程通水。

（三）新杭甬运河建设

原杭甬运河起自杭州艮山港，出三堡入钱塘江，绕道浦阳江至临浦，经峡山闸到萧绍内河，之后，沿原浙东运河线入姚江，穿宁波市区、甬江达终点镇海码头，全程 258.09 千米。由于受杭甬运河沿线升船机和局部航段限制，实际只能通行 25 吨级船舶。

新杭甬运河改造工程被列入浙江省"十四五"重点工程项目。地处杭州、绍兴、宁波水网地区，西起杭州三堡，途经萧山、绍兴、上虞、余姚、宁波，东达宁波甬江口，其中杭州段改造航道 55.79 千米，绍兴段改造航道 89.49 千米，宁波段改造航道 93.65 千米，共计 238.93 千米，沟通了钱塘江、曹娥江、甬江三大水系。工程全线按四级航道改造，可通航 500 吨级船舶。

新建的杭甬运河具有航运、防洪、灌溉、旅游、战备等方面的综合效益。工程于 2002 年开工，至 2009 年 9 月已全线基本实现通航。

（四）深入开展基础研究

编制运河规划。2012 年杭州、绍兴、宁波各地委托中国城市规划设计研究院编制《大运河遗产保护规划》，为绍兴段运河申遗和保护提供坚实基础。

举办全国运河学术会议。2013 年 11 月，"中国大运河水利遗产保护与利用战略论坛"在绍兴举行。这次会议被全国政协文史委评价为 2013 年中国大运河保护工作中一个新的亮点，是一次高层次的学术会议，一个重大创新。之后，出版会议论文集[①]。

文化部门重视非遗文化，挖掘整理多项与运河相关的非物质文化遗产，截至 2009 年，绍兴市公布市级非物质文化遗产目录 449 项。列入省级、国家级保护名录的分别为 51 项和 18 项。

研究出版运河著作。据不完全统计，20 世纪末至 21 世纪初，杭州、绍兴、宁波等地出版的运河著作达 100 余种之多。如在绍兴"运河园"理论和实践基础上，编辑出版《浙东古运河——绍兴运河园》[②]；出版我国第一部《浙东运河史（上卷）》[③]。学术研究和社会影响不断提升。

（五）取得浙东运河申遗成功

20 世纪 90 年代初以来，沿运河各地响应国家号召，创新理念思路，积极开展中国大运河申遗相关工作，在浙东运河保护和建设各项工作上卓有成效，受到了社会各界的赞誉和上级的肯定。2014 年 6 月 22 日，浙东运河与京杭运河、隋唐运河共同作为中国大运河范围申报世界文化遗产圆满成功。

浙东运河是春秋时期形成的我国最早的人工运河之一，至今已有 2500年历史，见证了越地的历史，孕育了绍兴的文明，为天人合一的产物。浙东运河既是中国大运河的南端，也是著名海上丝绸之路的南起始点，是宁绍地区支撑社会经济发展交通航运的标志性工程，是文化传播与繁荣的承

---

① 邱志荣、李云鹏主编:《运河论丛——中国大运河水利遗产保护与利用战略论坛论文集》，中国文史出版社 2014 年版。

② 邱志荣主编:《浙东古运河——绍兴运河园》，西泠印社出版社 2006 年版。

③ 邱志荣、陈鹏儿:《浙东运河史（上卷）》，中国文史出版社 2014 年版。

载体。

　　浙东运河水工技术卓越，具有众多独立于世、不可复制的文化遗产留存，结合保护与利用将再现灿烂光辉，展示无穷魅力。浙东运河至今依然舟船辐辏、效益显著，这在全国运河水系中并不多见。

　　浙东运河是古代越族人民的伟大创造，是中国古代工程遗产的典范，是浙东地区人民对人类文明发展的重要贡献。如今的浙东古运河两岸，纤道蜿蜒，古风犹存；酒香满路，风光无限；河海相连，工商并茂；经济发展，人民富裕；新容旧貌，相得益彰；文旅融合，前景远大。千古名河，展现出时代新风貌，已成为中华民族的瑰宝，人类文明的共同财富。

大事记 ①

史前（约前 21 世纪以前）		
序号	时间	事件
1	距今 11700—3000 年	卷转虫海侵从全新世初期开始掀起，在距今 7000—6000 年达到最高峰，当时宁绍平原成为一片浅海。距今 4000 年前后，越族先民从会稽山地北移，垦殖山麓冲积扇地带。
2	距今 10000—5000 年	嵊州小黄山遗址考古发现距今 10000—8000 年的水稻实物；萧山跨湖桥遗址考古发现距今 8000—7000 年的完整独木舟；余姚河姆渡遗址发现距今 7000 年的木船桨及木构水井；在余姚井头山遗址（距今 8300—7800 年）及田螺山遗址（距今 7000—5500 年），均发现船桨等水运器具。
3	距今 5000 年 前后	距今 5000 年前后的余杭良渚文化遗址发现有水利工程。并出现了最早的人工运河和环城河。
夏（约前 21 世纪—前 17 世纪）		
序号	时间	事件
4	帝禹 （约前 21 世纪初）	大禹"到大越，上茅山，大会计，爵有德，封有功，更名茅山曰会稽"；"禹功终了溪"，"地平天成"；后"巡狩大越"，病死，葬于会稽山。
春秋（前 770—前 476）		
序号	时间	事件
5	周敬王三十年至 四十四年 （前 490—前 476）	前 490 年，句践命范蠡在今绍兴东南以卧龙山为中心的九个孤丘，东西约五里、南北约七里的范围内，建筑句践小城，又在小城东筑山阴大城。
6		《越绝书》卷八记载："山阴故水道，出东郭，从郡阳春亭，去县五十里。"山阴故水道是我国最早的人工运河之一，今浙东运河的一部分。越王句践又在山会地区建南池、坡塘、吴塘、富中大塘、固陵港等工程。

---

① 本大事记主要参考邱志荣主编：《通江达海 好运天下：浙东运河博物馆文本解读》，广陵出版社 2022 年版，第 34—38 页。

续表

战国（前475—前221）		
序号	时间	事件
7	周元王四年（前472）	越王句践建句章城（城址在今宁波江北区慈城镇姚江城山渡），开辟通海港口。

秦（前221—前207）		
序号	时间	事件
8	秦始皇三十七年（前210）	十一月，秦始皇渡浙江，"上会稽，祭大禹，望于南海，而立石以刻秦德"。并令李斯作文并书《会稽刻石》。

东汉（25—220）		
序号	时间	事件
9	章和二年（88）	上虞人王充著《论衡》，最早科学论述浙江涌潮现象及其成因，首次记载宁绍平原"浙江、山阴江、上虞江皆有涛"。
10	永和五年（140）	会稽太守马臻"创立镜（鉴）湖，在会稽、山阴两县界。筑塘蓄水……陂塘周回三百一十里，都溉田九千余顷"。鉴湖分东鉴湖和西鉴湖。西鉴湖是日后西兴运河上游水源工程；东鉴湖将山阴故水道纳入其中，形成河湖一体的"鉴湖运河航道"。

西晋（265—317）		
序号	时间	事件
11	永嘉年间（307—313）	会稽内史山阴人贺循主持疏凿西起钱塘江南岸萧山西陵（西兴），东至会稽郡城的西兴运河，起始称漕渠，贯通了浙东运河全程。

南北朝（420—589）		
序号	时间	事件
12	永明五年（487）	西陵（西兴）运河已设置堰埭，用牛拖船，称牛埭。"吴兴岁俭，会稽年登，商旅往来倍多。"
13	天监十三年（514）	在会稽郡城都赐（后作泗）水门与东鉴湖运河航道节点设埭，"道至都泗埭，去郡三里"。

	唐（618—907）	
序号	时间	事件
14	垂拱二年（686）	"唐垂拱二年始筑，为堤五十里，阔九尺，与萧山县分界，故曰界塘。"界塘，又称"山阴后海塘"，可拒潮蓄淡，是浙东运河的蓄水控水工程。
15	开元十年（722）	会稽"东北四十里有防海塘，自上虞江抵山阴百余里以蓄水溉田，开元十年，令李俊之增修"。
16	天宝二年至十二载（743—753）	唐代高僧、扬州大明寺主持鉴真六次东渡日本终获成功，成为日本律宗始祖。鉴真第三次、第五次东渡，是以浙东运河沿线的越州、明州城为基地的。 天宝三载（744），明州县令陆南金浚扩万金湖（即东钱湖），溉田500顷。
17	大历八年（773）	县令储仙舟将鄞县西莺脰湖开拓更名为广德湖，溉田400顷。广德湖演变成的西塘河是浙东运河进入宁波城的最后一段。
18	贞元二年（786）	浙东观察史皇甫政主持扩建玉山斗门为玉山闸，"在县北一十八里"，改二孔为八孔，北五孔隶山阴，南三孔属会稽，是当时山会平原和浙东运河水量、水位的控制枢纽。
19	贞元二十一年（805）	四月，日本国求法僧最澄和弟子义真抵越州，到龙兴寺、法华寺求经，随东岳灵岩寺顺晓（时在龙兴寺）习密教，并在峰山道场（镜湖东）秘密灌顶。归国后，最澄在日本比睿山创天台宗，谥传教大师。
20	元和元年（806）	日本国真言宗创始人空海大师云游越州，驻锡大善寺。四月，致书越州节度使，获赠佛教典籍150余卷。八月，经越州回国，弘通密典，启日本东密之一派。
21	元和十年（815）	《新唐书》记载：山阴县"北五里有新河，西北十里有运道塘，皆元和十年观察使孟简开"。运道塘又称"山阴官塘"，自西郭门起至萧山。这是浙东运河堤岸工程的首次记载。
22	长庆元年（821）	明州州治迁到三江口并筑内城，标志着宁波建城之始。
23	大和七年（833）	鄞县（今宁波市鄞州区）县令王元玮建它山堰，引水排洪，阻咸蓄淡，溉田数千顷。它山堰可供水至明州城和后塘河（即西塘河，浙东运河宁波段之一）等。

续表

序号	时间	事件
24	光启二年（886）	曹娥堰，在会稽"东南七十二里。唐光启二年，钱镠破韩公汶于曹娥埭，与朱褒战，进屯丰山，后埭遂为堰"。曹娥堰是浙东运河穿越曹娥江的节点工程，设"曹娥堰营，……额五十人"，是宋代浙东运河上七堰之一，也是南宋隋唐运河上二十一堰之一。
25	乾宁四年（897）	明州望海镇（今宁波市镇海区）始筑城，"城负塘而筑"，城、塘合一，是浙东运河入海口的海塘城池。这是有关浙东海塘的最早记载。

五代十国（907—960）		
序号	时间	事件
26	清泰二年（935）	明州僧子麟赴高丽、后百济（今朝鲜、韩国）传天台宗。后高丽遣使李仁旭送子麟返明州，是为高丽使节首次抵明州。

北宋（960—1127）		
序号	时间	事件
27	淳化三年（992）	阇婆国（今印尼）国王穆罗荣遗陀湛率船6艘取道定海（今宁波市镇海区）、明州，至汴京朝贡。
28	景德年间（1004—1007）	上虞通明闸，"在县东一十里，景德中置"，建于通明堰（北堰）上，为宋代浙东运河的七堰之一和东段之枢纽。
29	嘉祐年间（1056—1063）	重修鄞县东钱湖莫枝、梅湖、大堰、钱堰诸碶，并立水平石于左右作放水标准。
30	熙宁五年至六年（1072—1073）	日本僧人成寻由海道至杭州，经运河至天台山、明州，穿越浙东运河。著《参天台五台山记》。
31	元祐五年（1090）	高丽使节李资义等269人抵达明州港，为史载外国人来明州人数最多的一次。
32	政和二年（1112）	萧山县令杨时筑湘湖。湖周长80余里，灌溉农田千顷，是浙东运河萧山段的重要水源工程。

南宋（1127—1279）		
序号	时间	事件
33	绍兴（1131—1162）初年	"绍兴初，高宗次越，以上虞县梁湖堰东运河浅涩，令发六千五百余工，委本县令、佐监督浚治。"自梁湖堰东至通明坝运河，俗称"四十里河"。
34	绍兴二十八年（1158）	萧山县丞赵善济为管理湘湖用水制定《均水法》。《均水法》是今存的萧绍宁地区最早灌溉法规。
35	乾道元年（1165）	"二月二十四日诏:绍兴府开浚① 鉴湖，除唐贺知章放生池旧界十八余顷为放生池水面外，其余听从民便，逐时放水，以旧耕种。"至此鉴湖堙废。
36	乾道三年（1167）	绍兴知府吴芾浚西兴闸内运河 13 里，浚西兴闸外至钱塘江主槽沙河 20 里，"通便纲运，民旅皆利"。
37	嘉定五年至九年（1212—1216）	西小江塘，"在府城西北三十里。太守赵彦倓筑以御潮汐"。嘉定九年，塘成。西小江，又称"钱清江"，是浙东运河穿越的潮汐河流之一。运河穿越西小江时，南北皆筑堰止水，称"钱清南堰""钱清北堰"。
38	嘉定十四年（1221）	浙东运河"自西兴至钱清一带为潮泥淤塞，深仅二三尺，舟楫往来，不胜牵挽般剥之劳"。知府汪纲开浚西兴至钱清段运河。
39	嘉定十六年（1223）	知府汪纲缮治府城并修城门 8 座，有陆门三，水门三、水陆门二，其中迎恩门至都泗门（水陆门）水道系浙东运河穿越绍兴城的本体水道。
40	淳祐二年（1242）	知庆元府陈垲于它山堰上游 150 米处，建三孔回沙闸，闸西边第二柱上镌"则水尺"作放水标准；于新河头大校场底建大石桥碶，桥下作平水石堰、平水尺，浦口置闸立桥，东乡前、中两塘河之水由此入江，后塘河之水亦分流入此碶。
41	淳祐三年（1243）	鄞县人魏岘著《四明它山水利备览》，为鄞县它山堰留下珍贵史料。是宁绍地区最早的水利工程专志。
42	宝祐四年（1256）	重修绍兴城内运河汇口八字桥。嘉泰《会稽志》载:"两桥相对而斜，状如八字，故得名"。主孔桥下石柱上刻有"时宝祐丙辰仲冬吉日建"，为重修。

---

① 据上下文意，"浚"应为"禁"。

序号	时间	事件
43	开庆元年（1259）	制使吴潜于鄞县治西南镇平桥下立"平"字水则碑，视"平"字之出没为鄞西及府城内河道蓄泄标准。

明（1368—1644）		
序号	**时间**	**事件**
44	洪武年间（1368—1398）	萧山县筑西江塘，自临浦至西兴，"在县西南三十里邑之尽处也"。西江塘是浙东运河源头御潮屏障之一。
45		二十二年（1389），萧山捍海塘（即北海塘）坏，"咸潮涌入，害民禾苗稼，直抵县城。知县王国器奏闻，命工部主事张杰同司道督修，易土以石。……自长山至尧山，塘成，计四十余里"。北海塘也是浙东运河源头的御潮屏障。
46	永乐元年（1403）、十九年（1421）	参与编纂《永乐大典》的鄞县人张德中，从宁波出发舟行大运河，先后到达南京与北京，创作《两京水路歌》。
47	成化九年至十八年（1473—1482）	成化九年绍兴知府戴琥上任后，实施钱清江治理，并明确"堰（碛堰）决不可成，小江决难复通矣"。成化十二年（1476）制定"山会水则"，并在城内佑圣观河中立水则碑。成化十八年卸任前立水利碑于府署，上刻府境八县山川水利全图。
48	成化年间（1465—1487）	海塘副使朱绅、备倭都指挥张勇在今镇海城外（即浙东运河入海口）筑沿甬江石塘，自南薰门龙王堂至武宁门养济院边。
49	弘治年间（1488—1505）	弘治元年，朝鲜人崔溥撰《漂海录》，记录了舟行浙东运河和京杭运河全程的所见，为研究明代中国大运河留下珍贵史料。 山阴官塘，即运道塘，"在府城西十里，自迎恩门起至萧山。……弘治中，知县李良重修，甃以石"。
50	嘉靖十五年至十六年（1536—1537）	嘉靖十五年七月，绍兴知府汤绍恩主持兴建三江闸；翌年三月闸成。

	清（1644—1911）	
序号	时间	事件
51	康熙二十八年（1689）	二月十三日，康熙沿运河舟泊绍兴府会稽山麓；次日，率随从诸臣往禹陵致祭。
52	康熙四十一年（1702）	程鹤翥编成《闸务全书》（又称《三江闸务全书》）。
53	康熙五十二年（1713）	俞卿知绍期间，重修山阴、会稽、上虞三邑海塘二万余丈，多砌以石。
54	康熙年间（1662—1722）	邑庠生余国瑞倡修官塘（即运道塘），"首捐资产，远近乐输万余金，数年工竣"。这是绍兴民间系统整修运河官塘之例。
55	乾隆十六年（1751）、二十七年（1762）、四十五年（1780）	乾隆十六年，正月至五月，乾隆第一次南巡，渡钱塘江到绍兴，驻跸绍兴府西翼，祭祀禹陵。 乾隆二十七年，正月至五月，乾隆第三次南巡，渡钱塘江到绍兴祭禹陵。 乾隆四十五年，正月至五月，乾隆第五次南巡，祭禹陵。
56	文宗咸丰三年（1853）	甬埠北洋船商捐资，在宁波三江口东岸建成庆安会馆。
57	咸丰七年（1857）	宁绍台道段光清等捐资，在上虞县百官镇大坝头村百沥海塘赵字号处兴建广济涵洞。该涵洞最大引水流量13米^3/秒，是引曹济姚的跨流域引水工程。
	中华民国（1912—1949）	
序号	时间	事件
58	民国五年（1916）	8月20日至21日，孙中山沿运河至绍兴；22日至24日，又至宁波。其间先后参谒绍兴大禹陵等地，并提出期望浙东水利、水运加快发展，浙东要振兴实业。
59	民国二十五年（1936）	《浙江省建设月刊》发表杨建《浙东运河之重要性与整理意见》专论。"浙东运河"专有名称首次见于史料。
60	民国二十八年（1939）	3月，周恩来由临浦乘汽轮沿西兴运河抵绍兴，谒大禹陵，勉励故乡同胞发扬大禹治水精神，同仇敌忾，保家卫国。

中华人民共和国（1949—）		
序号	时间	事件
61	1954 年	3 月中旬，毛泽东主席视察山阴故水道边的绍兴东湖农场。
62	1977—1981 年	1977 年 11 月绍兴新三江闸工程动工；1981 年 6 月建成运行。
63	1982—1983 年	1982 年 2 月上旬，浙东运河全线疏浚工程动工，次年 6 月竣工。疏浚后通航能力从 15 吨级提高到 30 吨级。
64	1988 年	1 月 13 日，浙东运河（绍兴段）古纤道被列为第三批全国重点文物保护单位。
65	1990 年	4 月 21 日至 24 日，由中国水利学会水利史研究会、浙江省水利厅、绍兴市人民政府联合发起的"纪念鉴湖建成 1850 周年暨绍兴平原古代水利研讨会"在绍兴召开。
66	1991 年	新昌学者竺岳兵提出"浙东唐诗之路"。浙东唐诗之路成为继丝绸之路、茶马古道之后的又一条文化古道。
67	1999—2001 年	7 月 18 日，绍兴市区城市防洪、河道综合整治（环城河）工程动工，次年 7 月 28 日竣工。
68	2001 年	6 月 25 日，绍兴八字桥、庆安会馆被列为第五批全国重点文物保护单位。
69	2002—2003 年	10 月 22 日，浙东古运河环境整治一期工程（绍兴运河园）动工；次年 9 月 26 日竣工。
70	2003 年	7 月，浙东引水工程领导小组成立，并启动工程建设。工程由曹娥江大闸枢纽、萧山枢纽、曹娥江至慈溪引水、曹娥江至宁波引水、舟山大陆引水二期和新昌钦寸水库等 6 项工程组成。
71		10 月 9 日，绍兴市环城河风景区被列为第三批国家水利风景区。
72		10 月 15 日，时任中央军委主席江泽民视察绍兴市区环城河综合整治工程。时任浙江省委书记、省人大常委会主任习近平等人参加。
73		10 月 17 日，全国政协原副主席孙孚凌视察浙东运河绍兴段。
74		11 月 10 日至 13 日，中国水利学会水利史研究会年会、水利部江河水利志工作指导委员会第一次全体会议在绍兴召开，其间与会领导和专家考察运河园工程。

序号	时间	事件
75	2005 年	12 月 30 日，举行浙东引水曹娥江大闸枢纽工程开工典礼。时任浙江省委书记、省人大常委会主任习近平宣布开工并启动开工按钮，时任水利部部长汪恕诚、浙江省省长吕祖善、绍兴市委书记王永昌在开工仪式上致辞。
76	2006 年	5 月，200 余位全国政协委员、专家学者、运河沿线省市政府官员在杭州参加京杭运河保护和申报世界遗产讨论会，陈桥驿提出大运河申遗应包含浙东运河。
		12 月 27 日，绍兴运河园被中国风景园林学会授予"中国优秀园林古建工程金奖"。
77	2007 年	9 月 4 日，绍兴运河园被列为第七批国家水利风景区。
78	2008 年	3 月，杭州、嘉兴、湖州、绍兴、宁波等 33 个大运河沿线城市成立"大运河申遗城市联盟"。
79		6 月 22 日，时任全国政协副主席陈奎元、时任国家文物局局长单霁翔等率大运河保护与申遗工作调研组专家对大运河浙江段进行实地考察；11 月，浙东运河被列入中国大运河申遗项目。
80	2009 年	8 月 3 日至 8 日，国家文物局专家组来浙江开展大运河申报世界文化遗产预备名单遴选和现场考察评估工作。
81		9 月 8 日，国家和浙江省"中国大运河"申报世界遗产专家组一行考察浙东运河及相关遗产点。
82	2011 年	5 月 19 日，原中纪委驻水利部纪检组组长、水利部政研会会长张印忠带队，考察绍兴运河园。
83		12 月 6 日，时任国家文物局世界遗产处处长唐炜等领导沿大运河（鄞州段）进行实地考察。
84	2012 年	4 月 22 日，时任全国政协文史和学习委员会主任陈福今、副主任卞晋平带领全国政协大运河保护与申遗跟踪调研组调研绍兴运河园等工程。
85		5 月 9 日，时任全国人大常委会副委员长路甬祥考察八字桥历史街区。

序号	时间	事件
86		5月7日，浙东运河（绍兴段）等被列为第七批全国重点文物保护单位。
87	2013年	11月30日至12月2日，中国水利学会、中国文物学会主办，中国水利学会水利史研究会、中国文物学会大运河专业委员会、绍兴市水利局等承办的"中国大运河水利遗产保护与利用战略论坛"在绍兴召开。
88		12月31日，杭甬运河全线开通。运河起自杭州三堡，经萧山、柯桥、上虞、余姚等地，终于宁波甬江口，全长239千米。运河西线可通航500吨级船舶，东线可通航300吨级船舶。
89	2014年	6月22日，第38届世界遗产大会将中国大运河列入《世界遗产名录》。其中浙东运河段包括萧山至绍兴段、上虞至余姚段、宁波段3段河道，杭州西兴过塘行码头、绍兴八字桥、绍兴八字桥历史街区、绍兴古纤道、宁波庆安会馆5个运河遗产点。
90	2015—2016年	10月12日，宁波它山堰、绍兴诸暨桔槔井灌工程入选世界灌溉工程遗产名录。
91		12月17日，由宁波市水利局、绍兴市水利局联合举办的"浙东（宁绍）水利史学术研讨会"在宁波举行。2016年7月，出版《浙东水利史论》论文集。
92	2016年	11月4日至5日，时任全国政协副主席李海峰率全国政协文史和学习委员会一行，就"大运河申遗成功后的保护与利用"来绍兴市开展监督性调研。
93	2018年	11月10日至11日，时任全国政协文化文史和学习委员会副主任刘佳义，陈际瓦率调研组来绍，就"推动大运河文化带建设"进行专题调研。其间考察绍兴三江闸。

序号	时间	事件
94	2019 年	4 月 11 日，时任中共浙江省委书记车俊考察浙东运河绍兴段；12 日，车俊主持召开座谈会，审议讨论大运河（浙江）文化保护传承利用规划。
95		5 月 15 日至 16 日，时任浙江省省长袁家军考察浙东运河（绍兴段）。
96		9 月 3 日，时任绍兴市委书记马卫光、市长盛阅春召开专题会议研究浙东运河文化园（浙东运河博物馆）相关工作事宜，会上同意立项及确定项目名称为"浙东运河文化园（浙东运河博物馆）"。
97	2020 年	1 月 1 日，《绍兴市大运河世界文化遗产保护条例》施行。
98		3 月 1 日上午，浙东运河文化园（浙东运河博物馆）项目开工。
99		3 月 26 日，绍兴市柯桥区人民检察院联合萧山区、越城区、上虞区、余姚市、江北区等五地检察院，签署《关于建立萧柯越虞余江检察机关保护浙东运河公益诉讼协作机制的意见》，成立"浙东大运河保护同盟"。
100		7 月，国家发改委下达《文化保护传承利用工程 2021 年中央预算内投资计划》，越城区成功申请文化保护传承利用工程 2021 年中央补助资金 8000 万元，资金将用于浙东运河文化园（浙东运河博物馆）项目建设。全省仅有两个项目获资金补助。
101	2023 年	9 月 20 日下午，中共中央总书记、国家主席习近平考察浙东运河文化园，并作重要指示。

第一章
浙东山水大势

浙东属"山—原—海"地形，东晋虞预《会稽典录》中记载了这里的山水自然环境："夫会稽上应牵牛之宿，下当少阳之位，东渐巨海，西通五湖，南畅无垠，北渚浙江，南山攸居，实为州镇，昔禹会群臣，因以命之。"[①] 这段话说明：一是会稽星象好，在上应牵牛之星宿，属北方玄武七宿系统；在下则为《周易》说的"四象"中的"少阳"之位。玄武系统在"四象"中属于"老阴"，老阴与少阳恰好相应。天地相应，是为第一吉。二是地理环境优越：东临大海，西通五湖，往南畅通无阻，往北濒临浙江。可谓四通八达。三是物产丰富，山水之利，所出无穷。浙东运河沿岸有着奇特的山水自然风光。

第一节　海侵海退

晚更新世以来的三次海侵海退，特别是最后一次卷转虫海侵海退，造成宁绍平原沧海桑田变迁。

---

① （晋）陈寿，（南朝宋）裴松之注：《三国志·虞翻传》注引《会稽典录》，第1325页。

一、海侵过程

（一）星轮虫海侵

星轮虫海侵发生于 10 万年以前，海退则在 7 万年以前。这次海侵就全球来说留存下来的地貌标志已经很少了。

（二）假轮虫海侵

假轮虫海侵发生于约 4 万年以前，海退则始于约 2.5 万年以前。这次海退是全球性的，中国东部海岸后退约 600 千米，东海中的最后一道贝壳堤位于东海大陆架约 −155 米，碳 −14 测年为 14780±700 年前。到了 2.3 万年前，东海岸后退到 −136 米的位置上，即在今舟山群岛以东约 360 千米的海域中。不仅今舟山群岛全处内陆，形成宁绍平原和杭嘉湖平原以东一条东北 − 西南的弧形丘陵带，在这丘陵带以东还有大片内陆。当时的"古钱塘江可能从舟山群岛南或大衢山岛北汇入古长江深槽，古钱塘江在陆架上游走，平原显示深切河谷地貌景观"[①]。钱塘江河口约在今河口 300 千米之外，现在的杭州湾及宁绍平原支流不受潮汐的影响。

（三）卷转虫海侵

卷转虫海侵从全新世之初就开始掀起。距今 1.2 万年前后，海岸到达现水深 −110 米的位置上。距今 1.1 万年前后，上升到 −60 米的位置。距今 8000 年，海面上升到 −5 米的位置，舟山丘陵早已和大陆分离成为群岛。而到距今 7000—6000 年这次海侵到达最高峰，东海海域内侵到了今杭嘉湖平原西部和宁绍平原南部，使其成为一片浅海，宁绍平原的海岸线大致在今萧山—绍兴—余姚—奉化一带浙东山麓。20 世纪 70 年代，在宁绍平原的宁波、余姚、绍兴，杭嘉湖平原的嘉兴、嘉善一带城区开挖人防工程时，在地表 10—12 米之间，普遍地存在着一层海洋牡蛎贝类化石层，这是海

---

① 韩曾萃、戴泽蘅、李光炳等：《钱塘江河口治理开发》，中国水利水电出版社 2003 年版，第 23—24 页。

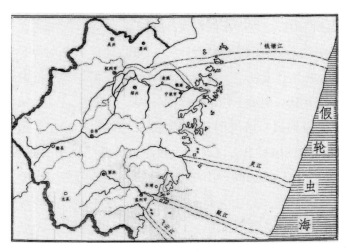

假轮虫海退时期今浙江省境示意图（引自《浙东运河史（上卷）》2014
年版）

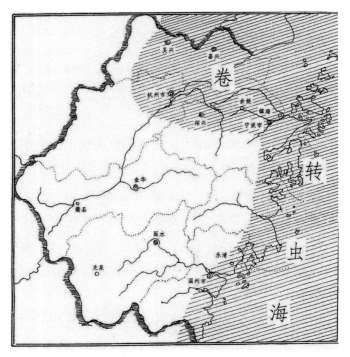

卷转虫海进时期今浙江省境示意图（引自《浙东运河史（上卷）》2014
年版）

进的最好例证。① 此时期的东小江（曹娥江）、西小江（浦阳江）河口与今相比在内延西南山麓之地而不能汇聚在一起。

海侵在距今 6000 年到达高峰以后，海面稳定一个时期后发生海退。其中海进海退或又几度发生。距今 4000 年前后，海岸线已推进到了萧山—柯桥—绍兴—上虞—余姚—句章—镇海一线。

这一时期各河口与港湾的基本特征是："由于海面略有下降或趋向稳定，陆源泥沙供应相对丰富，河水沙洲开始发育并次第出露成陆，溺谷、海湾和潟湖被充填，河床向自由河曲转化，局部地段海岸线推进较快，其轮廓趋平直化，但大部分缺乏泥沙来源的基岩海岸仍然保持着海侵海岸的特点，并无明显的变化。"②

二、文献印证

（一）《麻姑山仙坛记》碑中的海侵印记

《麻姑山仙坛记》全称《有唐抚州南城县麻姑山仙坛记》，据传碑之原石旧在江西建昌府南城县西 20 里山顶，后遭雷火毁佚。③ 碑中的记载印证了海侵沧海桑田之事。

缘由：唐大历六年（771）四月，颜真卿登麻姑山，写下了记述麻姑山仙女和仙人王方平在麻姑山蔡经家里相会的神话故事，及麻姑山道人邓紫阳奏立麻姑庙经过的楷书字碑。此记被历代书家誉为"天下第一楷书"。

其中如"接侍以来，见东海三为桑田。向间蓬莱水乃浅于往者，会时略半也，岂将复还为陆陵乎？""方平笑曰：'圣人皆言，海中行复扬尘也。'""东南有瀑布，淙下三百余尺。东北有石崇观，高石中犹有螺蚌壳，

---

① 陈桥驿：《越文化研究四题》，车越桥主编：《越文化实勘研究论文集》，中华书局 2005 年版，第 5 页。

② 金普森、陈剩勇主编，徐建春著：《浙江通史·先秦卷》，浙江人民出版社 2005 年版，第 31 页。

③ 《颜真卿麻姑山仙坛记》，上海书画出版社 2015 年版。

或以为桑田所变。"皆为发人深省和经典之语。研究水利、运河史及历史地理者，在其中会感受到海侵产生的神话及民间口口相传的历史传承与印记。

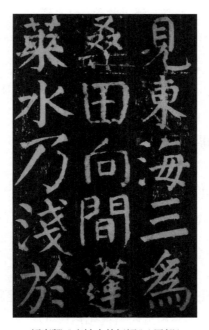

颜真卿《麻姑山仙坛记》（局部）

（二）《庄子》中会稽山下的大海

《庄子·外物》中记载的任公子在会稽山上垂钓于东海之中，是古代会稽山下大海在传说中的形象反映。

> 任公子为大钩巨缁，五十犗以为饵，蹲乎会稽，投竿东海，旦旦而钓，期年不得鱼。已而大鱼食之，牵巨钩，錎没而下，鹜扬而奋鬐，白波若山，海水震荡，声侔鬼神，惮赫千里。任公子得若鱼，离而腊之，自制河以东，苍梧已北，莫不厌若鱼者。已而后世辁才讽说之徒，皆惊而相告也。夫揭竿累，趣灌渎，守鲵鲋，其于得大鱼难矣。饰小说以干县令，其于大达亦远矣，是以未尝闻任氏之风俗，其不可与经于世亦远矣。

这里所记任公子是任国之公子。说他做了又粗又黑的大绳系住鱼钩，以 50 头肥壮的牛作鱼饵，蹲在会稽山上，把竿子放入东海天天垂钓，等到一年后才钓到一条大鱼，垂钓时鱼翻动的声音震惊千里。鱼钓上来以后，浙江以东，苍梧以北之人都吃到了此鱼。人们奔走相告，敬佩任公子的钓技、耐心和所获。

嘉泰《会稽志》卷十八："任公子钓台在稽山门外，华氏考古云：昔海水尝至台下，今水落而远尔，或云在南岩寺，又云在陶宴岭。"

三、地质证明

（一）曹娥江大闸地质

21 世纪初建成的曹娥江大闸，在基础处理施工中的《浙江省曹娥江大闸枢纽工程初步设计工程地质勘探报告》，是研究海进海退过程地质演进的重要资料。

该工程位于曹娥江河口，钱塘江南岸规划堤防控制线上，距绍兴城市直线距离约 29 千米，距上虞城区直线距离约 27 千米。自卷转虫海退以后至 20 世纪 60 年代末，这里一直处在河口海湾之中。地质勘探土（岩）层的数据显示：顶板高程 -24.8—-21.4 米（黄海高程，下同，不一一括注）为淤泥质粉质黏土夹粉土，厚度 10.6—21.9 米；顶板高程 -44—-33.1 米为粉质黏土、粉土互层，厚度 7.0—20.9 米；顶板高程 -55.1—-42.1 米为淤泥质黏土，厚度 0.5—10.6 米；顶板高程 -61.6—-50.22 米为粉砂，厚度 1.4 米—10.2 米；顶板高程 -67.3—-56.0 米为中粗砂，厚度 8.0—15.5 米；顶板高程 -66.3 米为含砾中粗砂，厚度 7.3 米；顶板高程 -68.71—-71.5 米为粉质黏土，厚度 4.5—11.0 米；顶板高程 -73.6—-82.5 米为粉细砂，厚度 2.7—11.7 米；顶板高程 -85.3—-85.2 米为含砾中粗砂，厚度 3.85—17.4 米；基岩面高程 -102—-89.15 米为砂岩、砂砾岩。以上土（岩）层结构的变化便是当时海侵海退之后形成地貌沉积的很好证明。

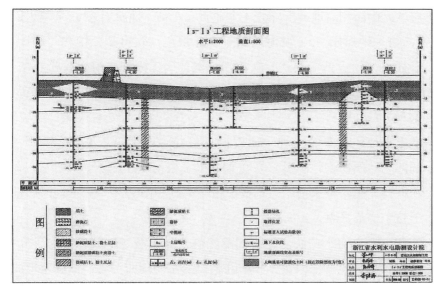

曹娥江工程地质剖面图（引自《绍兴市水利志》2021年版）

（二）余姚低塘贝壳层

2002年8月下旬，余姚市姚北工业新区管委会在低塘镇镇西村园区内进行基础设施建设时发现大量贝壳碎屑。现场重新布钻孔1个，获取了完整的地质资料。贝壳层距地表深31米，堆积厚0.8米，分布面积至少200平方米，发现地点北距329国道即杭州湾南岸古海岸线大沽塘约1000米。[①]

经中国贝类学会理事、浙江省水文地质工程地质大队高级工程师徐宜昌鉴定，此处贝类为厚牡蛎比较种，有少量新梯蛤亚属。贝壳剖面有10—15层，年龄在10年以上，贝类系自然死亡，激浪冲击而形成堆积。从8#土样表面取了两块贝壳（编号BK1、BK2，距地表深分别为31.35米和31.55米），送北京大学科技保护与文物保护实验室作碳−14年代测定，取贝壳堆积层年代为前8020年。

新布钻孔在小河东岸，地面高程2.95米（黄海高程，下同），四周地

---

① 邵九华、邵尧明：《低塘发现八千年前的贝壳堆积》，干凤苗主编：《姚江志》，中国水利水电出版社2003年版，第335页。

形平坦，无山岗和高地。土样分 4 个地质层。第一地质层 -1，杂填土，厚 0.3 米；第一地质层 -2，淤泥质黏土，黑褐色，软可塑，饱和，厚 3 米。第二地质层，粉土，青灰色，软流塑，湿，局部为黏质粉土或粉质黏土，厚 8.1 米，层底埋深 11.6 米。第三地质层，淤泥质粉质黏土，灰绿色，流塑，饱和，厚 20.4 米，层底埋深 32 米，31.3—31.9 米处有块状贝壳叠压，其两端上下部还有零星贝壳。第四地质层，粉砂，青灰、灰黄色，湿，稍密，局部为砂质粉土，已揭露厚度 7.80 米，根据以往地质资料所知，该层属全新世初晚更新世末地质，年代在距今 1 万—10 万年。第三地质层地质分布于整个宁绍平原，系海相沉积层。

牡蛎生活在海水与淡水交接的潮间带，今天沿海地区仍有广泛分布。它的堆积层是研究海平面变化和海陆演化的重要地质标志。低塘发现的贝壳堆积层为姚江平原古水文、古地貌提供了重要资料。

（三）湘湖的地理环境改变

位于钱塘江北岸的今杭州市萧山区城厢街道湘湖村的湘湖之滨，地面高程约 4.2—4.8 米，文化层年代为前 8000—前 7000 年。1990 年发掘区的文化层厚度达 3 米，2001 年发掘区的文化层堆积在 1.5 米左右。

浙江省地质调查院对跨湖桥遗址所在的地层沉积物的调查结果显示，叠压在跨湖桥文化层之上的地层中有明显的海侵迹象，主要表现为水平层理的潮间带和潮上带堆积。[1] 来自跨湖桥遗址文化层、潮间带和湖泊遗迹的土壤样品的硅藻分析结果，显示其属于距今 7000 年的海退期。跨湖桥遗址周围主要是淡水水域，适宜人类生活和居住。但到距今 7000 年左右由于海平面上升又出现海侵，遗址一带经常受到海水淹没的威胁。人类生活和生产环境日益恶化，最后不得不迁徙。海侵应是跨湖桥遗址湮没的主要原因。由于长期海侵，形成了海相沉积，海相沉积是指海洋环境下，经海洋动力过程产生的一系列沉积，反映了海洋环境特征。其特点：一是颗粒较细且已分选好，且在海水温度比大陆温度低而变化小的环境下沉积；

---

① 谭勤奋主编：《萧山市志》，浙江人民出版社 2013 年版，第 46 页。

二是化学沉积比例较大，尤其是碳酸盐沉积。迁徙他处的跨湖桥人遗弃的生产工具和生活用品等物，被深埋在海相沉积之下。大约距今 4000—3000 年，跨湖桥遗址一带受海潮影响的范围逐步缩小。由于濒临钱塘江，四周被山脉围绕，加上江南雨水充沛，淤泥覆盖在海相沉积之上，逐渐形成厚厚的湖相沉积。此时的跨湖桥遗址一带，已成为钱塘江流域的潟湖，湘湖的雏形也就慢慢形成。跨湖桥遗址与海相沉积、湖相沉积的被叠压关系十分清楚，遗址上堆积厚达 4 米多的海相沉积与湖相沉积，也为遗物的保存创造了良好的条件。

（四）鉴湖湖底泥煤

全新世中期初（距今 7000—6000 年），全球性气候转为暖湿，东海海面回升至今海面之下 2 米上下，钱塘江口进一步扩大呈大喇叭形，萧绍平原上的河流因基面抬升而比降变小，水流缓慢，平原地区地下水位也同时抬升，一些低洼地区因积水而沼泽化。沼泽里生长的水生植物如苔草、芦苇等，随着海水再上升及潮起潮落，这些生长物的残体在沼泽里堆积而形成泥炭。今鉴湖平原地面以下 4—5 米深范围内所发现 5—20 厘米厚的泥炭层（下泥炭层）就是这时形成的。[①]

全新世中期末（距今 5000—4000 年），随着杭州湾沿岸气候相对温凉和相对干湿的周期性变化，离潮间带不远处，受海面升降和潮汐影响的滨海平原出现了湖泊和沼泽的反复交替，有麻栎—栗—松—青刚栎等植被景观。今被埋藏在深度 1.50—3.00 米，厚 10—30 厘米的黑褐色泥炭层就是当年沼泽作用的产物。其上层覆盖了 1.5—1.8 米厚的灰色淤泥质黏土层，就是之后堆积的湖相沉积物。

---

① 主要参阅绍兴地区环保所:《鉴湖底质泥煤层分布特征调查及其对水质影响的试验研究》，1983 年。当时勘测主要在西鉴湖地区。

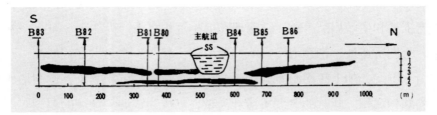

鉴湖底质泥煤层勘探地质横剖面图（引自《绍兴市水利志》2021年版）

四、河口演变影响

（一）钱塘江

《钱塘江河口治理开发》记载：

> 五六千年前（钱塘江）的河口段原在今富春江的近口段，杭州湾湾顶在杭州—富阳间。[1]

又记载：

> 太湖平原西侧"河口湾"封闭的时间，则各家说法差异甚大，从距今 6000 年至距今 4000—2500 年"河口湾"封闭后，钱塘江河口的喇叭状雏形边高形成。
>
> 杭州湾喇叭口奠定后，钱塘江涌潮开始形成，对两岸地貌起了很大的改造作用。涌潮横溢，泥沙加积两岸，使沿江地面比内地高，西部比东部高。同时涌潮不断改变岸线位置。因沿江地面比内地高从而使平原低洼处发育湖泊，也使河流改向。南岸姚江平原上，河姆渡至罗江一线以西的地表流水，由向北入杭州湾而转向东流入甬江。根据姚江切穿河姆渡第一文化层的现象，改道年代距今不到 5000 年。绍兴一带出会稽山的溪流，也同样不能

---

① 韩曾萃、戴泽蘅、李光炳等：《钱塘江河口治理开发·绪论》，第 2 页。

北入钱塘江，而折向东流，汇成西小江，在曹娥江口入杭州湾。[①]

河口湾，是"河流的河口段因陆地下沉或海面上升被海水侵入而形成的喇叭形海湾"[②]。原来的钱塘江河口在富阳一带，此河口的东北向延伸也有一个渐进的过程。[③]

（二）曹娥江

钱塘江河口南侧的岸线（也可称宁绍平原海岸线）在卷转虫海进最盛时，大致在今萧山—绍兴—余姚—奉化一带的浙东山麓；在约距今6000年，岸线在今慈溪童家岙北—余姚历南—上虞百官—绍兴下方桥—萧山瓜沥—尤山—萧山一线。[④] 在春秋越国时，越王句践称："浩浩之水，朝夕既有时，动作若惊骇，声音若雷霆，波涛援而起。"[⑤] 即指这里的情景。4世纪，岸线已外涨到今慈溪浒山—余姚低塘—临山—绍兴孙端—斗门—新甸—萧山尤山—西兴一线。当时的曹娥江河口西岸线在今大和山—西宸山—马鞍山—马山—孙端—称山一线；东岸在今百官—小越—夏盖山一线。河口远宽大于今，之外就是浩瀚的后海。

（三）浦阳江

在假轮虫海侵、海退的鼎盛时期，湘湖之地远离海岸线，钱塘江河道流贯其西缘，浦阳江下游河道在这一地区散漫，沿着自西而东的半爿山、回龙山—冠山—城山、老虎洞山—西山、石岩山、杨岐山—木根山—越王峥等山麓地带最后汇入钱塘江，并且在这里的低洼之地有一些自然湖泊，是跨湖桥先民的生息之地。从跨湖桥地区的山川形势分辨当时与外界沟通的主要水道大致有后来的渔浦出海口、湘湖出海口和临浦出海口，其中临

---

① 韩曾萃、戴泽蘅、李光炳等：《钱塘江河口治理开发》，第25—26页。

② 夏征农主编：《辞海》，上海辞书出版社2000年版，第1087页。

③ 邱志荣：《绍兴三江新考》，邱志荣主编：《中国鉴湖（第二辑）》，中国文史出版社2015年版，第28页。

④ 韩曾萃、戴泽蘅、李光炳等：《钱塘江河口治理开发》，第26页。

⑤ （东汉）袁康：《越绝书》卷四。

浦出海口即后来的西小江，又是主要的连通萧绍平原的水道。

在卷转虫海侵的全盛期（距今 7000—6000 年），宁绍平原成为一片浅海，湘湖之地也就成为海域，所在大部分山体成为海中岛屿，形成了一个海湾。海退后，这里又成为一片沼泽之地。之后，在这一地区又形成了诸多湖泊，最主要的是临浦、湘湖和渔浦。郦道元《水经注·浙江水》载："西陵湖，亦谓之西城湖。湖西有湖城山，东有夏架山，湖水上承妖皋溪，而下注浙江。"这一时期的浦阳江主要沿着湘湖一带散漫入海，钱清江是渔浦通往山会平原的一条河道，主要出口并不在后来的三江口。

（四）姚江

浙江省地质局对余姚、宁波的地质普查认为，在晚更新世，今天的姚江平原东部存在一条分水岭，即河姆渡遗址以东，南北走向，以大隐一慈城之间的一列低山小丘为主体的高地。四明山北麓的地表水分东西两路入海：东路由大隐溪向东北方向伸展，经洪塘在现在的宁波市区汇合奉化江、鄞江的流水后往北入东海；西路由余姚江古河道分为两支，一支自河姆渡向西汇合车厩、陆埠大溪流水，再向西北经余姚向北至周巷、长河、庵东进入杭州湾，另一支自云楼向东经马渚折而向北从泗门进入杭州湾。这也可在余姚低塘发现的贝壳堆积上得到证明，而且说明 8000 年前，这条分水岭存在。8000 年前低塘的地面高程约为 −28 米，河姆渡遗址的青灰色海相淤泥层底板埋深为 −12.5 米，与渡口渡头山和对岸元宝山之间的峡谷，即姚江河道最深处的高程相同，其时河姆渡的地面高程比低塘高 15 米左右，四明山北麓的地表水只能向北排出。这条分水岭的消失与全新世初大规模海侵结束，姚江平原水环境变化相关。[1]

---

① 邵九华、邵尧明：《低塘发现八千年前的贝壳堆积》，干凤苗主编：《姚江志》，第336 页。

第二节　山脉

一、会稽山

会稽山位于绍兴南部、诸暨东部、嵊州西北部，为浦阳江和曹娥江的分水岭。山地呈南西－北东走向，境内长约 90 千米，宽约 30 千米，是绍兴市地形骨架的脊梁。主峰东白山（1194.6 米）在诸暨、嵊州、东阳交界处，为绍兴市最高峰。从东白山沿主脉向东北延伸，山势渐低，最后没入绍虞水网平原，出露的山峰成为平原上的孤丘。

万历《绍兴府志》卷一《疆域志》记载：

> 南《新志》曰：天下之山祖于昆仑，其分支于岷山者为南条之宗。披江汉之流奔驰数千余里，历衡、蹭、郴，包络瓯闽而东赴于海，又折而北以尽于会稽，故会稽为南镇镇止也，南条诸山所止也。越郡正当会稽诸山之中，郡城之外，万峰回合，若连雉环戟而中涵八山。八山者，又会稽诸山之所止也。

会稽山为记载中中华祖山昆仑山向南山脉的终止处，其地位由此可见。《越绝书》卷八记载的"茅山"，亦称"苗山"，在今绍兴城东南禹陵乡，即会稽山。"会稽山，在会稽县东南十三里，其山衺延数十里。"①
《水经注·浙江水》记载：

> 又有会稽之山，古防山也，亦谓之为茅山，又曰栋山。《越绝》云：栋，犹镇也。盖《周礼》所谓扬州之镇矣。山形四方，上多金玉，下多砆石。《山海经》曰：夕水出焉，南流注于湖。《吴越春秋》称，覆釜山之中，有金简玉字之书，黄帝之遗谶也。山下有禹庙，庙有圣姑像，《礼乐纬》云：禹治水毕，天赐神女

---

① （清）悔堂老人：《越中杂识》上卷《山》，浙江人民出版社 1983 年版。

会稽山图（引自康熙《会稽县志》）

圣姑。即其像也。山上有禹冢，昔大禹即位十年，东巡狩，崩于
会稽，因而葬之。有鸟来为之耘，春拔草根，秋啄其秽，是以县
官禁民，不得妄害此鸟，犯则刑无赦。山东有湮井，去庙七里，
深不见底，谓之禹井。

嘉泰《会稽志》卷九除记述《水经注》等说法外，又引《旧经》："会
稽山周回三百五十里，盖总言东南诸山之隶会稽郡者。"秦王朝建立后，
在吴越地设立会稽郡，治所在吴县（今江苏苏州市），其所辖之县，在今
浙江省境内的有10个。西汉的会稽郡领县26个，在今浙江和江苏、福建
等部分地区内。此后会稽郡的属地逐渐缩小，至清代会稽仅为绍兴府所属
的八县之一，和当时的山阴县一起，基本在今绍兴市范围内。

"会稽者，会计也。"① 追根溯源，是因传说大禹在茅山"大会计"，故
茅山得名"会稽山"，再因此而名其地为"会稽"，"会稽"由大禹命名。

《浙江古今地名词典》中"会稽山"有两种解释。其一，古山名。原
名"茅山"，又名"苗山"。《史记·夏本纪》："禹会诸侯江南，计功而崩，
因葬焉，命曰会稽。会稽者，会计也。"春秋时期，越王句践为夫差所败，
以甲楯五千退保会稽山，即此。秦始皇曾上会稽，祭大禹，望南海，并立
刻石颂秦德。司马迁也曾上会稽探禹穴。其时会稽山指今绍兴东南和南部
诸山。其二，今山名。在绍兴、嵊州、诸暨、东阳、上虞等县市间，南连

---

① 嘉泰《会稽志》卷一。

大盘山，北接宁绍平原，为浦阳江和曹娥江分水岭，因古会稽山而得名。^①会稽山呈东北－西南走向，长约 90 千米，宽约 30 千米，平均海拔在 500 米左右，几个海拔千米以上山峰集居南部。主峰鹅鼻山，在嵊州西北，海拔在 700 米以上。最高点东白山，在东阳、诸暨两市界上，海拔 1194 米。会稽山主要由中生代火山熔岩、碎屑岩组成，局部有砂岩、页岩等分布，岩性松软的岩石构成山间小盆地，中段有新生代玄武岩，形成条带状台地。

二、四明山

四明山位于嵊州东部、新昌东北部、上虞东南部，为曹娥江和甬江的分水岭，山地亦呈南西－北东走向，山体主要由火山熔岩和碎屑岩组成。据民国《嵊县志》记载，山凡二百八十二峰。余姚之四窗岩，山顶岩高数十丈。悬崖呈四方形，有天然石室，中界三石，宛如四个明窗，故名"四窗岩"。唐代诗人刘长卿慕名来游，见此怪迹可稽，吟诗赞颂："苍崖倚天立，覆石如覆屋，玲珑开户牖，落落明四目。"从此通称四明山。主峰

四明山四窗岩牌

① 陈桥驿主编，《词典》编纂委员会编：《浙江古今地名词典》，浙江教育出版社 1991 年版，第 276 页。

四明山位于嵊州四明乡（今嵊州市黄泽镇）东北部，海拔 1012 米，向北 2000 米为扑船山，海拔 1021 米。主脉山麓线边界清晰，即从嵊县四明乡赵家岩头村至明山乡渔溪村一线，自西南而东北绵延于嵊县、新昌、奉化、上虞、余姚、鄞州之间，山体主要高度为 600—800 米，山顶起伏和缓，四周边缘陡峻，犹如浙东的天然屏障。

三、天台山

天台山位于新昌东部和南部、嵊州南部，是曹娥江、甬江和灵江的分水岭。天台山与四明山之间以沙溪为界，天台山与会稽山之间以剡溪为界。山地亦呈西南－东北走向，组成山体的岩石以火山岩为主。山名始见于南北朝陶弘景《真诰》："桐柏山高万八千丈，其山八重，周回八百余里，四面视之如一，在会稽东海际，一头亚在海中。金庭有不死之乡，在桐柏之中，方圆四十里，上有黄云覆之。"天台山主峰华顶山，在天台县境内，海拔 1098 米；主脉沿北东方向延伸，经新昌县、宁海县、奉化区，折转至鄞州东南部到穿山半岛，入海后形成舟山群岛。新昌东南部有天台山在新昌县境内的山地主体，最高处为菩提峰，海拔 996 米；嵊州南部也有部分天台山支脉分布。天台山脉平均海拔超过 500 米，山体连绵，巉岩多姿，旅游资源十分丰富，为浙东名山。

第三节　平原

萧绍宁平原位于钱塘江、杭州湾南岸，东临东海，包括萧绍平原、姚江平原、鄞奉平原三大片，总面积 7633 平方千米。[①]

---

① 浙江省水利志编纂委员会编：《浙江省水利志》，中华书局 1998 年版，第 426 页。

一、萧绍平原

萧绍平原北临钱塘江，西界浦阳江，东濒曹娥江，南靠会稽山北麓，包括杭州市萧山区和绍兴市越城区、上虞区东关街道等。原有面积 1583 平方千米，其中绍兴占 74%；加上萧山南沙地区及中华人民共和国成立后新围土地，总面积 2297 平方千米。①

二、姚江平原

姚江平原位于杭州湾南岸，西沿曹娥江，东临甬江，包括余姚市、慈溪市，绍兴市上虞区曹娥江以东地区，以及宁波市江北区和镇海区，总面积约 3000 平方千米（包括部分向钱塘江河口排水的面积）。②

三、鄞奉平原

鄞奉平原由宁波市鄞州区的鄞西、鄞东南和奉化区的奉北三片平原组成。总面积 2336 平方千米，其中丘陵山区占 51.8%，平原占 48.2%，耕地人口大部集中在平原区。③

四、宁绍平原

宁绍平原是浙江第二大堆积平原，面积约 4824 平方千米。地处会稽山、四明山的北麓和钱塘江、杭州湾南岸之间，自东向西延伸达 150 千米，海拔由西向东逐渐降低，而滨海比内地略高。如绍兴一带水网平原的海拔为 5 米，而高亢的南沙半岛则为 5.5 米至 6 米；余姚一带地面海拔为 2.5

---

① 浙江省水利志编纂委员会编：《浙江省水利志》，第 426 页。
② 浙江省水利志编纂委员会编：《浙江省水利志》，第 431 页。
③ 浙江省水利志编纂委员会编：《浙江省水利志》，第 434 页。

米，尤以罗江周围为最低，最低处海拔仅 1 米；滨杭州湾的三北平原一般海拔在 3 米以上；最东面的宁波平原海拔大多超过 2 米。宁绍平原可分为滨海的高亢平原和内地的水网平原。①

第四节　水系

一、钱塘江

《读史方舆纪要》载："浙江……又东北入杭州府富阳县界而为富春江。经县城南，又东经府城南而谓之钱塘江。东北流入海宁县界，南岸则为绍兴府萧山县界。夹岸有山，南曰龛，北曰赭，两山相对，谓之海门。又东则钱清、曹娥之水并汇于绍兴府北，而为三江海口。"又载："浙河之水，涛山浪屋，雷击霆砰，有吞天浴日之势……浙江之口，山居江中，潮水投山，十折而曲，故名浙江。"②

钱塘江是浙江省最大的河流，也是我国东南沿海一条独特的河流，以雄伟壮观的涌潮著称于世。钱塘江，古名"浙江"，最早见于《山海经》，亦名"渐江"。三国时始有"钱唐江"之名，《钱塘记》载："三国时，郡议曹华信以江涛为患，议立塘以捍之，募有能致土石，一斛与千钱，旬月之间，应者云集，因曰钱塘。"当时，或许仅指流经钱塘县境的河段，民国时期才作全江统称。其下游钱塘县（今杭州市）附近河段，又有"罗刹江""之江""曲江"等名称。近代遂以"钱塘江"统称整条河流。

钱塘江有南、北两源，均发源于安徽省休宁县，在建德市梅城汇合后，流经杭州市，东流出杭州湾入东海。河以北源为长，总长 668 千米，平均

① 主要参考陈桥驿编：《浙江地理简志》，浙江人民出版社 1985 年版，第 54 页。
② （清）顾祖禹撰，贺次君、施和金点校：《读史方舆纪要》卷九十二，第 4106—4108 页。

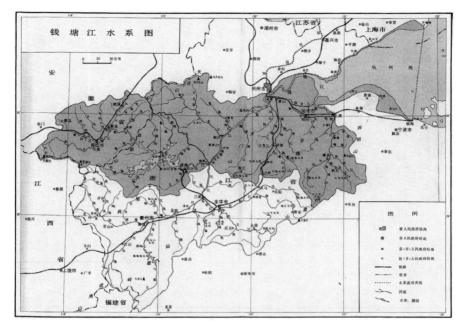

钱塘江水系图（引自《钱塘江志》1998 年版）

坡降 1.8‰；流域面积 55558 平方千米。

钱塘江中游别称"富春江"，富春江在闻家堰小砾山右纳浦阳江后的称"钱塘江"，至河口长 207 千米，区间流域面积 17240 平方千米。流域多年平均降水量在 1200—2200 毫米，总的分布趋势自西向东北递减，但地形影响极为显著，山区大于丘陵区，丘陵区大于滨海平原。

钱塘江在小砾山以下东北流折为西北流，经闻家堰又折向东北流，经杭州以后东流，至绍兴新三江闸外有曹娥江汇入，继续东流至上海南汇区芦潮港和宁波镇海区外游山连线入东海。钱塘江河段是世界著名的涌潮河流，上承山洪，下纳强潮，洪潮作用剧烈，成为江道整治的重点所在。

钱塘江水位受潮汐影响很大，最高时达 9.01 米（通航水位 7.95 米），平时在 5.8—6 米，枯水季节最低水位为 3.56 米（最低通航水位 4.52 米）；水平均流量为 1159 米³/ 秒；水含沙量每立方米达 20—25 千克（最高纪录每立方米达 51.5 千克）。泥沙长期淤积和潮汐造地运动，使江道时有淤积，不同时期逐渐形成余姚、慈溪、绍兴、萧山北部、杭州东部广阔的海积平原[1]。

钱塘江河口段，历史上有过三条流路，史称"三门变迁"。[2]清雍正十一年（1733），内大臣望海等备陈江海情形修筑事宜疏云："省城东南凫、赭两山之间，名曰南大亹；禅机、河庄两山之间，名曰中小亹；河庄山之北，宁邑海塘之南，名曰北大亹。此三门形势横江截海，实为浙省之关阑也。"[3]。自春秋时期至宋代钱塘江入口在南大门，南宋时曾一度到海宁（今海宁市盐官镇），随即南返。据《祁忠敏公日记》，明代时大和山边尚可观潮。"明末清初改走中小门，至康熙五十九年（1720），江道又由中小门全部移至北大门。乾隆十二年（1747）人工开通中小门，安流12年后至二十四年（1759），又改走北大门迄今。"[4]钱塘江河口变迁对山会平原北部发展及西兴运口影响颇大。

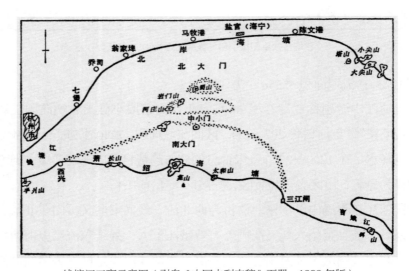

钱塘江三亹示意图（引自《中国水利史稿》下册，1989年版）

① 吴振华编著：《杭州古港史》，人民交通出版社1989年版，第6页。

② 韩曾萃、戴泽蘅、李光炳等：《钱塘江河口治理开发》，中国水利水电出版社2003年版，第28页。

③ 雍正《浙江通志》卷六十五，海塘五。

④ 钱塘江志编纂委员会编：《钱塘江志》，方志出版社1998年版，第66页。

二、浦阳江

嘉泰《会稽志》卷十："浦阳江在县（萧山县）东，源出婺州浦江，北流一百二十里入诸暨县。溪又东北流，由峡山直入临浦湾，以至海。俗名小江，一名钱清江。"浦阳江发源于浦江县西部岭脚，河长 150 千米，流域面积 3452 平方千米。东南流经花桥折东流经安头，再东流经浦江县城至黄宅折东北流至白马桥入安华，在诸暨安华镇右纳大陈江，继续东北流，至盛家，右纳开化江，北流经诸暨县城，至下游 1.5 千米处的茅渚埠分为东、西两江。主流西江西北流至石家（祝桥），左汇五泄溪，折北流经姚公埠，经江西湖上蔡至湄池与东江合流。东江自茅渚埠分流后至上沙滩汇高湖斗门江，北流至大顾家，右纳枫桥江，经三江口至湄池，与西江汇合。东、西江汇合后，北流经萧山区尖山镇，左汇凰桐江，经临浦镇，出碛堰山，西北流至义桥镇，左纳永兴河，至闻堰小砾山，从右岸汇入钱塘江。

浦阳江在安头以上河段山高谷窄，水流湍急；安华至诸暨河道弯曲，诸暨附近昔日湖泊众多，原可滞蓄山洪，后来相继垦殖，使诸暨至湄池一带湖畈常受洪涝威胁。浦阳江总落差 446 米，平均坡降 3.0‰。

历史上，浦阳江曾经由临浦、麻溪经绍兴钱清，至三江入海。

三、曹娥江

嘉泰《会稽志》卷十："曹娥江在县（会稽县）东南七十里，源出上虞县，经县界四十里，北入海。"曹娥江古名舜江，传说因汉代女子曹娥为救父溺于该江而得此名。曹娥江干流长 182 千米，流域面积 5931 平方千米，发源于磐安县城塘坪长坞，流经新昌、嵊州、上虞三县（市）境，在绍兴新三江闸东北注入钱塘江，总落差 597 米，平均坡降 3.3‰。

曹娥江干流上游称澄潭江，自河源城塘坪长坞东北流，入五丈岩水库，再北流入新昌县境，经镜岭、澄潭镇至捣臼爿右纳新昌江。澄潭江河长 86 千米，流域面积 851 平方千米，落差 582 米，平均坡降 6.7‰。

澄潭江与新昌江汇合后称曹娥江，东北流至嵊州南左汇长乐江，北流至蒋家埠右纳黄泽江，流至浦口右纳下管溪，流至上浦左汇小舜江，流经嵩坝、曹娥至百官镇，西北流至五甲渡，河道向左转一个环形大湾至新三江闸口，东北流注入钱塘江。曹娥江章镇以下为感潮河段。河口段河宽达1000 米以上，受潮汐影响，河床冲淤不稳。

曹娥江由主要支流左于江、新昌江、长乐江、黄泽江、下管溪、小舜江等组成。历史上曹娥江江道本身无多大变化，但河口的变迁非常明显。有记载，春秋战国时期钱塘江出南大瘅，由于历史上海塘和江塘未修筑，钱江大潮通过曹娥江对山会平原影响非常大。当时，山会平原以南的会稽山水顺流而下，在沼泽平原构成众多自然河流，分别注入曹娥江和后海。后海钱塘江主槽出南大门，紧逼山会平原北缘，掠三江口而过，钱塘江涌潮沿曹娥江等自然河流上溯平原与会稽山水相顶托，在会稽山脚下潴成无数湖泊。这些湖泊在枯水期彼此隔离，仅以河流港汉相连，一旦山水盛发或大潮上涌，则泛滥漫溢，山会平原成为一片泽国。

谢灵运（385—433）所著《山居赋》被称为韵文式的地方志，记述的多是会稽山地和四明山地一带的自然环境、始宁墅的景物，其中"远北则长江永归，巨海延纳。昆涨缅旷，岛屿绸沓。山纵横以布护，水回沉而萦潲。信荒极之绵眇，究风波之睽合"，就是描述曹娥江河口的景观。

四、绍兴平原河网

按照绍兴"山—原—海"的地形可将绍兴平原河网分成两部分。

（一）会稽山"三十六源"之水

古时的山会平原，南为会稽山，北滨后海（杭州湾），东靠曹娥江，是一片向西延伸的沼泽平原，呈现"山—原—海"的台阶式特有地形。西干山脉和化山山脉之间以北的丘陵，又称"稽北丘陵"，面积约460平方千米。再以北是广阔的冲积平原，平原海拔高程一般在4.5—6.5米。据统计，这一地区南部山区有溪流 43 条，流入平原之中。[1] 此外，东小江（曹娥江）掠过会稽东境，西小江（浦阳江）流贯山会平原西境和北境，二江均在北部的三江口附近注入后海（杭州湾）。稽北丘陵由东向西的主要河流有以下几条。

1. 石泄江

石泄江源于富盛镇石泄村后青山，过调马场、青塘，在北山经上虞银山以东入运河。长 9.5 千米，主流长 6.3 千米，支流长 4.1 千米，集雨面积 24.43 平方千米。

2. 富盛江

富盛江因越王句践时此江以西建有富中大塘而得名。源于皋埠镇青龙山，经富盛万金、章家娄，在甫前孟入运河。主流长 9.4 千米，支流为平原水网，集雨面积 41.50 平方千米。

3. 攒宫江

攒宫江源于富盛镇五丰岭山坑口，经旧埠、上蒋，折西过坝口、东湖注入运河。主流长 5.5 千米，支流长 50.5 千米，集雨面积 48.98 平方千米。

4. 若耶溪

若耶溪又名"越溪""刘宠溪""五云溪""浣沙溪""平水江"，发源于今绍兴市柯桥区平水镇上峋岙村龙头岗，流经岔路口、平水、铸铺岙、望仙桥后汇入若耶溪水，经龙舌嘴，北至绍兴市区稽山门。溪长 26.55 千米，集雨面积 152.42 平方千米，多年平均来水量 7804 万立方米，是绍兴平原南部山区最大的河流，为"三十六源"之首。若耶溪支流众多，来水丰沛，交注汇合，至龙舌嘴分为东西两江。东江过绍兴大禹陵东侧进入平原河网，西江沿绍兴城环城东河进入绍兴平原，流注泗汇头、外官塘，至三江口入海，可谓山会平原南北向的中心河。

若耶溪在山会平原的地理位置十分重要，在越民族的发展史上也有着极为重要的地位，被称为越民族的母亲河。从越王无余之旧都，到越王句

---

[1]　盛鸿郎、邱志荣：《古鉴湖新证》，盛鸿郎主编：《鉴湖与绍兴水利》，第 27 页。

若耶溪图（引自康熙《会稽县志》）

践所迁的新都平阳与至今城址未变的山阴小城和大城，均在若耶溪。越族政治中心主要以若耶溪为中轴线发展。古代绍兴山阴、会稽两县历来与州府合城而治，两县之交也是以南北向的若耶溪下游河道为界。

在越国时，若耶溪不仅是部落中心，还是重要的生产、冶炼基地，迎送之地。据《越绝书》《吴越春秋》等书记载，越王允常时，越国已有很高的冶炼技术，并以当时工匠欧冶子铸剑水平为高。欧冶子铸剑之事久已闻名于世，其铸剑之地便在若耶溪畔的铸铺、日铸岭一带。今尚有上灶、中灶、下灶自然村及铸剑残余灶壁。

若耶溪历史文化底蕴极其深厚。这里有着禹得天书、西子采莲、秦皇望海刻石、若耶樵风、的占凶丰等历史记载或传说；又有道教"洞天福地"、佛教林立的寺院。唐宋文人来绍多会集游历于此，留下众多广为传诵的诗文。

5. 南池江

南池江经南池、陆家葑、任家塔，在南门汇入绍兴城环城河。主流长

6.7 千米，支流长 22.6 千米，集雨面积 21.43 平方千米。

嘉庆《山阴县志》："南池溪在县西南二十六里，发自秦望、法华诸山，入镜湖。"南池溪因越王句践时开凿南池而得名。嘉泰《会稽志》："南池在县东南二十六里会稽山，池有上下二所。《旧经》云：范蠡养鱼于此。又云：句践栖会稽，谓范蠡曰：'孤在高山上，不享鱼肉之味久矣。'蠡曰：'臣闻水居不乏干熇之物，陆居不绝深涧之宝。'会稽山有鱼池，于是修之，三年致鱼三万。"南池亦称"牧鱼池"或"目鱼池"。据考证，塘位于今秦望村，坝址当地俗称塘城岗，塘长约 220 米，以塘内 35 米等高线记，面积为 0.53 平方千米。塘坝高为 16.3 米，估算库容约为 300 立方米。[①]

6. 坡塘江

坡塘江源于南池呑底坞妃子岭，经施家桥、栖凫、琶山、横桥，于廿亩头汇入绍兴城环城河。主流长 4.1 千米，支流长 8.7 千米，集雨面积 13.39 平方千米。坡塘因范蠡当年养鱼而得名，"上池宜于君王，下池宜于臣民"。"上池"即指坡塘。据考证，坡塘坝长约 250 米，高 10 米左右，水面约 0.24 平方千米，蓄水约 80 万立方米。[②]

7. 娄宫江

娄宫江又名"兰亭江"，因书法圣地兰亭而得名。源于兰亭妃子岭里黄现，经谢家桥、花街、分水桥、娄宫、凌江岸，在偏门汇入鉴湖。主流长 21.55 千米，支流长 98.05 千米，集雨面积 111.31 平方千米。

8. 漓渚江

嘉庆《山阴县志》："漓渚溪在县西南三十里，发自六峰诸山，北入镜湖。""漓渚在府城西三十里，发源自唐里六峰诸山，合于漓渚溪，唐康使君所居。"又据传句践时范蠡在此发展生产，生聚教训，故地名"蠡驻"，谐音"漓渚"[③]。漓渚江源于棠棣刘家村太山岭，经九板桥、义桥、下娄、徐山，于钟堰汇入鉴湖。主流长 20.4 千米，支流长 44.15 千米，集雨面积

---

① 盛鸿郎、邱志荣：《南池》，《中国水利报》，1992 年 7 月 4 日。

② 盛鸿郎、邱志荣：《坡塘》，《中国水利报》，1992 年 10 月 7 日。

③ 绍兴县革命委员会编：《浙江省绍兴县地名志》，1980 年 10 月。

57.23 平方千米。

9. 秋湖江

嘉庆《山阴县志》："秋湖在县西三十五里，广三顷。"秋湖江源于福全街道豆腐尖，经王七墩、秋湖，在彤山东侧注入鉴湖。主流长 6.6 千米，支流长 16.5 千米，集雨面积 12.09 平方千米。

10. 项里江

相传楚霸王项羽早年曾活动于此，故此地因项羽得名"项里"。有项王庙，陆游有诗："西邻梅福隐，南望项王祠。"项里江源于柯桥区州山冷水湾岗，经项里，在彤山西侧注入鉴湖。主流长 4.7 千米，支流长 13.85 千米，集雨面积 13.78 平方千米。

11. 型塘江

据传大禹治水会诸侯于会稽，长人防风氏后至，禹乃诛之。防风氏身长三丈，刑者戮不及，筑高台临之，故曰"刑塘"。后人颂禹王执法如山，留刑塘借鉴，岁久谐音，亦避"刑"字，故取"型塘"地名，其江亦称"型塘江"。型塘江源于湖塘俞家山村九岭下，经潜家桥、型塘，出寿胜埠头，注入鉴湖。主流长 18.65 千米，支流长 16.6 千米，集雨面积 28.61 平方千米。

12. 陌坞江

陌坞江发源于湖塘陌坞一字岗，经陌坞、古城，在西跨湖桥注入鉴湖。主流长 6.75 千米，支流长 10.35 千米，集雨面积 14.03 平方千米。据考证，陌坞以下之古城村即为《越绝书》卷八中所记："句践已灭吴，使吴人筑吴塘，东西千步，名辟首，后因以为名曰塘。"[①]

13. 夏履江

夏履即《吴越春秋》卷四所记大禹"乃劳身焦思以行。七年，闻乐不听，过门不入，冠挂不顾，履遗不蹑"之地。夏履江发源于湖塘黄山岭下凉帽尖，流经华丰、夏履桥、汪家埭、九曲河，至前童连通西小江。主流

---

① 邱志荣等:《古越吴塘考述》,《中国农史》1989 年第 3 期。

长 32.6 千米，支流长 94.6 千米，集雨面积 148.4 平方千米。

14. 西小江

西小江上游今为进化溪（古称"麻溪"，在今萧山境内），源于蘲斯岭，经晏公桥进入江桥上板，经杨汛桥，在钱清附近穿越浙东运河，折东北经南钱清、新甸、管墅、华舍、嘉会、下方桥、狭猻湖，于荷湖与直落江汇合，经三江闸，入新三江闸总干河，注入曹娥江。长 91.6 千米，绍兴境内共长 58 千米。

西小江又名"钱清江"，因东汉会稽太守刘宠清廉为民并在江中投钱，江水变清而得名。西小江原为潮汐河流，宋及明代早中期，多次成为浦阳江下游干道，直通杭州湾，西小江成为通海大江，山会平原洪涝灾害加重。"明宣德中，又云天顺中，知府彭谊始为西江塘，于麻溪下游西江塘尽处筑坝，成化中知府戴公琥竣工，以断江流之趋入。"[①]

（二）平原水网

古代山会平原，是一片向西延伸的沼泽平原。平原以北的会稽山的水顺流而下，通过平原众多自然河流，分别注入曹娥江和后海。钱塘江涌潮沿曹娥江等自然河流上溯平原，与会稽山的高位水相顶托，在山脚下潴成无数湖泊。这些湖泊在枯水期彼此隔离，仅以河流港汊相连，一旦山水盛发或大潮上溯，则泛滥漫溢，使平原成为一片泽国。春秋时期虽兴修了一些堤塘工程，但不足以解决整个平原的水利问题。

东汉永和五年（140），会稽太守马臻在南部平原，筑成当时我国长江以南的大型蓄水灌溉工程——鉴湖。鉴湖蓄水 2.68 亿立方米，为北部平原 9000 余顷土地的灌溉提供了自流式的丰沛水源。

鉴湖兴建后，鉴湖本身和其以北平原水利又得到了不断完善和改造。晋惠帝时期（290—306），西兴运河开凿，成为鉴湖以北内河治理的主干工程。唐开元十年（722），修筑会稽海塘，使会稽诸水不再分注入曹娥江，而过直落江经玉山斗门入海。唐贞元四年（788），玉山斗门扩建成八孔闸，

---

① 绍兴县修志委员会：《绍兴县志资料（第一辑）》，古籍书店 1937 年版。

山会平原排、蓄、拒潮的能力进一步增强。宋代大规模修复山阴海塘，山阴海塘与会稽海塘一起，基本隔绝了后海咸潮对山会平原的影响。

鉴湖堙废集中在宋一代。至南宋淳熙二年（1175），"诏贺知章放生池十八顷外，余悉纵民耕之"①，鉴湖遂至堙废，留下河网和一批湖泊。

明嘉靖二年（1523），南大吉出守绍兴府。他在任内主持疏浚和整修了绍兴城河及城外一些主要河道。十六年（1537），绍兴知府汤绍恩主持建成三江闸，钱清江成为内河。同时在三江闸建成后，又在闸两侧筑海塘四百余丈，使二百余里萧绍海塘连成一体；"相浦阳江上游，恢复前守戴琥所开碛堰"②，结束堵堰历史。在嵩坝建清水闸，引曹娥江水冲三江闸下淤积，蓄、引、排相结合。至此，绍兴平原河网水系的调整基本完成。绍兴平原河网水利又形成以会稽山"三十六源"之水为南北向自然河流，以浙东运河和鉴湖余留部分为东西向主干河，以众多湖泊为蓄水处，以三江闸为蓄排水总枢纽的水利航运新格局。

五、甬江

甬江在浙江东部，因流经古甬地，故名。顾祖禹《读史方舆纪要》又称"鄞江"。③

甬江有两源，南源奉化江，发源于奉化、余姚、嵊州交界的大湾岗董家彦村，向东北流 93 千米，在宁波市区三江口与姚江相会；北源姚江，发源于余姚四明山夏家岭眠岗山，北而又东流 107 千米与奉化江汇合。两江汇合后为甬江河段，东北流 26 千米至镇海外游山入海。河长以北源为长。甬江全长 133 千米，流域面积 4518 平方千米，河道落差 665 米，平均坡降 5.0‰。甬江流域多年平均降水在 1300—1700 毫米，年际变幅、年内

① 《宋会要辑稿》食货八。
② 毛奇龄：《循吏传》，《西河合集》传目卷五。
③ 主要参考浙江省水利志编纂委员会编：《浙江省水利志》，中华书局 1998 年版，第 123 页。

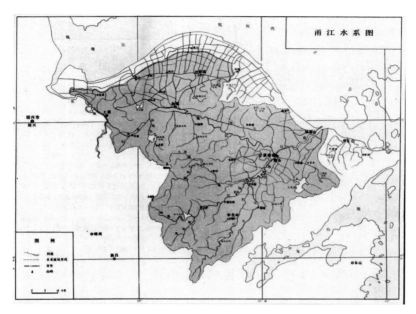

甬江水系图（引自《浙江省河流简明手册》1999年版）

分配、面上分布都有很大差异。

（一）干流

1. 南源奉化江

奉化江流域面积 2223 平方千米，河道落差 750 米，平均坡降 8.1‰。奉化江正源称剡江，剡江上游自河源至公棠 36 千米河段称晦溪，晦溪建有亭下水库，流至公棠左纳康岭溪后称剡江。康岭溪古称剡源，又名"三石江"，发源于撞天岗南麓老庵基山，康岭素有"剡原九曲，风景优美"之称。剡江自公棠东北流经溪口、萧王庙进入平原，至方桥附近三江口，左汇鄞江，右纳县江、东江，三江口以下河段称奉化江，东北流经鄞州至宁波市区三江口与姚江汇合。

2. 北源姚江

姚江又称"余姚江"[①]、"舜江"，流域面积 1934 平方千米，河道落差

[①] 嘉泰《会稽志》卷十："余姚江在县（余姚县）南一十步。源出上虞县通明堰，东流十余里经县江东入于海。江阔四十丈，潮上下二百余里，虽通海而水不咸。"

665 米，平均坡降 6.2‰。姚江自河源北流经梁弄镇汇入四明湖水库，出四明湖水库后北行至娄家闸，与通明江汇合，以下为姚江干流。东流经余姚城，东南流至浦口，右纳陆埠溪，至丈亭左纳慈江（后江），流经车厩、宁波市区姚江大闸和新江桥后与奉化江汇合。

姚江原为潮汐河流，1958 年前涨潮可达通明坝下。1959 年在姚江口上游 3000 米处建成姚江大闸后，姚江变成内河。

3. 甬江

甬江干流亦称大浃江。奉化江与姚江在宁波市区汇合后称甬江，河道宽度渐达 200—500 米，东北流入海。甬江口原在今镇海县城北首，后因泥沙淤高改道至镇海县城南首招宝山南麓入海，入海口距三江口 22 千米，1975 年建镇海港区大堤，北岸延长至大游山外，甬江干流延长为 26 千米。

（二）支流

甬江主要支流有县江、东江、鄞江等。鄞江从左岸汇入，县江、东江从右岸汇入。甬江中下游为平原水网地区，其中奉化江、甬江以南为鄞奉河网，姚江以南奉化江以北为鄞西河网，姚江左岸有姚江北部河网。

1. 县江

县江因流经奉化县城而得名，为奉化江上游右岸支流。主流长 70 千米，流域面积 219 平方千米。发源于奉化、新昌、宁海三县交界的第一尖大公岙，北流至董家折东北流经大堰、南溪口，左汇万竹溪后流经楼岩、尚田、奉化县城至方桥，右与东江汇合后，折西北流至三江口注入奉化江。县江落差 649 米。平均坡降 9.4‰。

2. 东江

东江为奉化江右岸支流。主流长 41 千米，流域面积 116 平方千米。发源于奉化葛岙乡南端薄刀岭岗，上游称牌溪，东北流经葛岙，至尚田下汪右纳朱溪（又名"方门江"），后称"东江"，至西坞折西北流，至方桥与县江汇合。东江落差 404 米。平均坡降 9.9‰。

3. 鄞江

鄞江亦称樟溪，为奉化江左岸支流。主流长 69 千米，流域面积 348 平方千米。上游称大皎溪，发源于余姚、奉化边界的莲花村，东北流经大皎进入皎口，左纳小皎溪，之后，东南流经樟村，至鄞江镇西，经它山堰向东流至三江口附近的横涨村入奉化江。鄞江落差 769 米。平均坡降 11.1‰。它山堰以下受潮汐影响，大潮时可达堰下。

（三）平原河网

1. 鄞奉河网

在奉化江、甬江以南，主要有钱塘河、中塘河、后塘河；在甬江右岸主要有小浃江等。这四条河流为鄞东南地区航运、引灌、行洪、排涝的骨干河道。

2. 鄞西河网

奉化江以北姚江以南，主要有南塘河、中塘河、后塘河等，三河分支互相贯通构成鄞西河网。一般中塘河以南的水排入奉化江，以北的水排入姚江。

3. 姚江北部河网

姚江北部平原按排水系统可分为两部分，即向姚江排水部分及向杭州湾排水部分。姚江北部河网不仅是排水河道，也是调蓄供水水源的水利设施。

附 录

姚江源头初考^①

戴怀长

姚江为甬江一支，源于何处，历代众说不一。南北朝孔灵符著《会稽记》载："余姚江源出太平山，随潮至硖口入海。"嘉泰《会稽志》载："（余姚县）余姚江，在县南一十步。源出上虞县通明堰，东流十余里经县江东入于海。"黄宗羲《今水经》载："一自上虞县太平山，经余姚县治南，名姚江，历慈溪县境东流……"清康熙《余姚县志》载："姚江导源太平山及菁江，过断溪，西流至于上虞通明坝，新河注之（新河即运河）。"光绪《慈溪县志》转引《天启志》云："（姚）江源发于绍兴余姚之太平诸山。"《重修浙江通志稿》载："姚江源出上虞县之象田山，曰玉带溪。东北流约十八里至老通明闸。"《余姚县水资源调查及水利区划报告》（1984 年 9 月，浙江余姚县区划办公室水资源组、余姚县水利局编）称："姚江，又名舜江，南源于本县大岚乡夏家岭，中源于上虞县江坎头。"

上述诸说中嘉泰《会稽志》"源出通明堰"说，是以感潮段一端为源，显然是不妥当的。鉴于南宋嘉泰年间（1201—1204）对江河源头的标准不一，及认识的局限性，姚江上游的河港溪流情况又十分复杂，天然溪流和人工运河的变化大，提出如是源头说，也无可厚非。

"源于上虞江坎头"，古无是说。江坎头为今四十里河之西端，与曹娥江仅隔一堤。四十里河"东接新、旧通明坝，西距外梁湖坝，横亘三十五里"。备稿案："今俗称四十里河。源出百楼象坤诸山，由溪涧会注，源流既短，河又浅狭，旱则立涸。是以朝贤有司递引沙湖、西溪、皂李、百云四湖之水，以通舟楫，以通灌溉。"（光绪《上虞县志校续》）四十里河源

---

① 原载《余姚市水利志》编纂委员会编：《余姚市水利志》，水利电力出版社 1993 年版，第 197—199 页。

短流窄，并非姚江之源，而仅为姚江一支。即使其为姚江之源，源头也绝非江坎头而是百楼象坤诸山。此外，四十里河西端原为外梁湖坝。当时江坎头尚在曹娥江中。

由此可见，姚江源头值得考证者凡三："象田山"说、"太平山"说、"夏家岭"说。下面就这几种说法进行粗浅的分析比较。

学术界确定江河源头的标准一般以"溯源唯远"为主要考虑因素。其次，流域面积、河川流量、历史习惯、河谷发育、河谷形态、河源地势以及支流排列等也是综合考虑的重要因素。现将有关数据比较见表 1-1。

表 1-1　姚江源头考证诸因素

项目	流长 / 千米	流域面积 / 千米²	主峰高程 / 米	平均径流量 / 亿米³	平均流量 / （米³·秒⁻¹）
夏家岭	25	116.8	636	1.13	2.8
象田山	19.2	121.4	420.5	0.809	2.15

注：各项数据均指从源头至新江口的距离。

由表 1-1 可见，除流域面积象田山略大于夏家岭外，其余诸项均为夏家岭大。根据浙江水文地质大队《浙江省余姚－慈溪平原农田供水水文地质勘探报告》，姚江古河道一支自马渚南来，历东蒲周而泗门，由南向北出海。而由马渚南来水经东蒲周、泗门出海的古姚江河道，其上游即四明江，与今夏家岭方向来水一脉相承。约 5000 年前，姚江开始改道东向出海，久而久之遂成今貌。此外，"姚江源出上虞县之象田山"出于《重修浙江通志稿》。其前诸志书从未见有是说，其后诸书亦无承其所言者。况且《重修浙江通志稿》尚属于"稿"，因此单凭流域面积稍大而定象田山为江源，实失之偏颇。

从清康熙《余姚县志》看，源流应于通明坝东的四明江。而由此上溯的溪流出自夏家岭的梁弄大溪可谓其正源。而太平山也即在夏家岭一带。此后的《辞源》《中国古今地名大辞典》姚江条，因循康熙余姚志。《辞海》姚江条为"源出四明山"，与前也无大的出入。此前的元《一统志》应与康熙志无大差别。南北朝时，孔灵符《会稽记》谓"余姚江源出太平山"。

浙东名"太平山"者凡三：会稽太平山；上虞太平山；余姚太平山。最近的余姚、上虞版图，"太平山"在上虞境内。其有一西出水流，究其末，为曹娥江一支，不属姚江水系。黄宗羲《四明山志》载："太平山，跨余姚、上虞二境。"清同治四年（1865）编绘的《余姚县境方积里图》中，余姚、上虞二县南交界处标明为"太平支山"。光绪《慈溪县志》谓"姚江源出余姚之太平诸山"。由图可见余姚太平山与上虞太平山实指一处。该图"太平支山"之西北即今上虞版图"太平山"，其东北即今余姚夏家岭一带。可以说夏家岭即"太平支山"（或太平诸山）中的一座山。"太平山"说与"夏家岭"说实为一说。

由此可见，姚江源出太平山东北之夏家岭，北流至百丈岗、四明湖水库，又西北至上虞楼家闸，出新江口接通明方向来水，于永思桥入余姚境。东于城山渡出余姚入宁波江北区、鄞州，至宁波新江桥汇于甬江。全长106.5 千米。

第二章
史前水运及大禹传说

卷转虫海侵在 6000 年前到达高峰以后，宁绍平原沦为一片浅海，在海面上升过程中越族先民在与大自然抗争的同时，逐步南迁或流散，其间产生了跨湖桥、河姆渡等文化遗址。海退后越部族"以船为车，以楫为马"[①]，舟楫是主要交通工具，越人"操舟若神"[②]。在此期间越地也产生了大禹治水的传说，形成了悠远深厚的大禹文化，这也是浙东水文化的主要源头。

第一节　越民族迁徙

一、越民族的流散

卷转虫海侵在 7000—6000 年前达最高峰，东海海域内侵到了今杭嘉湖平原西部和宁绍平原南部，其地成为一片浅海。于是，环境开始变得恶劣，越部族赖以生存的水土资源面积大量缩减，一日两度咸潮，从钱塘江和其他支流倒灌入平原内陆纵深之地，土壤迅速盐渍化，水稻等作物难以生长。此前生活繁衍于平原上的越族人民纷纷迁移。

---

① 《越绝书》卷八。
② （宋）孙因：《越问·舟楫》，宝庆《会稽续志》卷八。

第一批越过钱塘江进入今浙西和苏南丘陵区的越人，以后成为句吴的一族，是马家浜文化、崧泽文化和良渚文化的创造者之一。

第二批到了南部的会稽山麓和四明山麓，河姆渡就是越人在南迁过程中建立的聚落，他们在山地困苦的自然环境中，度过了几千年的迁徙和农耕、狩猎生活。

第三批越人，利用平原上的许多孤丘，特别是今三北半岛南缘和南沙半岛南缘的连绵丘陵继续在当地繁衍生息。

第四批越人，运用长期积累的漂海技术，用简易的木筏或独木舟漂洋过海，足迹可能到达我国台湾以及日本南部等地。

《越绝书》卷八中所称的"内越"指的就是移入会稽、四明山的一支；"外越"则指离开宁绍平原而漂洋过海的一支。[1]

二、对海潮上溯的防御

越部族后退到会稽、四明山地是被迫的，是由于不可抗拒的自然力量而迁徙。而在会稽山沿山麓线一带及平原孤丘上仍然居住着众多的越族居民。海侵前在平原上使用过的众多的舟楫，为退居会稽山南麓的越族居民继续使用，用于水运和捕捞。水上航运不是衰退而更成为生产、生活之需要。越部族的生活不仅只是倒退到刀耕火种的阶段，面对着海进和海退，退居山地的越族人民一直开展与海水争夺水土资源的活动，主要方式是筑堤拦截潮水，形成山麓地带聚落和生产基地。对目前会稽山麓冲积扇地带常能见到的古塘遗址，如位于绍兴城南的坡塘、秦望村的古塘、兰亭的西长山等，不能简单地认为只是越王句践时留下的工程。[2] 早于句践时期，

---

① 陈桥驿：《吴越文化和中日两国的史前交流》，《吴越文化论丛》，中华书局 1999 年版，第 59—60 页。

② 盛鸿郎、邱志荣：《坡塘》，《中国水利报》1992 年 10 月 7 日；盛鸿郎、邱志荣：《南池》，《中国水利报》1992 年 7 月 4 日；邱志荣：《绍兴风景园林与水》，第 80—89 页。

越族人民进行围堤筑塘御潮，扩大生产、生活之地的活动已开展，而在宁绍平原这一以筑海塘和围涂为改造自然环境、扩大生存区域的方式一直延续至今。"在皇天畈海进逼近村落之初，河姆渡人不甘心离开自己的家园，便用大小石块进行回填，借以抵御海水的侵袭，因而造成一些遗物和回填的石块与海水沉积物相掺混的现象。"[①] 此外，位于余姚河姆渡边的井头山遗址和田螺山遗址也见证了这一过程。

三、越民族重返山麓地带

《吴越春秋》记载当时"人民山居"[②]。《水经注·浙江水》记载，越部族的活动中心原有两处：一是"埤中"，在诸暨北界店口至阮市一带。二是"大城"，《水经注》卷四十载："山南有嶕岘，岘里有大城，越王无余之旧都也。""无余"，《吴越春秋》卷四记载："禹以下六世而得帝少康，少康恐禹祭之绝祀，乃封其庶子于越，号曰无余。"此大城与南朝宋孔灵符《会稽记》记载的"越之中叶，在此为都"的古越城，为同一处，位置约在若耶溪的支流同康溪的源头兰亭里黄现与平水镇同康一带，即"溪水上承嶕岘麻溪"[③] 之地。

距今 4000 年前后，海岸线北退，于是越部族开始有居民从会稽山、四明山内地逐年北移，对一些受咸潮影响较小的山麓冲积扇地带进行垦殖，面积快速扩大。此外，平原上多有高度在 20—100 米的山丘，为越族聚落发展和生产范围不断向平原扩展创造了有利条件。但海侵过后的宁绍平原仍多为潟湖、沼泽和咸潮出没之地，不利于人们在平原生产、生活，因此越部族仍多从事迁徙农业和狩猎业，正如《吴越春秋》卷四所载："随陵陆而耕种，或逐禽鹿而给食。"

---

① 金普森、陈剩勇主编，林华东著：《浙江通史·史前卷》，浙江人民出版社 2005 年版，第 74 页。

② （东汉）赵晔：《吴越春秋》卷四，明刻增定古今逸史本。

③ （北魏）郦道元：《水经注·浙江水》，明黄省曾刻本。

从海退结束到平原较大规模开发（前 2000—前 600），有一个发展过程，并非越王句践一任内单独完成。地理环境有改造的过程，生产力和国力也有不断发展的历史演变，否则难以解释在越王允常及句践时一个山区部落敢于和经济与军事实力强盛的吴国争霸的事实。

《钱塘江志》中提到，钱塘江河口"距今五六千年以来，海面变化不大，河口两岸平原地貌和岸线的变化，主要是江流、潮浪对泥沙冲蚀淤积的结果"①。海岸线的稳定为越国走出山丘向北部平原开发创造了条件。越王句践即位于前 496 年，随着部族生产力水平的提高，人口增多，以及北部平原开发面积的扩大，"句践徙治山北，引属东海，内外越别封削焉"②。据清毛奇龄考证，其地在今平水镇平阳。这里地处会稽山北麓，地势广阔平坦，群山环抱，既利生产种植，又易守难攻。越部族的生产活动中心，已从南部山区，进入了山北的一系列山麓冲积扇地段。"水行而山处，以船为车，以楫为马，往若飘风，去则难从"③描述了当时越族居民的生活、生产状况。

第二节　遗址中的水运遗存

现代考古发现的宁绍平原及钱塘江北岸的古遗址中，海侵留下的自然环境遗存与人类活动的印证大量存在。其中小黄山遗址、跨湖桥文化遗址发现了早期的稻谷遗存，表明当时已开始栽培水稻了，也就有了农田水利。至于河姆渡文化遗址、井头山遗址、田螺山遗址更有更明显的水运、水井、农田水利及最早的海塘设施等考古成果展示。

---

① 钱塘江志编纂委员会编:《钱塘江志》，第 65 页。
② （东汉）袁康:《越绝书》卷八。
③ （东汉）袁康:《越绝书》卷八。

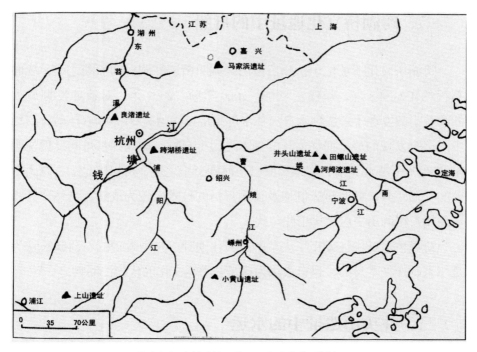

浙东运河史前遗址示意图（邱志荣等 绘制）

一、小黄山遗址中的水利

小黄山遗址位于绍兴市嵊州甘霖镇上灶村小黄村，属曹娥江上游长乐江宽广的河谷平原地带。[①]

遗址距今10000—8000年，当时的原始先民过着以采集、狩猎为主的定居生活，并且从发现的稻属植物硅酸体看，其时已开始栽培或利用水稻了。水稻生产必须有良好的水利灌溉条件，说明这里的河网水系较发达，史前的农业文明已经显示。

---

① 张恒、王海明、杨卫：《浙江嵊州小黄山遗址发现新石器时代早期遗存》，《中国文物报》2005年9月30日，第1—2版。

二、跨湖桥文化遗址中的舟船

跨湖桥文化遗址位于杭州市萧山区城厢街道湘湖村的湘湖之滨，地面高程约 4.2—4.8 米，年代在 8000—7000 年前。2002 年，对遗址发掘最大的收获当数发现了一条独木舟。独木舟测定年代为 8000—7000 年前，堪称中国迄今发现的最早而又最长的独木舟出土文物。而此独木舟的发现说明早在 8000—7000 年前，宁绍平原已是河湖交织之地，舟楫应是远古越人主要的交通工具，此时越人制造及使用舟楫的技术已较为成熟，当然，其开创使用舟楫的历史应远早于此年代。

跨湖桥遗址中还发现了大量的古文化遗存，其中发现的石器锛被认为是用来制作独木舟的，也有人认为这是"海洋文化的代表性器物之一"。[1]

三、井头山遗址中的水运

井头山遗址位于浙江省余姚市三七市镇，临近河姆渡遗址和田螺山遗址。2013 年 10 月发现，其文化堆积以海洋软体动物贝壳为主要包含物，还发现了当时用于航运的木桨。遗址埋藏深度达 5—10 米，总面积约 2 万平方米。经国内外多家实验室碳 -14 测定，井头山遗址距今 8300—7800 年，早于河姆渡文化 1000 年左右。井头山遗址是迄今浙江和长三角地区首个沿海贝丘遗址，也是中国沿海埋藏最深、年代最早的海岸贝丘遗址。遗存包含浓厚的海洋文化因素，对研究中国海洋文化起源具有重要学术价值。该遗址还呈现了海洋文化向内陆文化发展的趋势，是海侵逐步侵入宁绍平原的重要证明。

---

[1]　徐峰等:《中国第一舟完整再现》,《杭州日报》2002 年 11 月 26 日，第 3 版；林华东:《越人向台湾及太平洋岛屿的文化拓展》,《浙江社会科学》1994 年第 5 期。

跨湖桥遗址发掘现场

跨湖桥独木舟现场

跨湖桥遗址发掘木桨

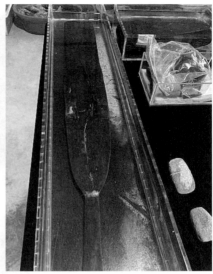

井头山遗址发掘木桨

井头山遗址发掘石锛

四、田螺山遗址中的水运

田螺山遗址距井头山遗址约1.5千米，是姚江流域发现和发掘的一处重要的新石器时代聚落遗址。2004年和2006年进行的2次考古发掘，面积600多平方米，发现了多层干栏式建筑遗迹以及

田螺山遗址现场

田螺山遗址木舟模型器

田螺山遗址发掘的船桨

部分墓葬、食物储藏坑等相关遗迹，并出土1000多件用陶、石（玉）、骨（角牙）、木、芦苇等材料制作的生产工具和生活器具，还出土无数动物骨头、谷壳、炭化米粒、菱角、橡子、葫芦等动、植物遗存，遗存内涵属于河姆渡文化。又经钻探，发现遗址总面积达3万多平方米，文化堆积最厚处超过3米，叠压着6个文化层，形成年代距今7000—5500年。井头山遗址和田螺山遗址有很大的关联，反映了海侵发生后先民从沿海向内陆山丘及高地的迁徙变化过程，也是先民生活生产方式从海洋捕捞向内陆稻作农业转变的实证。[1] 田螺山遗址曾出土一件河姆渡文化早期的木质舟模型器，长35.5厘米，宽10厘米，厚6厘米。

---

① 主要参考孙国平：《梦回远古——从河姆渡到田螺山》，《大众考古》2013年第5期。

五、河姆渡文化遗址中的水利水运

河姆渡文化遗址位于余姚市罗江一片地势低洼之地。根据考证，7000年前的河姆渡地理地貌应属丘陵山地与沼泽平原交接地带，此遗址应是第三次海侵高峰时，越人流散过程中南撤的最后一处居住点。遗址附近不但有着大片淡水的湖塘、沼泽平原，而且距离河口海岸边也并不太远。河姆渡第四层底部的高层与今日的海平面相近或稍低 0.5 米，当时的陆地平面比今日之海平面低 2—3 米。

（一）稻谷与农灌

在河姆渡遗址的发掘中发现有大量的栽培稻谷遗址出土，其数量之大，保存之完好，不仅堪称全国第一，在世界其他史前遗址中也是罕见的。

（二）最早的海塘

距今 6555—5850 年的皇天畈海进开始以后，由于海水的不断上涨，"河姆渡人"居住的村落和田地逐渐为海水吞没，之后又渐次为海侵时的沉积物所覆盖，从而构成第四文化层。在皇天畈海进逼近村落之初，河姆渡人使用大小石块进行回填筑堤建坝，抵御海水的侵袭，保护家园，因而造成一些遗物和回填的石块与海水沉积物相互掺混的现象，形成第三文化层。

（三）造船及航运技能

河姆渡人当时所处的地理环境，是钱塘江以南地区背山临海的湖沼地带。海洋和内河均是当时人们的主要生产和生活依赖之一。于是"刳木为舟""剡木为楫"，舟楫便是大自然启导河姆渡人创造的主要的交通和生产工具之一。

在河姆渡第四文化层中，1973 年的考古中发现了一件似是木桨船的木器。1977 年的考古中又发现 6 支木船桨。从 6 支木桨均是用整块木板制成的状况来看，可推知远在 7000 多年以前，沿海先民已能剖制木板，具备了制作木板船的条件。

　　在第九文化层中发现了独木舟遗骸。此外，还发现了以当时独木舟为模型的陶舟。[①]

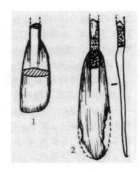

河姆渡遗址中的木桨　　　　　　　　河姆渡遗址发掘的陶舟

（四）凿井汲水

　　在河姆渡遗址第一期考古发掘中发现了一口木结构的水井遗迹，采用了桩木、圆木筑井的方法，说明当时的人已具备高超的木工制作技术。

（五）鸟图腾崇拜

　　河姆渡文化是越文化的主要源头之一，河姆渡先民崇拜鸟是其原始崇拜的一个鲜明的特征。遗址出土的象牙雕刻蝶形器上精美的"双鸟朝阳"纹，堪称当时鸟图腾的代表。越地传说中又有"鸟耘之瑞"的传说，因为凡是鸟群聚或觅食之处，必是

河姆渡遗址出土的"双鸟朝阳"

---

① 金普森、陈剩勇主编，林华东著：《浙江通史·史前卷》，浙江人民出版社 2005 年版，第 178 页。

水草丰美之地，人们跟随种地必然会收获成功。

六、余姚施岙独木舟①

2020 年下半年，在余姚施岙遗址考古发掘中发现了大面积的河姆渡文化早期、晚期与良渚文化时期的古稻田。河姆渡文化晚期与良渚文化时期稻田均有比较清晰的道路系统，尤其良渚文化时期的稻田道路呈"井"字形结构。

2021 年 1 月中旬考古工地收尾阶段，在做 TG21 路 12 东端解剖沟时，除在解剖沟东侧发现十余根散乱木头外，在西端发现了一段长约 1 米的凹弧形木板，沿着弧形木板清理到探沟外，发现其延伸 5 米多，后将其整体清理出。根据这段弧形木板的形态来看，这应该是一艘独木舟。并且这艘残独木舟废弃后成了道路的垫木。同层水稻田经碳 −14 测年树轮校正后得出其年代在前 2900 至前 2700 年之间，从而可知独木舟距今约 4900 年，属于良渚文化时期。

独木舟仅保存船身部分，东端微收束，船头、船尾均已残断，北侧舷保存较好，南侧舷破损严重。内面较为平整，横断面呈弧形，残长 5.6 米，残宽 40—80 厘米，厚约 3 厘米。因埋藏较浅，整体开裂较严重，保存不是很好。

施岙独木舟是目前宁波地区发现的最早独木舟，也是继萧山跨湖桥、余杭茅山遗址独木舟之后浙江发现的第三艘史前独木舟。

七、良渚文化遗址中的水利水运

良渚遗址位于余杭良渚、平遥两镇地域内，总面积 42 平方千米。虽

---

① 主要参考王永磊：《余姚施岙古稻田遗址发现宁波地区最早的独木舟距今约 4900 年》，2021 年 4 月 10 日，https://www.thepaper.cn/newsDetail_forward_12140199。

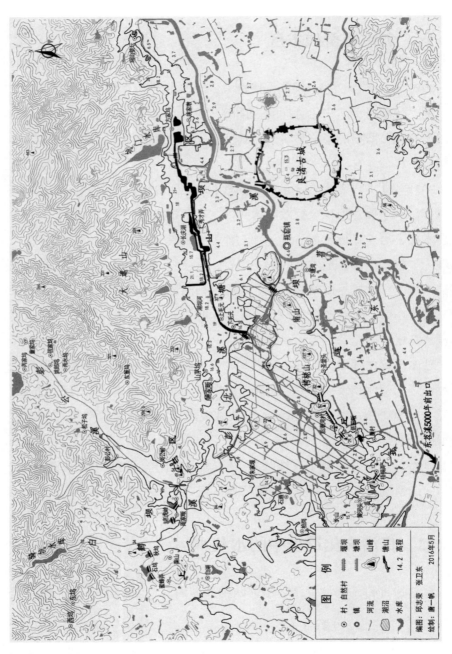

良渚遗址水利工程分布图（邱志荣等 绘制）

在钱塘江北岸，与良渚文化同属于大越文化的一部分；钱塘江两岸地形地貌有很多相似之处，遗址对研究海侵对两岸文明的发展影响有着重要的意义。已经发现良渚以莫角山为中心有 135 处遗址点，包括古城、墓葬、祭坛、村落、防御工程、礼制地、水利设施、码头、航运设施、作坊等类型。其体量和内容，彰显了良渚文化在史前高度发达的社会文明程度和地位。

距今 5000 年的良渚地区的水环境特点是：沼泽遍布，洪潮频仍。今良渚塘山坝边有村名"后潮湾村"，这里在历史上应是潮水出没之地。地势低洼。根据地貌变化，其时的平原地带，地面高程至少应比今日低 3 米，今高程多在黄海 2.5—4 米。

东苕溪东南注源出于天目山，经临安、余杭的东苕溪古河道，曾经杭州东郊注入杭州湾。[①]

良渚文化遗址中的山地（上坝）—山麓（下坝）—平原（城墙与城河等）水利工程的建设与变化发展，遵循着自然的演变和人类适应与改造自然的规律。

良渚古城是我国最早的水城。城墙有着防洪、挡潮、防卫等作用。古城还有环城河、城内河道、水城门等水系和设施，可用于航运。这里还有了人工运河。

良渚古堤坝是目前发现的我国上古时期时间最早、规模最大、技术含量最高的水利工程遗址。草裹黄泥（或黄土）筑坝工艺等等，显示了良渚古代文明的发达程度和社会组织能力，也反映了水利在文明发展中的重要地位。[②]

八、安吉越国遗址中的水利水运

安吉龙山 107 号古墓葬（俗称八亩墩），位于浙江省安吉县递铺街道

---

① 韩曾萃等：《钱塘江河口治理开发》，中国水利水电出版社 2003 年版，第 21 页。
② 主要参考邱志荣、张卫东、茹静文：《良渚文化遗址水利工程的考证与研究》，《浙江水利水电学院学报》2016 年第 3 期。

古城村，是全国重点文物保护单位——龙山越国贵族墓群中规模最大、等级最高的一座贵族墓园，西北距安吉古城城址约 850 米。

整个墓园由主墓、外围陪葬墓和隍壕三部分组成。主墓耸立于墓园中心的小山之巅，为东西向长方形覆斗状。主墓外围现存 30 座排列整齐的小型土墩，大体呈两周等距离分布，内外对应，紧紧环绕。小型土墩外围是围绕山体一周的规整隍壕，隍壕转角方正，周长约 630 米，宽 21—23 米。包括隍壕在内，墓园总面积达 35000 平方米。古城周边河道水系发达，连通苕溪。是早期人工水运的实证之一。

2016 年 10 月，开始为期三年的考古发掘，截至 2019 年 11 月，已完成主墓、外围 31 座陪葬墓的发掘，完整揭露了整个墓园，出土印纹陶、原始瓷等随葬器物 571 件，另有千余件以绿松石为主的玉石器。

根据墓葬形制、随葬品时代和文化面貌判断，墓园范围内墓葬均为春秋晚期的越墓，中心主墓规模巨大、气势雄伟，或达王侯等级。

第三节　大禹治水

一、大禹在越大事记载

大禹在越治水的历史传说在古代普遍流传，见之于众多史籍文献记载。《竹书纪年·夏纪一》载："（禹）八年春，会诸侯于会稽，杀防风氏。"《国语·鲁语下》载："昔禹致群神于会稽之山，防风氏后至，禹杀而戮之。"《史记·夏本纪》中记述："十年，帝禹东巡狩，至于会稽而崩。"

（一）宛委山得天书

相传大禹在治水之始遇到艰难险阻，睡梦中受玄夷苍水使者指点，便在若耶溪边的宛委山下设斋三月，得到金简玉字之书，读后知晓山河体势，通水之理，治水终于大获成功。此事在《水经注》《吴越春秋》《十道志》《太平御览》等经籍中均有记载。司马迁《太史公自序》叙及的"二十而南游江淮，上会稽，探禹穴"中的"禹穴"即是大禹得天书处。《水经注·渐江水》载"东游者多探其穴也"。

宛委山又称"石匮山""玉笥山"，位于绍兴城东南约6000米处，海拔279米，北连石帆山、大禹陵，南倚香炉峰，是会稽山中自然风光与人文景观的荟萃之地。六朝地方志《会稽记》中记宛委山：

> 会稽山南有宛委山。其上有石，俗呼石匮，壁立千云，有悬度之险，升者累梯然后至焉。昔禹治洪水，厥功未就，乃跻于此山，发石匮，得金简玉字，以知山河体势。于是疏导百川，各尽其宜。①

贺循《会稽记》记石箦山：

> 石箦山，其形似箦，在宛委山上。《吴越春秋》云：九山东南曰天柱山，号宛委。承以文玉，覆以盘石。其书金简，青玉为字，编以白银。禹乃东巡，登衡山，杀四马以祭之。见赤绣文衣男子，自称玄夷仓水使者，谓禹曰："欲得我简书，知导水之方者，斋于黄帝之岳。"禹乃斋，登石箦山，果得其文。乃知四渎之眼、百川之理，凿龙门，通伊阙，遂周行天下，使伯益记之，名为《山海经》。②

今宛委山中有一巨石，石长丈余，中为裂罅，阔不盈尺，深莫知底，传闻此洞即禹穴，亦名阳明洞。"《旧经》诸书皆以禹穴系之会稽宛委山，里人以阳明洞为禹穴。"宛委山是传说中大禹治水第一次来越获取治水经验之处。

---

① （唐）欧阳询：《艺文类聚》卷八，宋绍兴刻本。
② （宋）李昉等：《太平御览》卷四十七，中华书局1960年版，第228b。

宛委山中有石名飞来石，其势欲倾，石高4米，长8.8米，世传此石从安息国飞来，上有索痕二道。飞来石上有唐贺知章《龙瑞宫记》，至今清晰可辨，其中也有关于大禹在此得天书的记载：

唐贺知章《龙瑞宫记》

宫 记①

秘书监贺知章

宫自黄帝建候神馆，宋尚书孔灵产入道，奏改怀仙馆。神龙元年再置。开元二年，敕叶天师醮，龙现，敕改龙瑞宫。管山界至：东秦皇、酒瓮、射的山；西石簣山；南望海、玉笥、香炉峰；北禹陵内射的潭、五云溪、水府、白鹤山、淘砂径、茗坞、宫山、麂迹潭、葑田、芝池。洞天第十，本名天帝阳明紫府真仙会处。黄帝藏书磐石盖门，封宛委穴。禹至开，得书治水，封禹穴。

（二）毕功于了溪

了溪，地处今嵊州城北7000米禹溪村。"禹疏凿了溪，人方宅土。"②传大禹治水到此，治水终获大成，"了溪"因而得名。

曹娥江嵊州段有了溪，诸暨市暨南街道三和村（原王家井镇闸头村）则有了山。据光绪《诸暨县志·山水志》载，世人曾在了山建有禹思

---

① 《全唐文》卷三百贺知章《唐龙瑞宫记》与现状拓片有出处。
② （唐）李绅：《龙宫寺碑》，（宋）高似孙：（嘉定）《剡录》卷五，清李式圃刻本。

亭、了山祠、了山闸等，后毁。传说大禹为治浣江洪水，曾亲临诸暨，在斗岩石室中得黄帝《水经》。大禹便按书中指点，沿浦阳江而上，到了擂鼓山北侧，得神力相助，平定水患。治水大业到此了结，便欣然命之为"了山"。

嵊州了溪和诸暨了山，都是古代潮水上溯到达终点之地。或也是"毕功"一说之由来。

（三）禹会诸侯，会稽得名

《越绝书》卷八记载，大禹曾两次来越，第一次即"禹始也忧民救水，到大越，上茅山，大会计，爵有德，封有功，更名茅山曰会稽"。

"会稽者，会计也。"[①] 追根溯源，是因传说大禹在茅山"大会计"而使茅山得名"会稽山"，再因此而名此地为会稽。

（四）禹禅会稽

《史记·封禅书》记管仲曰："尧封泰山，禅云云；舜封泰山，禅云云；……禹封泰山，禅会稽……皆受命然后得封禅。"封禅为帝王受命后在名山大川祭天地之举，"皆受命然后得封禅"，大禹受命为夏王，巡视江南，并"禅会稽"。也就是召集诸侯共行祭祀天地活动，建立起了统一的国家政权。

《史记·封禅书》还记载："自崤山以东，名山五，大川祠二。曰太室。太室，嵩高也。恒山，泰山，会稽，湘山。"充分显示了会稽山的地位。

（五）斩杀防风氏

《韩非子·饰邪》："禹朝诸侯之君会稽之上，防风之君后至而禹斩之。"《史记·孔子世家》载："吴伐越，隳会稽，得骨节专车。吴使使问仲尼：'骨何者最大？'仲尼曰：'禹致群神于会稽山，防风氏后至，禹杀而戮之，其节专车，此为大矣。'"

《吴越春秋·越王无余外传》记禹："周行天下，归还大越。登茅山，

---

① 嘉泰《会稽志》卷一。

以朝四方群臣，观示中州诸侯。防风后至，斩以示众，示天下悉属禹也。乃大会计治国之道，内美釜山州镇之功，外演圣德，以应天心。"

吴越两地并不因防风氏被禹所杀而否定防风氏的功绩，在民间防风氏是一位受到越民祭祀的治水英雄和神明。《述异记》中记载了人们祭祀防风氏的民俗：

> 今吴越间防风庙，土木作其形，龙首牛耳，连眉一目。昔禹会涂山，执玉帛者万国。防风氏后至，禹诛之。其长三丈，其骨头专车。今南中民有姓防风氏，即其后也，皆长大。越俗，祭防风神，奏防风古乐，截竹长三尺，吹之如嗥，三人披发而舞。[①]

传说中的防风氏：身高 3 丈，心中只想着百姓，天天在洪水中奔波，察地形，观水势，住山洞，以树皮、草根充饥。最后采用筑堤束水和因势疏导两种方法，选用息土堆筑了很大的盆地，用以储存洪水，又在大盆地四周开了 49 条渠道，其中 24 条引进西北滔滔而来的洪水，25 条将大盆地里的洪水赶到东南大海里去了。这就是传说中太湖和太湖流域的来历。[②]

嘉泰《会稽志》卷六"会稽县"条中，有"防风庙，在县东北二十五里。禹诛防风氏，此其遗迹"的记载。

绍兴民间有"十里湖塘七尺庙"之说。湖塘位于绍兴西部。七尺庙位于湖塘街上。据传宋时建此庙时，掘土中得 7 尺长骨，因此地离型塘近，疑为防风氏遗骨，乡人将其瘗于神座之下，名其庙为"七尺庙"。此虽为传说，也是代代相传对古防风氏的纪念。

（六）禹葬会稽

《越绝书》卷八载："及其王也，巡狩大越，见耆老，纳诗书，审铨衡，平斗斛。因病亡，死葬会稽。苇椁桐棺，穿圹七尺，上无漏泄，下无即水，坛高三尺，土阶三等，延袤一亩。"大禹第二次来越，病故并葬于会稽山。

---

① （南朝梁）任昉：《述异记》卷上，《四库全书》本。
② 金普森、陈剩勇主编，徐建春著：《浙江通史·先秦卷》，第 73 页。

《史记·夏本纪》载："帝禹东巡狩，至于会稽而崩。"大禹埋葬在绍兴，于是绍兴有了大禹陵、庙。

（七）越为禹后说

《史记·越王句践世家》载："越王句践，其先禹之苗裔，而夏后帝少康之庶子也。封于会稽，以奉守禹之祀。"

越王句践很注重树立大禹形象和建立禹文化，他在建设以今绍兴城卧龙山为中心的越国大小城时同时建立"禹宗庙"①。又句践二十七年（前 470），

绍兴大禹陵碑

句践在临终前对太子兴夷说，"吾自禹之后"②，明确了家族是大禹的后代。

二、海侵与大禹传说

（一）历史地理学界的观点

20 世纪 20 年代，顾颉刚《古史辨》③中提出了"禹是南方民族神话中的人物"，"这个神话的中心点在越（会稽）"。

冀朝鼎认为：

> 关于禹的问题，顾颉刚的见解是，禹是大约公元前 11 世纪的殷、周期间，流传于长江流域民间神话的一个神。而这个传说，看来先是集中在现在的浙江省被称为绍兴会稽一带发生的。越人

① 《越绝书》卷八："故禹宗庙，在小城南门外大城内，禹稷在庙西，今南里。"
② （东汉）赵晔：《吴越春秋》卷六。
③ 顾颉刚：《古史辨》，北平朴社 1926 年版。

崇拜禹，把禹作为他们的祖先，并认为他的墓地就在会稽。这个传说由会稽传到安徽省的涂山，并认为禹曾在涂山召集过诸部落的首领开过会。后来，又由涂山传到楚（今湖北省），由楚传到中国北部。[1]

陈桥驿指出：

> 禹的传说就因为卷转虫海侵而在越族中起源，然后传到中原。但是这种传说在宁绍平原一带是根深蒂固的。[2]

（二）海侵与实证 [3]

大禹是否来越治水，并留下工程实绩，尚无确实的证明，但可以明确：

第一，考古发现钱塘江流域的跨湖桥文化遗址、河姆渡文化遗址，尤其是良渚文化无法与同一时期传说的大禹治水产生融合与互证。促成宁绍平原由浅海变为咸潮直薄的沼泽之地，并逐渐具备开发条件的根本原因是第四纪的自然循环，即气候由暖变冷，形成海平面下降出现海退。

第二，4000 年前宁绍平原是海侵过后的一片浅海或沼泽之地，在当时这里的生产力和特定的地理条件下，人类不可能有能力较大范围地改造这一自然环境。据记载和现代考证研究，越部族大规模开发山会平原，兴修水利始于约 2500 年前的越王句践时，此前越族活动中心主要在会稽丘陵，"随陵陆而耕种，或逐禽鹿而给食"[4]。

第三，当越部族在会稽山上俯瞰，曾使他们望而生畏的水环境，逐渐变为沼泽地，生存环境有所改变时，必然会难以理解，思索是何种早就期盼的神力造成了这一改变。由于无法解释海退的自然现象，必然会将此变迁归属为大禹治水，地平天成。

---

① 冀朝鼎：《中国历史上的基本经济区》，商务印书馆 2014 年版，第 50 页。
② 陈桥驿：《吴越文化和中日两国的史前交流》，《吴越文化论丛》，第 62 页。
③ 主要参考邱志荣：《上善之水》，学林出版社 2012 年版，第 20—23 页。
④ （东汉）赵晔：《吴越春秋》卷四。

如果大禹当时未曾到过会稽，而是神话传说，其治水传说也会因文化流传、民族认同需求及地域化改编而在古越等地广泛弘扬，成为民族文化的重要组成部分。同一时期在中国广西产生了盘古开天辟地的传说，在西方诞生了诺亚造方舟的神话。所不同的是大禹带领民众治平水患，建立国家；诺亚独善其身，躲避洪水求生存。

第三章
越国时期

　　越王句践时建山阴城，越部族的政治、经济中心由山麓地带迁至山会平原，平原活动范围扩大，对农田水利、航运的要求也随之提高。卷转虫海退后，宁绍平原的自然河流几乎都是南北向的，位于山会平原东部东西向的山阴故水道①的建设，是越部族在自然环境改造中的一次综合性的治水活动。其形成有一个较长的过程，开始的范围必定较小，时间距今约3000年甚至更早。此后随着此地部族的发展，对这一水道的整治一直在进行，规模不断扩大，在越王句践时又进行了一次较大规模的疏挖。据考证，在山会平原西部同样有着一条东西向的水陆通道。山阴故水道在越国政治、军事、经济、生活、文化、对外交流上发挥了命脉和保障的基础作用。其中，后人也可发现越大夫计倪的兴越之计："或水或塘，因熟积以备四方"②，把兴修水利列为发展农业、振兴越国的基本国策，是何等的重要和精辟，对之后的浙东地区发展又起到了十分重要的引领作用。

---

① 　山阴故水道及以下故陆道、练塘、阳春亭、东郭门、固陵，均见《越绝书》卷八。
② 　（东汉）袁康:《越绝书》卷四。

第一节　越国都城的建设与发展

一、无余旧都

山会平原的地形由南向北总体呈"山—原—海"分布，是一个南北向的缓倾斜面。绍兴城位于丘陵到平原的过渡地带。"地形大致是中部稍高，海拔高程 5.2—6.8 米（黄海高程，下同），四周稍低，海拔高程 4.5—5.0 米，宛如覆盆。区内孤山拔起于平原之中，海拔高度 20—120 米不等，山体由南西向北东延伸、断续通过城市中部。"[①] 这种地势为海退后平原逐步由南往北开发提供了有利条件，并且这一地区的开发也是一个渐进的过程，我们可以推测在句践之前这里的一些高燥之地已得到水土资源的开发和部分人口集聚。按照传说，越王句践是大禹的后代，"越王句践，其先禹之苗裔，而夏后帝少康之庶子也。封于会稽，以奉守禹之祀。文身断发，披草莱而邑焉。后二十余世，至于允常。允常之时，与吴王阖闾战而相怨伐。允常卒，子句践立，是为越王"[②]。《水经注·渐江水》记载，越部族的中心原有两处：一是"埤中"，在诸暨北界店口至阮市一带；二是"大城"，即《水经注·渐江水》载"溪水上承嶕岘麻溪"之地。

二、句践小大城

越王句践在位之时（前 496—前 465），海侵已基本结束，原为海水所浸的浅海，潴成一片沼泽之地，沿稽北丘陵和平原中的一些高燥之地，此时已渐成越族居民生产、生活之地。于是有雄才大略的句践为图谋发展，决计将都城从旧都迁到今平水镇的平阳，此地地处会稽山北，地势广阔平

---

① 浙江省地质矿产局编：《浙江省绍兴市城市工程地质图说明书》，1987 年版，第 3 页。
② （西汉）司马迁：《史记·越王句践世家》。

坦，又为群山环抱，易守难攻，越部族的生产生活中心也就来到了会稽山冲积扇地带，并具有更大之发展空间。

（一）小城

吴越战争，越曾为吴所败，被迫接受了屈辱的城下之盟。句践夫妇作为人质入吴，历尽千辛万苦，尝遍人间艰难，忍辱负重，终于取得吴王信任，三年后被释归国。为复仇雪耻，争得霸业，句践接受了越大夫范蠡提出的"今大王欲国树都，并敌国之境，不处平易之都，据四达之地，将焉立霸王之业"①的建议，于其七至八年（前490—前489）建立小城，即"句践小城，山阴城也，周二里二百二十三步"②。位置在今若耶溪的下游西缘，卧龙山东南麓。这里位于山会平原的中心地带，是一片有大小孤丘九处之多，东西约5里，南北约7里，相对略高于平原的高燥之地。据考证：小城的西城墙，起于府山西尾，止于旱偏门，长约110米；南城墙由旱偏门起至凤仪桥，长约820米；东南角连接东城墙，与今酒务桥起经作揖坊、宣化坊至府山东北端的宝珠桥相衔接，长约1030米；北城墙便为卧龙山体。小城"一圆三方"，城墙周围总长约3里，面积约72公顷。③

（二）大城

在小城建后不久，又建大城，"大城周二十里七十二步，不筑北面"④。城内还在卧龙山东南麓建越王台，此为越国政治、军事中枢。

飞翼楼，位于卧龙山顶，为军事观察所及天象观察台；龟山怪游台，位于城南飞来山之上，是我国最早见之于文献记载的天文、气象综合性观察台；此外，还有关于"雷门"建筑的记载。当时的越国大、小城已颇具气势和规模，当然城墙建筑应还较简陋，以土木结构为主。

---

① （东汉）赵晔：《吴越春秋》卷五。
② （东汉）袁康：《越绝书》卷八。
③ 方杰主编：《越国文化》，第152页。
④ （东汉）袁康：《越绝书》卷八。

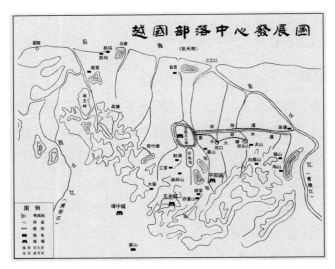

越国部落中心发展图（邱志荣等 绘制）

句践大小城图（邱志荣等 绘制）

（三）城中水道

范蠡在构筑小城时，设"陆门四，水门一"。据对清《绍兴府城衢路图》城墙、路、河道的分析，"一圆"应是卧龙山东南麓，是天然屏障。陆门四，一为旱偏门处；二为拜王桥处；三为酒务桥处；四为府桥处。水门亦在酒务桥处，这是绍兴城市建设中的第一座水城门，位置在今绍兴城卧龙山以南的酒务桥附近，沟通了当时小城内外的河道。

大城设"陆门三，水门三"。大小城范围设四个水门，表明了城中河道水系、水运之发达。据考证，当时城内水道主要有以下几条：一是由东山阴故水道进城东郭门至凤仪桥至水偏门（为水城中水门）；二是从凤仪桥至仓桥的南北向环山河；三是从南门至小江桥南北向的府河；四是从酒务桥北向东过府河，再从清道桥经东街到五云门的东西向河道；五是从大善桥接府河东至都泗门的东西向河道；六是从小江桥，至探花桥，再向南至长安桥，东至都泗门的东西向河道。大城中的三座水门分别为东郭门、南门（植利门）及都泗门。城北不筑门，无水门，但必有水道。而不开稽山门水门的原因，应是此为若耶溪水直冲之地，若开水门则难以抵御山洪灾害。绍兴水城水系之格局至此已大致形成。[①]

《越绝书》卷八载，"美人宫，周五百九十步，陆门二，水门一"，为句践归越习教美女西施、郑旦之宫台建筑，位置在绍兴城东五云门外，原绍兴钢铁厂处。

根据现代地质勘查，在绍兴古城区及毗邻部位，表层土中的填土层由人工填土和塘底淤泥组成。"上部为人工填土，层厚2—3米，成分复杂，有2400多年前绍兴古城筑城初期堆填的古填土，也有古城漫长历史发展阶段填堆的老填土，还有近期堆填的新填土。古填土为黄绿色亚黏土。含5%—10%砖瓦碎屑和陶器碎片……"[②]这一地质勘查成果表明从越王句践时

---

① 根据《绍兴府城衢路图》及实地考察确定，清光绪十九年（1893）春会稽宗能述等人完成了《绍兴府城衢路图》的测绘工作，并留下题识，见任桂全总纂：《绍兴市志》第一册、浙江人民出版社1996年版。

② 浙江省地质矿产局编：《浙江省绍兴市城市工程地质图说明书》，1987年版，第10页。

建的小大城到之后的绍兴城市发展不仅是史书上的记载，而是遗迹尚存，毋庸置疑。

三、越王城

越王城位于萧山城厢街道湘湖村越王城山山巅。《吴越春秋》卷四记载："临水祖道，军阵固陵。"固陵又名"敦兵城"，为春秋战国时期越王句践屯兵拒吴城堡。越大夫范蠡所筑，又名"固陵城"。《越绝书》卷八记载："浙江南路西城者，范蠡敦兵城也。其陵固可守，故谓之固陵。"城垣依山脊而建，东西向略呈梯形，四周高、中间低，周长1091米，面积约36000平方米。由泥土夯筑而成，内缓外陡，四角高隆。城中低洼地面和城墙夯土中，多次发现印纹硬陶、原始青瓷和夹砂陶片等遗物，为春秋末至战国时期的文化遗存。1991年初，萧山市文物管理委员会会同省考古研究所对越王城遗址进行局部试掘，出土省内罕见的战国大板瓦、筒瓦等建筑构件。1992年，又对越王城城垣遗址进一步挖掘，出土春秋战国时期大板瓦、筒瓦、杉树纹瓦当等。1989年12月，浙江省人民政府公布为浙江省文物保护单位。

第二节　山阴故水道开凿及水运

一、地理位置

《越绝书》卷八记载："山阴古故陆道，出东郭，随直渎阳春亭；山阴故水道，出东郭，从郡阳春亭，去县五十里。"《越绝书》卷八《地传》是越国山川地理、政治、宗教活动、生产基地、水利工程、交通航运等的集中记述篇。其中又主要由以下几部分组成：第一部分为句践大小城及城内

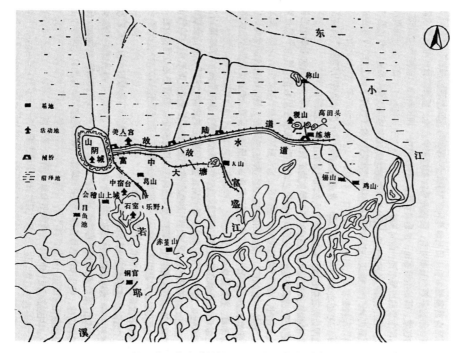

越国山阴故水道等位置图（邱志荣等 绘制）

的主要活动基地的记载；第二部分为城外的名人城池，如阳城里、北阳城里的记载；第三部分为庙宇及冢墓，如禹宗庙、独山大冢、若耶大冢等的记载；第四部分是军事屯兵基地如会稽山上城、射浦等的记载；第五部分为生产基地如富中大塘、练塘、鸡山、冢山等的记载；第六部分为交通道路即山阴古故陆道、山阴故水道等的记载。

　　这里需要指出的是，"山阴古故陆道""山阴故水道"和《越绝书》卷二中"吴古故陆道""吴古故水道"一样是专条记载的，因此，山阴水陆故道同吴水陆故道类同，应分别是两国当时主要的水路和陆路。

　　山阴故水道"出东郭，从郡阳春亭"，"东郭"和"阳春亭"均在今绍兴城东的萧绍运河沿岸。"去县五十里"和《越绝书》卷八中记载的绍兴东部的练塘位置相同："练塘者，句践时采锡山为炭，称炭聚，载从炭渎至练塘，各因事名之，去县五十里。"练塘的地名今尚在，又称炼塘，位于今上虞东关镇西，在距今萧绍运河200米处。从绍兴城东至练塘村，按古代里程算，约为 50 里。练塘为句践冶炼之处，"《旧经》云：越王铸剑之处"。据考证，练塘之西北面是被称为"稷山"等的一片紧邻的小山丘，东北面则有前高田头村、后高田头村。"村处小河两岸，地势较高，故名高田头。"① 由此可见，练塘一带为平原内地势较高、受潮汐影响较少之地，练塘之塘应为早期之堤塘及沿海码头，外阻潮汐，内为一个冶炼基地，它又沟通了山阴故水道，为水上交通便捷之地。《越绝书》卷八所记的山阴故水道正是出绍兴城东郭，从阳春亭东向直达练塘的。

二、建成年代

笔者认为应早于越王句践时代。这里不但可以从《越绝书》上加了一个"古"字以证之，又可从故水道所处的地理位置和作用得到佐证。

前文已经提到卷转虫海退是渐进的，而海退后山会平原成为一片海潮直薄之地。同时越族居民向平原开发和发展也是一个渐进的过程，这里必须注意到以下三点。

第一，在这一片海潮直薄之地，所谓"西则迫江，东则薄海，水属苍天，下不知所止。交错相过，波涛浚流，沉而复起，因复相还。浩浩之水，朝夕既有时，动作若惊骇，声音若雷霆。波涛援而起，船失不能救，未知命之所维"② 的环境中，要开发生产和保障生活安全，必须筑塘实行御潮蓄淡。《越绝书》卷八中对此类塘的记载为数不少，有富中大塘、苦竹城、练塘、吴塘等。

第二，在海退后距今 4000—2500 年的时段里，越部族既"以船为车，以楫为马"③，在平原内必然会有众多河道可行舟，舟楫是越族主要交通工具和方式。

第三，句践到山会平原建城，不可能在无交通基础条件的区域内形成

---

① 浙江省上虞县地名委员会编：《上虞县地名志》，1983 年版，第 172 页。

② （东汉）袁康：《越绝书》卷四。

③ （东汉）袁康：《越绝书》卷八。

一个政治、经济、文化中心。其实，关于绍兴河道如何形成，明代王士性有很好的解释："日久非一时，人众非一力。"[1] 反映了古代绍兴河道形成和变迁的客观规律。

笔者认为最早开挖山阴故水道的目的并非仅是航运，应主要是挡潮和发展塘以南的生产基地。因为处在海潮直薄的沼泽之地和感潮河段上，只有建塘才能改变自然生态环境，御咸蓄淡，确保农业生产灌溉。在开挖河道时，以其泥土石块在紧邻的河岸上筑起故陆道，形成了一河一路的格局。随着环境的改善，生产基地不断向北部平原的拓展，故水道和故陆道的交通航运地位也不断上升。而到越王句践时，随着迁都平原及东部地区发展经济和政治、军事的需要，必定会对并存的此水、陆两要道进行集中统一整治建设，使其成为越国东部主要的交通通道。

三、越国水上交通网络的形成

山阴故水道早于句践时便已建成，至句践时又进一步疏浚和整治，这使之和古陆道一起成为越国主要的水陆交通主干道，沟通了纵横交错的越国水上交通网络。

（一）山阴城内河道

山阴故水道沟通了山阴城内的河道，主要作用有二：一为水上航运，二为向城内提供淡水资源，调节水位。据现场调查，绍兴古城近南的亭山遗址群考古发现，有西北通绍兴古城及通山阴故水道的古河道便是证明。

（二）若耶溪河道

若耶溪在山会平原的地理位置十分重要。关于若耶溪在越王句践时便是山会平原的重要南北向航道的记载在《越绝书》卷八中也能得到佐证，即"美人宫，周五百九十步，陆门二，水门一，今北坛利里丘土城，句践

---

① （明）王士性：《广志绎》，中华书局 1981 年版，第 71 页。

所习教美女西施、郑旦宫台也。女出于苎萝山，欲献于吴，自谓东垂僻陋，恐女朴鄙，故近大道居。去县五里"。美人宫所在土城，又称"西施山"。康熙《会稽县志·山川志》："越王作土城以贮西施，故五云门外皆曰土城村、西施里。"位置在若耶溪下游东侧，五云门外。后人多有记述之文，其遗址今尚可寻。

若耶溪古水道早已存在，"西子采莲"便发生在若耶溪的河道上。唐李白有《子夜吴歌》记当时热闹场景：

> 镜湖三百里，菡萏发荷花。
> 五月西施采，人看隘若邪。
> 回舟不待月，归去越王家。[①]

山阴故水道在东郭门外和若耶溪相交，连通了山会平原东西部和越族中心若耶溪的水上交通。

（三）山会平原西部河道

山阴故水道、故陆道均位于绍兴城东部，而《越绝书》中有关西部记载多为越国军事基地、沿海码头等。是否山会平原西部当时尚无开发或无横亘东西的主水道？陈桥驿先生在《运河纪事·序》中提道："《越绝书》为先秦古籍，经东汉初人整理辑缀，增入汉事而删节越史，其所记古运河显有缺失。山阴为秦所建县，既称'山阴故水道'，则此水道必流贯山阴全境'水道'而称'故'。足证此古运河为先秦所存在。"[②]

越国时从山阴城至西部钱塘江的水上要道究竟位于何处，对此可作如下解释：东汉鉴湖大部分湖堤形成时间要早于汉代，从海侵海退到句践时筑土坝形成湖堤有一个漫长的过程，到东汉马臻时则对堤坝进行了全面的加固加高，完善了众多涵闸设施的系统，但其基础仍是山阴故水道和故陆道。鉴湖堤坝在绍兴城东部基本是以山阴故水道和故陆道为基础，此已得

[①] 黄钧等点校：《全唐诗》第二册，岳麓书社 1998 年版，第 458 页。

[②] 邱志荣主编：《浙东古运河——绍兴运河园》，西泠印社出版社 2006 年版，第 3 页。

到一致的论定，而绍兴城西部的古鉴湖堤基本与东部的古水道在东西向同一轴线上。从山会平原的地理基础、自然环境，以及越部族开发山会平原的规律，可推定当时的西部故水道应为古鉴湖西部堤线南缘过西小江至固陵一线。

《绍兴市交通志》记载越国古道中的西北干道："此为连接越、吴两国都城的干道。由大越城西至固陵，过钱塘江北经御儿（今桐乡市）、石门、檇李（今嘉兴市）；过吴江达吴国都城姑苏（今苏州市），北道中原。"[①] 在其图中大越城至固陵段陆道基本与后来的唐宋古道图中的鉴湖堤线一致。

此外，越国的造船业十分发达，造船基地及所建船只较多用于军事，使用范围大都在山会平原西部及钱塘江固陵一带。因之，此地必有一主航道与固陵相通，并沟通四通八达的航线。

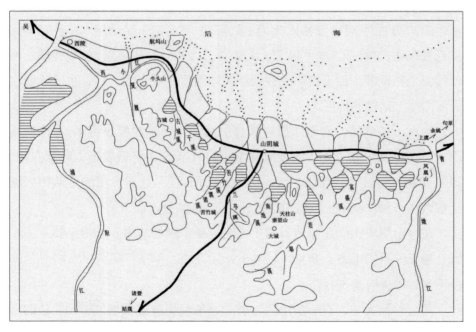

春秋越国山会平原交通示意图（引自《绍兴市交通志》1990 年版）

---

① 罗关洲主编：《绍兴市交通志》，国际文化出版社 1996 年版，第 14 页。

（四）山阴故水道过曹娥江再东到句章港的航道

句践灭吴后掌握了当时全国沿海 5 个港口中的 3 个，即句章、会稽、琅琊，"而主要港口还是句章"[1]。既然句章作为港口，必有从山阴往句章的内河与之相连，否则，这一港口难以发挥作用。

曹娥江以东的姚江到甬江的航道，在《汉书·地理志》中就有"渠水东入海"的记载，说明此段河道已有部分是人工开凿的人工运河通海港入海的，开凿这段航道，除为当地航运，更是为了使之与过曹娥江的山阴故水道航线连通。

曹娥江的航运条件要优于钱塘江。钱塘江是著名的感潮河流，钱塘江河口的形态是一个典型的三角港口式，也就是喇叭状的河口，外口大，内口小。钱塘江"距今五六千年已具雏形，其后逐渐扩大，至明代与现今边界基本相近"[2]。钱塘江以其壮观的涌潮闻名古今中外，《越绝书》卷四中所记述的"浩浩之水"，便指以此为主的环境。《史记·秦始皇本纪》记秦始皇巡视东南，"临浙江，水波恶，乃西百二十里从狭中渡"，就是钱塘江河口段由于怒潮滔天而不得不沿钱塘江北岸西行至今富阳一带，渡过钱塘江沿浦阳江至诸暨的情形。

相对于钱塘江，曹娥江虽也属感潮河流，但潮汐要小得多。《世说新语·任诞》就记载了王子猷夜航曹娥江的故事："忽忆戴安道，时戴在剡，即便夜乘小船就之，经宿方至，造门不前而返。"这显然写的是从绍兴城至曹娥江一种水波不惊、航道顺达、小航快捷的状况。

在今余姚牟山湖还流传着越王句践建屡丰闸的故事。相传余姚东边车厩是越王驻兵的地方，寨基坪是越王练兵场地。车厩、寨基坪离牟山湖 30 多千米，现仍有遗迹存在。[3]

从会稽到大隐，有一条山阴古道。这条山阴古道就是牟山湖北边的一

---

① 董楚平：《吴越文化新探》，浙江人民出版社 1988 年版，第 278 页。

② 钱塘江志编纂委员会编：《钱塘江志》，第 82 页。

③ 王祥林主编：《金牛出水牟山湖》，中国文化出版社 2011 年版，第 14 页。

条湖塘。越王句践从会稽到秘密练兵场地寨基坪，就是走的牟山湖这条古道。每到汛期，牟山湖洪水泛滥，淹没农田。夏秋时节，干旱发生，缺水严重。据说，句践经过这里，沿途百姓都要向他上报此事。

牟山湖一带，是当时越国的主要粮仓基地。句践派人进行了勘察。最后决定筑土闸。在湖与河流相通的地方，两边用泥石，中间用木制闸门。调节水位，洪涝干旱得到治理。传说，这土闸，就是现在牟山湖的屡丰闸。

四、越国主要港口

钱塘江与浙东地区由于地形高低不一，河湖水位也有相差，如此，给浙东全线连续性的航运带来困难。对这一自然难题，古代越国人采用了多种解决办法。一是制造海船和内河船，以适应不同的江河湖海航运之需。二是建立了沿海港口码头，以连接不同的江海船运，诸如《越绝书》卷八中的"固陵""石塘""防坞"等。钱塘江河口沿岸如此，在曹娥江两岸及姚江，当时也必然有类似港口码头，连接两岸航运及承接人员货物往来。

越国的主要沿海港口有：句章港、固陵港、白洋港、柳浦港、定山浦港、渔浦港，以及早期海塘。

（一）句章港

宁波三江地区见之于史书的早期城邑有三处，分别为句章、鄞、鄮。宝庆《四明志》卷一《沿革论》记载：此三地最初为越国采邑，秦时成为会稽郡属县。关于句章城始于春秋越国之说，来自北魏阚骃的《十三州志》，此书中关于"句章"的记载，见于《后汉书·臧洪传》章怀太子注的引文："《十三州志》云：句践之地，南至句余，其后并吴，因大城之，章霸功以示子孙，故曰句章。"此为句章来历，句章应为句践时所建。

唐张守节《史记正义》记载："句章故城在越州鄮县西一百里。"宝庆《四明志》卷十七则说："古句章县在今县（慈溪）南十五里，面江为邑，城基尚存，故老相传曰城山，旁有城山渡。西去二十五里有句余山。"这

句章古城遗址照片（戴秀丽摄）

里的"城山渡"在今宁波江北区慈城镇王家坝村。明清以来的地方志书记载多与此一致，即句章故址城山位于余姚江南岸边，东距三江口（余姚江和奉化江合流为甬江之处）22千米，由此顺余姚江流东去，可经由三江口入甬江，再北行由镇海大浃口（今属宁波市镇海区）入海。[①]

2009年6月23日，宁波市文物考古研究所举行新闻通报会公布重大考古成果：根据发掘证实，"句章故城"东到焦家山，南临姚江，西倚大湾山，北至今王家坝村南。

又，宁波市文保所发布新闻报道《句章故城考古再获突破性进展》：此次考古工作者在汉晋时期句章城址东南癞头山周边（现江北慈城王家坝村一带），发现了春秋末叶至战国中晚期的城址文化堆积及城内相关遗迹，它们与后世地方文献的相关记载基本吻合，互为印证。[②]

（二）固陵港

固陵港是越国第一大沿海港口，在越国对外军事、经济、文化等活动

---

① 刘恒武、王力军：《试论宁波港城的形成与浙东对外海上航路的开辟》，李英魁主编：《宁波与海上丝绸之路》，科学出版社2006年版，第124页。
② 《句章故城考古再获突破性进展》，《宁波日报》2011年6月4日，第3版。

中发挥了十分重要的作用。

《越绝书》卷八记载："浙江南路西城者，范蠡敦兵城也，其陵固可守，故谓之固陵。所以然者，以其大船军所置也。"《吴越春秋》卷四记载："越王句践五年五月，与大夫种、范蠡入臣于吴，群臣皆送至浙江之上，临水祖道，军阵固陵。"水退之后，句践一行往南从鸡鸣山落船，渡钱塘江入吴。又记载了越王夫人《怨歌》。在越王"遂登船径去，终不返顾"时，越王夫人"乃据船哭，顾乌鹊啄江渚之虾，飞去复来，因哭而歌之"曰：

> 仰飞鸟兮乌鸢，凌玄虚兮翩翩。
>
> 集洲渚兮优恣，啄虾矫翮兮云间。
>
> 任厥兮往还。
>
> 妾无罪兮负地，有何辜兮谴天？
>
> 飂飂独兮西往，孰知返兮何年？
>
> 心惙惙兮若割，泪泫泫兮双悬。[1]

是生离死别的绝唱。

鸡鸣山位于今滨江区浦沿街道境内，海拔 28.1 米，越国时曾是钱塘江南岸的一重要渡口[2]。《越绝书》卷八记载："句践将降，西至浙江，待诏入吴，故有鸡鸣墟。"此地后成为重要集镇，三国吴黄武年间（222—229）至隋开皇九年（589），这里成为永兴县治所在地。郦道元《水经注·浙江水》："浙江又径固陵城北，昔范蠡筑城于浙江之滨，言可以固守，谓之固陵，今之西陵也。"据前文《越绝书》所记，固陵应是钱塘江的南下通道，当时为越国主要水上屯兵的要塞和通河口主码头。《吴越春秋》卷四所记，越王句践是于此地与越国将士壮别，句践应是从绍兴城向西乘舟到钱塘江边。固陵既为军事要地，又是通钱塘江的主要码头，因此绍兴城至固陵必有一条东西向水上要道。据《水经注》等的记载，则可推断这个主要的军

---

① （东汉）赵晔：《吴越春秋》卷七。

② 陈志富：《萧山水利史》，方志出版社 2006 年版，第 127 页。

越国固陵港遗址照片

事要塞码头位于固陵城北。

据考证，西陵即为今之滨江区西兴。关于固陵地理位置有两种说法：一说是西兴即固陵。[①] 西兴地处钱塘江南岸，东距萧山市区 4.5 千米，西与长河镇为邻，东与城厢街道毗连，是浙东运河的西起始点，自古为"浙东首地，宁、绍、台之襟喉，东南一都会也"[②]。"六朝至唐，因其位于会稽西端，遂易名西陵"，后梁乾化二年（912）八月，以"陵"非吉语，始名西兴。另一说即"固陵者越王城山，西陵者今谓西兴"[③]。据考，越王城位于萧山西偏南约 1500 米处，海拔 128 米，由东南面仰天田螺山与西北面马山组成，在湘湖砖瓦厂城山上，南临湘湖，西距闻堰三江口 5000 米，北距西兴 1500 米。越王城山被史学界和考古界鉴定为目前保存得最为完整的春秋战国时期的城堡遗址。[④] 近山顶处可见一豁口，即是越王城的出入口，两边对峙山峰称"马门"，两侧山脊仍可辨微隆的土城垣，土城垣环绕至山顶。山上还有洗马池、古井、佛眼泉等古迹。越王城山由于有钱塘江为天堑又众山相连，易守难攻，越国便以此为水军基地和北通钱塘江至北岸的码头，因名固陵。笔者认为越王城山因山及海湾而成春秋战国时期的城

---

① 《西兴镇志·概述》，2000 年版，第 4 页。

② （明）王世显：《西兴茶亭碑记》。

③ 陈志富：《萧山水利史》，第 150 页。

④ 沈青松主编：《湘湖》，方志出版社 2006 年版，第 23 页。

堡遗址，固陵是当时山北的一个港口，而西兴是港口北边的一个聚落，山不变而港口聚落会随河口变化而略有变动，三者关系大致如此。

固陵应是越国第一大沿海港口，在越国对外军事、经济、文化等活动中发挥了十分重要的作用。据载，前494年，越国水军3万人，数百艘战船，由句践亲征，浩浩荡荡驶出固陵港，经钱塘入苕溪迎战吴军。前484年，越国丰收，以蒸熟过的稻种万石水运送吴。句践又使大夫诸稽郢率兵3000人渡浙江，助吴伐齐。前482年，越国从固陵出发，水手2000人，水师47000人，战舰数百艘，分两支，一支出海入长江，另一支经钱塘直趋苏州与吴战。前473年，"於越灭吴"以后，越国北上争霸，从固陵港出发的海船到达琅琊港的就有300艘。以上军事活动，均由固陵港出发，其中伐吴的水军由固陵港出发后，一路过钱塘沿古苕溪水，分赴嘉兴、太湖，一路则出浙江航海北上。[①]

越国的故水道西向主航线通过固陵港沟通了钱塘江的各港口及海上航线。

（三）白洋港

白洋港起源于6000年前越族先人的第一次海外迁徙，白洋海口就是他们漂洋过海的出发地之一。据考古发掘，白洋山一带后海沿岸古文化遗址分布密集，有马鞍仙人山、凤凰墩新石器时代古村落遗址，陶里金白山、壶瓶山和安昌后白洋商周古文化遗址等。遗址出土的大量农耕、生活石器和陶器，品类众多，器形、纹饰独特[②]，这是港口所在曾有较多滨海聚落的实物证据。春秋时期，越国在白洋海口附近还兴建了一系列军事设施，包括舟师港湾石塘、海防要塞防坞、造船基地舟室等，还开辟了后海沿岸的杭坞航道。到了汉代，固陵港出现淤塞趋势，明州港尚处于起始阶段，而具有连接会稽郡城又直面后海优势的白洋海口，应该是会稽郡通向海外的主要港口。

---

① 吴振华编著：《杭州古港史》，第29—30页。
② 《绍兴县文物志》，浙江古籍出版社2002年版，第5—8页。

（四）柳浦港

柳浦港渡位于杭州城南凤凰山、将台山之南麓，南临浙江，周围有金家山、将台山、乌龟山、慈云岭、玉皇山、大慈山环抱，港址呈"∩"形，两翼南伸的一对岬角和分布于谷口的白塔、樱桃诸山（原系港湾口处的岛屿）起着防波堤的作用，是船舶停泊、避风的良港。直到清代，岭上的老玉皇宫崖壁上尚有"上下马（码）头必经之路"的刻文，这是古代有港口之明证。[①]

（五）定山浦港

定山浦港位于杭州西南部的转塘乡狮子山东麓，东、南两面滨钱塘江，春秋时处于钱塘江与浦阳江的汇合处北岸，南与渔浦港相对，是钱塘以西地区南渡浙江的主要港口。

（六）渔浦港

渔浦港渡位于钱塘江与浦阳江汇合处的东岸（今萧山市闻家堰之西），是春秋时期钱塘江南岸又一个重要军事港渡。

（七）早期海塘

1. 石塘

《越绝书》卷八载："石塘者，越所害军船也，塘广六十五步，长三百五十三步，去县四十里。"其位置与《越绝书》其后记载的"防坞者""杭坞者"不但距离相同，而且均在西北方向。"石塘者，越所害军船也"，这里的"害"字，应为"妨害"之意，或为阻挡及停泊之意。由此推断石塘应是越国军事要塞和水军码头。至于石塘是砌石护坡抑或是抛石护坡已无从考证，但从当时的工程技术水平和有关史料分析，抛石护坡的可能性更大一些。

2. 杭坞

《越绝书》卷八载："杭坞者，句践杭也。二百石长员卒七士人，度之

---

① 吴振华编著：《杭州古港史》，第 31 页。

渔浦码头题刻

航坞山照片

会夷，去县四十里。"杭坞，位于航坞山麓。航坞山亦名凫山、杭坞山、王步山，别名吹楼山。位于今萧山坎山、衙前和瓜沥境域，海拔299米。春秋时期，航坞山与北面的赫山相对形成钱塘江海门，史称"南大门""鳖子门"。吴越争霸时，此为两国兵家必争之地。"杭"与"航"字义相通，为水边码头渡口。"坞"是水边营造航船和泊船之地。杭坞既是越国造船基地、通航渡口，也是水军战略要地。分布于当时航坞山山麓的大小海湾之间。

3. 防坞

《越绝书》卷八记载："防坞者，越所以遏吴军也，去县四十里。"防坞也应位于航坞山麓，是越国水陆军队停泊及阻击吴国军队之处，与石塘、杭坞形成通航港口码头和军事要塞。

五、越国对外航运

山阴故水道在山会平原东西向的连通对御潮蓄淡、防洪灌溉、区域航运起到了重要作用山阴故水道向北通过钱塘江南岸的固陵过钱塘江至吴国，是吴越两国乃至中原各地的主要水上交通要道；向东通过曹娥江至句章等港口至海外，在对外通航、物产交易与文化交流上起到了十分显著的促进作用。

（一）与吴国的交往

姚汉源在《京杭运河史》中认为："江南运河修建大致自春秋后期的吴越控制时代开始。"[1] 此言极是。

吴国通往越国的航道中，见于记载的有"百尺渎"。《越绝书》卷二："百尺渎、奏江，吴以达粮。"百尺渎又称"百尺浦"，"百尺浦在县西四十里。《舆地志》云：'越王起百尺楼于浦上望海，因以为名。'今废"[2]。百尺浦又称"越王浦"。百尺浦原在今海宁市南盐官镇西南四十里河庄山侧，

---

① 姚汉源：《京杭运河史》，中国水利水电出版社1998年版，第34页。
② 咸淳《临安志》卷三六《盐官志》。

在钱塘江北岸。[①] 直到宋元之后钱塘江渐走北大门，其山已在钱塘江南岸，今萧山区境内，故百尺渎这条从吴国国都苏州向南，经过吴江、平望、嘉兴、崇德，到今浙江省海宁市南盐官镇西南约 40 里河庄山的水道是和越国相通的，水上交通便利[②]，也因此沟通了钱塘江和吴淞江的水上交通。《越绝书》卷二又记载："吴古故水道，出平门上郭池，入渎，出巢湖，上历地，过梅亭，入杨湖，出渔浦，入大江，奏广陵。"此古故水道应自今苏州西北行，穿过漕湖，逆太伯渎与江南运河而上，再经阳湖北入古芙蓉湖，然后由利港入于长江，以达扬州。[③] 这是当时从山阴故水道到长江以北通航的情况。

《越绝书》卷七载："吴越二邦，同气共俗，地户之位，非吴则越。"《吕氏春秋·知化》曰："吴之与越也，接土邻境，壤交通属，习俗同，言语通。我得其地能处之，得其民能使之，越于我亦然。"吴越二国有十分接近的语言、生产、生活方式、民俗文化，其形成的主要原因之一便是相邻并基本相同的地理环境，共同拥有"三江、五湖之利"等。《孙子·九地》说："夫吴人与越人相恶也，当其同舟济而遇风，其相救也如左右手。"

《吴越春秋》中也有吴越两地运河运输物资的记载。为战胜吴国，文种曾向句践进献著名的"九术"，其中"五曰遗之巧工良材，使之起宫室，以尽其财"，于是句践"使木工三千余人，入山伐木"，终于得到"天生神木一双，大二十围，长五十寻，阳为文梓，阴为楩楠。巧工施校，制以规绳，雕治圆转，刻削磨砻，分以丹青，错画文章，婴以白璧，镂以黄金，状类龙蛇，文彩生光"。[④] 此木材已经有相当规模，并且雕刻装饰具有较高的艺术水平。工成后由文种亲自进献吴王。由越到吴的运输是水路，如此

---

① 《海宁州志稿》卷二《山川》："胡家山，旧名黄山，又称越（城）山，在河庄山东一里。……越王起百尺楼望海，疑即其处，故越城所由名耶。"

② 张承宗、李家钊：《秦始皇东巡会稽与江南运河的开凿》，《浙江月刊》1999 年第 6 期。

③ 汪波：《江南运河的形成及其演变》，陈桥驿主编：《中国运河开发史》，中华书局 2008 年版，第 320 页。

④ （东汉）赵晔：《吴越春秋》卷五。

大的木材并且要非常小心地运行，也可见当时通过故水道吴越的水路畅通和航运能力之不凡。

（二）与楚国的交往

越国的青铜冶铸、陶瓷、建筑及音乐歌舞等对楚国产生过较大影响。《越绝书》卷十一记楚王："于是乃令风胡子之吴，见欧冶子、干将，使人作铁剑。"

汉刘向《说苑·善说》中记载了这样一件生动的水上趣事："鄂君子晰之泛舟于新波之中……乘青翰之舟，……越人拥楫而歌，……鄂君子晰曰：'吾不知越歌，子试为我楚说之。'于是乃召越译，乃楚说之曰：'今夕何夕兮，搴舟中流。今日何日兮，得与王子同舟。蒙羞被好兮，不訾诟耻。心几顽而不绝兮，得知王子。山有木兮木有枝，心说君兮君不知!'于是鄂君子晰乃揄修袂，行而拥之，举绣被而覆之。"

（三）与中原的交往

今本《竹书纪年》卷下载："（周成王）二十四年，於越来宾。"这说明早在前1000年，越国就派使者至远到今陕西的周王朝实行外交。此"来宾"应走水路，从会稽山麓乘舟过山会平原走钱塘江。

前7世纪，齐国的名相管仲所闻和印象中的越地："水浊重而洎，故其民愚疾而垢。"[①]齐国人也是乘舟渡钱塘来越的，他们所见到的越地是一片沼泽平原。由于历史上海侵对文明发展的不利影响，此时越部族的政治中心尚在会稽山，在平原多为零星部族，相对当时中原地区，越地在生产力和文化发展上均要落后得多。而正是由于故水道的存在，齐国使者才能来到越地，开始两国之间的文化交流。

《水经·河水注》引古本《竹书纪年》：魏襄王七年（前312）四月，"越王使公师隅来献舟始冈及舟三百、箭五百万，犀角、象齿焉"。当时利

---

① （春秋）管仲，李山、轩新丽译注：《管子·水地》第三十九，中华书局2019年版，第663页。

用河淮间的水道，越国的船队大约是走海道至淮河口，溯淮西上，再循鸿沟水系西北至魏都大梁的。① 这不但证明越国造船业之发达，航运技术之高超，也表明越国对外航道之畅达，故水道充分发挥作用。

六、越国对外水战

（一）齐越之战

《管子·轻重甲》记载，齐桓公二十三年（前663）前后，齐越两国曾经发生过一次海战。"桓公曰：'天下之国，莫强于越。今寡人欲北举事孤竹、离枝，恐越人之至。为此有道乎？'管子对曰：'君请遏原流，大夫立沼池，令以矩游为乐，则越人安敢至。'桓公曰：'行事奈何？'管子对曰：'请以令隐三川，立员都，立大舟之都。大身之都有深渊，垒十仞，令曰：能游者赐千金。'未能用金千，齐民之游水，不避吴越。桓公终北举事于孤竹、离枝。越人果至，隐曲蓍以水齐。管子有扶身之士五万人，以待战于曲蓍，大败越人。"此水战，齐出兵五万，可以肯定越之兵船也为数不少。齐当时为中原大国，越国敢于主动偷袭并且是从海上绕开吴国等去作战，这也证明越军水战之超常能力和当时航道畅达。当时的越国已不可谓不具有实力。

（二）檇李之战

该战发生于前496年，其时越王允常去世，句践继位。吴王阖闾企图乘越国新政权未稳定之时一举消灭越国，双方在檇李大战。此战吴王阖闾被飞箭射中，饮恨身亡。伍子胥率兵退出战场，深愧对不起吴王阖闾，便披头散发，号哭累年。后夫差即位，"兴师伐越，兵败檇李"。此战时"大风发狂，日夜不止。车败马失，骑士堕死。大船陵居，小船没水"②。水上

---

① 武汉水利电力学院、水利水电科学研究院《中国水利史稿》编写组：《中国水利史稿》上册，第94页。

② （东汉）袁康：《越绝书》卷六。

之战规模颇大，并空前激烈。

（三）夫椒之战

战事发生在前494年，其时句践胜吴不久，闻夫差欲报仇雪耻，练兵备御紧密，于是句践在条件未成熟，敌我双方力量估计不足时，企图先发制人，率兵攻吴，双方战于"五湖"①，结果反被夫差战败于夫椒，仅以余兵五千人保栖于会稽②。据今人魏嵩山、王文楚考证，句践这次伐吴当由百尺渎北上至今崇德县，然后循今江南运河入于松江、太湖。③

（四）姑苏之战

该战时间为前482年，句践乘夫差争盟黄池，国内兵力空虚之际，"乃发习流二千人、俊士四万、君子六千、诸御千人"④，分兵三路进攻吴国⑤。其中东路军由句践亲自率领，"溯江以袭吴，入其郛，焚其姑苏，徙其大舟"⑥而归；南路军由大夫畴无余、讴阳率领，袭击吴国国都姑苏；另由范蠡、舌庸率军阻截吴王夫差由黄池回救。虽然当时邗沟、菏水已凿，但越国要暗中绕过吴国直入淮河，海道仍是必经之路，所以当时越王句践命范蠡、舌庸"率师沿海溯淮以绝吴路"⑦。据载，句践伐吴雪耻，出师之日，越国父老以美酒为句践饯行，越王投酒于越都城河中，以示与将士随流共饮，一往无前。后人称此河为"投醪河""箪醪河"或"劳师泽"⑧。宋人徐天祐曾有《箪醪河》诗曰：

---

① "五湖"，三国韦昭《三吴郡国志》中以太湖及其东边的游湖、莫湖、胥湖、贡湖为五湖。
② （西汉）司马迁：《史记·越王句践世家》。
③ 魏嵩山、王文楚：《江南运河的形成及其演变过程》，《中华文史论丛》1979年第1期。
④ （东汉）赵晔：《吴越春秋》卷六。
⑤ 孟文镛：《越国史稿》，中国社会科学出版社2010年版，第260页。
⑥ （春秋）左丘明，陈桐生译注：《国语·吴语》，中华书局2013年版，第674页。
⑦ （春秋）左丘明，陈桐生译注：《国语·吴语》，中华书局2013年版，第674页。
⑧ 嘉庆《山阴县志》卷四。

往事悠悠逝水知，临流尚想报吴时。

一壶能遣三军醉，不比商家酒作池。

此战越国取得了决定性的胜利，夫差自尽。

吴越水战充分反映了越国水上战斗力之强盛和航运之发达，其中源源不断的兵员和物资正是通过故水道过钱塘江到达水上战场的。

七、越国航海

（一）早期航海

早在 7000—6000 年前越人足迹已到过"台湾、琉球、南部的印度支那等地"①。

由几十位学者集体撰著的首部《中国航海史·古代航海史》② 在论述太平洋诸岛的古文化与中国上古生民的源流关系时认为，上古时期分布于中国东南沿海地区的百越人，5000 年前驾着筏舟，趁着赤道逆流，由西向东，逐岛漂航，横过太平洋，到达美洲西岸。

过去 100 年来，在菲律宾，苏拉威西和沙巴州，波利尼西亚的夏威尼、马克萨斯、社会岛、库克群岛、奥斯特拉尔、塔西提岛、查森姆岛，甚至在新西兰、复活节岛以及南美的厄瓜多尔，均发现了属百越文化的有段石锛。③

（二）航海能力

由山阴故水道沟通沿海码头的河道主要有：从山阴城经西故水道到固陵港的航道；从山阴城至今直落江到朱馀的河道；由山阴城故水道东至练塘直往称山的河道；以及山阴故水道东过曹娥江到姚江句章港口东入海的

---

① 陈桥驿：《吴越文化和中日两国的史前交流》，《吴越文化论丛》，第 59—60 页。

② 彭德清主编：《中国航海史·古代航海史》，人民交通出版社 1988 年版。

③ 金普森、陈剩勇主编，徐建春著：《浙江通史·先秦卷》，第 248 页。

航道。这些河道与钱塘江及外海的连通大大促进了对外文化交流，推动了社会文明发展。

古越地理优势使得越人利用舟楫的能力和水上航行能力要比现代人强。在春秋战国时越国已能造出多种形态、功能不一的船只，并拥有强大的水师。春秋战国时期，我国有五大港口，"越国拥有三大贸易港口（琅邪、会稽、句章），两个在浙江。当时的会稽与杭州湾的岸线距离比现在的绍兴近得多，其间应有水路直通"[1]。前473年，越败吴，夫差遣使求和，句践叫人转告夫差："吾置王甬东，君百家。"[2]甬东，在会稽句章东海中洲，大约在今浙江舟山岛，其中也可因此看到越国的航海能力和其时对沿海的控制范围。

（三）文化影响

台湾与大陆文化交流历史十分悠久，影响深远，其土著居民与古越人风俗相似，延续到后代。《太平御览》卷七八〇引《临海水土志》："夷州在临海东南，去郡二千里。……山顶有越王射的，正白，乃是石也。"《越中杂识》："射的山，在会稽县南十五里，山半石壁，有白晕，宛若射侯。"《水经·浙江水注》："常占射的，以为贵贱之准，的明则米贱，的暗则米贵，故谚云：'射的白，斛米百。射的玄，斛米千。'"会稽山射的山之的至今还在，笔者曾去实地考察，爬上山腰，手摸岩体，仔细观察，约有2米直径，深30厘米，认为这射的是古人在岩体上人工凿进去的。这凿进去的岩面相对之外岩石少风吹雨打，干燥，略呈白色。如果这一年风调雨顺，光照充足，射的显得白，粮食丰产，米价就低；反之，这一年若雨季长，光照少，湿度大，射的就显得暗，粮食歉收，米价就高。越族人有着高超的观察和利用天文地理的能力和想象。两地射的应是同一种文化现象，而正是通过运河及航海，越地的这一文化现象才到了台湾。

此外，当时的越族人民每至夏季，聚集货物，通过古水道利用黑潮暖

---

① 金普森、陈剩勇主编，徐建春著：《浙江通史·先秦卷》，第248页。

② （西汉）司马迁：《史记·越王句践世家》。

流，顺着盛行的偏南季风，乘着舟筏，漂洋过海来到今天的日本列岛和韩国济州岛等地。而至冬季，日本列岛之民，也必然以寒流之势，顺着盛行偏北风，来到古越。由此使两地文化，尤其是在稻作农耕、养蚕纺织、建筑、冶炼、艺术语言等方面产生深远影响①。

射的山之的

第三节　越国基础设施保障

一、农业重心的转移

我国早期的地理著作《禹贡》在土地划分中，将越地列为"下下"等。对于这种现实，有雄才大略的越王句践在早期也曾叹息：越国为"僻陋之

---

① 方杰：《越国文化》，第 349 页。

邦"，其民为"蛮夷之民"。

为振兴越国，发展生产，改造水环境，句践接受了大夫计倪重视农田水利，关心民生，"或水或塘，因熟积以备四方"的建议。以范蠡为主持者实施兴建了一批水利工程。《越绝书》较详细地列出了前493—前473年，越国建设的一批水利工程，主要由吴塘、苦竹塘、富中大塘、练塘、古水道和山阴小城、大城等组成。形成了与"山—原—海"台阶式地形相适应的春秋越国水利，其中山阴故水道航运基础综合功能尤为重要，是越国带有全局意义的基础设施工程。

句践以前，越部族主要活动在会稽山山麓地带，种植"粢、黍、赤豆、稻粟、麦、大豆、果"等作物。初步估算，当时山麓地带的可耕地面积不超过6万亩（黄海高程5.5米以上），其中可种水稻的不足3万亩，还要遭受山洪和潮汐的侵害，水体浑浊，粮食匮乏，所以老百姓"愚疾而垢"。随着越国水利工程的相继建成，部分消除了咸潮直薄和山洪的威胁，沼泽平原得以开发，农业的重心逐步从南部山麓地带转移到北部平原水网地带的富中大塘。水稻种植面积大量增加，稻米生产成了农业的重点。

二、在经济社会中的作用

山阴故水道东起练塘，西到山阴城东郭门，经山阴城南缘河道以西沿今柯岩、湖塘一带至西小江再至固陵，贯通了山会平原东西地区，并与东、西两小江相通，过钱塘江连接吴国，过曹娥江到句章至姚江连接海外。此外，又与宁绍平原南北向诸河连通，通过古陆道上的涵闸设施，调节南北水位并阻隔潮汐，可谓越国之主要基础命脉。

（一）提供淡水资源

由于越国时尚未建成完整海塘，一日两度的潮汐侵袭平原，内河长期感潮成咸水，淡水资源短缺，使越族人民生产和生活受到严重影响。故水道和故陆道的建设阻隔了潮水侵入，在以南形成内河。其内各南北向河流可通过故水道相贯通和蓄水，尤其是其中的各河湖之水因此渐成为淡水，使宁绍越族的人们有较充足的淡水资源可供生活和生产，改变了"越之水浊重而泊"①的状况。此为越族人民海侵后改造自然环境最重要的举措。

（二）保障富中大塘建设和生产

1. 富中大塘的建设

富中大塘是越国东部主要生产基地，又特指塘坝。故水道的开挖必然要在两岸堆积大量泥土，合理利用这些土方建故陆道和富中大塘，采取就地处理土方的方法筑堤既节约了劳力，又加快了工程进度。

（1）防洪调蓄

富中大塘之中及周边主要有三条山溪来水：西为若耶溪，因若耶溪到河口集雨面积为 136.73 平方千米，富中大塘之内无法调蓄若耶溪汛期洪水，因此，富中大塘摒若耶溪于塘之外，使若耶溪洪水不再危害这一地区；中为攒宫溪，集雨面积至河口为 30.6 平方千米；东为富盛溪，集雨面积到河口为 9.7 平方千米，攒宫溪和富盛溪可年产径流约 2815 万立方米。② 攒宫溪和富盛溪之水被直接纳入富中大塘之内，淡水资源可谓充足。平时，富中大塘塘坝在与故水道及若耶溪相隔处因有闸堰存在，主要起到的是蓄水作用，塘内水位略高于故水道水位。每至汛期洪水来临，塘内水位较大幅度抬高，开启沿塘闸门可进行行洪排涝，使塘内不受淹。至夏秋季节干旱，塘内水位低于故水道和若耶溪水位，水资源发生短缺，开启闸门可直接引淡水至塘内以供生活、生产之用。

（2）通航

故水道和故陆道在富中大塘北缘，为塘内生活、生产提供了十分便捷的交通条件，故此处既有陆路大道，又有水上航道，可谓当时越国交通最发达的枢纽之地。

---

① （春秋）管仲，李山、轩新丽译注：《管子·水地》第三十九，第 663 页。

② 资料来源：绍兴市水文站。

2. 富中大塘的规模和效益

《越绝书》卷八载："富中大塘者，句践治以为义田，为肥饶，谓之富中，去县二十里二十二步。"富中大塘早期的大致范围南至会稽山北麓，东、西分别为富盛江和若耶溪，北为一人工挑筑的长堤，长约 10 千米。堤基本与山阴故水道平行，其中若耶溪至东湖段多成为故水道的南岸。塘内面积约为 51 平方千米，有近 6 万亩可耕农田。随着越国社会经济发展，开发能力增强，富中大塘也呈向以东不断开发扩展的趋势，范围应该会到后来东鉴湖的东岸线。

富中大塘建成以前，越部族的农业生产相当落后，其时产量低下，粮食匮乏，主要农业生产在南部山丘一带。此塘兴建后，山会平原的水利条件有了一定范围的改变，农业生产的重心开始由山丘向平原水网地带转移，这是越族自海侵后较大规模向平原开发发展的第一步。水稻逐步成为主要农作物，良好的种植条件又使稻谷产量和质量不断提高，"三年五倍，越国炽富"[①]，甚至吴王夫差也称："越地肥沃，其种甚嘉，可留使吾民植之。"[②]到前 481 年，约 30 万人口的越部族，已经储备了能够供应 5 万精锐部队需要的粮食，其主要粮产区便在富中大塘。

《文选·吴都赋》载："富中之氓，货殖之选。"说明富中居民的家境富裕，由此可见富中大塘在当时越国的地位之重要和影响之大。

东汉永和五年（140），会稽郡太守马臻在这一地区主持兴建了鉴湖，发挥效益达 600 年之久的富中大塘，遂被纳入鉴湖拦蓄之中而废弃。直至南宋鉴湖堙废，又成为农田。今遗存仍在，一直是绍兴平原优质产粮区。

（三）连通各生产、军事基地

1. 连通东部地区各生活、生产基地

山阴城东部地区是越国当时的主要政治、经济中心。当时句践在东部地区的主要活动地点，如《越绝书》卷八记载："句践之出入也，齐于稷山，

---

① （东汉）赵晔：《吴越春秋》卷五。
② （东汉）赵晔：《吴越春秋》卷五。

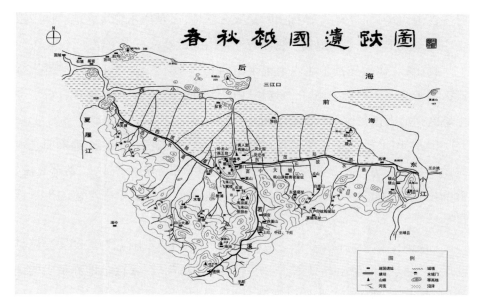

春秋越国遗迹图（邱志荣等 绘制）

往从田里，去从北郭门。照龟龟山，更驾台，驰于离丘，游于美人宫，兴乐中宿，过历马丘。射于乐野之衢，走犬若耶，休谋石室，食于冰厨。"

稷山，"稷山者，句践斋戒台也。""稷山在县东五十里称山南"①，位于今上虞道墟街道。

中宿台，"越《旧经》：中宿在会稽县东七里。"②

石室，"燕台在于石室。越《旧经》：宴台在洲东南十里。"③

乐野，"乐野者，越之弋猎处，大乐，故谓乐野。其山上石室，句践所休谋也。"④ 乐野与石室应在同一处。

锡山，"锡山在县东五十里宝山旁。《旧经》：越王采锡于此。"⑤ "句践

① 康熙《会稽县志》卷三。
② （东汉）赵晔：《吴越春秋》卷五。
③ （东汉）赵晔：《吴越春秋》卷五。
④ （东汉）袁康：《越绝书》卷八。
⑤ 康熙《会稽县志》卷三。

时采锡山为炭，称炭聚。"① 锡山既是采锡基地，又是伐木烧炭之地。据"银山在县东五十里"② 之记载，锡山应在银山的近处，在今上虞区长山。

称山，"称山在县东北六十里丰山西北，北环大海。《旧经》：越王称炭铸剑于此，俗呼称心山。"③ 这里既是沿海码头，又是冶炼基地，位于今上虞区道墟街道肖金与杜浦交界处。

铜姑渎，《越绝书》卷八载："姑中山者，越铜官之山也，越人谓之铜姑渎。长二百五十步，去县二十五里。"《越绝书》卷十一载："若耶之溪，涸而出铜。"据此，这一产铜基地应在若耶溪的上游，今平水镇的平水铜矿处。

赤堇山，《越绝书》卷十一载："赤堇之山，破而出锡。"康熙《会稽县志》卷三载："赤堇山在县东三十里，会稽山东南。"采锡基地赤堇山的地理位置应在若耶溪东，大约位于今平水上灶村。

葛山，《越绝书》卷八记载："葛山者，句践罢吴，种葛，使越女织治葛布，献于吴王夫差。去县七里。"是越国种葛织布之所，位于今越城区的若耶溪下游。

犬山，《越绝书》卷八载："犬山者，句践罢吴，畜犬猎南山白鹿，欲得献吴，神不可得，故曰犬山。其高为犬亭，去县二十五里。"犬山为越国的畜牧之地，今称"吼山"，在今越城区皋埠街道境内。

鸡山，《越绝书》卷八载："鸡山、豕山者，句践以畜鸡、豕，将伐吴，以食士也。鸡山在锡山南，去县五十里。"是越国的又一个畜养基地，位于今上虞区长山、长塘、樟塘三地交界处。

2. 连通山阴城以南生产基地

南池，嘉泰《会稽志》："南池在县东南二十六里会稽山，池有上下二所。《旧经》云：范蠡养鱼于此。"南池亦称"牧鱼池"或"目鱼池"。

坡塘，"坡塘"因范蠡当年养鱼得名，即"上池宜于君王，下池宜于

---

① （东汉）袁康：《越绝书》卷八。

② 康熙《会稽县志》卷三。

③ 康熙《会稽县志》卷三。

臣民"。"上池"即指坡塘。

3.连接西部基地

除了如前所述的固陵、航坞、石塘之外，还有吴塘、木客大冢、越王峥、官渎、朱馀。

吴塘，在句践的父亲允常时，越部族的活动中心还在地势较高的山丘，但到了越王句践之时，部落的中心开始由崎岖狭隘的会稽山地，北迁到山麓冲积扇的平阳，作为向广阔的山会平原进军的跳板。山会平原曾长期是一片沼泽之地，洪涝潮汐频仍，土地盐渍化又十分严重，因此，开发山会平原，兴建水利工程形成一批小范围的灌区，就成为至关重要的一步。吴塘正是在以上背景之下建筑起来的，属山麓地带的蓄水工程，坝址遗存尚在。

吴塘的首次记载见于《越绝书》卷八："句践已灭吴，使吴人筑吴塘，东西千步。"嘉庆《山阴县志》对此又进行了补述："吴塘在城西三十五里。"这里不但说明吴塘确系在城西北方向，与《越绝书》记述相同，又可由此推测，塘的位置大致在今湖塘一带。

据考，今湖塘古城村曾是越部族的一个活动中心，因此地名亦有"古城"之称。其下是山麓冲积扇和广阔的平原，随着古城以外的平原逐步被

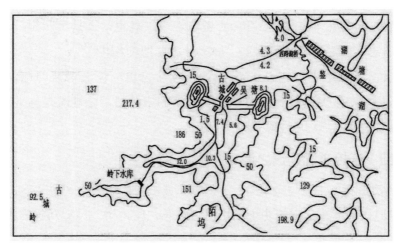

吴塘平面位置图（邱志荣等 绘制）

开发，人口不断增长，人们必须蓄淡拦潮，以满足人畜用水和农田灌溉需要。人们在来年山与马车坞山之间筑起一道堤坝，由于坝内三面环山，形成了一个蓄水水库。根据 15 米（黄海高程，下同）等高线测算，水库面积约为 0.605 平方千米，库容大致在 350 万立方米。在堤不远处有一被称为笔架岙的山岙，据传古代曾是水道，面宽约 25 米，高 16.5 米，略呈弧形，在裸露的岩石上，依稀有曾被水冲刷过的痕迹，估计为该蓄水工程的自然溢洪道。[①]

古城岭既然曾是句践父亲允常的居住地，在战胜吴国后，句践在古城岭下以敌国的战俘筑塘建农田水利灌区。越灭吴在前 473 年，因此筑塘时间大约在此前后。吴塘可以说是越国山麓地带水利工程的代表，其下是西部重要农业生产基地，通过陌坞江和故水道相连。

木客大冢，《越绝书》卷八："木客大冢者，句践父允常冢也。初徙琅琊，使楼船卒二千八百人伐松柏以为桴，故曰木客。去县十五里。一曰句践伐善材，文刻献于吴，故曰木客。"在今绍兴南偏西的娄宫镇里木栅村，是一个木材采伐基地。该基地出产的木材通过娄宫江经故水道等河道运送各地。

越王峥，为越王句践屯兵之处。乾隆《绍兴府志》："越王山一名越王峥，又名栖山。上有走马岗、伏兵路、洗马池、支更楼故址。"

官渎，《越绝书》卷八："官渎者，句践工官也，去县十四里。"乾隆《绍兴府志》引嘉泰《会稽志》："官渎在县西北一十里。"

朱馀，《越绝书》卷八："朱馀者，越盐官也，越人谓盐曰馀，去县三十五里。"据考在距今绍兴城北 35 里处的朱储村。此地既是盐业基地，又有故水道通向沿海的主要河道。

（四）连接越国迎送之地

1. 灵汜桥

灵汜桥是浙东运河历史上有史可查的第一座古桥。灵汜乃越国神秘水

---

① 邱志荣等：《古越吴塘考述》，《中国农史》1989 年第 3 期。

道，通吴国震泽，又处越国最早园林"灵文园"之中。《水经注·浙江水》载："城东郭外有灵汜，下水甚深，旧传下有地道，通于震泽。"

嘉泰《会稽志》卷十一载：

> 灵汜桥在县东二里，石桥二，相去各十步。《舆地志》云：山阴城东有桥，名灵汜。《吴越春秋》：句践领功于灵汜。《汉书》：山阴有灵文园。此园之桥也，自前代已有之。

灵汜桥位置在米行街 102 号

嘉泰《会稽志》卷十一又记载：

> 《尚书故实》：辨才灵汜桥严迁家赴斋，萧翼遂取《兰亭》，俗呼为灵桥。

萧翼以计谋从辨才处巧取《兰亭序》的故事也与此桥有关。唐代李绅有《灵汜桥》诗：

> 灵汜桥边多感伤，分明湖派绕回塘。
> 岸花前后闻幽鸟，湖月高低怨绿杨。
> 能促岁阴惟白发，巧乘风马是春光。
> 何须化鹤归华表，却数凋零念越乡。[1]

灵汜桥是越王句践接受封赠之地，故历来文人学士、迁客骚人至此多有伤感之作。据记载，当时越国被吴国战败，后句践入吴为奴三年，吴

---

[1] 黄钧等点校：《全唐诗》第五册，第 607 页。

王夫差赦免句践回越，仅封他百里之地——东至离越国都城 60 里的炭渎，西至都城以西约 40 里的周宗，南到会稽山，北到后海（杭州湾）的东西窄长的狭小之地，即《吴越春秋》卷五所载："东至炭渎，西止周宗，南造于山，北薄于海。"灵汜桥既是越王句践受封之地，也是他之后"十年生聚，十年教训"的发祥之地。经考证，确定今绍兴五云门外"小陵桥"位置为古灵汜桥遗址。①

2. 阳春亭

《越绝书》卷八中记载了"阳春亭"的大致位置：其一，此亭在大城东近处；其二，地处水陆交通要道边；其三，为古越迎送之地。虽今遗址不存，然今五云门外有"伞花亭"遗存，正处合理的位置。又亭东侧还竖有"绍兴外运"的大门牌，到 20 世纪末这里还是绍兴城东的外运基地。

3. 美人宫

《吴越春秋·外传第九》载："乃使相工索国中，得苎萝山鬻薪之女，曰西施、郑旦，饰以罗縠，教以容步，习于土城，临于都巷，三年学服，而献于吴。"西施姓施，名夷光，一作先施，又称"西子"，春秋末期越国句无（今属诸暨市）苎萝村人，郑旦与西施同为苎萝山中美女。越《旧经》："土城山在会稽县东南六里。"孔晔《会稽记》："句践索美女以献吴王，得诸暨苎萝山卖薪女西施、郑旦，先教习于土城山，山边有石，云是西施浣纱石。"土城山又称"西施山"，是西施习步的宫台遗址，位置在今绍兴城东五云门外，原绍兴钢铁厂处。1959 年在山南开挖河道，见有大量越国青铜器、印纹陶、黑皮陶、原始青瓷等。西施山一带也是重要的越国遗址。

4. 灵文园

《汉书·地理志》卷二十八上载："越王句践本国，有灵文园。"嘉泰《会稽志》明确记载灵汜桥为"此园之桥也，自前代已有之"。通过对以上绍兴城东附近越国时的东郭门、五云门、故水道、故陆道、灵文园、灵汜

---

① 邱志荣：《浙东运河古越灵汜桥寻考》，《浙江水利水电学院学报》2017 年第 1 期。

桥、美人宫等遗址的考证，可以认为灵文园是句践时越国的一个重要的水陆交通枢纽、迎送之地、后花园。再向东则是以富中大塘等为中心的生产基地。

三、造船业

（一）基地

越国的造船业素称发达。根据文献记载，越国有专门的造船工场。《越绝书》卷八载："舟室者，句践船宫也。去县五十里。"这个距离国都五十里、坐落在钱塘江南岸的船宫"舟室"，就是越国的造船工场。越国还有专事管理造船的船官司。《越绝书》卷三："治须虑者，越人谓船为须虑。""治须虑者"，即越国管理造船的船官司。越国还有众多的造船工，被称为"木客""作士""楼船卒"，他们都是专职木工，而主要是建造船只的。句践一次"使木工三千余人，入山伐木"[1]；又一次因"初徙琅琊，使楼船卒二千八百人伐松柏以为桴"[2]。造船工人数量之多，由此可见一斑。

（二）船只种类

《淮南子·齐俗训》载："胡人便于马，越人便于舟。"《慎子》："行海者，坐而至越，有舟故也。"[3]

1. 楼船

《越绝书》几次提到"楼船卒"，足见越有楼船。直到汉武帝时，武帝还特令朱买臣到会稽郡"治楼船"，这也可证明越地是制作楼船的场所。应劭曰："船上施楼，故号曰楼船。"楼船是一种建有重楼（一般为三层）的大型船只。《史记·平准书》："治楼船，高十余丈，旗帜加其上，甚壮。"它便于攻击敌舰，作为水军的主力舰只。

---

① （东汉）赵晔：《吴越春秋》卷五。

② （东汉）袁康：《越绝书》卷八。

③ 主要参考童隆福主编：《浙江航运史·古近代部分》，人民交通出版社 1993 年版。

2. 戈船

《越绝书》卷八记载："句践伐吴，霸关东，从琅琊起观台，台周七里以望东海。死士八千人，戈船三百艘。"《汉书》卷六载："张晏曰：'越人于水中负人船，又有蛟龙之害，故置戈于船下，因以为名也。'臣瓒曰：'伍子胥书有戈船，以载干戈，因谓之戈船也。'"

3. 翼船

翼船分为大翼、中翼和小翼。《初学记》卷二十五引《越绝书》云："越为大翼、中翼、小翼，为船军战。"《事类赋注》引作"越为大翼、中翼、小翼之船，以水战"。张宗祥辑录的《越绝书·逸文》伍子胥《水战兵法内经》云："大翼一艘，广一丈五尺二寸，长十丈，容战士二十六人，棹五十人，舳舻三人，操长钩矛斧者四，弩各三十二，矢三千三百，甲兜鍪各三十二；中翼一艘，广一丈三尺五寸，长九丈六尺；小翼一艘，广一丈二尺，长九丈。"吴、越风俗习性多相类，越国的大翼、中翼、小翼，其形制大抵亦当如此。

4. 扁舟

扁舟亦称轻舟。《国语·越语》记载范蠡"乘轻舟以浮于五湖"。《史记·货殖列传》作"扁舟"。是一种轻便灵巧的小船，民间作往来江河之用。

5. 方舟

方舟，方亦作舫。《越绝书》卷三记载越国有方舟、航买、仪尘，今不得其详。《说文》解释："方，并船也。"即两船相并。西汉铜鼓饰纹尚可见其图形。不仅平衡安全，而且速度快，是越国常用的水上交通工具。迄今在南洋和太平洋群岛还可见到 [1]。

6. 舲

《淮南子·主术训》："越人乘舲舟而浮于江湖。"又同书《俶真训》：

---

[1] 石钟健：《古代中国船只到达美洲的文物证据》，《百越史研究》，贵州人民出版社1987年版。

"越舲蜀艇，不能无水而浮。"《主术训》高诱《注》说："舲，小船也。"舲是一种小巧的船只，为精熟水性之人方能驾驭。

7. 乘舟

《左传·昭公二十四年》记载："越公子仓归（馈）王乘舟。"古本《竹书纪年》记载，魏襄王七年四月，"越王使公师隅来献乘舟"。孟文镛先生认为，这里所说的"乘舟"就是为运输的船只。[1]

（三）规模

越国造船的数量也不少。例如，前482年，句践乘夫差率领精兵北上黄池之际，"乃发习流二千人、俊士四万、君子六千人、诸御千人"[2]，大举进攻吴国。"习流"就是习水战之兵。一支两千人的水军，按照前述《水战兵法内经》，需要翼船已不在少数。句践灭吴以后迁都琅琊，"句践伐吴，霸关东，从琅琊起观台。台周七里，以望东海，死士八千人，戈船三百艘"[3]，建立起一支水军舰队，如果当时没有以为数众多的船只作基础，是难以成建制和作战的。直到前312年，越王还派遣使者公师隅向魏襄王"献乘舟始罔及舟三百"[4]。"始罔"大约为乘舟之名。可见，在战国后期，越国在造船技术和数量上，都处于领先水平。

对越国舟船之多，地位之重要，水事之盛，舟楫之行成为主要交通工具和习俗，宋孙因有《越问·舟楫》予以歌颂：

> 越人生长泽国兮，其操舟也若神。有习流之二千兮，以沼吴
> 而策勋。寻笠泽以潜涉兮，北渡淮而会盟。擅航乌之长技兮，水

---

① 孟文镛：《于越的海上远航》，车越乔主编：《越文化实勘研究论文集》，中华书局2005年版，第148页。

② （东汉）赵晔：《吴越春秋》卷六。又，《史记索隐》曰："《虞书》云'流宥五刑'。习流谓流放之罪人，使之习战。教士谓常所教练之兵也。君子谓君所养有恩惠者。诸御谓诸理事之官在军有职掌者。"徐天祜曰："笠泽之战，越以三军潜涉，盖以舟师胜。此所谓习流，是即习水战之兵，若曰使罪人习战，越一小国，流放者何至二千人哉？"

③ （东汉）袁康：《越绝书》卷八。

④ （北魏）郦道元：《水经注》卷四《河水》引《竹书纪年》。

犀为之逡巡。浮海救东瓯兮，有握节之严助。治船习水战兮，荣衣锦于买臣。渡浙江而誓众兮，会稽之内史。率水棹以拒战兮，凌江之将军。坐大船若山兮，公苗山阴之杰。泛波袭番禺兮，季高永兴之人。想万艘之并进兮，纷青龙与赤雀。风帆倏忽千里兮，驾巨浪如飞云。今竞渡其遗俗兮，习便駃以捷疾。观者动心骇目兮，相杂袭如鱼鳞。客曰：盛哉舟楫兮，他郡孰加于越！然同济或不同心兮，请置此而新其说。[①]

文中，越人不但善于操舟，并且将舟船和越地历史上著名事件、众多名人联系在一起。船之大，数量之多，同舟共济，气势如虹，十分壮观。又有竞渡之俗，使观者动心骇目。非水乡泽国何以有此舟楫盛事。

第四节　越国水利水运工程特色与地位

春秋时期，越国水利因地制宜，规模不是很大，大多分布在以山阴故水道为主的东南部，但这些水利工程，适应了越国的生产力发展要求，为农业、渔业、制盐、冶金、制陶、纺织、酿造生产，以及军事提供了基础条件。各具特色的各类水利工程，其兴建年代、建筑规模、技术水平以及所产生的工程效益，可以说毫不逊色于同期黄河流域的水利工程，在中国水利航运史上留下了光辉的一笔，也产生了久远的文化影响。主要特点如下。

一、综合性强

一切围绕复兴越国伟大目标、国家战略、发展生产来规划建设水利工

---

① 宝庆《会稽续志》卷八。

程。如富中大塘的修建，促进了农业生产的发展，使原本咸潮出没的平原之地成为肥饶的富中义田。同时，处于吴越交战、兴废存亡的危急关头，越国兴建的水利工程必然具有鲜明的军事色彩，开辟富中农业区也是为了建立军粮基地。筑练塘，是为了在海潮直薄的沼泽地开辟诸多锡、银等冶炼基地。冶金业是与军备密切相关的基础工业。从山阴城东部到曹娥江边的东西向山阴故水道进行整治，不仅是为了沟通这一区域的湖泊与南北向自然河流，还为了沟通各生产基地和越国都城的交通运输。石塘，应属海岸码头，兼及军事、海运，对外交往等多种功能。

二、建设速度快

春秋越国水利及水运的集中建设期不过 20 年左右，所建工程仅《越绝书》记载的就有塘 5 处、河道 1 处、城墙 2 处。其工程规模，吴塘填土方约 35 万立方米，古水道挖土方至少 100 万立方米，小、大两城筑墙的土石方应在 100 万立方米以上。如此工程的土石方量，即使在今天来说，也相当于一个中型工程。而在生产力尚处于青铜器向铁器过渡时期，仅 30 万人口的於越部族，在如此短暂的时间内，建成了如此众多的、具有一定规模的工程，其建设速度之快，就中国春秋时期的地区性水利水运来说，实属罕见。

三、技术先进

春秋越国水利航运的建树，主要在前 493—前 473 年之际，建设时期之早不仅居于浙江之首，而且在全国也属屈指可数，此外，在工程技术上也属先进。

横亘于山会平原东部 20 余里的山阴故水道和富中大塘，成功地阻遏了咸潮的侵袭，塘沿岸又必定会设置堰、闸之类工程，堤防的综合水利设施已较完备和达到一定规模。兴建时间比战国时期黄河流域的同类工程早了100多年。[1] 如越国的吴塘筑于前473年左右，拒潮蓄淡，名为"辟首"，拦蓄库容可达300万立方米，至今大部分坝体尚存，其兴建年代比智伯渠坝早20年，并且还用自然山岙作为溢洪道，充分显示了越人因地制宜，善借物利用的智慧和能力。在杭坞山附近海岸修筑的石塘，是国内海塘史料中首次记载的石塘。从空间位置的分布来看，春秋时越国沿"山—原—海"台阶式地形，依次在山麓冲积扇、沼泽平原和沿海地区兴建了不同类型的水利工程，构建了自南向北的水工程体系。在一个具有多种地理形态和自然条件的区域范围内，兴建与之相适应的众多水利工程，这样的空间位置分布，体现了较高的科学性和合理性，在我国春秋时期的区域水利航运体系中，是不多见的，已经具备了一定的系统规划的思想。

在堤塘的断面设计上，最有代表性的当推吴塘。其坝断面的技术数据基本符合记载春秋战国时期水利理论和工程技术的权威文献《考工记》的理论设计，说明历来被认为晚于中原开发的我国南方钱塘江流域的水工技术，实已达到了当时中原地区同等或更先进水平。这是由越人的智慧和越地特定的水环境决定的。当然这种技术也会在其他工程中推广和应用。

又由于地理环境的需要，这些水利工程建设中要设置大小不一的蓄、排水闸，越国之水利灌排设施可以认为是以木结构为主的。

四、地位突出

姚汉源先生言运河："其开凿，引江河湖泉以为源，涓滴以上皆以为用，东南多水，故其创始于江浙，司马迁谓：'通渠三江、五湖。'"[2] 山阴故水道的基本形成至少有2500年的历史，其作用主要为三：一是沟通纵横交错的越国水上网络；二是为越国强盛提供水利基础保障和可持续性发展的基础；三是促进对外通航与文化交流。

---

[1] 武汉水利电力学院、水利水电科学研究院《中国水利史稿》编写组：《中国水利史稿》上册，第74页。

[2] 姚汉源：《京杭运河史》，第16页。

山阴故水道的经济、社会效益十分显著。当时越国的生产生活基地主要在山会地区东南部，也就是《越绝书》记载的故水道所经之地。故水道为富中大塘等生产基地提供防洪、排涝和航运效益十分显著，也为山会地区自然环境的改造、水利建设和经济、文化的发展奠定了重要基础。

　　山阴故水道在中国航运史上有着十分重要的地位。《水经注·济水》引《徐州地理志》："偃王治国，仁义著闻，欲舟行上国，乃沟通陈蔡之间。"陈国的国都在今河南淮阳区，蔡国的国都在河南上蔡县，这条人工运河位于沙水和汝水之间。《中国水利史稿》称此运河为最早的人工运河，但这条运河究竟在什么位置，史实已不可考。① 有明确记载的为春秋后期鲁哀公九年（前486），吴人开的邗沟，沟通了江淮两大水系。开邗沟后4年（前482），吴人又"阙为深沟，通于商、鲁之间，北属之沂，西属之济"②，沟通了泗水和济水，也就是沟通了黄淮两大水系。越国的山阴故水道不但有东汉时期成书的《越绝书》的记载，而且其开挖年代应该可以基本论定，所处地理位置也十分明确，不但是越国之基础命脉，还通江达海，通过钱塘江沟通吴越两地，通过沿海码头沟通海外。山阴故水道可谓中国历史上兴建年代最早，并且至今依然保存较好，仍在发挥作用的人工运河之一。随着考古的新发现，这条运河的悠久历史和价值会得到进一步的证明和提升。

① 武汉水利电力学院、水利水电科学研究院《中国水利史稿》编写组：《中国水利史稿》上册，第87页。
② （春秋）左丘明，陈桐生译注：《国语·吴语》，第673页。

第四章
秦汉六朝时期

秦统一中国后，加强了对南方地区的控制，其中措施之一是在钱塘江北岸增修了较多航道，使得山会地区与北方的航运交通更加畅达。秦始皇巡越促进了南北航线较大规模的整治，山会航道又有新的发展。

秦至西汉时期的山会航道，应该说主航线同越国后期相比无大的改变，主要变化是局部的沟通、疏浚和范围扩大，以及航运能力的提高。

东汉鉴湖的兴建是浙东航运发展史上一个新的里程碑，山会航道以鉴湖北堤为主航道，不但航线更加明确，使整个山会平原以及对外航运能力和水平得到提高，还有效地促进了宁绍地区的城市发展和经济繁荣。鉴湖作为山会地区的主航线对此后的浙东航运产生了深远的影响，促进了西兴运河建设，也是西兴运河的水源；东鉴湖至今仍是浙东航运的主干航道之一；鉴湖也为浙东运河增添了持续发展的丰富的文化内容。

第一节　秦至西汉

一、秦始皇巡越

（一）目的

秦始皇为加强中央集权统治，于前220—前210年的10年间，先后5次大规模外出巡视。

秦始皇来越地巡视，其主要目的，一是加强对这一地区的政治控制，二是祭禹。核心目的是显示国家民族的一统天下。秦始皇三十七年（前210），秦始皇带领其少子胡亥、左丞相李斯、中车府令赵高等东巡会稽。从咸阳至云梦泽（在今湖北）望祭虞舜后顺长江东下，到达今安徽当涂东北的丹阳，东南抵达钱塘江边（今杭州湾）。

秦始皇东巡会稽，感觉这里尚有"天子气"，决定"东游以厌之"[①]。为削弱越人势力，他采取的措施之一是亲自主持更改县名，即更名大越曰山阴。《越绝书》卷二对此有记载："秦始皇并楚，百越叛去，东名大越为山阴也。"《越绝书》卷八载："因徙天下有罪，谪吏民，置海南故大越处，以备东海外越，乃更名大越曰山阴。"

（二）途径

为加强对东南地区的控制，秦始皇注重对这一带河渠道路的整治。在太湖西北面，秦始皇开凿了丹徒至丹阳河段。至顺《镇江志》及光绪《丹阳县志·舆地一》称：前210年，秦始皇从云梦浮江东下，巡视江浙地区，并命"赭衣徒三千"，"凿丹徒曲阿"（曲阿即今丹阳）。在太湖东南面，秦还开凿另一水道，《越绝书》卷二记载："秦始皇造道陵南，可通陵道，到由拳塞，同起马塘，湛以为陂，治陵水道到钱塘，越地，通浙江。"从此，嘉兴到杭州的水道得以连通，基本奠定了由今镇江，经丹阳、苏州、嘉兴，直到杭州，沟通长江和钱塘江的江南运河的基本走向。

秦始皇巡越线路，据《史记·秦始皇

秦李斯会稽刻石

---

① （南朝梁）沈约：《宋书》卷二十七，清武英殿校刻本。

本纪》载："三十七年十月癸丑，始皇出游。……十一月，行至云梦，望祀虞舜于九疑山。浮江下，观籍柯，渡海渚。过丹阳，至钱唐。临浙江，水波恶，乃西百二十里从狭中渡。上会稽，祭大禹，望于南海，而立石刻颂秦德。"对此，《越绝书》卷八有更详细的记载，秦始皇"以其三十七年，东游之会稽。道度牛渚，奏东安（东安，今富春）、丹阳、溧阳、鄣故、馀杭轲亭南，东奏槿头，道度诸暨、大越。以正月甲戌到大越，留舍都亭，取钱塘浙江'岑石'。石长丈四尺，南北面广尺六，东面广四尺，西面广尺六寸，刻丈六于越东山上，其道九曲。去县二十一里"。其大致路线为：从国都咸阳出发，出武关，沿丹水、汉水至云梦，在云梦望祀了九疑山的虞舜后，浮江东下，直至牛渚，循骨溪河经今高淳、溧阳、宜兴等地，东入太湖，再沿太湖西岸至今湖州登陆，并由湖州经安吉、余杭到杭州。又因当时钱塘江涌潮高急，不能安全横渡，便沿塘北岸西行至今富阳一带渡过钱塘江，沿浦阳江而上，至诸暨，再经枫桥、古博岭，沿若耶溪到达山会平原。在会稽拜祭大禹，再登秦望山望越中山川大地形势。刻石山古时称"鹅鼻山"，在会稽"县西七十里，一名鹅鼻山，自诸暨入会稽，此山为最高"[1]。刻石山的石刻碑上有著名的李斯《会稽刻石》[2]。

对秦始皇离越，《史记·秦始皇本纪》记其又过吴，"从江乘渡，并海上，北至琅邪"。《越绝书》卷八载："已去，奏诸暨、钱塘，因奏吴，上姑苏台……"仍是由山会平原至诸暨，由诸暨顺浦阳江而下经钱塘至吴地的。

（三）影响

秦始皇巡视表明：一、从长江到镇江至苏州，经嘉兴再到钱塘江的航道已经形成。二、以秦始皇万乘之尊的浩大的船队，对航道标准的要求必定较高，规模亦较大。三、秦始皇原是在今钱塘江口渡江过固陵直达山会平原走水上主航道山阴故水道的，后虽因钱塘江风急浪高而改道富阳、诸暨，但仍足以证明当时这条东起练塘，西至固陵的故水道航道已存在并有

---

[1] 嘉泰《会稽志》卷九。
[2] （西汉）司马迁：《史记·秦始皇本纪》。

相当规模。

秦始皇来会稽是经过今诸暨、枫桥、古博岭再沿若耶溪到山会平原的。说明当时若耶溪的航道是畅达的，这一线路也是越部族在海侵海退后从会稽山麓向北部平原的发展之路，可谓寻根溯源。在钱塘江两岸、浙东运河沿线，秦始皇也留下了诸多的遗迹和传说。[①]

1. 汤家埠

秦始皇三十七年（前210）十一月，秦始皇到达钱唐，把船停泊在宝石山麓（今有秦王缆船石在保俶塔下），登临钱塘江畔山峰（今秦望山），瞭望钱塘江及其彼岸。由于水流湍急，江面辽阔，在钱唐渡江不成，遂西至富阳，在富阳的临江一地驻足观望（今有秦望村、秦望桥、秦望闸等古地名可证），再西行十来里，到一江面相对狭窄的地方（大致位置在今富阳区三山镇汤家埠）登船渡江。

2. 槿头

《越绝书》卷八记载，秦始皇三十七年（前210），东游会稽。"……东奏槿头，道度诸暨、大越。"槿头，即为今萧山南界的径游，现属浦阳镇。在径游及其附近一带的老年人，至今仍叫径游为径头（槿头）。

3. 鞭石亭

鞭石亭位于北干山北面半山腰，1997年由萧山市政园林公用事业管理处建，亭侧立碑石，上刻《鞭石亭记》。

传说，秦始皇到襟江带海的北干山，欲填海筑桥，览观日出。明代苏平有《海门洪涛》诗："沧州烟景共徘徊，白鸟忘机去复来。蜃气遥连沙岛树，潮声时震海门雷。秦皇辇石空遗恨，徐福求仙竟不回。落日苍茫思无限，弱流东去看蓬莱。"

4. 北干祭坛

北干祭坛位于北干山西侧巅峰，距鞭石亭较近。宝庆《四明志》记：

---

① 本节中有关萧山部分的内容主要参考陈志富：《秦始皇萧山遗迹考》，邱志荣主编：《中国鉴湖（第三辑）》，中国文史出版社2016年版，第288页。

"秦始皇游会稽，登山望秩以求神仙，至此见群峰连延东入于海，乃令方士徐福立坛祈祷。"

徐福祭坛今犹在。实地查看，土坛顶面长 22.5 米，宽 17 米，呈椭圆形，地面平整，东西两侧有路可通，西侧石阶凿痕可辨，四周古木参天，藤条蔓延。土坛为人工填筑，填筑痕迹显见。

5. 石井山

石井山又名"井山"，在萧山湘湖之北，紧邻象山和牛肾子山，主峰海拔 112 米。相传秦始皇在钱塘江南岸，寻找渡江出海地点途中，有一名妃子突然发病亡故，始皇命葬于路旁的小山上。山顶石井即为妃子墓道，故名"石井山"。

6. 连山

嘉泰《会稽志》记载："连山华氏考古云：连山，萧山县西十二里，秦始皇驱群山于江上。置不用。"传说连山是秦始皇驱山之作。

据《萧山湘湖志》卷八，连山在井山附近，井山、牛肾子山、连山、湖里王山、狮子山，依次相连。连山地处湘湖西北，滨江区长河街道井山坞村，海拔 45 米。连山石桥位于连山之北，钱塘江南岸，长河街道境内。隋朝夏侯曾先《会稽地志》记载："秦始皇欲造石桥渡浙江，今尚有石柱数十，列于江际。"嘉泰《会稽志》记载较详："连山在（萧山）县西一十二里。《旧经》云：连山，长冈九里，西北至定山，秦始皇欲置石桥渡浙江，石柱数十，位于江际。"清雍正《浙江通志·萧山县》也记载："连山，长冈九里。秦皇于此造石桥渡浙江，旧有石柱数十列于江滩。"列于江滩上的数十根石柱，到宋以后无存。

7. 连山渡

连山渡位于连山北麓，白马湖南岸。据嘉泰《会稽志》记载，连山渡在萧山西十二里的连山，是秦始皇东巡会稽回去时在钱塘江的渡口。

连山渡在钱塘江、富春江、浦阳江三江交汇处的下游，江面开阔，山势平缓。北有龙山渡，南有渔浦渡，地理位置独特，为水陆交通中心枢纽，钱塘江的重要渡口之一。连山渡就在越王城山西北山麓，越国时的固陵港与连山渡是相连接的。

8. 秦望山

《越中杂志》上卷《山》："（秦望山）在会稽东南四十里，高出群山之表，秦始皇登此以望东海。"

9. 绕门山

绕门山，又称"箬山"，相传秦始皇东巡，此为驻马场地，在今东湖即山阴故水道南缘。

10. 秦望村

秦望村（原村南浙东运河上有秦望桥），在今钱清镇，相传秦始皇于此望北部沿海。

11. 涂山庙

涂山庙位于今柯桥区安昌。由于秦始皇在会稽影响很大，在其死后山阴人刻木为像，立在禹庙中祭祀。东汉末年，王朗为会稽太守，一度废除。但不久当地百姓又恢复了。《三国志》卷十三裴松之注引《朗家传》："会稽旧祀秦始皇，刻木为像，与夏禹庙同。朗到官，以为无德之君，不应见祀，于是除之。"南朝《会稽记》则说："始皇崩，邑人刻木为像祀之，配食夏禹。后太守王朗，弃其像江中，像乃溯流而上。人以为异，复立庙。"《郡国志》云："涂山禹庙，始皇崩，邑人刻木为像，祀之，配食夏禹。后汉太守王朗弃其像江中，像乃溯流而上，人以为异，复立庙。"这座涂山又名"西鄎山"，位于今绍兴安昌镇之东南。[①] 此故事也反映了越人对秦始皇的敬畏之心。

12. 马鞍山

马鞍山位于今柯桥区马鞍境内南端，海拔 196 米。马鞍山形如马，并有鞍，形象逼真，故名"马鞍山"。"马鞍"则以山得名。清朝文人沈香岩在其《鞍村杂咏》中记载了马鞍山秦始皇凿山的古老传说："村口有山，其形如马。秦始皇时，望气者云，南海有五色气。遂发千人，凿断山之岗

---

① 《安昌镇志》，中华书局 2008 年版，第 367 页。

阜，形如马鞍，附山居民，遂以名村。"在记述秦始皇凿山传说一节文字中，同时提道："至今山顶凿痕俱全在。其凿下残石，后人垒成石窟，大者可藏十余人，小者亦容六七人，以避风潮之患。父老相传，谓之救难洞。今山北大悲庵左右，遗迹尚存。"20 世纪 60 年代，大悲庵西下，其石窟尚在，分布有三四排，每排长度约 6—7 米，高约 1 米，传说是台风大潮来时，古人避难用。现已毁。

马鞍山因酷似马鞍而得名，而且马鞍山左右两侧各有一处形如马踏脚的地方，位于马鞍山中部两侧半山山谷之中，两踏脚上各建一座庵，东踏脚上建有大悲庵，西踏脚上建有宝林庵，两庵均在石级之上。[①]

13. 皇宿湾

皇宿湾在余姚牟山湖一带。相传秦始皇在会稽祭大禹后，又寻访虞舜故迹。他来到了余姚、上虞交界的牟山湖畔寻访，听说舜就出生在牟山湖畔的姚江边一个叫诸冯的地方。那时的牟山湖，水面要比现在大十倍之多，烟波浩渺，背靠四明山余脉，重峦叠嶂。对此人间美景，秦始皇当然赞不绝口，当晚就在东边的狮子山下的湖边住下。这个地方，现在就叫"皇宿湾"。[②]

以上越地多处留有秦始皇传说的地方，位置均在古运河附近，因此笔者认为秦始皇到山会平原后主要在山阴故水道或故陆道一线巡视。同时秦始皇来越巡视，对山会平原的主要道路和河道必定作过一次较大规模的整治和沟通。

二、西汉浙东航运

秦汉孙吴两晋南朝时期，浙江的航运以浙北杭嘉湖和宁绍平原最为发达。航运是这里主要的交通运输方式。无论是官运，还是民运，各地所出粮、盐、铜、铁、瓷器、竹木、鱼类、蔬果等等，大多利用水道运输。[③]

---

① 《马鞍镇志》，中华书局 2014 年版，第 448 页。

② 王祥林主编：《金牛出水牟山湖》，中国文化出版社 2011 年版，第 17 页。

③ 童隆福主编：《浙江航运史·古近代部分》，人民交通出版社，1993 年版，第 26 页。

（一）若耶溪航道

汉代若耶溪的航道，不但如前所述秦始皇巡越是经过今诸暨、枫桥、古博岭再沿若耶溪到山会平原的，汉代若耶溪上还产生了一个令人心悦的美丽传说。据传，汉太尉郑弘（？—86）年少时曾在若耶溪边的山中以砍柴为生，一次在溪边拾得一箭，不多会有人来寻箭，郑弘当即把箭归还于他，寻箭者乃神人也，见郑弘诚实不欺，聪慧可爱，便问郑弘希望以何为回报。郑弘回答："经常遭受若耶溪中出入和运载柴草不便之苦，但愿若耶溪清晨起南风，傍晚吹北风，以利山民运舟。"神人去后，果然在溪中出现了这种如人意愿的风向人们把这股风命名为"樵风"。其后，当地村民依随风势运舟载物，受益无穷。嘉泰《会稽志》卷十记载："樵风泾在县东南二十五里。"

神话是"通过人民的幻想用一种不自觉的艺术方式加工过的自然和社会形式本身"[①]，是"用想象和借助想象以征服自然力，支配自然力，把自然力加以形象化"。造成樵风的原因可以得到合理的解释：若耶溪北部水面较宽，山丘低平，旭日映照较早，同样，升温及蒸发也早；而南部山区，群山耸立，光照相对较迟，温差不同，在狭长的溪中形成"朝南风"；暮色苍茫，北部降温较南部山区更快，又形成"暮北风"。郑弘，字巨君，东汉山阴人。在历史上是一位体恤民情、政绩卓著的名宦，在越地颇有影响。郑弘又出生在若耶溪边，有过采薪运舟之经历，做过不少有益民众之事。越人感念郑弘的功绩声名，便口口相传地塑造了郑弘在樵风泾这一传说。当然，这一传说也表明汉代若耶溪航道影响之大，它是山会平原南北向的主航道，与山阴故水道相连，形成了东西南北水运航线。

（二）曹娥江以东航道

曹娥以东的姚江、甬江，在秦汉时就有人工运河入海的记载。据《汉书·地理志》，会稽郡句章县［原治余姚东南，东晋隆安四年（400）移治

---

① ［德］马克思、［德］恩格斯：《马克思恩格斯选集》第二卷，人民出版社 1974 年版，第 113 页。

宁波市南鄞江南岸〕有"渠水东入海"之说。据王先谦研究，渠水系指今姚江、甬江①，亦即后人所说的浙东运河东段。渠相对于自然河流，是经人工疏凿整治的运河。说明这条曹娥江以东的运河，在秦汉时（或更早）是畅达的。西汉元鼎六年（前111），东越王余善举兵反叛，汉武帝派横海将军韩说、楼船将军杨仆分兵进攻，其中"韩说出句章浮海从东方往"②，就是经由姚江、甬江出海的。

曹娥江与姚江水路的通航，还可从晋人陆云给车茂安的信中得到佐证。陆云（262—303），字士龙，吴郡吴县华亭（今上海市松江区）人，著名文学家。有一年，车茂安的外甥石季甫出任鄮县县令，全家人都很担心，觉得鄮县一带是一片荒野，交通不畅，令人生畏之地。陆云于是致书车茂安："县去郡治，不出三日，直东而出，水陆并通。"③这里的"郡"应是会稽郡，水路显然就是由郡城东出山阴故水道过曹娥江经上虞通明，然后沿姚江东去而直达今宁波的航道，并且这里是水路和陆路皆通达。这条航线在上虞段即被称为四十里河，至今尚在使用。

秦至西汉时期的山会航道，应该说主航线同越国后期无大的改变，主要变化在一些沟通、疏浚和范围的扩大，航运能力的提高。其主要原因是在上述时期中，秦代的强制移民，使山会地区的人口减少，经济发展缓慢。终西汉一代，山阴一直是会稽郡下的一个普通属县，为"地广人稀"④之地。

（三）句章港的记载

《史记》中也有关于句章的记述。《史记·东越列传》载：汉武帝元鼎六年（前111）秋，东越王余善反叛，武帝"遣横海将军韩说出句章，浮海从东方往；楼船将军杨仆出武林；中尉王温舒出梅岭；越侯为戈船、下濑，将军出若耶、白沙。元封元年冬，咸入东越"。最终平定东越王余善

---

① （清）王先谦：《汉书·地理志补注》。

② （西汉）司马迁：《史记·东越列传》。

③ （晋）陆云，刘运好校注：《陆士龙文集校注》卷十，凤凰出版社2010年版，第1288页。

④ （西汉）司马迁：《史记·货殖列传》。

之叛乱。此记载表明，句章在西汉时期是浙东航行的一个出海之地。《汉书·地理志》记载句章是会稽郡所辖二十六县之一，其注云："渠水东入海。"《后汉书·顺冲质帝纪》载："阳嘉元年二月，海贼曾旌寇会稽，杀句章、鄞、鄮三县长。"《三国志·孙休传》载：吴景帝永安七年（264）"夏四月，魏将新附督王稚浮海入句章，略长吏贾林及男女二百余口。将军孙越徼得一船，获三十人"。综上，句章为汉代乃至三国时代宁波三江地区的一个通海城邑。据上，有许多学者认为句章是越国出海和返航的港口；也有认为句章只能算是一个处于萌芽时期的港城。①

《宋书·武帝本纪》载：隆安四年（400），刘牢之"使高祖（刘裕）戍句章城，句章城既卑小，战士不盈数百人，高祖常披坚执锐，为士卒先，每战辄摧锋陷阵，贼乃退还浃口"。又载："（隆安）五年春，孙恩频攻句章，高祖屡摧破之，恩复走，入海。"《宋书·刘敬宣传》载："五年，孙恩又入浃口，高祖戍句章，贼频攻不能拔。敬宣请往为援，贼恩于是退远入海。"此亦可见句章是孙恩军队从海上入浃口攻击会稽东部内地的门户和首要目标，进攻时沿甬江逆流而上，至三江口转而向西，再溯余姚江直指句章，撤退时由原路顺流从浃口至海上。《浙江通志·宁波府》"古句章城"条注云："宋武帝讨孙恩，改筑（句章）于小溪镇。"② 小溪镇在今鄞州鄞江镇（宁波市区西南 25 千米），位于奉化江支流的鄞江之滨。③

---

① 刘恒武、王力军：《试论宁波港城的形成与浙东对外海上航路的开辟》，李英魁主编：《宁波与海上丝绸之路》，第 126 页。

② 李卫等编：《浙江通志·宁波府》，商务印书馆 1934 年影印本。

③ 刘恒武、王力军：《试论宁波港城的形成与浙东对外海上航路的开辟》，李英魁主编：《宁波与海上丝绸之路》，第 126 页。

第二节　东汉鉴湖与航运

汉顺帝永和五年（140），会稽郡太守马臻主持兴建了鉴湖。鉴湖，又称"镜湖""长湖""大湖"，位于东汉时会稽郡山阴县境内（今绍兴市柯桥区、越城区、上虞区），是我国长江以南最古老的大型蓄水工程之一。

一、鉴湖的规模与布局

就科学技术而论，鉴湖工程的成功首先在于系统规划。马臻巧妙地利用了自南而北的"山—原—海"台阶式特有地形，将总体工程分成上蓄、中灌、下控三部分以使布局合理、效益充分发挥。

（一）上蓄

在南部平原，筑成东西向围堤，纳会稽的三十六源之水和近山麓湖泊、农田于其中。鉴湖的南界是稽北丘陵，北界是人工修筑的湖堤。据考，鉴湖南部山区集雨面积为419.6平方千米，主要溪流有43条，鉴湖总集雨面积610平方千米。[①] 湖堤以会稽郡城为中心，分东西两段：

东段，自城东五云门至山阴故水道到上虞东关镇，再东到中塘白米堰村南折，过大湖沿村到蒿尖山西侧的蒿口斗门，长30.25千米。

西段，自绍兴城常禧门经绍兴柯岩、阮社及湖塘宾舍村，经南钱清乡的塘湾里村至虎象村再到广陵斗门，长26.25千米。

以上东西堤总长56.5千米。

东、西湖的分界为从绍兴城稽山门到禹陵的古道，全长约6000米。东湖水位一般高于西湖0.1—1米。除去湖中岛屿，水面面积为172.7平方千米，湖底平均高程为3.45米（黄海高程，下同），正常水位高程5米上

[①] 盛鸿郎、邱志荣：《古鉴湖新证》，盛鸿郎主编：《鉴湖与绍兴水利》，中国书店1991年版。

鉴湖图（引自康熙《会稽县志》）

下，正常蓄水量为 2.68 亿立方米左右。

（二）中灌

鉴湖围堤后，由于湖面正常水位高于北部平原农田约 2.5 米，在鉴湖工程的一系列斗门、闸、堰、阴沟四种排灌设施的有效控制下，蓄水量丰富并可调控，灌溉农田十分便利。《水经注·渐江水》称："沿湖开水门六十九所，下溉田万顷，北泻长江。"鉴湖工程的 4 种排灌设施，以斗门为最大，斗门相当于一种大的水闸，主要作用为泄洪、蓄淡及挡潮。现可考在鉴湖北堤上的主要斗门有：蒿口斗门，为鉴湖东部最边缘之斗门；广陵斗门，在鉴湖西缘，今柯桥区南钱清虎象村虎山与象山之间；西墟斗门，在今绍兴越城区东浦镇西鲁墟村与清水闸村交界河道处。

（三）下控

主要是通过沿海地带的海塘和斗门、水闸控制，实行排涝和挡潮。南朝宋孔灵符《会稽记》称："筑塘蓄水，水高（田）丈余，田又高海丈余。

玉山斗门闸图（引自万历《绍兴府志》）

若水少则泄湖灌田，如水多则闭湖泄田中水入海。"① 这个控制入海的鉴湖灌区枢纽工程便是玉山斗门。

玉山斗门位于距绍兴城北约三十里的斗门街道东侧金鸡、玉蟾两峰的峡口水道之上。"去湖最远，盖由三江之上、两山之间，疏为二门，而以时祝田中之水，小溢则纵其一，大溢则尽纵，使入于三江之口"。②

鉴湖工程从初创到所有工程设施全部完成，再到效益的充分发挥，应该有一个运行过程，但总体规划、大的格局应在初创时已确定。

二、鉴湖的航运功能

鉴湖是在原山阴故水道的基础上增高堤坝、新建和完善涵闸设施建设而成的。鉴湖"湖广五里，东西百三十里"③，横亘山会平原。鉴湖建成后，水位抬高和设施的完善使浙东航运条件更为优越；鉴湖初创至晋代，山会

① （宋）乐史：《太平寰宇记》卷之九十六，中华书局 2007 年版，第 1926 页。
② （宋）孔延之：《会稽掇英总集》卷二十。
③ （北魏）郦道元：《水经注·浙江水》。

地区的人工运河主航线即为鉴湖；自晋至唐，西线（山阴县）的航线渐为西兴运河所取代，但鉴湖一直是西兴运河的水源工程；而东线（会稽县）仍为鉴湖航线并沿用至今。

（一）主航线

山阴故水道航线的位置，东起练塘，经绍兴城东阳春亭、东郭门又经城南环城河道经偏门外至柯岩、宾舍、钱清，过西小江至固陵到达钱塘江。鉴湖堤线和山阴故水道基本在同一线。鉴湖西端位置在今钱清街道虎象村的广陵桥，此处古时有广陵斗门。广陵斗门以西（外）为夏履江，经抱姑堰即可达西小江。由广陵斗门沿鉴湖以西堤线，东过宾舍、叶家堰、蔡堰、湖桑、钟堰、快阁可直达绍兴城西，此为西鉴湖之西堤。再向东过绍兴城稽山门至禹陵的塘路后即为东鉴湖，沿途经过都泗堰、东郭堰、石堰、皋埠堰、陶堰、王家堰、东城驿，至白米堰南折过樊家堰到蒿口斗门。或由白米堰东直达曹娥斗门入曹娥江。

综上，鉴湖北堤岸线基本与山阴故水道一致，可见鉴湖北堤是在原古运河堤线基础上经加固抬高，以及完善涵闸设施而建成的。因此，找到了鉴湖在马臻为太守期间的较短时间内建成面积为 206 平方千米，堤坝长 56.5 千米，有水门六十九所的当时我国长江以南古老的大型人工蓄水、航运工程的原因。

乾隆《绍兴府志》卷六引《水经注》："山阴北五里有新河，西北十里有运进塘。"对此陈桥驿先生认为：其一，《水经注》时代，今绍兴城北还是以沼泽为主，何况《水经注》此条引自何书并未写明，但为《水经注》所引之书，必比《水经注》要早。其二，运进塘，"进"必是"道"抄误，说明唐孟简的运道塘，是沿用古名，而古运道塘当然不是唐运道塘。[①]

从记载的方位看古运道塘应是越国时已存山阴故水道绍兴城至固陵的运河，即后来成为古鉴湖西湖北堤的那一段。当时北堤为东西向主航道，

---

① 此为陈桥驿先生批改《浙东运河史（上卷）》稿中提及，见邱志荣、陈鹏儿主编：《浙东运河史（上卷）》，中国文史出版社 2014 年版，第 166 页。

而向南则一般船只可到达沿湖各周边村落。

《水经注·渐江水》记载："又于湖中筑塘，直指南山北。"嘉泰《会稽志》卷十一载："三桥在县东五里，有桥三，其中桥有亭，匾通济，今镜湖分东西，以此桥为阬。"这条"直指南山北"的东西湖的分界堤，即为稽山门至禹陵的道路。1988年，笔者走访禹陵村老农陶云水，据其称，稽山门到禹陵原有路称"驿路"，又称"庙下官塘""南塘""夹塘"，阔2米余，高过田面约1.5米，两边都有河，村民挖河时塘底多有木桩。又称此路自古有之，祭祀大禹的皇帝和达官贵人、游客都从此路进入禹陵。此应为古鉴湖东西湖分界之塘路，亦即原绍兴至禹陵之老路，全长约6000米。这条郡城通往大禹陵的堤塘，塘上有三桥闸以通东西湖湖水及行舟。

鉴湖兴建，堤坝及涵闸设施建设，使湖中水位比原古水道水位更高，据考证，鉴湖一般地带水位距湖底高程约2—2.5米，然鉴湖北堤南缘岸线，由于有故水道航线基础，水深一般会在3.5—4.0米，通航条件十分优越。鉴湖水面宽阔，面积达206平方千米，东西较显狭长，南北宽处几十里，最狭处亦有近十里，各类舟船通航顺畅。

（二）对鉴湖以外航线的连通

1. 鉴湖与西部通航

据考，在鉴湖西端头与外江沟通的堰为抱姑堰。徐次铎《复鉴湖议》记："其在山阴者……为堰者凡十有三所……十有三曰抱姑堰，皆在官塘。"为文中鉴湖向西方向记载的最后一个堰。嘉庆《山阴县志》卷二十载："抱姑堰在县西北五十里，内总大河，外临小江，所以障潮汐，然低小易溃，宜用桩石垒砌，庶免倾颓。"在鉴湖西端，有广陵斗门置于虎山与象山之间，主要作用为蓄淡、泄洪。而抱姑堰此条记载是出自清嘉庆年间，此时鉴湖早已堙废，然其地理位置未变，仍有着"内总大河，外临小江"（这里"大河"为鉴湖河道，而"小江"为西小江）之势，又必然有着过舟通航鉴湖故水道之作用。而古代西鉴湖通航作用其实至唐代已渐为晋代开凿的西兴运河（初称"漕渠"）所取代。嘉泰《会稽志》卷四载："钱清新堰在县西北五十一里，嘉泰元年置。"嘉庆《山阴县志》卷二十记载："钱清堰在县西北五十里，嘉泰元年置。先是，小江南北岸各一堰，舟行如织，后因筑白马闸潮汐不至，去之以通运河。"以上记载说明：其一，在钱清新堰之前已有钱清旧堰，舟楫往来通行极为频繁；其二，钱清新堰在宋代及其以前都是沟通西兴运河的主航道，此时过抱姑堰到西鉴湖已非主航道；其三，至明代绍兴太守彭谊主持兴建白马闸，阻隔了潮汐，钱清堰被拆除，直接通航。古鉴湖航道由抱姑堰至西小江，再由西小江通往西兴堰，"西兴堰在县（萧山县）西十三里，古西陵也"[1]。这里还必须指出的是，徐次铎文中记鉴湖堰时关于东鉴湖的记述是"在官塘者十有三"，西鉴湖则在记述了十三个堰后称"皆在官塘"，此表明东西鉴湖均为政府管理的主航道。

2. 鉴湖与东部通航

在古鉴湖往东连接外江曹娥江的堰首先为白米堰。白米堰在今上虞曹娥白米堰村，萧绍运河的分叉就是由此开始的。在白米堰通往曹娥运河以北约 250 米，有一条古海塘遗址，其中里睦桥至中墅段为石砌，俗称后海塘，这条邻近运河的古塘，距其以北萧绍海塘约有 300 米，萧绍海塘建于唐代，可以认为此古塘兴筑时间要早于萧绍海塘，当时东小江的入海口在此古塘一线，今日之曹娥所在地东汉时应是滩涂。《上虞县地名志》关于中塘乡塘角村的记载，也印证了这一观点："相传东汉时，曹娥江经此形成转角，时人筑塘防汛建村定居，取村名为塘角。"[2] 塘角村在今曹娥江以西，与之有较多距离。

关于白米堰的记载，现在仍可见的资料最早在宋代，即"白米堰在县东六十五里"[3]。今见有堰桥，据当地村民称：相传桥东不远处原有一条滚水堰坝，查勘从古鉴湖堤西开始除湖西端抱姑堰之外的堰坝，几乎都是南北向设置的，唯有白米堰是东西向设置，而白米堰南折鉴湖堤过樟塘至蒿

---

① 嘉泰《会稽志》卷四。

② 浙江省上虞县地名委员会编：《上虞县地名志》，1983 年版，第 196 页。

③ 嘉泰《会稽志》卷四。

坝有蒿口斗门，这一斗门设置与鉴湖西端的虎山、象山之间置广陵斗门以蓄水、泄洪，是基本一致的。在西南端设蒿口斗门以及在东北端置白米堰主要是为沟通鉴湖与东小江的航运。至于曹娥堰是随着江道岸线的变化而北移的。

宋曾巩在《越州鉴湖图序》中对鉴湖的东部作了以下记载："州之东自城至于东江，其北堤石砝二，阴沟十有九，通民田，田之南属漕渠，北东西属江者皆溉之。州之东六十里自东城至于东江，其南堤阴沟十有四，通民田，田之北抵漕渠、南并山、西并堤，东西属江者皆溉之。"① 据此，则北堤起自郡城西，东至于东小江；而南堤，自郡城"六十里自东城至于东江"。关于东城，嘉泰《会稽志》卷四载："会稽县东有东城驿，在县东六十里。"东城即"东城驿"，在今上虞东关镇附近，已在白米堰以西近处，南堤正始于此。此表明于此之西，仅有北堤，堤以南即是鉴湖，而东城以东的南堤已不在鉴湖拦蓄之内，"田之北抵漕渠、南并山、西并堤，东西属江者"范围正是指凤凰山以西，今樟塘乡运河以东，南堤以南（即通往蒿口斗门之堤线）的灌区，西并堤应是鉴湖东缘之堤。由此，也形成了东端的两条航线：一条是由白米堰沿古海塘过东小江（曹娥江），往余姚、明州方向；另一条是沿樟塘运河，过蒿口斗门进东小江往嵊州、天台方向。这里要说明的是，当时蒿口斗门边必有堰或闸设施可供通航运用。

3. 鉴湖与北部通航

鉴湖北堤上的其他堰坝主要沟通鉴湖与北部平原上的水道，其作用之一是通航。据实地查勘，尚有以下堰可考。鉴湖兴盛时，这些堰是用来沟通鉴湖、北部河湖航运，以及灌溉北部农田的。

西鉴湖：抱姑堰、宾舍堰、叶家堰、蔡堰、沉酿堰、壶觞堰、石堰、中堰。

东鉴湖：小陵桥堰、梅龙堰、泗水堰、石堰、东家堰（大埭堰）、皋埠堰、樊家堰、正平堰、陶堰、茅洋堰、夏家堰、王家堰、彭家堰、白

---

① （宋）曾巩：《越州鉴湖图序》，（宋）孔延之：《会稽掇英总集》卷二十。

米堰。

经会稽郡城之堰：西鉴湖上有陶家堰、南堰；东鉴湖上则有都泗堰、东郭堰。

三、鉴湖对浙东航运的深远影响

（一）鉴湖的巨大效益促进西兴运河建设

鉴湖是山会平原从沼泽之地、环境恶坏的状况转变为鱼米之乡的关键性和里程碑式的水利工程，效益巨大。

东汉鉴湖兴建后，山会平原迅速成为一个农业富裕地区，昔时西部鉴湖以北地区的沼泽之地成了土地肥沃、农业生产效益显著的重要基地。东汉鉴湖建成之时，湖之北堤通向北部农田的河流大多是南北向的，至晋怀帝时（307—312）约 160 年时间，这一地区农业生产的发展、经济的繁荣已对水利灌溉和航运产生了更高的要求。于是晋会稽内史贺循组织当地民众在鉴湖以北 2—3 千米处建成漕渠，即嘉泰《会稽志》卷十所称的："运河在府西一里，属山阴县，自会稽东流县界五十余里入萧山县。《旧经》云：'晋司徒贺循临郡，凿此以溉田。'"这说明这条后来被称作"西兴运河"的河道，开凿之始的主要目的是灌溉鉴湖以北的农田。由于这条河流将原南北向的河流连通，有鉴湖水作为长流不断之水源，又处在山会西部的中心位置，日后航运功能随之增大，西兴运河渐成这里的主航道，贯通浙东。

（二）鉴湖一直是浙东航运的主干航道之一

郦道元《水经注·浙江水》载："浙江又东北，得长湖口，湖广五里，东西百三十里，沿湖开水门六十九所，下溉田万顷，北泻长江。""东西百三十里"的长湖，航运条件十分优越，在山会平原乃至浙东地区所处的航运地位极为重要。

《世说新语·任诞》载："王子猷居山阴，夜大雪，眠觉，开室，命酌酒，四望皎然。因起彷徨。咏左思《招隐》诗，忽忆戴安道。时戴在剡，即便夜乘小船就之。经宿方至，造门不前而返。"王子猷是王羲之之子，东晋名士，他从山阴乘小船至剡（今嵊州市），必须经鉴湖过蒿坝至曹娥江上溯才能到，一百余里的路程，"经宿方至"，可见航道之畅达和行船之快。对此姚汉源先生认为："冬日水小，逆流，大概是两天两夜。宋代此亦为绍兴至台州通途。"[①]古鉴湖西起夏履江下游，东至蒿口斗门，全长56.5千米，西过西小江至钱塘江边的西兴渡口，沟通钱塘江航运。向东一条过白米堰、曹娥堰后过曹娥江东经上虞，至姚江可达明州；西北则为通杭州湾航道。另一条至白米堰往南过蒿坝，沿曹娥江可达嵊州。鉴湖建成后有相当长的一个时期，以鉴湖为主构成的航道，成为浙东水上主航线。丰富的物产资源和深厚的人文资源对浙东海上丝绸之路形成和发展影响深远。

宋吕祖谦《入越录》记其于淳熙元年（1174）自金华至会稽之游，"由曲水亭穿小径涉溪，复出官道数里，买舟泛鉴湖。湖多湮为田，所存仅溪港。然秋水平岸，菰蒲青苍，会稽、秦望、云门诸山互相映发，城堞楼观，跨空入云，耳目应接不暇"[②]。其所记为由兰亭泛舟西鉴湖情景，时鉴湖虽一部分埋废为田，但航道十分畅达。

《入越录》载："四日，饭已，侍伯舅，同叔度、詹季章。泛小舟出南堰，绕城，缘鉴湖……"[③]"十日，午后同叔度泛舟，过南堰，出门，穿鉴湖支港。斜雨入篷，衣袂沾濡。七里，独山野桥，烟树可画。"[④]这里记载的是绍兴城边及西鉴湖的航运。

《入越录》又载："十四日，……出五云门，入鉴湖，湖面独此为阔。隆兴初，吴给事浚湖，未一二尺，多得古棺，皆刳木为之，盖汉末凿湖前古墓也。然后知古人为湖，特因地势筑堤，堤立而湖成，不待深疏凿也。今自五云门，重堤隐然，达于曹娥，五六十里，民间谓之省塘，此乃故湖堤。湖田之民，每毁堤以决积水，故堤缺而湖废。异时有意复湖者，第修

① 姚汉源：《京杭运河史·浙东运河史考略》，中国水利水电出版社1998年版，第740页。
② （宋）吕祖谦：《入越录》，大象出版社2019年版，第78—79页。
③ （宋）吕祖谦：《入越录》，第79页。
④ （宋）吕祖谦：《入越录》，第81—82页。

完省塘，则盗湖之田不待废而自为陂泺矣。"① 记载的是东鉴湖所见堤塘、湖田、航运、废复之情景及感想。

宋曾巩《越州鉴湖图序》："鉴湖，一曰南湖，南并山，北属州城漕渠，东西距江，汉顺帝永和五年，会稽太守马臻之所为也，至今九百七十有五年矣。"② 这里十分清楚地记载鉴湖南面是山，北面是绍兴城和漕渠。

至南宋徐次铎《复鉴湖议》中记："绍熙五年冬，孝宗皇帝灵驾之行，府县惧漕河浅涸，尽塞诸斗门，固护诸堰闸，虽当霜降水涸之时，不雨者逾月，而湖水仅减一二寸。"③ 可见当时鉴湖仍是山会平原之主航道。

明顾炎武在其《天下郡国利病书》卷八十五"会稽县"条中引《浙江通志》的记载，认为："且往时之运道，一在湖中，一在江海上。在湖中者，东自曹娥循湖塘，经城内至西兴。"这里的"湖中"之"湖"即是鉴湖无疑。

嘉庆《山阴县志》卷二十载："南塘即故鉴湖塘，自南偏门西至广陵斗门六十里为山阴境，其东则抵曹娥。"所记西兴运河和古鉴湖两塘都是山会平原的主航线，亦有新、老堤之分。

直至 1993 年出版的《绍兴县交通志》，记 1989 年航道概况："南塘航线（即鉴湖航线）西起钱清铁路桥，经宾舍、湖塘、柯岩、西泽、清水闸、壶觞，东到皋埠东堰，全长 36.8 千米。河底宽 6—50 米，水深 1.4—3.0 米，能通航 20—40 吨船只。"④ 在所记 26 条航线中，南塘航线位列第三，位于当时的杭甬运河甲线、杭甬运河乙线之后，可见其航运地位之重要。

四、马臻冤案

鉴湖效益巨大，但鉴湖的缔造者马臻却为此而献出生命，惨遭杀害。

---

① （宋）吕祖谦：《入越录》，第 82 页
② （宋）孔延之：《会稽掇英总集》卷二十。
③ 嘉泰《会稽志》卷第十三。
④ 屠华清主编：《绍兴县交通志》，中国大百科全书出版社 1993 年版，第 11 页。

据考，马臻到会稽为太守后，以会稽之大发展为目标，毅然创建鉴湖。因此引起移民问题和淹没房屋坟墓，当地也必然有既得利益受损害者不满。更严重的是，在政府官员中以梁家为首的马臻反对者，充分利用这一时机，诬告马臻。他们在政府掌管的户籍簿上抄录已死亡人之名，以这些死人之名告状到朝廷。罪名是马臻贪污政府皇粮和财政收入，筑湖淹没当地百姓土地、房屋和祖坟，激化社会矛盾。顺帝一怒之下，下旨杀了马臻。由于朝廷忠诚官员为马臻申辩，会稽正义之士替马臻诉冤，反响强烈，顺帝亦感到不妥，派人去会稽调查，告状之人竟查不到活人。核实都是已死亡之人。[①]

孔灵符在南朝宋孝武帝大明时（457—464）在会稽任太守，这已是马臻筑鉴湖300年以后的事了。他到会稽后，看到鉴湖的巨大效益，见到一些地方史料记载，听到民间相传马臻被杀的冤情，心中自然愤愤不平。于是他整理史料，在所著《会稽记》中以简短的文字记下了鉴湖的建筑时间、规模、形制、效益以及马臻被杀的缘由。

> 汉顺帝永和五年，会稽太守马臻创立镜湖。在会稽、山阴两县界筑塘蓄水，高（田）丈余，田又高海丈余。若水少则泄湖灌田。如水多则闭湖泄田中水入海。所以无凶年，堤塘周围三百一十里，溉田九千余顷。
>
> 创湖之始，多淹冢宅，有千余人怨诉于台。臻遂被刑于市。及台中遣使按鞫，总不见人。验籍，皆是先死亡之人名。

马臻被诬告和问罪被杀应在140年之后，最有可能是在141年。"境绝利博，莫如鉴湖。"[②] 马臻是大禹精神的实践者，是绍兴历史上真正实施了带有全局性意义水利、航运工程的治水英雄。鉴湖建成，全面改造了山会平原，效益巨大，流泽后世。

---

① 其事详见邱志荣：《上善之水》，学林出版社2012年版，第168页。

② （宋）王十朋：《会稽风俗赋》，《王十朋全集》卷十六，第825页。

"太守功德在人，虽远益彰。"[1] 马臻为兴民利，含冤被杀，会稽人民没有忘记马臻。唐代在山阴鉴湖边建起两座马太守庙[2]，表明了政府和民众对马臻筑鉴湖的功德充分肯定和高度评价。北宋嘉祐元年（1056），仁宗敕封马臻为"利济王"，此为宋代皇帝对马太守的高度评价。每年农历十四日，民间都会祭祀他。

在绍兴偏门外的马太守庙中，32幅留存的清代壁画，是民间版的马臻与鉴湖水利史，其中马臻的伟大功绩以及梁冀家族的贪婪阴毒，都形象地予以展示。

第三节　晋代西兴运河

一、贺循与西兴运河开凿

（一）开凿经过

《晋书·贺循传》中记："贺循，字彦先，会稽山阴人也。其先庆普，汉世传《礼》，世所谓庆氏学。族高祖纯，博学有重名，汉安帝时为侍中，避安帝父讳，改为贺氏。"司马睿出镇建康时，贺循任太常，军咨祭酒，左光禄大夫等职。东晋初期，朝廷多有与其咨询国事，被奉为"当世儒宗"。

《晋书·贺循传》称其"德量邃茂，才鉴清远"，为政以宽惠著称。学识渊博，"善属文、博览众书，尤精礼传"。著有《会稽记》《石篑山记》《丧服要记》及文集二十卷。

---

① （清）李慈铭：《越缦堂日记·受礼庐日记》，广陵书社2004年版，第4012页。
② （唐）韦瓘：《修汉太守马君庙记》，（清）董诰等编：《全唐文》，中华书局1983年版，第7141页。

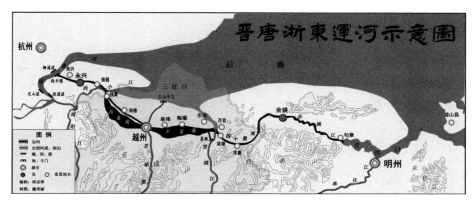

晋唐浙东运河示意图（邱志荣等 绘制）

　　鉴湖的兴建，为山会地区提供了优越的水利条件，使会稽经济、社会、文化迅速发展，同时也对水利、航运等基础设施提出了新的要求。于是300年前后，在晋会稽内史贺循的主持下，又开凿了著名的西兴运河。

　　"运河在府西一里，属山阴县，自会稽东流县界五十余里入萧山县，《旧经》云：晋司徒贺循临郡，凿此以溉田。"[①] 运河起自郡城西郭，西经柯桥、钱清、萧山直到钱塘江边，起初称漕渠。因运河从萧山向北在固陵镇与钱塘江汇合，而固陵从晋代即称"西兴"，故名"西兴运河"。开凿之初，首先是为了灌溉。这说明随着山会平原西部农业生产发展，对灌溉和用水调度提出了更高的要求。由于运河与鉴湖堤基本平行，相距多在10里之内，鉴湖的多处闸、堰都和这条运河相通，这使得鉴湖的排灌效益大为提高，又由于沟通了山会平原西部鉴湖以北的南北向河流，对调节水量也十分有利。西兴运河东至绍兴西郭门入城，再向东，过郡城东部的都赐堰进入东鉴湖，既可溯鉴湖与稽北丘陵的港埠通航，也可沿鉴湖到达曹娥江边，沟通了钱塘江和曹娥江两条河流。这条运河的航运功能不断发挥和扩大，成为这一地区的主航道。西兴运河对绍兴城市、萧山县城，沿河镇村经济发展也起到了至关重要作用。

---

① 　嘉泰《会稽志》卷十。

（二）贺墅江

余姚也有贺循开湖塘江之说。牟山湖北边的湖塘江，是古运河的一段，据史料记载是晋朝会稽内史贺循主持开凿的。贺循开凿西兴运河后，水路从萧山、绍兴一路过来，到余姚、宁波须走牟山湖东南方的姚江，这条水道走起来不仅绕道，而且时通时不通。贺循决定沟通曹娥江和姚江两大水系，沿着牟山湖边的古道开掘一条新河道，这条新开掘的河道就是湖塘江。湖塘江开通后，不仅沟通了浙东两条大河，而且还起到了调节牟山湖水位的作用。

贺循后来隐居于牟山湖东边姚江支流边上的一个小村，人们为了纪念贺循，就将村名改为"贺墅村"，村边的这条江也就叫"贺墅江"。村名、江名沿袭至今。

贺循建设西兴运河大大推动了浙东水运航道的完善和发展，东汉山会平原的鉴湖水系也开始逐渐向运河水系过渡。西兴运河也是绍兴水利航运史上的一个里程碑工程。

（三）鉴湖和西兴运河古堤比较

1. 鉴湖北堤

鉴湖主要功能是蓄水灌溉，其主堤是北堤，自东湖到西湖一直绵延，不但沿湖堤"开水门六十九所"，还有塘路、桥，而鉴湖南堤主要作用是以泥塘保护农田，不作为主要交通道路。

如果追溯到山阴故水道，也可证明北堤之外当时的河流是感潮性的，故水道有挡潮和蓄淡的功能。

2. 西兴运河南堤

西兴运河主堤与鉴湖的相反，纤道路、桥主要在西兴运河南堤，西兴运河北堤则主要是泥塘和农田。可见西兴运河自兴建之始，其主要功能是为连接鉴湖水源，贯通河道，调节水资源和航运。而西兴运河兴建时山阴海塘已逐步建成，此时的河水已主要是淡水了。

二、运河重要工程设施 [①]

1. 曹娥渡

曹娥渡位于今曹娥江西岸上虞区曹娥街道与东关街道之间，为鉴湖运河航道东出曹娥江的主要渡口之一，也是与鉴湖曹娥埭组合的渡口。渡口位置在南朝宋曹娥江江道东移前后有所变化。嘉泰《会稽志》卷十一记："曹娥渡，在（会稽）县东七十二里。"与该志所记曹娥堰、曹娥闸、曹娥斗门的方位和距县治里程相同。所记方位在今曹娥街道，即为曹娥江江道东移以后的曹娥渡位置，而江道东移以前的曹娥渡位置还在东移后的渡口位置以西靠近东关之处。

2. 梁湖渡

梁湖渡地处今曹娥江东岸上虞梁湖，为曹娥渡的对应渡口。嘉泰《会稽志》卷十一："梁湖渡，在县（西）二十五里。"文中县指上虞县治丰惠城。梁湖渡位于当时曹娥江与姚江交汇处，设置年代应在六朝以前，是历史上曹娥江东、西两岸的主要渡口之一。

3. 西陵埭

位于钱塘江与浙东运河交汇处，今萧山西兴古镇《浙东运河之源头》碑附近，有浙东运河第一埭之称 [②]。埭的始建应与西兴运河开通同期，即在运河入江口设埭，应在晋代。而西陵（埭）在正史中的记载始见于《宋书·孔觊传》：泰始二年（466）二月十九日，"吴喜使刘亮由盐官海渡直指回浦，寿寂之济自渔浦，邪趣永兴，喜自柳浦渡，趣西陵。西陵诸军皆悉散溃"。当时的西陵是钱塘江南岸的一个重要渡口和军事要塞。到南朝齐时，西陵埭已发展成为会稽、吴兴的交通要道，是钱塘江两岸的四大牛埭之一，官方收取过埭税年达百万以上。《南史·顾宪之传》记载了增收过埭税之事：南齐永明六年（488），"西陵戍主杜元懿以吴兴岁俭，会稽

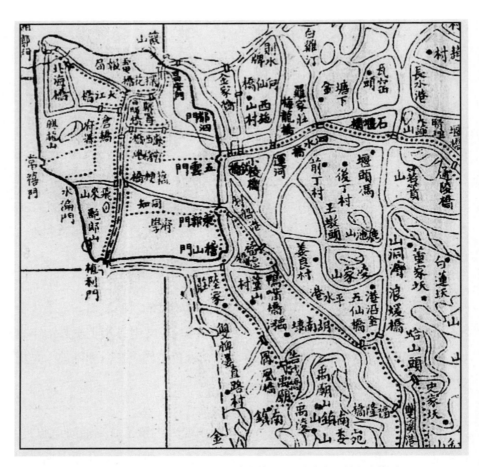

清代绍兴城东地形及钓桥位置图（引自光绪《浙江全省舆图并水陆道里记》）

年登，商旅往来倍岁。西陵牛埭税，官格日三千五百，求加至一倍，计年长百万。浦阳南北津及柳浦四埭，乞为官领摄，一年格外长四百许万"。杜元懿不但请领四埭的税收总管，还有具体措施："西陵戍前检税，无妨戍事。余三埭自举心腹。"记载说明，西陵、柳浦、浦阳南津、浦阳北津四埭航运繁忙，税收可观。

浦阳南北津埭位于何处？《通典》卷一百三十六记有南北朝浦阳江南北津各设埭司稽查行旅的事。元胡三省在该卷注中认为南津为梁湖堰，北津为曹娥堰（注：这里把曹娥江混同于浦阳江）。清王先谦在《汉书补注·地理志》中认同了胡的说法。陈桥驿教授认为，胡三省的说法"其实是一个重大的错误。仅仅从地理位置来看，梁湖与曹娥乃是江东与江西的关系，何能称为南北津。……曹娥与梁湖位于会稽腹地之内，怎能掌握吴兴和会稽之间来往客商的税收"[1]。

关于西陵埭的存续时间，唐末已不见有关该埭的记载，从唐咸通十五年（874）已设"西陵堰专知官"来看，在咸通十五年前，西陵埭已被西陵堰所取代。

4. 都赐埭

都赐埭地处鉴湖东湖会稽郡城五云门外与城东郭都赐门外沿环城河道，在清代光绪《浙江全省舆图》中钓桥位置，因南北坡两面临水而称埭，以地处都赐里而名"都赐"，始筑于东汉鉴湖初创后不久，到东晋成帝时期（326—342），与都赐门工程组成整体。都赐埭最初是鉴湖北堤诸堰之一，用来控制鉴湖水量下泄。据《梁书·何胤传》记载，梁天监十三年（514），任会稽太守的衡阳王萧元简离郡，与何胤告别；何胤相送，"道至都赐埭，去郡三里"。这是关于都赐埭的最早史料记载。此后的嘉泰《会稽志》也有类似记载："宋何（胤）至都赐埭，去郡三里。因曰：仆弃人事，此埭之游，于今绝矣。梁江总言：王父昔莅此邦，卜居山阴都赐里。"[2]

5. 曹娥埭

曹娥埭地处鉴湖与曹娥江交汇的浙东运河主要节点和渡口。曹娥埭作为鉴湖围堤中一项重要的拦蓄堤坝工程，其始筑时间应在东汉永和五年（140）鉴湖创立之时，当时还不称曹娥埭。其位置很可能处在东鉴湖北堤与南堤转角处的白米堰（后称谓）基址上。当初，东湖排入曹娥江的主要泄洪设施是蒿口斗门，还不需要在堤塘处设置斗门，因而先设置埭以拦蓄湖水和拖船过坝。此后，随着曹娥江江道及鉴湖水利和交通形势的变迁，曹娥埭改建成的曹娥堰和曹娥斗门，其位置也因曹娥江江道东移而东移，直至鉴湖堙废。以上均为不同时期鉴湖拒潮、蓄淡、溢洪和航运的重

---

① 陈桥驿：《吴越文化论丛》，第 301 页。
② 嘉泰《会稽志》卷四。

要工程。

最早记载曹娥堰的徐次铎《复鉴湖议》，将曹娥堰与曹娥斗门同列为鉴湖东湖堤的蓄排工程，称东湖堤上的 4 所斗门和 15 所堰中，"三曰曹娥斗门"，"十有一曰曹娥堰"①。而最早记载曹娥埭的是晚于《复鉴湖议》的嘉泰《会稽志》。该志卷四说："曹娥堰在县（会稽）东南七十二里。唐光启二年，钱镠破韩公汶于曹娥埭，与朱褒战，进屯丰山后，埭遂为堰。"说明曹娥埭要到唐光启二年才改建为曹娥堰，埭的存续时间从鉴湖创立起计算为 746 年。由于曹娥堰是由曹娥埭东移迁建而成，所以堰的位置位于埭以东，其具体方位，嘉泰《会稽志》卷四引北宋齐祖之《曹娥重修廨宇记》云："自阳武之越堤，开封之翟桥，总为堰者二十七，曹娥其一也。"所云曹娥廨是指曹娥巡检廨，嘉泰《会稽志》又记"曹娥巡检廨，监曹娥盐场，廨并在县东南七十二里"②，进一步说明此地濒临曹娥江入海口，有堰，堰外滩涂设有盐场，还设有监管盐场的政府机构，所以东移后的曹娥堰应位于今曹娥江西岸的曹娥镇，并不是东移前的曹娥埭区位。

6. 梁湖埭

该埭位于曹娥江和姚江的交汇处，地处从浙东运河之鉴湖运河航道渡曹娥江后进入姚江的要冲，其始建与变迁涉及学术和工程问题，比较复杂，争议颇多。曹娥江江名的首次记载见于嘉泰《会稽志》，当时是按所处不同地域的江段分别命名的，如嵊州"剡溪，在其南一百五十步。溪有二源，一出天台，一出婺之武义，西南流至东阳，入县一百四十里，东北流入上虞县界"，上虞的"上虞江，在县西二十八里，源出剡县，东北流入。江分二道，一出曹娥江，一自龙山下出舜江，又北流至三江口入于海"，会稽"曹娥江，在县东南七十里，源出上虞县，经县界四十里，北入海"。③一般称上游为剡溪，下游为曹娥江，统称为舜江（建梁湖埭前含姚江），俗称东小江。

---

① （宋）徐次铎：《复鉴湖议》，嘉泰《会稽志》卷一三。
② 嘉泰《会稽志》卷一二。
③ 嘉泰《会稽志》卷一〇。

曹娥埭始建于东汉筑鉴湖（当时称庆湖或其他名）之时，唐光启以后，位置有所东移，已如前述；而梁湖埭的兴建则引发了曹娥江干道的摆动变化，这就是梁湖埭切断了姚江与曹娥江的联系后所引起的水道变化。兴建梁湖埭旨在阻挡曹娥江咸潮涌入姚江，拦蓄姚江淡水不外泄曹娥江，改善姚江水质以利姚江平原农田灌溉[1]，同时壅高姚江水位利于航运，然而，截断姚江后，也引发了曹娥江上虞干道段的重大变化。由于曹娥江潮汐失去了姚江的分流，涌潮更为凶险，感潮河段因而向上延伸，引起曹娥江支流小舜江入河口段的淤积，及曹娥江东岸今上浦镇东侧的冲刷和坍岸，淹没了原地上的古冢。《水经注》有记："江有琵琶圻，圻有古冢堕水，甓有隐起字云：筮吉龟凶，八百年落江中。谢灵运取甓诣京，咸传观焉。"[2] 即指此。

7. 都赐堰

都赐堰与都赐埭组合，构成会稽郡城东郭拦蓄鉴湖湖水和运河交通的枢纽工程，"尤为要害"。一般认为都赐堰即都泗堰，如嘉泰《会稽志》卷一记为："城门九。东曰都赐门，有都赐埭，门之名益久矣。"卷四载："都泗堰，在县东三里。宋何（胤）至都赐埭，去郡三里。"[3] 姚汉源考证为门埭一体，"都赐门系晋时王愔修，门有堰即都赐堰，在运河上"[4]。嘉泰《会稽志》卷十八："督护门，《十道志》云：晋中将军王愔，成帝拜为督护，到郡开此门出入，时人贵之，因以为名。梁元帝《玄览赋》云：御史之床犹在，督护之门不修。督护一作都督。"

结合以往对都赐堰的研究及进一步考证认为：都赐埭、都赐堰、都赐门是三种既相互独立又紧密配套的水工建筑物。[5] 都赐埭是筑于原环城东河上的鉴湖东西向湖堤，处都赐门南侧。都赐堰是建于都赐埭上的通航与

① 盛鸿郎等：《余姚江河源辨》，《绍兴学刊》1994 年第 4 期。
② （北魏）郦道元：《水经注·浙江水》。
③ 嘉泰《会稽志》卷一。
④ 姚汉源：《浙东运河史考略》，《鉴湖与绍兴水利》，中国书店 1991 年版。
⑤ 邱志荣、陈鹏儿：《浙东运河史（上卷）》，中国文史出版社 2014 年版，第 234 页。

溢流水道，埭旁筑有拖船用的斜坡道，宋代用牛转动盘车拖船过堰。

都赐门是郡城东水门，地处从郡城进入鉴湖的运河隘口，门外为通连城外运河水网的航道。都赐埭与鉴湖围堤配套，其前身五云埭建于东汉永和五年（140）。当时，城内外存在一定的水位差，为防止河水上涨对城市造成危害，都赐门设有控制、阻挡洪水的设施。

8. 东郭堰

东郭堰是建于东郭水门内的堰坝。徐次铎《复鉴湖议》所云"在城内者有二，一曰都赐堰，二曰东郭堰"，嘉泰《会稽志》卷四所称"东郭堰在县东南三里"的"东郭堰"，均指此。东郭水门位于山阴城东郭，是沟通城外山阴故水道与城内大越城运河的城门隘口，也是句践出入的必经之路，后演变成浙东运河穿越会稽郡城水道的主要口门之一。鉴湖建成，为防止湖水倾泻城内，必须在东郭水门内建堰，以障引湖水以利通航，因此，东郭堰应建于永和五年（140），可视作浙东运河上兴建年代最早的堰坝之一。在鉴湖兴盛时期，东郭堰移舟过堰的通航功能和障引鉴湖水的功能一直保持不变。

9. 少微堰

少微堰位于今绍兴东湖少微山西麓，山会地区最大天然河流若耶溪下游之一即今平水东江上。系鉴湖东湖堤，也是鉴湖运河航道堤岸中的主要堰坝之一，作用是拦蓄湖水，引水入下游河道，及在汛期时辅助斗门泄洪，保持鉴湖与湖中航道的正常水位，方便灌溉和航运。

三、效益

东汉鉴湖持续产生效益，以及晋代西兴运河开通在浙东产生了更大的区位优势，使这里的经济、社会、文化很快发展起来，出现空前繁荣的局面。南朝梁沈约（441—513）《宋书·孔季恭传论》对运河开通后会稽郡的繁荣景象有以下概括：

自晋氏迁流……至大明之季，……地广野丰，民勤本业，一岁或稔，则数郡忘饥。会土带海傍湖，良畴亦数十万顷，膏腴上地，亩直一金，鄠杜之间不能比也。

这种繁荣景象在其他史籍中同样有记载。晋室南渡以后，这里成为司马氏的领地，豪门贵族相继涌入。南朝各代无不视之为"三吴奥区"（"三吴"指吴郡、吴兴郡、会稽郡）和"浙东奥区"[①]，称这里是最繁华的地方。因为物产丰富，这里又成了"百度所资，罕不自出"[②]的富庶之地。会稽地区也因此有"今之会稽，昔之关中"[③]的赞誉。

第四节　秦汉时期与海外往来

一、徐福渡海

《后汉书·东夷传》载："会稽海外有东鳀人，分为二十余国。又有夷洲及澶洲。传言秦始皇遣方士徐福将童男女数千人入海，求蓬莱神仙不得，徐福畏诛不敢还，遂止此洲，世世相承，有数万家。人民时至会稽市。"这里所记的"夷洲"便是我国台湾地区。说明早在秦汉时期，浙江东部沿海地区就已经与包括台湾等东南海域岛屿的人们有贸易往来了。晋人陆云说，始皇东巡会稽，"身在鄮县三十余日"[④]。一说徐福是从慈溪城东30千米的大蓬山（又名"达蓬山"）出海的，此山以东临海，山上有秦渡庵画像刻石，至今犹存。

---

① （唐）姚思廉：《梁书》卷二十三，中华书局1973年版，第363页。
② （梁）萧子显：《南齐书》卷四十，中华书局1972年版，第696页。
③ （唐）房玄龄等：《晋书·诸葛恢》卷七十七，第2042页。
④ （晋）陆云：《陆士龙集校注》卷十，凤凰出版社2010年版，第1294页。

在日本新宫市一带则还流传着这样的传说：徐福率领的五百童男童女，带着五谷杂粮种子和农具，漂洋过海来到日本，在熊野浦上陆，开荒种地，从事农业生产，成为这里第一代开辟草莱者。之后，这批童男童女成长繁育后代。又相传徐福寻求长生不老药之所蓬莱山，在新宫市以东三千米的那一片层峦叠翠的山冈中。[1]

二、对外贸易

从宁波地区出土的汉墓证实，在东汉时期有大批的舶来品在浙东，如玟瑞、琉璃、玻璃等各色珠、瑱类装饰品。[2]它们不但在"三江口"地中心地带公共葬地中多次出土，在宁波市郊的北仑、镇海、鄞州，以及余姚等的东汉大墓中也屡次出土。在上述墓葬中还出土了不少用青瓷烧制的五管瓶，其上堆塑了许多来自西方胡人的形象，有他们耍弹丸、倒立、驯虎、弹奏等生动的画面。这是东汉时期西域胡人来浙东的艺术写照。在东汉晚期到东吴时，人物堆塑中还出现了佛像，说明佛教文化也已被浙东所吸收和传播。

此外，随着对外交流的发展，东吴的印度高僧那罗延从海道来到句章五磊山创建了浙东地区早期寺庙[3]。又有浙东工匠到日本铸神兽铜镜，东南亚出土晋代早期越窑器，朝鲜出土晋虎子、盘口壶，日本出土晋代早期越窑青瓷的例证。[4]

---

① ［日］中村新太郎：《日中两千年——人物往来与文化交流》，张柏霞译，第 1 页。

② 林士民：《浅谈宁波"海上丝绸之路"历史发展与分期》，李英魁主编：《宁波与海上丝绸之路》，第 37 页。

③ 光绪《慈溪县志·寺庙》。

④ 林士民：《浅论明州港历代青瓷的外销》，《海交史研究》1983 年第 5 期。

第五节　汉晋浙东名士

由于鉴湖和运河，浙东"自汉晋，奇伟光明硕大之士固已继出。东晋都建康，一时名胜。自王、谢诸人在会稽者为多，以会稽诸山为东山，以渡涛江而东为入东，居会稽为在东，去而复归为还东。文物可谓盛矣"①。

一、王充——《论衡》之说

王充（27—约97），字仲任，上虞人，出身"细族孤门"，东汉著名唯物主义哲学家。一生历光武、明帝、章帝、和帝四朝。范晔《后汉书·王充传》：

> 王充字仲任，会稽上虞人也，其先自魏郡元城徙焉。充少孤，乡里称孝。后到京师，受业太学，师事扶风班彪。好博览而不守章句。家贫无书，常游洛阳市肆阅所卖书，一见辄能诵忆，遂博通众流百家之言。后归乡里，屏居教授。仕郡为功曹，以数谏争不合去。充好论说，始若诡异，终有理实。以为俗儒守文，多失其真，乃闭门潜思，绝庆吊之礼，户牖墙壁各置刀笔。著《论衡》八十五篇，二十余万言，释物类同异，正时俗嫌疑。刺史董勤辟为从事，转治中，自免还家。友人同郡谢夷吾上书荐充才学，肃宗特诏公车徵，病不行。年渐七十，志力衰耗，乃造《养性书》十六篇，裁节嗜欲，颐神自守。永元中，病卒于家。

王充的家乡在上虞曹娥江畔的章镇。那是一块地灵人杰的风水宝地。相传舜诞生于曹娥江边，大禹治水毕功于了溪。

王充从小就表现出沉思好学的品性，"独不肯"随波逐流。他喜欢独

---

① 嘉泰《会稽志》卷一。

处，经常细心地观察体验大千世界、社会万象的种种景观：节气变化、花开花落、电闪雷鸣、日月之行，还有那曹娥江江潮的起伏变化。认识故乡的水环境是王充探求宇宙之谜，究天人之际辨析万物真谛，写作《论衡》的环境与源泉。

王充于汉和帝永元中（89—104）病逝家中，葬于滨笕林岙乌石山。今墓为1981年重修，属省级文物保护单位。

王充关于人与自然的论述集中在《论衡》中，主要有对水旱天灾的认识，关于山崩壅河现象的分析，舜禹治水等活动的解说，象耕鸟耘考，子胥兴潮说，关于雨、雪、风、雷的形成……

1. 对水旱天灾的认识

在《论衡·感虚》中，王充的观点是，人之得病，天之水旱，都是正常的自然现象，靠祈祷而改变人的病变和感应自然界的水旱变化，都是不可能的虚假之说。防治水旱灾害既要顺应自然，又要靠如舜、禹的精业和方略。

2. 象耕鸟田考

对古书记载的"舜葬于苍梧，象为之耕。禹葬会稽，鸟为之田。盖以圣德所致，天使鸟兽报祐之也"之说，王充在《论衡·书虚》中认为这是不符实际的。他指出："天地之情，鸟兽之行也。象自蹈土，鸟自食苹，土蹶草尽，若耕田状，壤靡泥易，人随种之，世俗则谓为舜、禹田。"揭示了这一传说所包含的特有自然、人文、地域之缘由，象耕鸟田是客观存在的现象。

3. 子胥兴潮说

王充所处时代，广泛流传着伍子胥被吴王夫差杀后，夫差"煮之于镬"，之后投之于江，于是伍子胥怨恨之气冲天，"驱水为涛，以溺杀人"之事。王充在《论衡·书虚》中认为，今时"会稽丹徒大江、钱唐浙江，皆立子胥之庙"，目的是"慰其恨心，止其猛涛也"。对这流传数百年的民间传说和潮起潮落、汹涌浩荡的钱江大潮，王充在文中条分缕析，首先认为"夫言吴王杀子胥，投之于江，实也；言其恨恚驱水为涛者，虚也"。王充通过细心思索、对比论证、逻辑分析、常理推测、生与死的能量、道义要求等证明了子胥为涛之不可能。潮水是如何形成？王充认为："夫地之有百川也，犹人之有血脉也。血脉流行，泛扬动静，自有节度。百川亦然，其朝夕往来犹人之呼吸气出入也。天地之性，上古有之。"潮汐这种自然现象是自古就有的，与天地共生。"其发海中之时，漾驰而已；入三江之中，殆小浅狭，水激沸起，故腾为涛。""涛之起也，随月盛衰，大小满损不齐同。"这是中国历史上最早从天文、地理两个方面对涌潮现象所作的科学解释。

二、蔡邕——柯亭制笛

蔡邕（132—192），东汉文学家、书法家、音乐大师。在山阴鉴湖边流传着他与柯亭制笛的故事。《世说新语·轻诋第二十六》第20条注引伏滔《长笛赋叙》曰："余同僚桓子野有故长笛，传之耆老，云蔡邕伯喈之所制也。初，邕避难江南，宿于柯亭之馆，以竹为椽。邕仰眄之，曰：'良竹也。'取以为笛，音声独绝。历代传之至于今。"

嘉庆《山阴县志》：

（柯亭）在山阴县西南四十里。《郡国志》云：千秋亭，一名柯亭，一名高迁亭。汉末蔡邕避难会稽，宿于柯亭，仰观椽竹，知有奇响，因取为笛。……乾隆十六年翠华临幸，有御制《题柯亭》诗。

乾隆题诗：

陈留精博物，椽竹得奇遭。
昔已思边让，今兼传伏滔。
琴同识焦爨，剑比出洪涛。
汉史无能续，千秋恨董逃。[1]

---

[1] 《御制诗集》二集卷二十五，《四库全书》本，第17页。

柯亭与音乐艺术有着密不可分的关联，多少年来，浙东运河沿岸柯亭笛的悠扬笛声，将无数来柯亭者带入一种清净高雅的境界。

三、虞翻——天人合一

虞翻（164—233），字仲翔，会稽余姚人。《三国志》裴松之注引《吴书》曰："翻少好学，有高气。"[①] 本是会稽太守王朗部下功曹，后投奔孙策，自此仕于东吴，为东汉著名《周易》学家。东晋虞预《会稽典录》中记载了当时会稽太守王朗与会稽名士虞翻关于自然环境与人、民俗之间关系的问答：

> （王朗）问功曹虞翻曰："闻玉出昆山，珠生南海，远方异域，各生珍宝。且曾闻士人叹美贵邦，旧多英俊，徒以远于京畿，含香未越耳。功曹雅好博古，宁识其人邪？"翻对曰："夫会稽上应牵牛之宿，下当少阳之位，东渐巨海，西通五湖，南畅无垠，北渚浙江，南山攸居，实为州镇，昔禹会群臣，因以命之。山有金木鸟兽之殷，水有鱼盐珠蚌之饶，海岳精液，善生俊异，是以忠臣系踵，孝子连间，下及贤女，靡不育焉。"王府君笑曰："地势然矣，士女之名可悉闻乎？"[②]

虞翻的这段话说明：一是会稽星象好，在上应牵牛之星宿，属北方玄武七宿系统；在下则为《周易》说的"四象"中的"少阳"之位。玄武系统在"四象"中属于"老阴"，老阴与少阳恰好相应。天地相应，是为第一吉。二是地理环境优越：东临大海，西通五湖，往南畅通无阻，往北濒临浙江。可谓四通八达。三是物产丰富，山水之利，所出无穷。

虞翻已经把会稽之山川灵秀、环境优越、其地富饶和"善生俊异"、

---

① （晋）陈寿，（南朝宋）裴松之注：《三国志·虞翻传》注引《吴书》，第1317页。
② （晋）陈寿，（南朝宋）裴松之注：《三国志·虞翻传》注引《会稽典录》，第1325页。

朴实的民风结合起来认识了。天地之化育，才造就了这里的人杰。

四、王羲之——书圣风流

王羲之（303—361），字逸少，原籍山东琅琊，后定居会稽山阴。其父王旷曾任淮南太守，伯父王导，晋元帝时丞相。王羲之幼时言语迟钝，至年长才华渐显。性坦率，不拘礼节，有"坦腹东床"佳话。初仕为秘书郎，累官宁远将军、江州刺史、右军将军、会稽内史，故世称"王右军"。王羲之是我国古代的"书圣"。

王羲之淡泊名利，初渡浙江，便有终焉之志，朝廷多次征召皆不就，后称病去官，"与东土人士尽山水之游，弋钓为娱。又与道士许迈共修服食，采药石不远千里，遍游东中诸郡，穷诸名山，泛沧海"①。他在稽山镜水之间留下的千古名句"山阴道上，犹如镜中行"②，被后人广为传诵。

1. 笼鹅

《晋书》卷八十《王羲之传》记：

（羲之）性爱鹅，会稽有孤居姥养一鹅，善鸣，求市未能得，遂携亲友命驾就观，姥闻羲之将至，烹以待之，羲之叹惜弥日。又山阴有一道士，养好鹅，羲之往观焉，意甚悦，固求市之。道士云："为写《道德经》，当举群相赠耳。"羲之欣然写毕，笼鹅而归，甚以为乐。

唐李白有《王右军》诗：

> 右军本清真，潇洒出风尘。
> 山阴过羽客，爱此好鹅宾。
> 扫素写道经，笔精妙入神。

---

① （唐）房玄龄等：《晋书·王羲之传》卷八十，第2021页。
② （北魏）郦道元：《水经注·浙江水》。

书罢笼鹅去，何曾别主人？ ^①

2. 戒珠寺

嘉泰《会稽志》卷十三：

> 王羲之宅在山阴县东北六里，旧传戒珠寺是也。《旧经》云："羲之别业有养鹅池、洗砚池、题扇桥存焉。"今寺有右军祠堂，既谓之别业，则疑宅不在是。或云："嵊县金庭观乃右军旧宅，尝舍读书楼为观。"在县东南七十二里孝嘉乡，今观之东庑有右军肖像及墨池、养鹅池。

3. 兰亭

以东晋永和九年（353）三月初三，王羲之与谢安、支遁、孙绰等41位名士在兰亭共修禊事，流觞曲水，饮酒赋诗，兰亭因王羲之作《兰亭序》而闻名。

五、谢安——东山再起

谢安（320—385），字安石，原籍陈郡阳夏（今河南周口市太康县），西晋末年谢氏家族随朝廷南迁。谢安"少有重名"，后"览会稽东山之胜，遂择而居之"，与名士王羲之、孙绰，名僧支遁等交游。谢安为江东名士领袖，朝野瞩望，足迹遍及曹娥江两岸，也远至富春江流域、天目山地区。

上虞东山图（引自万历《绍兴府志》卷之五）

1. 东山

东山位于今上虞上浦方弄曹娥江的右岸。嘉泰《会稽志》卷九载：

---

① （唐）李白：《李太白集分类补注》卷二十二，《四库全书》本，第10页。

东山在县西南四十五里，晋太傅谢安所居也，一名谢安山。岿然特立于众峰间，拱揖蔽亏如鸾鹤飞舞。其巅有谢公调马路，白云、明月二堂址。千嶂林立，下视沧海，天水相接，盖绝景也。下山出微径为国庆寺，乃太傅之故宅。旁有蔷薇洞，俗传太傅携妓女游宴之所。又山西一里始宁园，乃谢灵运别墅，一曰西庄。……今山西有太傅墓。……今山半有洗屐池，东、西二眺亭。虽后人好事为之，然旧园别墅，迹不可泯。

2. 指石山

会稽山下往西有一巨石面江冲出，形似手指，故又名"指石山"，相传谢安垂钓于此。嘉泰《会稽志》卷十三："谢安本传云：'安寓居会稽，与王羲之及高阳许询、桑门支遁游处，出则渔弋山水，入则言咏属文。'"

3. 东西二眺亭址

嘉泰《会稽志》卷十三：

在今上虞东山。方安石时，东山盖重天下，台榭遗迹当不止此，岁久不可考尔。山之国庆院左有小方池，草莽被焉，甚有古意，传者云："此安石洗屐池也。"

谢安这里所建之亭其功能应是既供登临游赏观景，又本身便是一种山川景物的点缀。

4. 淝水之战

谢安运筹帷幄，出奇制胜，以少胜多，打败前秦苻坚。今东山有"晋太傅谢公墓"碑，供人凭吊。唐李白有《忆东山》诗：

不向东山久，蔷薇几度花。
白云还自散，明月落谁家。[1]

---

[1] （唐）李白：《李太白集分类补注》卷二十三，第13页。

六、许询——萧然自致

许询（314—361），字玄度，高阳（今属河北）人。少时人称神童，长而风情简素，与孙绰并称为一代文宗，喜游山水，常有登临之举。《世说新语·言语第二》："刘尹云：'清风朗月，辄思玄度。'"又《晋中兴士人书》曰："许询能清言，于时士人皆钦慕仰爱之。"嘉泰《会稽志》卷十三："许询父皎从元帝过江，迁会稽内史，因居焉。询隐居不仕。召为朝议郎，不就。常登永兴县西山，筑室其上，萧然自致，乃号其岫为萧山。"萧山因此得名。

嘉泰《会稽志》卷十三："许询园，在萧山县北乾山下。《图经》云：询家此山之阳。故其诗曰'萧条北乾园'也。"

七、戴逵——稽山神韵

戴逵（？—396），字安道，谯郡铚县（今安徽濉溪西南）人。东晋学者、雕塑家和画家，《晋书》记其"少博学，好谈论，善属文，能鼓琴，工书画，其余巧艺靡不毕综"。一次太宰、武陵王司马晞听说他善鼓琴，派专人召他入府，戴逵却当着来者面将自己的琴摔破，并严词说"戴安道不为王门伶人"。戴逵破琴得罪权贵后，为避召命，在谢幼度帮助下，即从谯郡徙"居会稽剡县"。

戴逵与其子戴颙还是六朝最著名的雕塑家。他们父子在处理大型造像比例配置上具有独到的高超技艺，所造佛像注重精神气质和神韵。

《世说新语·任诞》记载了王子猷雪夜访戴逵的故事：

> 王子猷居山阴，夜大雪，眠觉，开室，命酌酒。四望皎然，因起彷徨，咏左思《招隐》诗。忽忆戴安道，时戴在剡，即便夜乘小船就之。经宿方至，造门不前而返。人问其故，王曰："吾本乘兴而行，兴尽而返，何必见戴？"

是为一段佳话。宋王十朋有《剡溪》诗：

> 千古剡溪水，无穷名利舟。
>
> 闲乘雪中兴，惟有一王猷。[①]

八、谢灵运——山水诗祖

谢灵运（385—433），小名客儿，世称谢客，祖籍陈郡阳夏（今河南周口市太康县），出生于会稽，优游于始宁、会稽两县。少好学，博群书，工书画，善文章，人称其"博综该洽，易、老、仙、释，靡不精究"。与颜延之齐名，被推为江左第一。东晋元兴元年（402）袭封康乐公，史称"谢康乐"，是我国山水诗的开创者。

1. 始宁别墅

谢灵运生平爱好山水之游，足迹遍及浙东山水。422年，因受朝廷排挤，谢灵运外放为永嘉太守。在从建康到永嘉途中，他途经富春江，回到了老家会稽，到了他祖辈卜居的始宁别墅。沿途的山水风光，使其创作了优美的游记诗篇。如《过始宁墅》：

> 山行穷登顿，水涉尽洄沿。
>
> 岩峭岭稠叠，洲萦渚连绵。
>
> 白云抱幽石，绿筱媚清涟。
>
> 葺宇临回江，筑观基曾巅。
>
> 挥手告乡曲，三载期归旋。
>
> 且为树枌槚，无令孤愿言。[②]

2. 谢公木屐

谢灵运与族弟谢惠连等日夜尽游宴之娱。出游时，常脚着木屐，戴曲

---

① （宋）王十朋：《梅溪集》卷六，《四库全书》本，第6页。

② 《会稽志》卷二十，第40页。

柄笠，翻越名山大川，探幽猎奇。《宋书·谢灵运传》中记载：

> 登蹑常着木屐，上山则去前齿，下山去其后齿。尝自始宁南山伐木开径，直至临海，从者数百人。临海太守王琇惊骇，谓为山贼，末知是灵运乃安。

3.《山居赋》

谢灵运《山居赋》，为我国最早之韵文式地方志，所记载的始宁墅实属一座综合性的自然大园林。

> 其居也，左湖右江，往渚还汀。面山背阜，东阻西倾。抱含吸吐，款跨纡萦。绵联邪亘，侧直齐平。

文中写山水之美，物产之饶，无所不包；怜爱万物，回归自然的思想无处不流露。对始宁墅的远近水环境也有精到的描写：

> 远北则长江永归，巨海延纳。昆涨缅旷，岛屿绸沓。山纵横以布护，水回沉而萦滠。信荒极之绵眇，究风波之瞑合。

这是当时曹娥江河口的水景。至于曹娥江中下游的水环境又如是：

> 近东则上田、下湖，西溪、南谷，石垛、石澄，闵硎、黄竹。决飞泉于百仞，森高薄于千麓。写长源于远江，派深崇于近渎。
>
> 近南则会以双流，萦以三洲。表里回游，离合山川。崿崩飞于东峭，槃傍薄于西阡。拂青林而激波，挥白沙而生涟。
>
> 近西则杨、宾接峰，唐皇连纵。室、壁带溪，曾、孤临江。竹缘浦以被绿，石照涧而映红。月隐山而成阴，木鸣柯以起风。
>
> 近北则二巫结湖，两沓通沼。横、石判尽，休、周分表。引修堤之逶迤，吐泉流之浩漾。山巉下而回泽，濑石上而开道。

清新自然，文辞优美。其山水生态史料价值，对之后吸引唐代诗人游越、唐诗之路的形成都有重要的影响。

4. 回踵求湖

《南史·谢灵运传》记载了谢灵运欲把在鉴湖以南的回踵湖作为私家庄园之事：

> 会稽东郭有回踵湖，灵运求决以为田，文帝令州郡履行。此湖去郭近，水物所出，百姓惜之，（孟）颛坚执不与。灵运既不得回踵，又求始宁㟥嵊湖为田，颛又固执。

由于遭到了百姓和地方行政长官的强烈反对，只得作罢。这也说明谢灵运不适合官场与社会的个性。

九、"竹林七贤"——运河留迹

西兴运河沿岸的阮社之名源于魏晋时"竹林七贤"的阮籍、阮咸叔侄。传两人曾居住于此，故有"阮社"之称。阮社文化底蕴深厚，影响深远。

阮籍（210—263），三国魏陈留尉氏（今属河南）人，字嗣宗，阮瑀子。齐王芳时任尚书郎，以疾归。大将军曹爽被诛后，任散骑常侍、步兵校尉，封关内侯。世称阮步兵。好老庄，蔑视礼教。纵酒谈玄，后期口不臧否人物，以此自全。擅长五言诗，风格隐晦。又工文。与嵇康齐名。[1]

阮咸，西晋陈留尉氏人，字仲容。阮籍侄。官散骑侍郎。精通音律。阮咸善弹琵琶，不交人事，唯弦歌酣饮，任达不拘礼法。

阮籍与嵇康、山涛、向秀、刘伶、王戎、阮咸称"竹林七贤"，常聚会把酒论诗，畅谈诗文，表现嗟世忧时、苦闷彷徨、愤愤不平的心境。

阮籍、阮咸为"竹林七贤"中人物。阮社原名为竹村，后又改名阮社。古代阮社人十分崇仰阮籍、阮咸，今尚存"籍咸桥"以纪念。区域内浙东古运河上的毓荫桥有对联"一声渔笛忆中郎，几处村酤祭二阮"，上联写

---

[1] 《世说新语·德行》《世说新语·文学》。见张万起、刘尚慈译注：《世说新语译注》，中华书局1998年版。

听到运河边的渔笛声使人回想起吹奏柯亭笛的蔡邕，下联写见到这一带的村肆酒店便深深怀念阮籍、阮咸叔侄。

在阮社籍咸桥东侧的后庙中，有"晋阮会"碑，碑立于乾隆年间。其中前碑开首便记"社以阮名"，是阮社得名的精准历史传记。

关于"竹林七贤"在会稽的鉴湖畔、运河边的活动多见于记载。在今绍兴陶堰街道白塔湖东北有白塔山，西麓有白塔寺，现存明代建筑二进，据传该寺为嵇康（字叔夜）得《广陵散》之处。唐独孤及有《舟次白塔山下》诗曰 [①]：

> 贺监湖东越岭湾，地形平处有禅关。塔高影落门前水，茶热香飘院后山。幽谷鸟啼青桧老，上方僧伴白云闲。有人若问广陵散，叔夜曾经到此间。

"竹林七贤"到会稽之地，除有政治上的原因，也有当时绍兴之地因鉴湖兴建，环境变好，北方名士多来会稽山阴之地优游或居住的原因。

---

① 阮政海主编：《陶堰镇志》，中华书局 2011 年版，第 347 页。

第五章

隋唐时期

隋唐时期尤其是唐代，浙东经济社会和文化协同发展，人水和谐，民众幸福，唐诗之路，名冠天下，显示了时代的高峰。越州城被誉为"天下本无侪"①。浙东鄞县从越州划出，单独建明州府，到唐长庆元年（821），在"三江口"建明州城。这标志着"海上丝绸之路"的新港口城市正式建成。其伟大成就的出现，既有时代的大背景，也是直接得益于鉴湖、浙东运河和海塘、它山堰等在水利、交通、环境等方面所持续发挥的巨大作用。

第一节　唐代浙东水利

一、海塘

（一）界塘

界塘，又称"后海塘"，位于山阴、萧山两县交界区域的后海沿岸，嘉泰《会稽志》卷十《山阴县·堤塘》记为："界塘，在县西四十七里。唐垂拱二年始筑，为堤五十里，阔九尺。与萧山县分界，故曰界塘。"唐垂拱二年（686）是山阴、会稽两县建置史上的一个重要分界点。是年，山

---

① （唐）元稹：《重夸州宅景色》，《元氏长庆集》卷二二。

阴县从会稽分析复置,直至清末一直维持山、会两县建置没有改变①。所以,始筑于垂拱二年的山阴界塘其实就是山阴县的后海塘,即山阴海塘(在界塘基础上有所延伸),山阴海塘与会稽海塘组合又称为"山会海塘",现通称"萧绍海塘"。界塘大约西起于山阴与萧山分界处航坞山附近的瓜沥,很可能利用了一段越国的石塘遗存,然后向东经大和山,再向东偏南,至于三江口西岸的马鞍山,就是利用了后海沿岸崛起于平原的三座孤丘修筑的,全长约 23 千米。② 这一带沿海区域早在越国时期就修建基地和海塘,开辟了近海航道;至唐代,海岸线更趋稳定,又有三座孤丘于其中可作依托,从而为界塘修筑提供了切实可行的基础条件。从史载山阴后海塘塘体要到宋代才有部分砌石来看③,唐代界塘除一些重要地段外大多应为土塘,而土塘一般较难抗御大潮冲击,致建塘后毁修频繁。到北宋以后,大部分才改建为石砌海塘。

(二)会稽防海塘

《新唐书·地理志》:"会稽……东北四十里有防海塘,自上虞江抵山阴百余里以蓄水溉田。开元十年,令李俊之增修,大历十年,观察使皇甫温,大和六年,令李左次又增修之。"防海塘大部分位于会稽北部沿海地区,建成后使山会平原东部内河与后海及曹娥江隔绝。与此同时,又建成山阴海塘,山会平原后海沿岸的海塘除西小江外,已基本形成。

(三)镇海后海塘

该塘既是浙东运河的东端防海塘,又是国内罕见的濒临东海的"城塘合一"古海塘。镇海后海塘古海塘西起沙头庵,东至招宝山,全长 3.6 千米,其中城塘合一 1.3 千米④,筑于唐乾宁四年(897)以前。冯开《重修镇江后海塘记》称:"城负塘而筑,塘不固,城亦不立。考之方志,城之筑,

---

① 任挂全总纂,《绍兴市志》第一册,浙江人民出版社 1996 年版,第 122—125 页。
② 据绍兴县防汛抗旱指挥部等绘制的《绍兴县主要水利工程分布图》测算。
③ 傅振照主编:《绍兴县志》第一册,中华书局 1999 年版,第 466—467 页。
④ 《宁波市志》中册,中华书局 1995 年版,第 1390 页。

盖当唐昭宗乾宁四年，塘虽不详所始，要其治之前于城也晰矣。"[1] 镇海城既"负塘而筑"，说明筑城时利用了原有的一段海塘作为城墙，而镇海后海塘在唐乾宁筑城以前就已经存在，但始筑何时不详。据宋代林栗《海塘记》记载，宋淳熙十六年（1189），邑令唐叔翰、水军统制王彦举仿钱塘江海塘例，改筑镇海城塘部分石塘，长602.5丈。此后，又历代修筑，留存于今。

二、湖泊

（一）夏盖湖

元代水利文献《上虞县五乡水利本末》记载着一首歌谣《兴湖歌》：

> 虞邑西乡，咸土如霜。
> 雨泽愆期，禾稼致伤。
> 古人忧远，筑湖以防。
> 谢陂渔浦，源深流长。
> 夏盖在后，开于李唐。
> 民割己田，包输其粮。
> 启闭周密，积水伍洋。
> 灌我田亩，定限立疆。
> 维兹有秋，禾黍登场。
> 含饴鼓腹，咸乐平康。
> 愿言此歌，彻彼上苍。

歌中，历史上宁绍平原第二大湖泊夏盖湖水利及其效益已是了然可见。

夏盖湖，位于今上虞区北部，夏盖山以南。有山如盖，故曰"盖山"，相传大禹曾登此山，故又曰"夏盖山"，山下有湖，湖因山得名。

---

[1] 浙江省水利志编纂委员会编：《浙江省水利志》，中华书局1998年版，第283页。

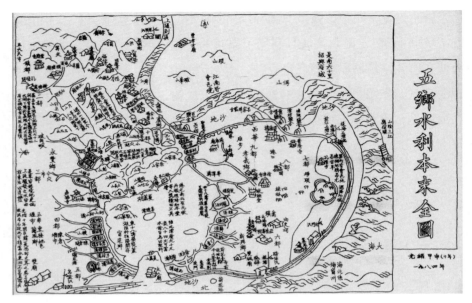

五乡水利本末全图（引自《绍兴市水利志》2021 年版）

　　据记载，上虞北部地区在东汉时已有白马、上妃两湖以蓄水灌溉。白马湖在夏盖湖之南，建于东汉时，周围共四十五里八步，湖三面皆临大山，三十六涧水均汇于此，湖中又有三山。《山经》云："白马潭，深无底。"建湖之初，边塘多次崩坏，村民以白马祭之，湖始成，湖因此得名。上妃湖在夏盖湖之南，白马湖之西。与白马湖同创建于东汉，周围长三十五里，"其形势溪涧亦与白马同"。

　　到唐代，因当地人口增多，田多湖狭，加强水利设施建设，蓄水灌溉，成为区域之急。于是在长庆二年（822），由永丰、上虞、宁远、新兴、孝义五乡之民"割己田"建成夏盖湖。《绍兴贤人志》记载夏盖湖由唐朝诗人、越州刺史元稹动员兴建。

　　夏盖湖在县西北四十里，北距海仅里许。湖周筑塘"计七千一百五十三丈"，以夏盖山为界。堤分东西两段：东堤自夏盖山至驿亭经仲沟为"二千五百七十丈"；西堤自夏盖山至穰草堰为"四千五百八十三丈"。"凡堤防之制，距广二丈五尺，上广一丈，高如上广之数。每塘一丈间栽榆柳一株。"湖塘上共设沟门 36 所，湖东、西各置 18 所，湖水分别通过湖旁沟渠流入灌区。东堤上还建有小越闸、夏盖山闸二座石闸。

夏盖湖南连白马、上妃两湖。上妃湖地势高于夏盖湖，来水由穰草堰进入夏盖湖。白马湖地势比之夏盖湖略低。于是筑孔堰接山涧之水，白马湖水经石堰入夏盖湖，形成了由咽（上妃、白马）注腹（夏盖湖），由腹散支的灌、排系统。被称作"上虞之有夏盖、白马、上妃三湖，如人有脏腑"[1]。

夏盖湖"周围一百五里，以为旱涝之防。旱则导湖水以灌田，涝则决田水以入江，所以赖其利者博矣。凡水利所被，由二都至十都。镇都沾溉既足，余流分荫会稽县延德乡、余姚州兰风乡之茹谦三保"[2]。为当地13余万亩农田提供了充足的灌溉用水，使这片曾经旱涝潮汐频仍的盐碱之地得到了较好的改善。其灌区面积虽只有全县的五分之二，而粮食产量占全县大半，赋税占全县一半。"兼有菱芡、芙蕖、茭苇及鱼虾之利，俗谓日产黄金方寸。"[3]

夏盖湖在管理上也有一套严格的办法："叠堰分垛，以时蓄泄；限量咎刻，以节多寡；序次前后，以均远近。"[4] 为防止侵占耕种湖田，湖边有刻石铭文"占湖一亩妨害水利一十六亩"。

（二）广德湖

广德湖在鄞西平原东北部。湖之始创，曾巩据唐大中初刻石"湖成三百年矣"句推算，约在"梁齐之际"（479—557），而湖之开拓则在唐大历八年（773）。《广德湖记》记："其旧名曰莺脰湖，而今名大历八年令储仙舟之所更也。贞元元年，刺史任侗又治而大之。"以后又有几次修治。

清咸丰《鄞县志》记其南对青垫、夹塘、俞家宅一带，西枕林村、风岙市，北界高桥、石塘、东界新庄一带。北宋曾巩《广德湖记》对此湖有

---

① 李修生主编：《全元文》卷一八一五，江苏古籍出版社1998年版，第500页。

② 光绪《上虞五乡水利本末记》，冯建荣主编：《绍兴水利文献丛集》（下），广陵出版社2014年，第822页。

③ 万历《绍兴府志》卷七。

④ 李修生主编：《全元文》卷一四〇一，第239页。

专记。文中称"盖湖之大五十里，而在鄞之西十二里，其源出于四明山，而引其北为漕渠，泄其东北入江。凡鄞之乡十有四。其东七乡之田，钱湖溉之；其西七乡之田，水注之者，则此湖也。舟之通越者，皆繇此湖"①。由此可见，广德湖是慈溪—鄞县段运河的重要水源工程。

（三）杜湖

杜湖在慈溪宓家埭乡境内。明万历十八年（1590），浙藩左使柴桑芳《鸣鹤杜白二官湖纪事序》载：

> 汉时始作杜湖、白洋湖，东西相距，山北通故塘，注近乡诸山水以灌田，时其钟泄，于是兹乡为沃土，无凶年。其后湖埋。唐贞元中，刺史任侗重加浚筑杜湖，民颂"二重天"。

（四）东钱湖

东钱湖，又名"万金湖""黄金湖"。夏侯曾先《会稽地志》记："其湖承钱埭水，故号钱湖。"位于宁波城中心约15千米。最早应是天然潟湖，东南两面临山，西北为平原。湖又可分为三部分：西部以师姑山、笠大山为界，称"谷子湖"；东北部以湖里塘为界，称"梅湖"；其余部分称"外湖"。

《读史方舆纪要》载：

> 东钱湖，在府东三十五里。一名万金湖，唐时亦曰西湖，时县治未徙也。天宝三载令陆南金尝开浚。四面环山，受七十二溪之水，周八百顷。湖岸磊石为塘，亘八十里。又于其旁为石碶，水溢则分泻之使注于江。②

---

① （宋）曾巩：《曾巩散文全集》，今日中国出版社1996年版，第353—354页。

② （清）顾祖禹撰，贺次君、施和金点校：《读史方舆纪要》卷九十二，第4242页。

（五）日、月两湖

"城中双湖，其始但称'南湖'，钱公辅《众乐亭序》可考也。其后乃有'西湖'之名；而割长春门右一带为南湖。因以西湖为月湖，南湖为日湖矣。"[①]从南湖发展到日、月两湖，是以州名湖，析明州之"明"字。

《读史方舆纪要》载：

> 日湖，府治东南一里。一名细湖，周二百五十丈。治西南又有月湖，周七百三十丈。志曰：二湖之源，俱出四明山。一从它山堰经仲夏堰入南门为日湖，亦名南湖；一从府西南五十里大雷山经林村十字港，汇望村桥入西门为月湖，亦名西湖。宋元祐间郡守刘理尝浚治之，为郡城之胜。其下流自城北三里保丰碶泄入于鄞江。[②]

月湖位于宁波市区三江口到中山西路范宅西边。月湖景区面积有 96.7 亩，月湖水域呈狭长曲折之形，面积 9 亩。[③]

"溯湖之始，盖自有唐。"鄞县县令王君照开凿南湖于唐代贞观十年（636），至唐大和七年（833），鄞县令王元暐为兴修水利，"导它山之水作堰江溪"，引四明山之水入城，潴为日、月两湖。

三、闸堰

（一）玉山斗门扩建

玉山斗门位于距绍兴城北 30 千米的斗门镇东侧金鸡、玉蟾两峰的峡口水道之上。三江闸建成以前，玉山斗门为山会平原水利的枢纽工程，发挥效益达 800 多年。

---

① （清）全祖望撰：《鲒埼亭集》，《四部丛刊》本。

② （清）顾祖禹撰，贺次君、施和金点校：《读史方舆纪要》卷九十二，第 4241 页。

③ 田扬编著：《宁波旅游》，宁波出版社 2009 年版，第 31—37 页。

玉山斗门又称"朱储斗门",为鉴湖初创三大斗门之一。《新唐书·地理志》记朱储斗门建于唐贞元元年（785），其云"山阴……北三十里有越王山堰，贞元元年，观察使皇甫政凿山以蓄泄水利。又东北二十里作朱储斗门"。

《会稽掇英总集》卷一九记玉山斗门："乃知后汉太守马臻初筑塘而大兴民利也。自尔沿湖水门众矣。今广陵、曹娥，是皆故道，而朱储特为宏大。"

宋曾巩于熙宁二年（1069）作《越州鉴湖图序》，序云："其北曰朱储斗门，去湖最远，盖由三江之上、两山之间，疏为二门，而以时视田中之水，小溢则纵其一，大溢则尽纵，使入于三江之口。"①

以上是北宋时记唐及唐以前玉山斗门以及水利调度的情况。

鉴湖工程体系包括了湖库、大坝、河流渠系、沿海塘坝、涵闸、斗门等。孔灵符《会稽记》虽未专记玉山斗门，然"若水少则泄湖灌田，如水多则闭湖泄田中水入海"，说明鉴湖是一个可系统控制性的工程。这个泄田中水入海的关键性工程显然是玉山斗门。若无此工程，鉴湖的效益便无法实现。陈桥驿认为：在永和年代，作为鉴湖枢纽工程的玉山斗门，作用还不十分显著，因为当时海塘和江塘尚未修筑完成，从鉴湖流出的各河，有部分注入曹娥、浦阳两江下游，而并不全汇入直落江。②因此，玉山斗门所能控制的范围还不大，其调节作用自然也就不能和后来相比。所以从永和以至唐贞元的600多年中，玉山斗门还没有受到很大的重视。唐玄宗开元十年（722），会稽县令李俊之主持修筑会稽县境内的海塘，这是山会海塘有历史记载的首次修筑。此次修筑以后，山阴诸水虽仍和浦阳江密切相关，但会稽诸水，由于曹娥江下游江塘连接完成，从此不再注入曹娥江而汇入直落江。于是，山会平原上的内河水系范围扩大，玉山斗门对鉴湖的调节作用也就提高了。因此，在李俊之主持修塘后的50年以后，浙东

---

① （宋）孔延之：《会稽掇英总集》卷二十。

② 陈桥驿：《古代鉴湖兴废与山会平原农田水利》，《地理学报》1962年第3期。

观察使皇甫政接着于贞元初（788年前后）将玉山斗门进行改建，把原来的斗门改成八孔闸门，以适应流域范围扩大而增加的排水负荷。

宋沈绅嘉祐四年（1059）有《山阴县朱储石斗门记》，较详细记载了嘉祐三年（1058）五月，"赞善大夫李侯茂先既至山阴，尽得湖之所宜。与其尉试校书郎翁君仲通，始以石治朱储斗门八间，覆以行阁，中为之亭，以即（节）二县塘北之水"[①]的过程。这次整修将原玉山斗门的木结构改成了石结构。

沈绅在碑中对朱储斗门蓄淡水灌溉的功能有具体的记载："以节二县塘北之水，……溉田三千一百十九顷有奇。"这与孔灵符《会稽记》中的"溉田九千余顷"还是有较大差距，原因主要是统计范围不一。此碑文所记范围是山会平原北部"东西距江百有十五里，总一十五乡"，实际控制受益的农田当远不止这些。当然，沿江海塘也会有其他配套水闸。

碑中"及观《地志》与乡先生赵万宗石记，则谓贞元中，观察使皇甫政所造，此特纪一时之功尔。后景德二年（1005）大理丞段棐为县修之，其记存焉。繇汉以来且千岁，惟政、棐二人名表于世，而人不忘"也阐述了皇甫政改造之功，但文献只记载了某几个时期的重修，而非自汉以来的全部。更多的修治人员及业绩已随历史而湮没。

（二）王元暐与它山堰

王元暐，山东琅琊人。唐大和七年（833），以朝议郎行鄞县（今宁波市鄞州区）县令。王元暐任职期间，组织民众在鄞江出谷处它山旁创建它山堰。它山堰将原为潮汐河的鄞江截分为上下两段，阻挡咸潮上溯，引入上游淡水注河。它山堰设计科学，上游来水大时七分入江、三分入河，来水少时三分入江、七分入河，兼顾泄洪防涝、引淡防旱。建堰后考虑河水过多导致农田受淹，又沿下行内河依次建乌金、积渎、行春三碶，以备排涝，使鄞西数千顷农田受益。王元暐还浚小江湖、建乌金塘以及引水入宁波城，蓄潴日、月两湖，以解决居民用水问题。宋人魏岘《四明它山水利

---

① （宋）孔延之：《会稽掇英总集》卷十九。

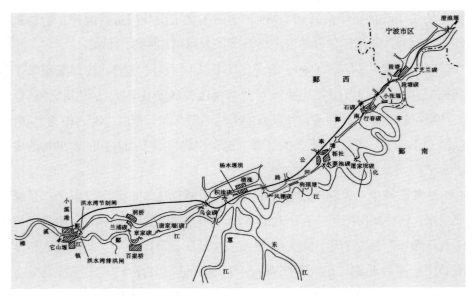

它山堰及下游工程配套示意图（引自《鄞州水利志》2009年版）

备览》称王元暐兴建的它山水利是"民食之所资，官赋之所出。家饮清泉，舟通物货，公私所赖，为利无穷"。

后人感念王元暐，立祠以祀。宋乾道四年（1168），敕赐"遗德"庙额；宝庆三年（1227）敕封其为"善政侯"，清嘉庆十四年（1809）加封其为"孚惠侯"。

唐僧宗亮有《它山歌》：

> 它山堰，堰在四明之鄞县。
>
> 一条水出四明山，昼夜长流如白练。
>
> 连接大江通海水，咸潮直到深潭里。
>
> 淡水虽多无计停，半邑人民田种费。
>
> 大和中有王侯令，清优为官立民政。
>
> 昨因祈祷入山行，识得水源知利病。
>
> 棹舟直到溪岩畔，极目江山波澜漫。
>
> 略呼父老问来由，便设机谋造其堰。

叠山横铺两山嘴，截断咸潮积溪水。

灌溉民田万顷余，此谓齐天功不毁。

民间日用自不知，年年丰稔因阿谁。

山边却立它神庙，不为长官兴一祠。

本是长官治此水，却将饮食祭闲鬼。

时人若解感此恩，年年祭拜王元暐。[1]

1. 魏岘《四明它山水利备览》

它山堰建成 416 年后，南宋淳祐九年（1249），当地人魏岘根据他参与它山堰修复、堰积水塘及引水渠疏浚、回沙闸兴建的经历，参以史料，编撰成《四明它山水利备览》[2]（简称《备览》），第一次系统记载了它山堰及其工程体系。

《备览》主要记载它山堰水源及其工程，以及疏浚、堰闸维护、堰工管理、祭祀等内容。其中"堰规制作"一节，是记载 13 世纪它山堰工程布置、形制、结构材料的重要史料。

> 侯之为堰也，规其高下之宜。涝则七分水入于江，三分入溪，以泄暴流；旱则七分入溪，三分入江，以供灌溉。堰脊横阔四十有二丈，覆以石版，为片八十有半。左右石级各三十六。岁久沙淤，其东仅见八九，西则皆隐于沙堰身中。堰身中空，擎以巨木，形如屋宇，每遇溪涨湍急，则有沙随实其中，俗谓护堤沙。水平沙去，其空如初。土人以杖试之，信然。堰低昂适宜，广狭中度，精致牢密，功侔鬼神，与其他堰埭杂用土、石、竹、木、砖、筱，稍久辄坏者不同。常时，大溪之水从堰流入江，下历石级，状如喷雪，声如震雷。

---

① （宋）魏岘：《四明它山水利备览》卷下，《四明丛书》本。

② （宋）魏岘：《四明它山水利备览》，《四明丛书》本。

2. 通航

《四明它山水利备览》载：

> 沙港淤塞，其时舟楫不通，竹木薪炭，其价倍贵，贩鬻者装载过堰。竹木排筏，越堰而下，猛势冲击，声震溪谷，堰身中空，不胜负重。城门马力，追蠡历年，初虽不觉，久必大损。辛丑岁，因此堰石颇有损动，前后府榜，非不禁约，人取其便，不顾利害，虽禁莫止……

其时，出现管理不善的情况，引水港淤塞，舟楫不通，但是它山堰上却在过船，而且屡禁不止。从记载看，竹木排筏过堰情景为魏岘或当地百姓亲眼所见。这段文字说明在当时它山堰的临时通航功能。"装载过堰"的"竹木排筏"，由多筏联结而成，厚重的排筏过堰，形成高低不平之势，而"堰身中空""不胜负重"对堰体造成损害，但"人取其便，不顾利害，虽禁莫止"，水运与堰坝安全发生矛盾。"城门马力"和"追蠡历年"均出自《孟子·尽心下》，这两个典故强调了竹木筏太多，久而久之，会对堰的实体造成损害。

第二节　隋唐浙东运河的提升

一、江南运河的影响

《读史方舆纪要》称："运河即江南河也。隋大业中将东巡会稽，乃发民开江南河，自京口至馀杭八百余里。"[1] 说明隋炀帝开挖江南运河的主要目的之一是"东巡会稽"。既然隋炀帝要到会稽，浙东运河段肯定也要进

---

① （清）顾祖禹撰，贺次君、施和金点校：《读史方舆纪要》卷八十九，第 4110 页。

行大规模整治。隋炀帝最后虽未到会稽，但却使江苏、浙江、福建等地大受其惠。之后，通过大运河，沿途经济带距离被缩短，文化传播速度变得更快，水运效率得到提高。以杭州为起点，主要航线有两条：一是沿钱塘江上溯到江西，再到达广东；另一条经浙东运河经越州，再由海路到福建、广东等地。由于浙东运河的巨大作用，越州有了一条稳定的直通华东、华中、华北各地的航线，成了得天独厚的海港城市，促成了之后明州的形成和实质性发展。《隋书·地理志》记："会稽川泽沃衍，有海陆之饶，珍异所聚，故商贾并辏。"

二、越州城西运河整治

（一）运道塘

唐代，西兴运河的航运地位更加突出。元和十年（815），观察使孟简开运道塘。这是西兴运河南岸塘路合一的河岸工程，部分主要路段已从泥塘改建为石塘路。[①] 这是西兴运河通航设施、沿岸道路和管理标准提升的重要标志。

（二）新河

嘉泰《会稽志》卷十："新河在府城西北二里，唐元和十年观察使孟简所浚。"此"新河"应是相对老河而名。原来运河经府城河道是由西郭经光相桥、鲤鱼桥、水澄桥到小江桥河沿的，由于运河商旅增多，越州城市扩建，此河通航受到限制，孟简又开一条由西郭直通城北的"新河"，缩短航线，避免壅塞，促进沿运商贸。

---

① （宋）欧阳修、宋祁：《新唐书·地理志》。

三、越州城河

（一）城市扩建

山阴城市到东晋和南北朝时迅速发展，呈现了《晋书·诸葛恢传》中"今之会稽，昔之关中"的欣欣向荣的局面。《宋书·顾恺之传》中记当时山阴已号称"民户三万，海内剧邑"。刘宋孝建元年（454）置东扬州，下辖浙东的会稽、东阳、永泰、临海、新安五郡，州治就设在会稽。[①]山阴县城成为五郡之首府，刘宋大明三年（459），竟一度把扬州州治从建康迁到会稽。[②]

从梁代初年起，会稽被升格为东扬州。随着城市繁荣扩大，行政管理上就有了新的要求。《南齐书·沈宪传》中就记载了早在南齐时就有人提出把山阴分成山阴、会稽两县的建议。到了不久后的陈代（557—589），山会分治终于成为现实，以今绍兴城中心南北向的府河为界，分西部为山阴县，东部为会稽县。

隋开皇年间（581—600）对城池的修建，是绍兴自从越王句践建城之后第一次有记载的大规模城市修建。

首先是在卧龙山东南侧修建子城。沈立《越州图序》载："唐杨素筑子城十里。"又嘉泰《会稽志》卷一记：《旧经》云：子城周十里，东面高二丈二尺，厚四丈一尺，南面高二丈五尺，厚三丈九尺，西北二面皆因重山以为城，不为壕堑。"

杨素在修筑子城之外又扩建罗城，明万历《绍兴府志》引《图经》曰："隋开皇中，越国公杨素修郡大城，加广至周四十五里，高一丈七尺五寸，上广一丈五尺，下广二丈七尺，女墙七千六百五十，皆高五尺，名曰罗城。"《越州图序》对于城周四十五里有不同看法："罗城周围，旧管四十五

---

① （宋）司马光编注，（元）胡三省音注：《资治通鉴》卷第一百二十八，《宋纪》十，中华书局 1956 年版。

② （南朝梁）沈约：《宋书·沈怀文传》。

里，今实计二十四里二百五十步，城门九。"^① 陈桥驿认为："罗城的规模也比于越大城有了扩充。这一次扩建以后，绍兴城的总体轮廓基本上已经确定，其基址与今日环城公路已经大体吻合了。"^②

（二）鉴湖与绍兴水城关系

嘉泰《会稽志》卷一记："《旧经》云：子城周十里，东面高二丈二尺，厚四丈一尺，南面高二丈五尺，厚三丈九尺，西北二面皆因重山以为城，不为壕堑。"嘉泰《会稽志》紧接着收录了《越绝书》和《吴越春秋》中关于"小城"的记载：

> 又云：城南近湖，去湖百余步，会稽治山阴以来此城即为郡城。案，今子城陵门亦四，曰镇东军门，曰秦望门，曰常喜子城门，曰酒务桥门。水门亦一，即酒务桥北水门是也。其南秦望门，去湖亦仅百步。虽未必尽与古同，然其大略不相远矣。

这里不但基本肯定了越王句践所建小城和杨素所建子城位置基本相同，只是"子城"比"小城"更完善和坚固一些，还记述和印证了鉴湖建成后，山阴城西南自常禧门向南至大城再向南数百米处，再东至后来的稽山门向北至东郭门，再北至都泗门均为鉴湖堤所环绕。

嘉泰《会稽志》卷一："城门九，东曰都赐门（有都赐埭门），曰五云门，东南曰东郭门（有东郭埭），曰稽山门，正南曰殖利门（有南埭），西南曰西偏门（有陶家埭），曰常喜门，正西曰迎恩门，北曰三江门。凡城东南门有埭，皆以护湖水，使不得入河。"这里阐明了鉴湖与绍兴城水系航运的主要关系。

第一，鉴湖水位高于城中之水。"又以湖水较之，高于城中之水或三

---

① （宋）沈立：《越州图序》，《会稽掇英总集》卷二十。
② 陈桥驿：《历史时期绍兴城市的形成与发展》，《吴越文化论丛》，第 368 页。

尺有六寸,或二尺有六寸。"① 据考证②,鉴湖水位高程为 4.5—5 米(黄海高程,下同),城内当时水位高程在 3.5 米,绍兴城地面高程多为 4.5—5 米,为防鉴湖水侵入,在鉴湖与绍兴城西南面的城墙之间还留着"城南近湖,去湖百余步"的开阔防洪堤。又在原水城门外设埭阻水,既防壅堤对城市造成威胁,又兼顾适度引水,并保证一般船只能过坝通航。李白《送王屋山人魏万还王屋》诗中"秀色不可名,清辉满江城。人游月边去,舟在空中行"③ 描述的舟行鉴湖中所见的越州城和舟中之观景,正是鉴湖水位高于城池的感受结果。

第二,绍兴城主要靠引鉴湖水入城补充水量。由于绍兴地形东部略高于西部,故鉴湖以郡城东南从稽山门到禹陵全长 6000 米的驿路作为分湖堤。根据地理位置分东西两湖,东湖水位一般较西湖高 0.5—1 米。鉴于此水位差及西湖之水又高于平原及城内河流水位的实际,为满足城内水源和航运需要,故将都泗门改建成都泗埭;东郭门改成东郭埭、东郭闸,自流以调节城内水位(主要是东北部),更换水体。城市南部水体补充的另一办法是通过埭引水和凿城引湖水。吕祖谦《入越录》中记载的"凿城引鉴湖为小溪,穿岩下,键以横闸,激浪怒鸣。过闸遂为曲水"④ 便是这种情况。

第三,西鉴湖、西兴运河航道通过绍兴城贯通东西。鉴湖建成后,鉴湖以北平原的河道,特别是晋以后西兴运河的船舶,必须通过西郭门等过州城,然后从都泗埭或东郭埭拖牵而过埭闸,才能进入东鉴湖。而从曹娥江过东鉴湖到西鉴湖或西兴运河,也必须通过都泗埭或东郭埭过州城才能到达。

第四,城北门为城市主要排水、排涝通道。城市防洪及鉴湖引入水体更换主要由北门排泄。

---

① (宋)曾巩:《越州鉴湖图序》,(宋)孔延之:《会稽掇英总集》卷二十。

② 盛鸿郎、邱志荣:《古鉴湖新证》,盛鸿郎主编:《鉴湖与绍兴水利》,中国书店 1991 年版。

③ (清)彭定求等编:《全唐诗》卷一百七十五,清扬州诗局刻后印本。

④ (宋)吕祖谦:《入越录》,第 81 页。

（三）连接运河的水城门

1. 西郭水门

关于会稽郡城西郭方位的水门记载，最早见于南宋的嘉泰《会稽志》。该志在罗城条目中记载了西郭水门，称之为迎恩门："城门九。……正西曰迎恩门，北曰三江门。凡城东南有埭，皆以护水，使不入河。西门因渠漕属于江，以达行在所。"[①] 这段记载将迎恩门列为罗城的正西门，说明该门在罗城的九大城门中地位靠前，而且它的始建年代是在罗城修筑时的隋代或隋代以前；又把迎恩门与"渠漕"（即西兴运河）和"江"（指钱塘江）联系起来，说明迎恩门设有水门，是连接城内外西兴运河的水城门。明万历《绍兴府志》对嘉泰《会稽志》的记载作了补充："又西而转北约五里面西曰迎恩门。钱镠讨董昌，以兵三万屯迎恩门，望楼再拜而谕之，即此。有水陆二门。"[②] 迎恩门并非单一的水门或旱门，而是一座兼具水陆二门形制的复合式城门。

2. 都赐门

都赐门又名"都泗门"，位于会稽郡城东郭五云门之北。都赐门是绍兴城连接绍兴城外水道的一个水城门，船只通过城门稍南可通过都泗埭进入鉴湖。最早记载都赐门的是嘉泰《会稽志》，该志卷一云："正东曰都赐门，有都赐埭。门之名盖久矣，见《南史·何（胤）传》。"万历《绍兴府志》卷二有记："《十道志》又有督护门。云：晋中将军王愔成帝时拜为督护，到郡，开此门出入。时人贵之，因以为名。梁元帝《玄览赋》：'御史之床犹在，督护之门不修。'督护一作都督，今不知何所，岂即都赐门耶？"此应为都赐门的由来。

---

① 嘉泰《会稽志》卷一。
② 万历《绍兴府志》卷二。

四、隋唐时期海上丝绸之路

唐代尤其是晚唐是浙东海上丝绸之路较快发展的时期，由于鉴湖和西兴运河的交通便利，使甬江和钱塘江通过浙东运河的交通运输业快速发展，越州城成为浙东航运的中心枢纽城市，不但与国内各地加强了商贸交易，还通过明州港口，与日本、朝鲜及南洋等国家加强了商贸与文化交往。

（一）明州发展

1. 港口

唐代是浙东海上丝绸之路较快发展的时期，这有赖于当时明州的设置和港口的发展。唐王朝由于实行开放政策，出于对外交往的需要，于开元二十六年（738）将经济、文化发达的浙东鄮县从越州划出，由县级建制提升为州级政权机构，单独设明州府，到唐长庆元年（821），在三江口建明州城。这标志着"海上丝绸之路"的新港口城市正式建成。随着与各国交往的深入和贸易的发展，明州一跃成为唐代东南沿海一座快速发展的繁华港口城市，明州港与交州（今越南境内）、广州、扬州港口同为四大名港。宋人张津在《乾道四明图经·分野》中记载："明之为州，实越之东部，观舆地图则僻在一隅，虽非都会，乃海道辐辏之地，故南则闽广，东则倭人，北则高句丽，商舶往来，物货丰衍。"①

2. 明州航运地位

关于隋唐时期浙东运河的作用和宁波的地位，现代日本汉学家斯波义信在《宁波及其腹地》②中也写道：

> 隋唐时期……凭借经余姚、曹娥把宁波与杭州联系起来的水路及浙东运河，宁波实际上成了大运河的南端终点。而且，由于杭州湾和长江口的浅滩和潮汐影响，来自中国东南的远洋大帆船

---

① 乾道《四明图经》卷一，《宋元方志丛刊》本，中华书局 1990 年版。

② ［日］斯波义信：《宁波及其腹地》，［美］施坚雅主编：《中华帝国晚期的城市》，叶光庭等译，陈桥驿校，中华书局 2000 年版，第 470 页。

被迫在宁波卸货，转驳给能通航运河和其他内陆航道的小轮船或小帆船，再由这些小船转运到杭州、长江沿岸港口以及中国北方沿海地区。

3. 唐代造船厂遗址

1974年，考古发掘出宁波市和义路唐代造船厂遗址。遗址中发现大量木头和加工过的船板，及造船用的油灰、绳索、船钉等实物，还发现一艘残破木船。被称作"唐船"的货船，载重500—1000斛，是唐代明州港行驶沿海的主要货船。

（二）航线与贸易

唐代浙东的水上交通，据唐朝后期李吉甫《元和郡县志》："杭州东南取浙江至越州一百三十里（'越州条'下作一百四十里）。"北宋乐史《太平寰宇记》记载的水路是唐五代以来水路之延承：明州"南至台州宁海县水利一百八十里，从县西南至台州二百五十里，都四百三十里"，"北至越州馀姚县界海际水行一百八十里"，"东南至海中崛门山四百里"，"东北至大海岸浃口七十里，从海际浃口往海行七百五十里至海中检山"。

隋唐时期，浙东海外航运得到继续开辟和发展。日本的遣唐使航运初期线路是横渡黄海，在山东半岛登州、莱州登陆到长安。676年，唐朝与新罗关系恶化，新开辟了一条横渡中国的航线，即在明州登陆，然后循浙东运河到杭州，再循江南运河到扬州，并且由大运河至汴州、西安的航线。[1]

隋唐时期还开辟了浙东至朝鲜半岛，甚至东南亚、南亚、北非等地的海上航运路线，"逐渐增加的对海上贸易的大量要求，在9至10世纪迸发出来，从阿拉伯、印度方面一只又一只大船开进了广州、泉州、明州、杭州等地，购得货物后又西行归国，中国方面的巨船也驶向了南海大洋"[2]。

---

① 童隆福主编：《浙江航运史》，第55—56页。
② ［日］三上次男：《陶瓷之路》，李锡经、高喜美译，文物出版社1984年版，第154页。

这条航线从杭州或明州出发，经台湾海峡，至印度，以及东南亚、阿拉伯等地区。唐天复三年（903），阿拉伯地理学家伊本法基在其《地理志》中，把中国的陶瓷、丝绸、灯并列为三大名牌货。[1]

五代时期，由于陆路及内河航运受阻，沿海航线便成为吴越国通往闽广和中原各地的主要航线，不仅贡赋常由此道，使者往来及贸易通商也依赖此道。外国商人"常泛海以至中国"，吴越国在"滨海诸洲皆置博易务，与民贸易"[2]。当时的航道大致由钱塘江走浙东运河到明州，再北上，经山东半岛的登州、莱州，然后取道东西两京（今河南开封市、洛阳市）。据记载，钱佐时"航海所入，岁贡百万"[3]，足见其海上航运贸易之盛。此外，吴越国还依靠发达的海上交通航线，与契丹、日本、朝鲜、印度、伊朗等地建立海外贸易关系。吴越国的海上贸易交往，既属于商贸交往需要，更是一种务实的外交策略，进而极大地提高了吴越国在海外的贸易地位与影响，增强了经济实力，巩固了钱氏政权。钱镠曾说："吴越地去京师三千余里，而谁知一水之利有如此耶！"[4]又有"吴越地方千里，带甲十万，铸山煮海，象犀珠玉之富，甲于天下"之说[5]。

（三）对外文化交流

1. 鉴真东渡

唐朝时，在中日两国交流上成就最突出者是高僧鉴真。他不畏艰险，东渡日本，讲授佛学理论，传播博大精深的中国文化，有效地促进了日本佛学、医学、建筑和雕塑水平的提高，受到中日人民和佛学界的尊敬。鉴真自天宝二年（743）始，历十一载，遭五次失败，双目失明，终于在第六次东渡成功，受到日方隆重接待，出任大僧都，为日本律宗始祖，留居日本。

---

① 沈福伟：《中西文化交流史》，上海人民出版社，1988年。
② （宋）欧阳修撰：《新五代史》卷三十《汉臣传·刘铢》，第335页。
③ （宋）薛居正等撰：《旧五代史》卷一三三《世袭传·钱佐》，第1774页。
④ （宋）薛居正等撰：《旧五代史》卷一三三，第1775页。
⑤ （宋）苏轼：《苏东坡集》，人民出版社1965年版，第251页。

据考，唐天宝二年（743）十二月，鉴真率从僧 17 名及工匠 85 名第二次渡海，不幸在狼沟浦附近（南通市狼山）遭遇风暴。[1]船经修理后继续南下，又在桑石山附近触礁。鉴真被岛民救后送到鄮山阿育王寺安置。在这以后的一年中鉴真以阿育王寺为基地，拜访浙东及附近各处圣迹，并传教授法。据《唐大和上东征记》载：天宝三载（744）岁次甲申，越州龙兴寺众僧请和上讲律授戒。事毕，更有杭州、湖州、宣州并来请和上讲律。和上依次巡游，开讲授戒，还至鄮山阿育王寺。鉴真一方面传教授法，同时也为东渡日本准备各种物品。

又据《唐大和上东征记》载：天宝七载（748）鉴真第五次东渡是从扬州新河（瓜州运河）出发，经狼山、三塔山、暑风山，从须岸山放洋的。这里提到的须岸山为何地？据日本最早的汉文正史《日本书纪》载，齐明天皇五年（659）八月十一日，第四次遣唐使"奉使吴唐之路"，从筑紫六津之浦起航，九月十六日副使津守吉祥的船舶"行到越州会稽县须岸山"，二十二日乘东风"行到"，闰十月一日"行到越州之底"。从行程看须岸山应在余姚之东海岸。鉴真从扬州运河出发到须岸山，第四次遣唐使从须岸山"行到越州之底"，都途经明州到越州的浙东运河。

鉴真一行带了各种奇珍异宝到日本，其中有"王羲之真迹行书一帖、王献之真迹三帖"[2]。无疑，当时兰亭书法在日本得到了广泛传播。

2. 日本遣唐使

"日本古代人民生活，在精神和物质两方面，都因中国文化的输入而丰富起来。"[3]但这些中国文化，多是不定期、不成系统地由朝鲜人、中国人由朝鲜半岛慢慢传入日本的。随着文化积淀的增多，阅读能力的提升，外交发展的需求，当时日本的有识之士热切希望直接前往当时堪称东方文化渊源的中国，吸收优秀文化。这种愿望的具体实现，便是遣隋使的派遣。

---

① 王勇：《唐代明州与中日交流》，李英魁主编：《宁波与海上丝绸之路》，第 265—267 页。

② ［日］中村新太郎：《日中两千年——人物往来与文化交流》，张柏霞译，第 105 页。

③ ［日］木宫泰彦：《日中文化交流史》，胡锡年译，商务印书馆 1980 年版，第 50 页。

遣隋使一般以推古天皇十五年（607）派遣小野妹子等为最早。

日本遣唐使的派遣，从舒明天皇二年（630）派遣犬上三田相开始，到宇多天皇894年九月停派为止，历24代，264年，前后共19次（其中包括迎入唐使1次，送唐客使3次）。

中日文化交流史上的杰出使者，与鉴真齐名的日本奈良时期遣唐使阿倍仲麻吕，曾在离开中国前咏诗一首，题名《望乡诗》：

> 翘首望东天，神驰奈良边。
> 三笠山顶上，想又皎月圆。

而这首最早出现在《古今和歌集》中的著名和歌，有一篇序言指出此歌吟咏地点为"明州之海边"。

日本学者中村新太郎在《日中两千年——人物往来与文化交流》中也记载了在派遣遣唐使的第三阶段（702—762）的第十次遣唐使，以及第四阶段的各次遣唐使，都由南路（大洋路）的路线："从大津浦开船后，到平户岛、小值贺岛、福江岛等岛屿做短期停泊，等待顺风，一直横越东中国海，到长江下游的扬州、楚州、明州等地靠岸。回来时再沿此路线逆行。走这条路线，航行时间要比北路大大缩短。"[①] 之于遣唐使的目的，一方面是输入唐朝的典章制度和文化，另一方面是进行朝贡贸易，也就是以贡献"礼物"的形式，给唐朝送去物产，并由此得到唐朝政府回赠的物品。"然而，比进行贸易更重要的，却是与遣唐使同行的留学生们所肩负的任务。他们要广泛吸取唐朝文化，并把它带回日本普及推广，从而丰富和发展我国的文化。"[②] 第三阶段"正是唐朝的鼎盛时期，遣唐使的规模之大，阵容之严整，可以说是遣唐使的全盛阶段。在这以后的天平时代，文化、艺术之所以繁盛一时，完全是由于这一时期的学问僧和留学生们起了非常重要的作用"[③]。综上，也证明了浙东海上丝绸之路在唐代对中日贸易、文化交

---

① ［日］中村新太郎：《日中两千年——人物往来与文化交流》，张柏霞译，第59页。
② ［日］中村新太郎：《日中两千年——人物往来与文化交流》，张柏霞译，第52页。
③ ［日］中村新太郎：《日中两千年——人物往来与文化交流》，张柏霞译，第53页。

流所作的贡献之大。

3. 峰山（丰山）道场 ①

峰山寺是目前可考证的古东鉴湖边、浙东运河曹娥江西岸留下中日文化交流印证的一个最古老的佛教场所。

峰山亦作蜂山或丰山，首见于《水经注·渐江水》："太守孔灵符遏蜂山前湖以为埭，埭下开渎，直指南津。"嘉泰《会稽志》卷十一载："丰山渡在县东六十五里。"万历《绍兴府志》卷之四载："丰山在府城东北六十二里，壕山西北，临曹娥江。钱王镠破刘汉宏将朱褒于曹娥，进屯丰山，褒等降，此山是也。"位于今绍兴上虞百官街道的梁巷村境

万历《会稽县境图》中丰山位置（引自万历《绍兴府志》卷之一）

内（即原上虞县中塘乡境内，曾名"金星村"）。《上虞县地名志》："相传东汉时诸姓居民陆续来此定居，其中以梁姓最兴旺，取村名梁旺，后演变为梁巷。位于县城西北五千米，南临萧甬铁路、杭甬公路。"丰山海拔为40米，地处曹娥江西岸、萧绍海塘的西畔、浙东运河萧绍段的东起始点。丰山之外的萧绍海塘处，曾为浙东运河曹娥江（百官）西岸的渡口。

佛教在秦之后逐渐传入中国，两晋以后，佛教到达一个登峰造极的时期。605年前后，以天台智者大师（538—597）为首形成了中国第一个佛教门派——天台宗。804年，日本高僧最澄等人来华，学习天台宗和密宗佛法。唐贞元二十一年（805）四月十八日，最澄在越州峰山道场的顺晓大德阿阇梨处接受灌顶，取得密宗道具和教义，成为佛国那兰陀寺善无畏法师创立的密宗佛法第四代传人之一。其经过如下：

最澄从中国天台和越州取得真经回日本后，在日本延历二十五年（806）开创了日本"天台宗"，并于弘仁十年（819），向日本弘仁天皇呈上奏折，

---

① 本文主要参考邱志荣《峰山道场》，载于邱志荣主编《中国鉴湖》第三辑，中国文史出版社2016年版，第191页。

具体描述了他在中国取经的情况。奏折中说，唐贞元二十一年（805），最澄一行来中国天台取经，"天台一家之法门已具"，到明州即将回国之际，明州刺史郑审则接待他；当得知最澄已学得天台宗佛法，郑审则便告知，还值得去越州学习密宗佛法。最澄一行接了明州度牒，乘船经浙东运河过曹娥江，到峰山幸遇在

唐代丰山道场大佛像遗存

峰山道场弘法的顺晓大德阿阇梨；顺晓向最澄传授了密宗佛法的"两部灌顶"和道具、法器，并介绍他去越州龙兴寺寂照和尚处取得其他一部分道具、法器。于 4 月 19 日，最澄带走 102 部（115 卷）密宗经书和道具、法器[1]，从而使最澄在中国取经之行画上了一个圆满的句号。尽得密宗佛法的最澄便"归船所"离明州，欣然回国。从此"主上随喜，顶礼新发，奖圆教学"，使密宗这门佛法在日本盛传。

向最澄传授衣钵的顺晓和尚，是大唐泰岳（今山东济南市）灵岩寺的大德阿阇梨，也是密宗佛法的第三代传人。据史料记载，密宗创始人为印度大那兰陀寺善无畏法师，后来，他入唐传与弟子——大唐国师义林大德阿阇梨。义林为初唐高僧，103 岁时，还在新罗国（今韩国）宏扬佛法。顺晓大德阿阇梨是第三代传人，他先在山东，后来浙江越州。最澄前来越州取经时，顺晓大德阿阇梨在越州"峰山道场"弘法。最澄抵达峰山，便拜顺晓为师。

据《显戒论》和《显戒论缘起》中的《顺晓大德阿阇梨付法文》记载，顺晓和尚居"镜湖东岳，峰山道场"。此镜湖即现在的绍兴东鉴湖。宋代以前，东鉴湖东端紧邻峰山；东岳，泛指鉴湖东端之山。峰山道场，是顺

---

① ［日］木宫泰彦：《中日文化交流史》，商务印书馆 1980 年版，第 191 页。

最澄在浙东通关的文件

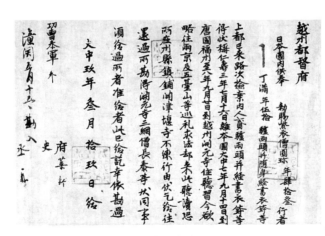

越州都督府过所

晓和尚传授佛法之地。最澄在峰山学习密宗佛法共 14 天，受到顺晓的热情接待。回国后甚为感激，他在给天皇奏折中称"幸遇顺晓和尚"，这可从最澄保存的龙兴寺住持寂照和尚写给顺晓的回执中看出。最澄灌顶授法后，尚需求取密宗道具、法器，由于峰山道场没有足够的道具、法器，顺晓就写信并派本寺超素和尚送最澄去越州龙兴寺寂照和尚处取，寂照很不情愿地取了三件法器给最澄，最澄在龙兴寺停留两天后，带着寂照和尚的回执返回峰山。此信存于日本比睿山延历寺，成为最澄在越州道场求学的重要佐证。

最澄回国后，被授以传灯大师位。在日本，天台宗是佛教的一大宗派，这是由最澄及其弟子义真等人结合天台宗与密宗，加以改造、创立而成的，并衍生有净土宗、曹洞宗、临济宗、念佛宗、日莲宗等。

4. 圆珍与越州过所（通行证）①

据考证，日本政府申请列入《世界记忆名录》的两份佛教史料是中国唐代的佛教史料。其中一份史料中包含一份日本智证大师圆珍入唐途经越州时越州都督府颁发的通行证——过所。颁发时间是唐大中九年（855）三月十九日。该过所现藏日本圆城寺，全文如下：

> 越州都督府。日本国内供奉敕赐紫衣僧圆珍年肆拾叁，行者丁满年伍拾。驴两头，并随身经书、衣钵等。上都已来路次。捡案内：人贰，驴两头，并经书、衣钵等。得状，称：仁寿三年七月十六日离本国，大中七年九月十四日到唐国福州。至八年九月廿日，到越州开元寺住，听习。今欲略往两京及五台山等巡礼求法，却来此听读。恐所在州、县、镇、铺、关、津、堰、寺不练行由，伏乞给往还过所。勘得开元寺三纲僧长泰等状，同事。须给过所者，准给者，此已给讫。幸依勘过。大中玖年叁月拾玖日给，功曹参军□府叶新、□史□□。潼关五月十五□勘入，丞□。

---

① 本资料由金福水提供，参见金福水：《越州过所（通行证），日本申遗？》，2022 年 03 月 15 日，https://mp.weixin.qq.com/s/6U7aYwueO7RImQHbPCqW3w。

过所，就是古代通过水陆关隘时必须出示的交通通行书，或身份凭证书。唐朝为保证正常的商业贸易往来，稽查行旅，防止偷漏国税、逃避赋役、拐卖人口以至查清来自境外的破坏活动，实行严格的过所制度。唐朝的过所由中央尚书省或地方都督府或州颁发。领到过所者就可以按照规定的路线，通行无阻。

需要说明的是，此过所提到的圆珍在唐线路"州、县、镇、铺、关、津、堰、寺"应是运河所经；国内学界多把过所记载的开元寺误读为府河东侧会稽开元寺（位于原绍兴市人民医院旧址），其实不然，府河东开元寺是吴越王钱镠于后唐长兴元年（930）创建。过所记载的开元寺，实为大善寺。853年，圆珍入唐，后在越州大善寺研究天台宗。

第三节　唐诗之路

一、唐诗之路由来

唐代会稽有发达繁荣的社会经济，安定的生活环境，繁华的城市和密集的人口，悠久的历史文化，千岩竞秀、万壑争流的会稽山，烟波浩渺的鉴湖，吸引着全国各地的文人学士闻名来越游览。"六朝以上人，不闻西湖好。"[①] 据竺岳兵先生研究，载入《全唐诗》的来浙东的诗人有 228 人，有据可查尚漏载的有 84 人，总计 312 人。这些诗人多为唐代诗人中的杰出代表。在《唐才子传》中收入的才子 278 人，而来浙东的就占 173 人。[②]

---

① （明）袁宏道：《山阴道上》,《袁中朗全集》卷二。
② 竺岳兵：《剡溪——唐诗之路》，傅璇琮主编：《唐代文学研究（第六辑）》，第 867 页。

据考证，现已知有 461 位唐代诗人曾游历浙东，并留下 1500 多首唐诗。[①]

二、唐诗之路主要线路

（一）水路

过钱塘江到南岸，进入港口主要由渔浦和固陵（西兴）[②]；向东或进入西鉴湖，或到西兴运河，之后到越州城；往南沿鉴湖进入若耶溪，到大禹陵及会稽山；从绍兴城往东沿东鉴湖从曹娥江西岸曹娥渡口或蒿坝渡口进入曹娥江；从曹娥江一条可由曹娥江直接过上虞到剡溪，过三界再到剡县，另一条由曹娥江东岸进入浙东运河过丰惠到余姚再到明州。

（二）陆路

从剡县开始到天台，再到明州主要是陆路。关于浙东唐诗之路的主要水陆路行程与分界，北宋时期日本僧人成寻有较详细记述。

1072 年（日本白河天皇延久四年，中国宋神宗熙宁五年）3 月 15 日，成寻一行自日本松浦壁岛登上中国商船，从这一天起就开始写日记，后写成《参天台五台山记》[③]，其中记载了乘船从钱塘江，到西兴经古运河，到越州，一直到曹娥、剡县（今嵊州市）、新昌、天台、宁波的行程等，不但较详细记述了运河水道、船运设施，还记载了诸多沿运山川风光、风土人情、乡村城镇，是研究唐宋时期浙东水陆路的第一手重要和权威史料。

成寻《参天台五台山记》记载 5 月 9 日至 10 日其从三界县到剡县共

---

① 中共新昌县委、新昌县人民政府：《打造"浙东唐诗之路精华地"工作情况汇报》，《浙东唐诗之路精华地打造有关资料汇编》，中共新昌县委宣传部，2018 年 10 月。

② 邱志荣等：《湘湖与浙东运河的申遗建议和思考》，《浙江水利水电学院学报》2015 年第 27 卷第 1 期。该文认为，运河（浙东运河）在湘湖地区分为两条：其一是经后来的西小江至临浦到达渔浦港；其二是渡过西小江至湘湖海湾到达固陵港。渔浦港和固陵港是山阴故水道航线在钱塘江的两个港口。

③ ［日］成寻：《参天台五台山记》，白化文、李鼎霞校点，花山文艺出版社 2008 年版。

50 里是走水路的；5 月 11 日开始雇轿夫，之后到新昌、到天姥、到天台、到国庆寺都是陆路，当然部分水路还是存在，他不一定走。

8 月 9 日，回程至剡县又行水路，直到 8 月 10 日渡钱塘江。1073 年 6 月 2 日渡钱塘江，之后经越州、上虞、余姚，6 月 9 日到达明州，走的全是水路。

由此基本可以确定：从越西兴到越州城，过曹娥江，到余姚，再到明州，成寻走的是浙东运河水路；从越州经东鉴湖到曹娥江向南，过三界，再到剡县走的是水路；从剡县到天台走的是陆路。

（三）主要景点

邹志方先生认为，浙东唐诗之路在越州的大体走向和景点分布如下：

> 由西陵入浙东运河，前往越州州治、会稽山和鉴湖。在州治，旅游点主要是卧龙山、飞来山和戴山；由若耶溪入会稽山，旅游点主要是若耶溪、宛委山、会稽山、云门山，包括阳明洞天、南镇、禹陵等；由南池溪入会稽山，旅游点主要是法华山和秦望山；由兰溪入会稽山，旅游点主要是兰亭、古筑；由州城下镜湖，旅游点主要是龟山、贺知章故居、方干岛、柯山、石城、涂山。从州治往东，再入镜湖和浙东运河，旅游点主要是东湖、严维园林、少微山、白塔洋。以上可说是浙东唐诗之路的第一游程。这一游程主要依托浙东运河、若耶溪、南池溪、兰溪和镜湖。

> 由浙东运河入曹娥江，除了曹娥江本身是旅游景点外，从下游上溯，主要有称山、落星石、舜井、小江驿、东山、始宁、上浦。以上可说是浙东唐诗之路的第二个游程。主要依靠曹娥江。

> 由曹娥江上溯，过上浦，即溪口，便是唐代诗人向往之剡溪。除剡溪本身是旅游景点外，主要旅游点有石门、龙宫寺、剡山、艇湖、石窗、金庭山等。以上可说是浙东唐诗之路的第三个游程，主要依靠剡溪及其支流黄泽溪和长乐溪。

> 由剡溪及其支流再上溯，便是唐代诗人心目中的剡中。主要

旅游点有石城山、南岩、沃洲山、水帘洞、天姥山、刘门山、澄潭等。以上可说是浙东唐诗之路的第四个游程。主要依靠剡溪及其支流黄泽溪、新昌溪、澄潭溪。

浙东运河过曹娥江再往东，经余姚、慈溪到宁波；剡溪尽头，经慈圣、上石桥，即入天台，属于越州地界之外了。[①]

三、名人游踪

（一）李白"神游"

李白一生曾三次游越，留下了脍炙人口的壮丽诗篇。李白诗描写越中著名人物、历史事件、山水景观等内容丰富，而最精湛的要数山水诗。在他看来，越中山水是一幅幅精彩的长卷，最能引起他心灵的共鸣，最能满足他山水之乐和情感之释放。《秋下荆门》曰："此行不为鲈鱼鲙，自爱名山入剡中。"[②]《梦游天姥吟留别》曰："海客谈瀛洲,烟涛微茫信难求。越人语天姥，云霞明灭或可睹。……我欲因之梦吴越，一夜飞度镜湖月。"[③]均反映了他对越中山水的向往。李白描写越中山水最瑰丽的诗篇应是《送王屋山人魏万还王屋》（部分）：

挥手杭越间，樟亭望潮还。

涛卷海门石，云横天际山。

白马走素车，雷奔骇心颜。

遥闻会稽美，且度耶溪水。

万壑与千岩，峥嵘镜湖里。

秀色不可名，清辉满江城。

人游月边去，舟在空中行。

---

① 邹志方：《绍兴名胜诗谈》，新华出版社 2004 年版，第 1 页。

② （唐）李白：《秋下荆门》，（清）彭定求等编：《全唐诗》卷一百八十一。

③ （唐）李白：《梦游天姥吟留别》，（清）彭定求等编：《全唐诗》卷一百七十四。

此中久延伫，入剡寻王许。

笑读曹娥碑，沉吟黄绢语。[①]

作者横渡钱塘江，看到了举世无双的钱塘江潮水，海潮惊天动地汹涌澎湃，如万马奔腾；稽山镜水，秀美无可比拟，会稽水城映照在镜湖之中，美丽的夜色下，游弋镜湖之中仿佛如入仙境。诗中描写浓墨重彩，字字精美，光、影、声、色互为转换，远、近、动、静随时而变，如闻其声、如见其景，诗中有画、画中有诗，是一幅越中山水风景大画图。

李白《越女词》也写得清新自然，人水交融：

镜湖水如月，耶溪女似雪。

新妆荡新波，光景两奇绝。[②]

（二）杜甫"壮游"

杜甫把"吴越之游"列为早年的"壮游"之举："枕戈忆句践，渡浙想秦皇。""归帆拂天姥，中岁贡旧乡。"[③] 他对历史事件充满着浓厚的兴趣，对风土人情，鉴湖风光，予以热情讴歌。杜甫《壮游》：

越女天下白，鉴湖五月凉。

剡溪蕴秀异，欲罢不能忘。[④]

（三）元白唱和

元稹，字微之，曾任越州刺史。在越期间，元稹为民办过许多好事，在水利上也多有建树。大和三年（829），越州大风海潮使海塘决堤，元稹动员山阴、上虞两县人民修堤建塘，改良土壤。"何言禹迹无人继，万顷

---

① （唐）李白：《送王屋山人魏万还王屋》，（清）彭定求等编：《全唐诗》卷一百七十五。
② （唐）李白：《越女词》，（清）彭定求等编：《全唐诗》卷一百八十四。
③ （唐）杜甫：《壮游》，（清）彭定求等编：《全唐诗》卷二百二十二。
④ （唐）杜甫：《壮游》，（清）彭定求等编：《全唐诗》卷二百二十二。

湖田又斩新。"他在任期间，越境"无凶年，无饿殍"。元稹在越时白居易在杭任刺史，两人志趣相投，情同骨肉，唱和甚多，世称"元白"。他们登临若耶溪山水，往返酬答，既留下了诗坛佳话，又为若耶溪文化大增光彩。如写运河风情，元稹《春分日投简阳明洞天作》有"舟船通海峤，田种绕城隅"①句；白居易《和微之春日投简阳明洞天五十韵》则有"堰限舟航路，堤通车马途"②句。

（四）知章回乡

贺知章《回乡偶书二首》抒发了对故乡和鉴湖的深情：

少小离家老大回，乡音无改鬓毛衰。

儿童相见不相识，笑问客从何处来。

离别家乡岁月多，近来人事半消磨。

惟有门前镜湖水，春风不改旧时波。③

（五）空海诗缘

空海（774—835），日本著名僧人，书法家。在浙东唐诗之路的对外交往中，日本僧人空海有较大影响力。空海与最澄一同来唐，他在明州登陆后，则取道浙东运河，西出钱塘江，直赴唐都长安，在西明寺求学3年，受法于惠果高僧。主修佛典，还致力于研究、创作汉诗和习学颜真卿体书法。唐元和元年（806）四月，空海学成，随同日本使者高价真人一起回国，在运河途中留居越州数日，谒僧求经，以诗会友，与越州结下了不解之缘。据邹志方研究，空海离开越州时，朱千乘等越州的诗人为之送

---

① （唐）元稹：《春分日投简阳明洞天作》，（清）彭定求等编：《全唐诗》卷四百二十三。

② （唐）白居易：《和微之春日投简阳明洞天五十韵》，（宋）孔延之编：《会稽掇英总集》卷九。

③ （唐）贺知章：《回乡偶书二首》，（清）彭定求等编：《全唐诗》卷一百十二。

行，各作赠诗。其深情厚谊，依依惜别之情在朱千乘《送日本国三藏空海上人朝宗我唐兼贡方物而归海东诗并序》中，显然可见。其中谓："海外僧侣，朝宗我唐，即日本三藏空海上人也。解梵书，工八体，缮俱舍，精三乘。""威仪易旧体，文字冠儒宗。留学幽微旨，云关护法崇。"[1]

空海归国前还到过天台山。回国后广泛传授真言宗，被僧侣奉为真言宗开山祖师，尊称弘法大师。

---

① 邹志方:《绍兴名胜诗谈》，第 256—259 页。

第六章
两宋时期

　　宋代对浙东运河而言，是一个既繁荣又变化多端的时期。首先，国家政治经济形势发生了南移的重大变化，宋室南迁定都临安以后，长江以北大部分地域被金国占领；其次，由于出现钱塘江入海航道沙滩密布的情况，当时大型海船已不再走近海航道，因此浙东运河的航运压力增大；再其次，后海岸北移、鉴湖逐渐堙废和浦阳江改道等水环境变迁，对浙东运河产生重大影响，促进和全面加强了对运河工程的建设和管理。

　　综上，浙东运河成为沟通首都与经济发达的绍兴府、明州及明州海港的黄金水道。军队与军需品、皇室御用物资、帝后梓宫、海外贸易货物的运输和外国使节往来、经商贸易等等，都依赖这条运河进行。浙东运河已经成为南宋朝廷的生命线，进入了繁华鼎盛时期，南宋状元王十朋记述："堰限江河，津通漕输。航瓯舶闽，浮鄞达吴。浪桨风帆，千艘万舻。"[①]

　　由于战乱和朝廷南迁，浙东运河的航运地位不断提升，但是这是在一个特定历史条件下短暂的繁荣，是不可持续的。由于环境局限和人口倍增，也因此带来资源不足和人、水、地新的矛盾冲突和新的调整。

---

① （宋）王十朋：《王十朋全集·文集》卷十六，上海古籍出版社，1998年版，第852页。

第一节　浙东城市发展

一、绍兴城市发展

（一）北宋时期

北宋是鉴湖水利全盛晚期，绍兴水城也彰显其繁华盛况，地位非同一般。北宋嘉祐五年至六年（1060—1061）任越州太守的刁约有《望海亭记》，其中记有客曰："东南之邦，佳山水，侈台榭，丽于城邑者多矣，如其岚嶂千屏，烟波数带，漕帆商楫，往还于前，赪糊百雉，云屋万家，鸳刹虬檐，照映于下者，未见其比……"[①] 写尽了水城繁荣气象。又把绍兴卧龙山比作盘踞在泽国之上的一条巨龙："越冠浙江东，号都督府。府据卧龙山，为形胜处，山之南，亘东西鉴湖也；山之北，连属江与海也。周遭数里，盘屈于江湖之上，状卧龙也。龙之腹，府宅也；龙之口，府东门也；龙之尾，西园也；龙之脊，望海亭也。"

北宋绍兴城蔚为壮观。著名词人毛维瞻（1011—1084）有《新修城记》记嘉祐六年（1061）春太守刁约修城的缘由及规模，认为"越为浙东大府，户口之众寡，无虑十百万；金谷布币，岁入于县官帑庾，数又倍之。提封左右，襟江带湖，远扼闽岭之冲，故屯宿禁旅，以备非常。州之子城颓圮，邸里无有限隔，非所以为国家式遏海外之意也"[②]。言明了越州浙东大府之重要地位及山水形势，以及修子城之必要。又记："其年冬十月，新城成，高二十丈，面平广可联数辇。其趾，叠巨石为台以捍水。四周累瓴甋，承埤以障，守者挑挞览写，而廉势峻拔，坚异他壁。北因卧龙山，环而傅之，连延属于南。西抵于堙尾，凡长九千八百丈。其费工与材之数逾二百六十万。城之门有五，而常喜、西偏、西园三门既隘且敝，又新之，

[①] （宋）刁约：《望海亭记》，（宋）孔延之：《会稽掇英总集》卷十九。

[②] （宋）毛维瞻：《新修城记》，（宋）孔延之：《会稽掇英总集》卷十九。

以壮其启闭。仍鸠美材，楼于西园门之上，资游观也。"新修后的子城是何等的坚固雄壮，气势不凡。

北宋日本僧人成寻《参天台五台山记》[①]所记其所见迎恩门、都督殿、都泗门均为当时大城市之建筑风格，书中还记载了运河入城过堰情况。

（二）南宋时期

南宋是绍兴城市发展史上的重要历史时期。其主要原因：

一是自东汉鉴湖建成以来，绍兴渐成富庶之地和鱼米之乡，在全国城市中有着杰出的地位。北宋南宋之交，虽是鉴湖的围垦期，但鉴湖创造的效益是空前的。南宋初年，由于鉴湖围垦规模不断扩大，最后垦出湖田二千多顷，客观上使山会平原增加了四分之一的耕地面积，也产生了农业生产规模扩大的效益。南宋都临安，浙东运河是其通向南、北、东的三条水运干道之一，绍兴、明州、台州成了临安的主要后方，也是海上丝绸之路的门户，因此政府全面加强了对运河的管理、维修。浙东运河河道畅达，地位、作用显著，南宋时期是浙东运河航运的黄金时代。南宋状元王十朋在《会稽风俗赋》中写鉴湖："有八百里之回环，灌九千顷之膏腴。"写浙东运河："堰限江河，津通漕输。航瓯舶闽，浮鄞达吴。浪桨风帆，千艘万舻。大武挽缕，五丁噪呼。榜人奏功，千里须臾。"[②]

二是由于金兵南下，宋室南迁，杭州成为全国政治、经济、文化中心，对与其毗邻的绍兴的发展和规模扩大、地位提高都产生了重大影响。

三是绍兴两度成为南宋的临时首都。宋高宗赵构于建炎三年（1129）从杭州渡钱塘江来到越州，驻跸州廨，越州第一次成为南宋的临时首都。建炎四年（1130）初，宋高宗回到越州，又以州治为行宫，越州第二次作为南宋的临时首都长达一年零八个月之久。[③]

---

① ［日］成寻:《参天台五台山记》，白化文、李鼎霞校点，花山文艺出版社 2008 年版。

② （宋）王十朋:《王十朋全集·文集》卷十六，上海古籍出版社 1998 年版。

③ 《建炎以来系年要录》卷三十三。

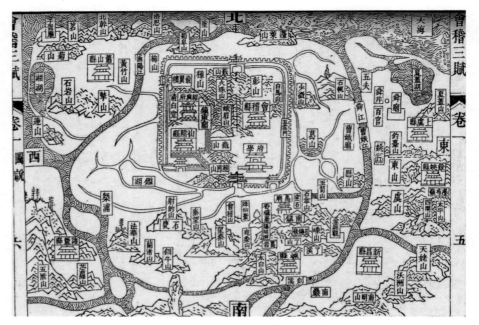

南宋绍兴府图（引自《会稽三赋》）

建炎四年以后，宋高宗赵构改元为绍兴元年（1131），宋朝廷于绍兴二年（1132）初开始迁往临安。之后，绍兴虽退居为府治，但朝廷仍规定除临安以外的全国大邑 40 处，山阴名列其首。[1]陆游在嘉泰《会稽志·序》中称："今天下巨镇，惟金陵与会稽耳。"王十朋在"天高气肃，秋色平分"之日登上卧龙山之蓬莱阁，把酒临风，作《蓬莱阁赋》，记所见绍兴城之胜景："周览城闉，鳞鳞万户。龙吐戒珠，龟伏东武。三峰鼎峙，列障屏布。草木茏葱，烟霏雾吐。栋宇峥嵘，舟车旁午。壮百雉之巍垣，镇六州而开府。"[2]《越州图经》记载，北宋大中祥符年间（1008—1016），城内之街坊，属于会稽县的有 12 坊，总 32 坊。[3]到了南宋嘉定年间（1208—1224），府城内厢坊迅速扩大，全城已有五厢 96 坊。"嘉定十七年，守汪纲始新其华

---

① （宋）叶绍翁：《四朝见闻录》丁集。

② （宋）王十朋：《蓬莱阁赋》，《王十朋全集·文集》卷十六，上海古籍出版社 1998年版，第 844 页。

③ 嘉泰《会稽志》卷四。

表，重揭扁榜。"① 这不只是数量增加，更是城市品位和管理水平的提高。

（三）城内水路

鉴湖主体水域被围垦后，原绍兴城东南城门外使湖水不入城之埭堰被废去，就形成了水偏门、植利门、东郭门、都泗门、昌安门、西郭门等6座水门，平原水网与城内河道合为一体。嘉定十四年到十七年（1221—1224），郡守汪纲等对罗城及水陆城门和城内路、渠、桥等基础设施进行大规模修建，形成了绍兴城内"一河一街""一河两街""有河无街"的水城格局，以及以南北向府河为主干，以东西向河道为支流，河、池、溇、港纵横交错的水系网络。还以石铺筑城内主要衢路，使之"经画有条""坦夷如砥"。② 经过这次大规模的修建，绍兴城内的厢坊设置、街衢布局、河渠分布等规模基本已成定局，直到民国都没有大的变化。

二、明州城市发展

入宋以后，特别是宋室偏安东南以来，两浙为畿辅，明州作为"浙左股肱之郡"，在政治、军事、经济上的地位日益突出，南宋朝廷更加重视明州的城市建设。③

（一）城市建设

1. 子城

考古发掘表明，宋代曾在唐子城的基础上至少进行过两次大修。第一次大修在北宋初，当时维修的重点是加固修补城墙，经过这一次整修的城基，叠砌有序，明显得到加宽、加厚。第二次是南宋时期，在唐代夯土城墙基础上，将城基包砖改为1米左右，全部用加工过的条石错缝砌筑，厚

---

① 宝庆《会稽续志》卷一页七。
② 宝庆《会稽续志》卷一页十七《街衢》。
③ 参见傅璇琮主编，张伟、张如安、邢舒绪著：《宁波通史·宋代卷》，宁波出版社2009年版。

度为 50 厘米左右，其上部分为包砖砌筑。

南宋时期，明州的子城周回为 420 丈。其建筑布局以子城门奉国军门（谯楼）为中心轴线，设置官署建筑和道路。

子城四周为壕沟，通过桥梁连接外城。史载因"民居跨濠造浮棚，直抵城址，不惟塞水道，碍舟楫，有缓急亦无路可以运水，邦人病之"，于是淳祐三年（1243）春，知府陈垲出钱、酒，令建棚者自行拆除，使环绕子城的道路得以畅通无阻。同时，立子城东水同街坊牌和子城西城街坊牌，重修子城，以限隔内外。① 子城作为州府衙门所在地，内有官府、仓库、公宇和亭台楼阁等，是制置使、知州（府）、通判理政和休息的主要场所。

2. 罗城

明州罗城四面环水，奉化江自南来缘其东，慈溪江自西来限其北，西面与南面皆它山之水环绕，是典型的江南水城。根据已有文献记载，宋代对罗城至少作过 3 次大规模的整修。

第一次是宋神宗元丰元年（1078）曾巩知明州任内。此次修缮的明州城，其材料多利用旧城砖砌成，周回约 2500 丈，计 18 里左右。

第二次是理宗宝庆年间（1225—1227）胡榘兼知庆元府任内。此次重修罗城，除了对望京、灵桥、东渡三门进行翻新外，其他城郭楼门均埤薄为厚，增卑为高，补罅易圮，历时近两年。经此次大修后，明州 10 座城门的名称及布局有了明确的记载：东面有灵桥门、来安门（旧呼市舶务门）、东渡门，东南面有鄞江门，南面有甬水门，西面有望京门（原名朝京门），西北有郑堰门，北有盐仓门、达信门，东北面有渔浦门。其中灵桥门曾于绍定元年（1228）正月毁于火灾，后重建，垒城高 5 尺，横缩 2 间，纵加 3 尺，楼门制度与望京门相等。重建后的灵桥门与望京门东西遥相呼应，极为雄壮。东渡门亦被火毁于绍定元年正月，后复重建。鄞江门、渔浦门、达信门后均关闭。②

---

① 宝庆《四明志》卷三《城郭》。
② 宝庆《四明志》卷三《城郭》。

第三次是在理宗宝祐四年（1256）至开庆元年（1259）吴潜判庆元府任内。史载，当时因罗城长期疏于管理且多年未得修治，"郡人有凭城而楼观者，巡徼之途塞焉。甚而败阙不理，跬步可越，诸门倾欹穿漏，凛凛欲压"，城门、城楼毁废十分严重。于是，吴潜在上任后即上奏朝廷，在得到密旨后，全面修治城墙，"芟夷荆榛，复仍城壁旧贯，阙者补，圮者植，低者、薄者崇且益"。修建工程历时三年。从开庆元年（1259）夏开始，吴潜又着手重建望京门、郑堰门、下卸门（即盐仓门）城楼，并修缮甬水门（城南门）、灵桥门（城东右门）、东渡门（城东左门）门楼，使"楼橹粲然，万目易视"。此后，又迁下卸门于近东造袋局之侧，更楼名为和义（城北东门）；改郑堰、望京门为永丰（城北西门）、朝京门（城西门）。① 直至元代，除朝京门易名迎恩门外，这一格局基本未变。

宋明州罗城共有十个城门，主要街巷达五六十条。城内人口密集，北宋元丰年间（1078—1085），达 11.5 万多户。建立了各种专业性作坊，主要有造酒、纺织、铸冶、造船等手工业作坊和制造军器的"作院"，还有竹行、花行、饭行等商业比较集中的商行以及表演杂剧、曲艺和杂技等的娱乐场所。

（二）城区水利

明州州城濒海枕江，依三江之势而筑，由于地势特殊，"水难蓄而善泄"②，一旦失时不雨，城内即池井皆竭，居民至饮江水。因此，从唐代建城开始，地方官员都十分重视以蓄水、排涝为中心的水利工程建设。特别是唐鄞县县令王元暐在城西南建它山堰并引水入城，刺史于季友开凿河渠并筑仲夏堰，工程效益显著，十分有利宁波城市发展。至宋以后，随着城市人口的增加，居民的用水量也随之增加，因此宁波地方政府在继续治理上流水源的同时，也加强了城市水利尤其是城内河渠的疏浚、利用与管理。

明州城的水源主要有二，一自它山堰经仲夏堰入南门，一自大雷山经

---

①　开庆《四明续志》卷一《城郭》。

②　乾道《四明图经》卷一《水利》。

广德湖入西门，然后汇于城中日、月二湖。由于自唐大中（847—859）以来，广德湖开始遭到破坏，入宋后，广德湖虽经丘崇元、李夷庚、曾公望、张崎等地方官吏的治理而得以暂存，但到北宋末年，最终还是被填为耕地。废湖为田后，虽在北面的西塘、中塘开挖运河以导水入日湖、月湖，但水量不易控制。因此，它山堰来水就成为明州城的主要水源。它山堰来水在宋代经多次治理，尤其自刘珵始，为经久之计，置田收租以为治水经费，并加强管理，从而保证了上游河道的畅通，也使得城内居民的用水基本得到保障。

明州城内，位于城西南隅的日湖和月湖容纳它山诸水，成为城中蓄水所在，"湖之支派缭绕城市，往往家映修渠，人酌清沚"①。因此，地方官员大多高度重视对日、月二湖与河渠的疏浚，而其中以元祐年间（1086—1094）知州刘淑的浚治最为有效。这次整治，不但扩大了月湖的蓄水量，而且，通过在湖四周及湖中岛屿中种植松柳花草，又达到了固堤和保护水质的目的。此外，官府对占用水道的搭建物也及时予以整治，如陈垲对环子城壕河浮棚的清理，胡榘禁止在有碍水道处立屋等。这些举措，对保证城内河道的畅通起了一定的作用。

当时，城内众多支流又被"引之于城北隅，凿两池以淳之。淫潦泛溢，则城之东北隅有食喉、气喉二碶以泄于江"②。两池，即指城北盐仓门附近的蛟池和扈池，主要用于州城北隅的蓄水防旱。食喉、气喉二碶，则用于涝时泄水。此外，宝庆《四明志》卷十二在论及修复城西外保丰碶的重要性时说："石塘碶回环而北，三十里间无一碶可以泄水，每遇霖潦，往往汇于城下，反藉城中三喉传送，三喉穴城为水道，仅通一线，所泄能几？此保丰碶之不可不复也。"南宋后期，为了保证泄水畅通，明州地方政府也严禁居民在泄水碶闸附近建屋。

为了控制水位，合理掌握蓄泄，理宗宝祐至开庆年间（1253—1259），

---

① 宝庆《四明志》卷四《叙水》。
② 宝庆《四明志》卷四《叙水》。

吴潜通过实地勘察水位,并结合陈垲在它山堰回沙闸、城东大石桥碶立平水尺控制闸门启闭的经验,在城内平桥下建水则亭,立水则碑:"伐石为准,榜曰水则,而大书平字于下方。暴雨急涨,水没平字,戒吏卒请于郡,亟启钥;若四泽适均,水露平字,钥如故。"[①] 即视水面处于"平"字的位置以启闭郡城各闸:水没"平"字则启闸放水,水露"平"字则闭闸蓄水。平桥水则的设立,有序调控启闭,有效缩短了水位变化与操纵碶闸启闭的时间差,其水资源的管理与利用已达到了相当高的水平。

与城内水利密切联系的是桥梁建设,史称:"日、月湖之水,酾为支流,可濯,可湘,可载,可沿。徒杠舆梁,政所宜举。人繁屋比,则家自为之矣。"[②] 这些桥梁主要由官府出资营建,但也有由家族、巨室筹资建造的。桥梁与坊巷纵横交错,成为明州城市的一大特色。据宝庆《四明志》统计,宁波城内各厢大致有桥120座。两宋时期,城中水利相继修浚,形成以月湖为核心的"三江六塘河,两湖居城中"的城市水网系统格局。

第二节　宋代水利变化

一、鉴湖堙废

(一)鉴湖堙废原因

1. 人口增多

北宋末叶,北方战乱,开始有移民南迁。宋室南迁以后,随着移民的大量涌入,山会地区人口迅速增长。建炎三年(1129)至绍兴元年(1131),宋高宗赵构驻跸越州,升越州为绍兴府。浙江作为当时普

---

① 开庆《四明续志》卷三《平桥水则迹》。
② 宝庆《四明志》卷四《叙水》。

通移民的聚居区域，人数"百倍常时"①。跟随高宗的朝廷官员及许多来自"赵、魏、秦、晋、齐、鲁"的士大夫渡江者，纷纷举家南迁绍兴。到绍兴末（1157—1162），王十朋《蓬莱阁赋》中的绍兴已经"鳞鳞万户"②，是有一定规模的大城市了。据嘉泰《会稽志》卷五记载：大中祥符四年（1011），"会稽，户三万四千七十六，丁三万五千五百八十五；山阴，户二千一百七十一，丁三千八百"，到嘉泰元年（1201），"会稽，户三万五千四百六，丁四万一千七百八十一，不成丁一万四千三百七十八；山阴，户三万六千六百五十二，丁四万六千二百二十七，不成丁一万五千七百六十七。""丁"指正常成年男性，"不成丁"指老幼和残疾男性，两者合成男性总数。若统一按嘉泰元年（1201）山会两县丁与不成丁比例，及男女1:1比例计算，则两县总人口大中祥符四年（1011）为10.58万人，嘉泰元年（1201）为23.63万人，在190年中增加了近1.24倍，还不包括因受灾、瘟疫"死者殆半"的人口损失。而同属越州的邻县诸暨，大中祥符四年（1011）为"户四万九千六十二，丁七万七千五百六十七"，嘉泰元年（1201）为"户四万二千四百二十四，丁五万六千四百二十一，不成丁一万八千五百二十七"，人口同比下降了27%。由此可见，宋代山会地区人口增长之迅速，其中移民的大量迁入是人口快速增长的主要原因。

2. 土地稀缺

宋代山会地区正处于一个从唐代"人—地—水"关系基本平衡，到人多田少，靠侵占水域达到新的平衡的转折时期。

皇室驻跸和移民剧增首先要解决粮食问题。当时山会地区的粮食供应，如以25万人口计算，达到年人均500斤的水平，则需粮食1.25亿斤，按当时农田每亩年产300斤计，约需42万亩良田。据估算，东汉鉴湖以北灌区农田为47万亩，除去上虞、萧山约8万亩，以及当时还未开垦的玉山斗门至三江闸之间约1.3万亩农田，实际可耕农田约为37万亩。这些生

① 《建炎以来系年要录》卷一五八。
② （宋）王十朋：《王十朋全集·文集》卷十六，上海古籍出版社1998年版，第844页。

产的农田当然不是自给自足，还要交赋税和皇粮。可见当时可耕农田是十分紧缺的。

南宋是绍兴酿酒业发展较快时期。宝庆《会稽续志》卷八引孙因《越问》，当时山会地区"糯种居其十六"。所生产的粮食，大部分用于酿酒，口粮锐减。遇到灾害时，更出现粮荒。大致在南宋开始，绍兴逐渐从余粮地区转向缺粮地区。特别是南宋时绍兴南部会稽山区可供耕种的山谷坡不多，加之旱地种粮产量不高，无潜力可挖。北部山会海塘以外的滩涂资源尚未有效形成和可利用，钱塘江江道虽然在宋代已出现北移趋势，但经常南北摆动，使海塘外滩涂常为涌潮吞没。由此，南宋鉴湖周边之民，便将围垦鉴湖成为新增农田的重要途径，并且湖一经围垦便成非常适合种植水稻的良田。这是沿湖之民敢于不顾禁令，与水争地，盗湖为田的现实原因。

3. 海塘建设

唐垂拱年间（685—688）以来，大规模修建后海沿岸山会海塘，海塘体系逐步完善，与鉴湖湖堤一起，在山会平原鉴湖灌区形成南、北两塘并存的局面。山会海塘外御咸潮，内蓄鉴湖流入灌区河湖网的淡水，再经玉山斗门入海。唐代是鉴湖的全盛时期，北部平原进入全面开发阶段，其程度按照当时居民点的分布来看，垦殖已经到达当时海塘前缘。农业生产的需要，也由此促使以西兴运河为主干道的北部河湖网布置整理进一步发展，河湖网渐趋密集，蓄水量日益增多，部分取代了鉴湖的蓄水功能，后海塘的地位日益显现，不断提升。海塘建设也有利于鉴湖以北湖泊的形成，诸如狭獏湖、瓜渚湖、贺家池等，并发挥蓄淡灌溉的作用。

宋嘉定十二年（1219）起，钱塘江下游江道有了北移的趋势[1]，钱塘江对山会地区北部的冲袭减轻，有利海塘安全，对这一地区水利调整也起到一定的作用，也更有利于海塘安全防御能力的提高和作用的发挥。

---

① 《宋史·五行志》"十二年，盐官县海失故道，潮汐冲平野三十余里，至是侵县治"表明江道北移。

4. 水土流失

春秋之前，无论是会稽山地还是山会平原的天然森林，都发育良好。最大的原始森林分布在稽南丘陵和稽北丘陵。绍兴以南的丘陵之地常被称为"南山"，而这片丘陵又称"南林"。

东晋永和九年（353）王羲之等在鉴湖上游兰亭江（溪）修禊，《兰亭序》称："此地有崇山峻岭，茂林修竹，又有清流激湍，映带左右。"其时，鉴湖上游稽北丘陵的水土流失并不严重。之后，山会地区的森林破坏面积剧增，唐代以后尤甚。引起此事的主要原因：

越窑再次兴起带来对稽北丘陵森林的危害。据不完全统计，东汉至宋，今上虞区境内（含部分会稽县域）已发现东汉窑址37处，三国、西晋窑址160余处，东晋、南朝窑址14处，唐代窑址30余处，五代北宋窑址60多处。柯桥区稽北丘陵的漓渚、富盛和钱清等镇，如蔺家山、娄家坞、富盛、九岩都发现了古代窑址。①唐代是越窑的大发展时期，越瓷享闻中外。五代又集中发展成秘色瓷，只供朝廷使用。唐末至宋初是越窑工艺最精湛的时期，越窑瓷远销海外，对世界文化产生了巨大的影响。从东汉至宋千余年，绍兴窑业兴盛，所需树木燃料数量巨大，砍伐年代久，使鉴湖上游山区原始森林水土流失日趋严重。

会稽山大面积种茶造成水土流失。初唐以后，利用山坡植茶的种植业在稽北丘陵开始发展。五代前后，稽北丘陵地区开始大面积植茶，诸如日铸岭、茶山、天衣山、陶宴岭、秦望山、兰渚山等地，都成为重要的产茶地，其中的日铸茶在宋代已经闻名全国。种茶业的发展，使稽北丘陵的森林砍伐加快。到南宋绍兴初年，在越州鉴湖以南的秦望山一带，出现了"有山无木"②的情况，表明其时水土流失已经非常剧烈，引起鉴湖的大量泥沙淤积。

烧窑和植茶叠加引起水土流失，造成鉴湖迅速淤积。在唐代鉴湖中的

---

① 傅振照：《绍兴史纲》，百家出版社2002年版，第148页。
② （宋）庄季裕：《鸡肋编》卷上，《丛书集成》本。

葑田已成片出现，到南宋初鉴湖的一部分"高仰去处"已经出露成陆。淤积最为严重的库尾在北宋嘉祐年间（1056—1063）几乎到了"与堤略平"的程度。

据1990年对中华人民共和国成立以来会稽山地多年平均侵蚀模数的调查，计算自鉴湖兴建至此的1850年中，湖区内平均淤积厚度为1.15米。[①]以此估算，从东汉永和五年（140）鉴湖兴建到南宋乾道元年（1165）基本堙废，鉴湖的平均淤积厚度约已达0.64米，按鉴湖全盛时平均水深1.55米，湖面积172.7平方千米计算，蓄水量相应从2.68亿立方米下降到1.57亿立方米，减少了约43%。

北宋越州知州王仲嶷曾提出鉴湖逐渐垦湖为田主要是由于"自然淤淀"造成的。这里所指的"自然淤淀"就是水土流失的结果。所以到北宋时，由于湖底迅速淤高，甚至类似钱镠五代时的疏浚工程也已经无法进行。这为大规模的围垦鉴湖创造了非常有利的条件。水土流失也是造成鉴湖堙废的主要原因。

5. 管理不当

鉴湖是围湖还是复湖，是宋一代地方政府主要行政长官，甚至是当时的皇帝都十分关切的问题。由于所处时代战事频发，国力疲弱，粮食短缺，当政者一直处于对眼前利益和长远目标把握不定的犹豫之中，从现实需要出发，最后也就出现了从放任到全面失管的状态，这也是鉴湖堙废的重要原因。

（二）鉴湖堙废过程

1. 有限禁止

从宋大中祥符到熙宁江衍立牌前（1008—1077）约69年，盗湖者8000余户，盗为田700余顷，不到最后所垦湖田数的三分之一。朝廷的态

---

① 盛鸿郎、邱志荣：《古鉴湖新证》，盛鸿郎主编：《鉴湖与绍兴水利》，中国书店1991年版。

度初则"三司转运司犹切责州县，使复田为湖"①，逐渐变成"官亦未尝不禁，而民亦未敢公然盗也"②，继而动摇，派江衍去调查处理，"衍无远识，不能建议复湖，乃立石牌以分内外，牌内者为田，牌外者为湖"③。承认先前盗湖之田合法，虽作了妥协，但也划定了禁止盗湖的界限。

2. 少量围垦

从熙宁江衍立牌后到政和三年（1078—1113）约35年，虽未见垦湖为田数的记载，但由于政府承认了部分围湖的合法性，至少牌内尚存的水面会被围垦成田，湖田规模进一步扩大。

3. 全面围垦

从政和四年（1114）废湖为田到绍兴三十二年（1162）基本围垦趋尽48年，所垦湖田从700余顷猛增到2300余顷，增加了2.3倍，掀起鉴湖围垦史上规模最大也是最后的围湖高潮，造成复湖不可逆转的质变性后果，其主要责任人是政和四年至六年（1114—1116）知越州王仲嶷。王仲嶷无远谋，"内交权幸，专务为应奉之计"，"输其所入于京师"，以致"奸民豪族，公侵强据，无复忌惮"④，造成全面放任垦湖为田的结果。牌外之湖也垦以为田，共籍得湖田2267顷25亩，每岁得租米5万多石，上输京师。于是环湖之民可以合法围垦，鉴湖基本开垦成田。徐次铎说：此时"湖之不为田者，无几矣"⑤。

宣和三年（1121），宋徽宗下诏书曰："越之鉴湖、明之广德湖，自措置为田，下流埋塞，有妨灌溉，致失常赋，又多为权势所占，两州被害，民以流徙。宜令陈亨伯究实，如租税过重，即裁为中制；应妨下流灌溉者，

---

① （宋）王十朋《鉴湖说》，《王十朋全集·文集》卷二十三，上海古籍出版社1998年版，第971页。

② （宋）徐次铎：《复鉴湖议》，嘉泰《会稽志》卷一三。

③ （宋）徐次铎：《复鉴湖议》，嘉泰《会稽志》卷一三。

④ （宋）王十朋：《鉴湖说》，《王十朋全集·文集》卷二十三，上海古籍出版社1998年版，第971页。

⑤ （宋）徐次铎：《复鉴湖议》，嘉泰《会稽志》卷一三。

并弛以予民。"① 虽言辞严厉，但废湖已是大势所趋，难以逆转。

宋孝宗隆兴元年（1163）十一月，绍兴知府吴芾请求开浚鉴湖："自江衍所立碑石之外，今为民田者，又一百六十五顷，湖尽埋废，今欲发四百九十万工，于农隙接续开凿。"② 这是鉴湖最后一次较大规模的浚治活动。工程先从禹庙后唐贺知章放生池开浚，百余日完工，开湖田 270 余顷，又修治斗门堰闸 13 所。第二年吴芾奏："自开鉴湖……夏秋以来，时雨虽多，亦无泛滥之患，民田九千余顷，悉获倍收。"③ 此奏可能有些夸大，过不多久，由于湖水失泄处过多，所开湖"皆复为田"④。

乾道元年（1165）二月二十四日，宋孝宗下诏同意绍兴知府赵令𫗧的请求："绍兴府开浚鉴湖，除唐贺知章放生池旧界十八余顷为放生池水面外，其余听从民便，逐时放水以旧耕种。"⑤ 当时，鉴湖除贺知章放生池外，其余湖区都允许民众放水耕种，鉴湖也很快埋废。庆元二年（1196）徐次铎说："湖废塞殆尽，而水所流行，仅有纵横支港可通舟行而已。"《宋会要辑稿》载嘉定十五年（1222）四月臣僚言"越之鉴湖……今官豪侵占殆尽，填淤益狭，所余仅一衣带水耳"。

鉴湖埋废后，原来注入的三十六源之水，就直接流入运河及北部诸多湖泊，再通过北部河网从玉山斗门入海。在原鉴湖区域内重新形成纵横河道和数十处小湖泊。万历《会稽县志》称："凡诸河道纵横一皆镜湖遗迹。"新形成的湖泊在后代继续遭到围垦。

（三）废复湖之争

宋室南迁，越州在建炎年间（1127—1130）两度成为临时首都，是当时南方的政治经济中心，在近 200 年时间内人口增加 1 倍多，与水争地的情况日益严重。《天下郡国利病书》载，绍兴"八邑自嵊、新昌外，其六

① （元）脱脱等：《宋史·河渠志》，中华书局 1985 年版。
② （元）脱脱等：《宋史·河渠志》，中华书局 1985 年版。
③ （元）脱脱等：《宋史·河渠志》，中华书局 1985 年版。
④ （宋）徐次铎：《复鉴湖议》，嘉泰《会稽志》卷一三。
⑤ 《宋会要辑稿》食货八。

邑俱以湖为水库，农夫望之为命，盛夏时争水或至斗相杀，然上下历代则田日增，湖日损，至今侵湖者犹日未已，地狭人稠，固其势也”。鉴湖被蚕食围垦集中在南宋一代，也就在近 200 年内，围垦湖田增至 2200 多顷。如此之大，又效益卓著的一个在会稽经济、生产和人民生活中有着重要的作用的蓄水工程，在较短的时期内在宋王朝的眼皮底下被围垦殆尽，其中有着诸多原因，主要原因是直接利益的驱动和政府管理不力。围绕鉴湖兴废，展开了一场复湖与废湖的大争辩。

1. 废湖为田说

盗湖为田的除了沿湖的一些乡民，更多的是一些豪族世家。提出“废湖为田”的有越州太守王仲嶷、宰相秦桧等。其理由大致有三：鉴湖已自然淤淀而成田陆[①]；围垦鉴湖不妨碍民间水利；围垦后将增加粮食生产和赋粮收入。

2. 废田为湖说

面对鉴湖被侵占为田的趋势，较早提出“废田为湖”的有北宋景祐三年（1036）越州知州蒋堂、嘉祐八年（1063）越州知州张伯玉。后者曾带领随从官员对当时鉴湖中已开垦的 700 多顷湖田逐一调查，并提出疏浚方案。关于复湖所撰文章，以曾巩《越州鉴湖图序》、王十朋《鉴湖说》、徐次铎《复鉴湖议》、陈橐《上傅崧卿太守书》最为著名。

（1）曾巩《越州鉴湖图序》[②]

曾巩（1019—1083）是唐宋八大家之一。此文写于北宋熙宁二年（1069），时曾巩任越州通判。曾巩在越州期间看到鉴湖堙废加剧，十分痛心，故力主废田为湖。《越州鉴湖图序》中记述了鉴湖的历史概况，围湖为田的过程，以及造成的危害，“其仅存者，东为漕渠，自州至于东城六十里，南通若耶溪，自樵风泾至于桐坞，十里皆水，广不能十余丈，每岁少雨，田未病而湖盖已先涸矣”。又综述了自蒋堂以来各家复湖的主张，

---

① （明）徐光启：《农政全书》卷十六，陈橐：《夏盖河议》。
② （宋）孔延之：《会稽掇英总集》卷二十。

"其为说如此，可谓博矣"。追溯历史："昔谢灵运从宋文帝求会稽回踵湖为田，太守孟颛不听，又求休崲湖为田，颛又不听，灵运至语诋之。"曾巩认为："请湖为田，越之风俗旧矣。然南湖滥汉历吴、晋以来，接于唐，又接于钱镠父子之有此州，其利未尝废者。"由于"法令不行"，管理不严，造成了湖被围垦。继而又驳斥"湖不必复""湖不必浚"的说法："此好辩之士为乐闻苟简者言之也。"曾巩最后指出："诚能收众说而考其可否，用其可者，而以在我者润泽之，令言必行，法必举，则何功之不可成，何利之不可复哉?"提出要严格依照法规，择众说之长确定复湖的方法。

（2）王十朋《鉴湖说》[①]

王十朋（1112—1171），号梅溪，字龟龄，乐清左原人。此文写于王十朋任绍兴府签判期间（1158—1159）。

王十朋《鉴湖说》开篇便说："东坡先生尝谓杭之有西湖，如人之有目。某亦谓越之有鉴湖，如人之有肠胃。目翳则不可以视，肠胃秘则不可生，二湖之在东南，皆不可以不治，而鉴湖之利害为尤重。"其中把鉴湖比作了人的肠胃，说明蓄水之湖泊如人的肠胃必不可少，无此，蓄泄失调，万物不能长，越人何以生。文中列举兴建鉴湖之三大利和废湖为田的三大害，指出"况湖田之入在今日虽饶，而他日亦将同九千顷而病矣"。失去了蓄泄灌溉之利，湖田的获利是短暂的。"使湖尽废而为田，则湖之为田者其可耕乎?"无水利如何耕田，而且事实已说明鉴湖围垦，水利失调后，"今之告水旱之病者，不独九千顷之田也，虽湖田亦告病也"。如无鉴湖水利，"则九千顷之膏腴，与六万石之所入之湖田，皆化为黄茅白苇之场矣。越人何以为生耶?"古代鉴湖之效益："三百五十八里之中，蓄诸山三十六源之水，岁虽大涝而水不能病越者，以湖能受之也。"如废湖为田："三十六源之水无吞纳之地，万一遇积雨浸淫，平原出水，洪流滔天之岁，湖不能纳，水无所归。则必有漂庐舍，败城郭，鱼人民之患。"鉴湖废为田，还将引发社会问题："不独九千顷受其病，狱讼之所以兴，人民之所以流，盗

---

① （宋）王十朋：《王十朋全集》卷二十三，上海古籍出版社 1998 年版，第 971 页。

贼之所以生，皆此之由。"废湖不但造成水旱灾害，还引发社会问题。

王十朋在另一篇名作《民事堂赋》中，记述了当时发生在山会之灾害："嗟会稽之大府兮，罹荐岁之凶荒。飓风作于孟秋兮，雨浸淫而异常。天吴怒而江涛沸溢兮，漂庐舍而坏堤防。粢盛害而岁大侵兮，民饿踣而流亡。射的黑而米斛千兮，撷蓼花以为粮。痛濒海之蚩蚩兮，葬江鱼之腹肠。"[1]认为造成灾害的原因之一是："至若鉴湖利及九千顷兮，日侵削而就荒。"又告世人："兼并之弊炽于大族兮，编氓馁于糟糠。"围垦鉴湖之祸首是"大族"，这些人根本不顾普通民众的生活困苦和水利之重要。

（3）陆游诗文

南宋爱国诗人陆游长住鉴湖之畔，对鉴湖爱之尤深。他在庆元六年（1200）所作的《甲申雨》中写道：

> 老农十口传为古，春遇甲申常畏雨。
> 风来东北云行西，雨势已成那得御？
> 山阴洩湖二百岁，坐使膏腴成瘠卤。
> 陂塘遗迹今悉存，叹息当官谁可语。
> 甲申畏雨古亦然，湖之未废常丰年。
> 小人那知古来事，不怨豪家惟怨天。[2]

陆游愤怒地谴责了世族豪家垦湖为田，不顾农田水利造成灾害的事实。

古人赞颂大禹之功绩，多为颂扬其功德和精神，而陆游的《禹庙赋》[3]却没有停留于此。

禹的治水方法按孟子说是"行其所无事也"。禹掌握了治水的规律："内不见己，外不见水，惟理之视。"因此，治水获得成功。"而吾以见其有安行地中之理矣。""此禹之所以为禹也，禹不可得而见之矣。"告诫人们祭禹不求表面，更应学习禹掌握自然治水规律，不要太重眼前利益，少

---

① （宋）王十朋：《王十朋全集》卷十六，上海古籍出版社 1998 年版，第 843 页。

② 《剑南诗稿》卷四十二，第 19 页。

③ （宋）陆游：《陆游全集·放翁逸稿卷上》，中华书局 1976 年版，第 2493 页。

妄作，"澹然忘我，超然为物"，保护好自然，有效地治理水患。陆游此文超越常人的见识，既是对历史治水经验之总结，也有对鉴湖被埋废造成水患的忧虑，以及对治水规律，水、人、地关系的探索，同时也是对人们的忠告和对以利为重的侵占湖田的豪族之鞭挞，以及对当政者的批评和启示。

（4）徐次铎《复鉴湖议》

徐次铎曾任会稽县尉。《复鉴湖议》写于宋庆元二年（1196）。徐次铎写此文时鉴湖被围垦殆尽已有数十年，徐次铎十分详尽地记述了鉴湖的水利设施和用水管理办法。"自永和迄我宋几千年，民蒙其利。"文中记载了当时围湖造成的危害及围湖者与官府管理鉴湖发生的激烈冲突。"盖春水泛涨之时，民田无所用水。而耕湖者惧其害己，辄请于官，以放斗门。官不从，相与什佰为群，决堤纵水，入于民田之内。是以民常于春时重被水涝之害。至夏秋之间，雨或愆期，又无潴蓄之水为灌溉之利。"①围湖为田后，湖田与下游农田之灌排矛盾是如此的激烈冲突。

最后徐次铎提出了复湖的方法："且堤之去汉如此其久，是必有亏无增，今诚筑堤增于高者二三尺，计其势方与昔同。昔不虑其决，而今顾虑之，何哉？"认为复湖可采取增高堤防的方法。从文章的内容来看，徐次铎很重视实地调查，资料来源真实而珍贵。

（5）陈橐《上傅崧卿太守书》

建炎四年（1130），侍郎陈橐在《上傅崧卿太守书》中认为：鉴湖难以恢复的原因是地方官员对下收受贿赂，对上则谄媚奉承。"擅湖利者皆乡村豪强之人，中闲上司体量利害。此辈行贿至千余缗。"②面对废湖为田造成大片农田灌溉失利，虽得湖田百斛而常赋亏万斛的情况，嬖幸之臣却说："此百斛者御前所得也，不创湖田何以有此？省计（政府财政）亏羡我何知哉？文中还认为："郡守固当计其得失之多寡而辨其利害。夫公上之与民一体也，有损于公，有益于民，犹当为之。况公私俱受其害，可不思所

---

① 嘉泰《会稽志》卷十。
② 嘉泰《会稽志》卷十。

以革之耶？"废湖为田，既不利政府，也不利民众。这表明他废湖田、兴水利的强烈愿望和要求。他最后表示："乞只以橐今所言，录白缴进……苟利于民，橐虽死不恨。"表明了他的决心，也反映了复湖之艰难。

宋代当然还有诸多有识之士通过各种形式论述了水利对农田，对人之生存以及社会稳定的重要性。鉴湖虽然终归废弃，但这些争论有着十分积极的意义。这使后来在越当政者能更清醒地认识到水利之重要性，以至积极兴修水利，改善水利，调整水利，努力使人水关系平衡；同时也使后来的绍兴人能以史为鉴，更清醒地认识到保护水面、运河水环境的重要性。

（四）废湖危害

鉴湖的堙废是山会平原水利的重大变迁，这是在尚未完成新的水利调整情况下，一次有较大盲动性和放任性的变迁。绍兴损失的不仅是水利资源，而是综合性的核心竞争力资源。侵湖为田一定程度满足了当时人对土地的要求，却对后世水利和环境资源构成危害，带来不利影响。

绍兴十八年（1148）越州大水，因没有鉴湖的拦蓄，洪水盛发，直接威胁州城的安全。当时五云门都泗堰水高一丈，幸未破堰入城。王十朋对此说道："假令他日湖废不止于今，而大水甚于往岁，则其为害当如何？"[1]据统计，北宋的167年中，绍兴有记载的旱灾有1次，水灾共有7次；而南宋的152年中，水灾多至38次，旱灾竟有16次。[2]水旱灾害频仍，给绍兴人民带来的灾难是可想而知的，而这种状况，一直要延续到明嘉靖十六年（1537），绍兴知府汤绍恩主持兴建了三江闸，基本完成绍兴平原新的水利调整，水旱灾害才得以减少。

鉴湖堙废，不可复得；生态变异，贻害至今；文脉阻塞，胜景缺失。宋以后，绍兴区域实力减弱，发展迟缓，在全国地位降低，鉴湖堙废是一

---

[1] （宋）王十朋：《鉴湖说》上，《王十朋全集·文集》卷二十三，上海古籍出版社1998年版，第971页。
[2] 陈桥驿：《古代绍兴地区天然森林的破坏及其对农业的影响》，《地理学报》1965年第2期。

个重要的原因，给后人以极其深刻的教训。

二、其他湖泊兴废

（一）湘湖

湘湖在萧山城西约 1000 米处。万历《绍兴府志》卷七载：

> 湘湖，在县西二里。本民田，低洼受浸。宋神宗时，居民吴姓者奏乞为湖，而政和二年，杨龟山先生来知县事，遂成之。四面距山，缺处筑堤障水。水利所及者九乡，以贩鱼为业者不可胜计。生纯丝最美。

卷转虫海侵的全盛期（前 7000—前 6000），湘湖之地也就成为海域，所在大部分山体成为海中岛屿，形成了一个海湾。海退后，这里又成为一片沼泽之地。之后，在这一地区又形成了诸多湖泊，最主要的是临浦、湘湖和渔浦。清李慈铭在《越缦堂文集》卷十二中称："湘湖即汉《志》之潘水，郦《注》之西城湖。"[1] 陈桥驿先生则认为："由于这一带河湖杂出，因此古人所谓的临浦，有时往往泛指这一带所有湖泊而言。"[2] 李慈铭也说："西城湖，盖即今之临浦，六朝所谓渔浦也。"[3]

由于钱塘江潮汐、浦阳江洪水的影响，湘湖北侧和西侧的沙滩不断淤浅成滩地，大约从南北朝起，湘湖与钱塘江逐渐隔离，浦阳江原先在湘湖北端和西端的入江口，也阻塞不通，湘湖成了内陆湖。洪潮的影响和沿湖居民的不断垦湖为田，到唐朝末年，使渔浦堙废，之后吴越钱镠修西江塘，湘湖围垦加快，很快只留下狭长河道和多个小湖泊。[4]

---

① （清）李慈铭：《越缦堂文集》卷十二。
② 陈桥驿：《论历史时期浦阳江下游的河道变迁》，《吴越文化论丛》，中华书局 1999 年版，第 298 页。
③ （清）李慈铭：《荀学斋日记》庚集下，《越缦堂文集》卷八。
④ 蔡堂根：《萧山湘湖史》，浙江人民出版社 2011 年版，第 95—96 页。

湘湖图（引自万历《绍兴府志》）

北宋政和二年（1112），由萧山县令杨时主持，在古代湘湖留下的低洼之地，筑堤蓄水成湖。湖周 82 里半，湖面 3.72 万亩，沿湖堤开 18 处穴口，灌溉九乡农田 14.7 万亩。湖建后，废湖垦田与禁垦保湖之争不断，淤涨垦种之事也常有发生，虽政府重视，管护及时，历宋、元、明、清 800 余年，面积仍减 4600 余亩。正常蓄水量为 183.8 万立方米，灌溉农田 0.58 万余亩，放水穴减至 7 处。1966 年湖面尚存 3040 亩。

湘湖曾是浙东运河的古航道。春秋时期越国的山阴故水道经山阴城（今绍兴市）南缘河道经偏门外至今柯岩、宾舍、钱清，过西小江至固陵达钱塘江，"其渡江之处，自草桥门外西岸渡者曰浙江渡，对萧山县西兴；自六和塔渡者曰龙山渡，对萧山渔浦"[①]。

当时浙东运河在流经湘湖地区时分为两条：其一经后来的西小江至临浦到达渔浦港；其二是渡过西小江至湘湖海湾到达固陵港。渔浦港和固陵港是山阴故水道在钱塘江的两个港口。

至南宋由于渔浦、湘湖一带湖泊的埋废，以及碛堰开堵对运河古水道

---

① （清）顾祖禹撰，贺次君、施和君点校：《读史方舆纪要》卷九十，中华书局 2005 年版，第 4129 页。

的扰动，使渔浦至西小江到浙东运河的航运能力下降。钱塘江北岸的定山渡到南岸的渔浦渡，是古代的一个主要渡口，到南宋时已逐渐为"便道"钱塘江南岸的"西陵渡"所取代。

湘湖还是西兴运河的水源调节补充工程：

> 湘湖。萧山西部滨海处有一高阜，四周多山。北宋政和二年（1112）将乐人杨时知萧山令，在县西部滨海高阜处兴筑湘湖。沿湖灌水穴口 18 处，北边有石澉口穴，与运河相通注。[①]

民国二十四年（1935）《萧山县志稿》载：

> 运河，旧志，宋令顾《水利事迹》：萧山自西兴闸至钱清堰，计四十五里，中有运河。河之南有湘湖，河之北为由化、夏孝二乡。每遇岁旱，各得湘湖水利，如欲取水，先于运河两头筑坝，方决望湖桥下坝，引入运河……按：运河自西达东，横穿县境而过，为各溪河之干流，沿途闸坝甚众，其通塞关于本邑之水利，亦极巨也。[②]

此为萧山段运河的状况，以及其与湘湖水利调节的关系。

民国二十四年（1935）年《萧山县志》中的《萧山县县境全图》显示，萧山城西的湘湖以北出口连通西兴运河，以南通过义桥镇连接浦阳江。直至 1987 年出版的《萧山县志》，其中的《萧山县水利图》上湘湖以北也是通过下湘湖闸连接西兴运河，以南更是与多条河流连接沟通浦阳江和西小江等河道的。

（二）夏盖湖

至宋代，由于国家战事纷乱，当地人口增多，夏盖湖开始被围垦成

---

① 杨钧：《明代中叶浦阳江河口地区水利建设与水道变迁》，盛鸿郎主编：《鉴湖与绍兴水利》，第 179 页。

② 《萧山县志稿》卷第三《衢路》。

田。首次提出废湖为田，在熙宁六年（1073）。但只经过十六年，元祐四年（1089）因连年的水旱灾害，又重新恢复蓄水。较有影响的一次废湖在政和年间（1111—1117），越州太守王仲嶷，为了讨好朝廷，多交湖田租税供皇室使用享乐，公然以政府的名义对夏盖湖、鉴湖等进行围垦。王仲嶷还用"鉴湖自然淤淀，已成田陆为说；又有不妨民间水利之语"等为依据，怂恿废湖，对夏盖湖的最后废坏产生了较大的作用。民间有古谣云：

> 坏我陂，王仲嶷。
>
> 夺我食，使我饥。
>
> 天高高，无所知。
>
> 复陂谁，南渡时。

表达了当地人民对王仲嶷的深恶痛绝和对昏聩朝廷的抨击。

时人陈橐在《夏盖湖议》中，就靖康元年（1126）、建炎元年（1127）的湖田租课进行了分析，他认为："湖田租课，除检放外，两年共纳五千四百余石。而民田缘失陂湖之利，无处不旱，两年计检放秋米二万二千五百余石。……以此论之，其得其失，岂不较然？民间所损，又可见矣。但当时以湖田租课归御前，与省计自分两家。虽得湖田百斛，而常赋亏万斛。"[1] 其分析可谓入木三分。建炎二年（1128），上虞县令陈休锡经过调查，毅然决定恢复夏盖湖，虽当时绍兴知府翟汝文曾几次以未得到朝廷正式命令为理由进行阻挠，但陈休锡坚持自己的主张，义无反顾，复湖终于成功。这一年越地大旱，诸暨、新昌、嵊州等地赤地数百里，遭灾严重，唯独上虞、余姚因有夏盖湖蓄水灌溉，获得丰收。"其冬，新嵊之民籴于上虞、馀姚者，属路不绝。"[2] 时人评曰："向使陈令行之不果，则邑民救死不暇，况他境乎？"[3]

自宋至元、明、清各朝，夏盖湖的废、复斗争接二连三，达十多次之

---

① （明）徐光启：《农政全书校注》卷之十六，中华书局 2020 年版，第 454 页。

② （明）徐光启：《农政全书校注》卷之十六，第 454 页。

③ （明）徐光启：《农政全书校注》卷之十六，第 454 页。

多，湖面也随之不断狭窄。直至清代雍正六年（1728）后，才彻底废毁。长时期中，当地水利也逐步得到了调整。现存小越湖、东泊、西泊、破岗泊等残余小湖泊。

关于夏盖湖水利及其兴废，在元陈恬的《上虞五乡水利本末》及清连蘅的《续水利本末》中记载甚详。

（三）广德湖

宋熙宁元年（1068）十一月，县令张峋面对干旱灾情及民众支持，大力整治广德湖，筑环湖堤9134丈，底宽1.8丈，高8尺，比旧堤底宽加一倍，高加2/3，又筑碶9座，为堨二十，为护堤于"堤之上植榆柳，益旧总为三万一百"[1]。到熙宁二年（1069）二月完工，"其用民之力八万二千七百九十有二工，……既成，而田不病旱，舟不病涸，鱼雁菱苇、果蔬水产之良皆复其旧，而其余及于比县旁州。"[2]治理后综合效益显著。

和同时期宁绍平原的其他湖泊一样，自唐以来广德废湖也遇到了盗垦之举和废湖为田的不同意见，"观广德之兴，以数百年，危于废者数矣，舔屡有人，故益以治"[3]。是湖"大历之间，溉田四百顷，大中八百顷，而今二千顷矣"。效益的增加，全凭严格的治理管护。

但到了政和八年（1118），明州府尹楼异献媚朝廷，提议废湖垦田增加岁入，并得到朝廷批准。历时六七百年的浙东名湖广德湖终被填废，得田八百顷，岁入租米二万石。

三、它山堰之回沙闸

"回沙闸"特指它山堰的配套工程。回沙闸始建于宋淳祐二年（1242），由庆元府知府陈垲委任赋闲居家的魏岘主持建造，地处"吴家桥南港狭

---

① （宋）曾巩：《广德湖记》，《曾巩集》，中华书局1984年版，第306页。
② （宋）曾巩：《广德湖记》，《曾巩集》，第306页。
③ （宋）曾巩：《广德湖记》，《曾巩集》，第306页。

处"①，在它山堰西北 150 米处。次年竣工。约在明代废弃。

（一）工程建设

回沙闸的建设是因当年它山一带"夹岸沙弥望……于是井皆汲卤，水田若竭泽"②，严重影响它山堰进水渠道引水。为了能引到水，每年要清淤3—4次，清淤河段长达 514.4 丈，③"役工数万计"，耗费巨大。回沙闸的作用是把淤沙范围压缩到闸板上游侧④三四十丈内，便于集中淘沙，更可以节省民力。为建设回沙闸，当地政府事前"买地"。⑤

（二）技术与管理

回沙闸的原理是静水落淤，动水冲沙。"水轻在上，沙重在下，水从版上，不妨自流。沙遇闸板，碍住不行，沙之所淤，不过闸外三四十丈，淘去良易。版之为限，以水为则，水涨则下，水平则去，启闭以时，不病舟楫。"它的运行方式与常见的冲沙闸相反："水涨则下"，即水涨的时候下叠梁闸板，形成相对的静水区，迫使泥沙在闸前落淤，以便于人力集中淘挖。上层水清，允许溢流入渠。"水平则去"即洪水消退后拿走闸板。也说"水轻清居上，沙重浊居下，宜闸以止之。水平则启，通道如故，沙聚于外，则去之易为力"⑥。闸板一共七块，实际操作中，根据需要决定取走几块。"回沙闸……闸三间，版皆七，中间常留一版，俾上可通舟，水涸

① （宋）魏岘：《四明它山水利备览·防沙》。
② （宋）林元晋：《回沙闸记》，（宋）魏岘：《四明它山水利备览》卷下。
③ 《四明它山水利备览·积年沙淤处》："马家营西至孙家桥五十二丈六尺；孙家桥至许家桥七十丈；许家桥西至潘知府宫前一百丈；潘知府宫前西至万家道头九十丈；万家道头南至吴家桥一百五十四丈八尺；吴家桥南至它山堰口四十七丈。"
④ 古代回沙闸所在位置的水流路线是由南向北，回沙闸之南为上游侧。
⑤ 《全宋诗》魏岘《回沙闸成用可斋陈公韵》："买地开一坑，纳水通百汊。"《四明它山水利备览》作"买地开一渠，内通水百派"。《四明它山水利备览·阎水口》也记录了买地的原因："堰上水口狭甚，溪流入港者少而入江者多。水口有石幢为界，外为官港，内为蒋宅之地，约一二亩，若买此以展水口，庶几纳水稍洪。"
⑥ （宋）林元晋：《回沙闸记》，（宋）魏岘：《四明它山水利备览》卷下。

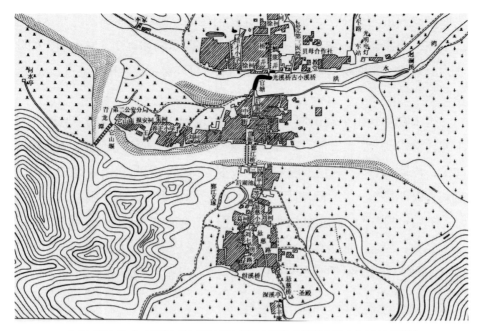

宋代回沙闸与它山堰相对地理位置示意图（引自《鄞州水利志》2009年版）

则去。东西闸常留两版，余分置看守人许亚一等家。水泛则不拘早夜，集众力急下版，相水高下，版随以增减，常令水自上入溪，沙隔于外。水平去版，通舟如故。闸外沙积稍多，即仰措置水利刘湜等申府，切待支钱米，差官吏，前去雇人监淘。"①从洪水湾堤、乌金碶等工程的分布看，也可以把进入引水渠的浑水泄入鄞江－奉化江，达到排沙减淤的目的。

建成后又专设八人负责启闭，"中一间，闸板七片，许廿四、许亚六；东一间，闸板七片，许十二、许十五、许三十七；西一间，闸板七片，许阿二、许阿三、许阿四。看管闸人每月共支米一石，府历赴仓清领均分"②。还设专项经费"岁充淘沙雇夫之用"。

（三）有利航运

当时鄞西河网水上航运繁忙，内河船舶可经杨木堰、小张堰、澄浪堰、

① 宝庆《四明志》卷十二。

② （宋）魏岘：《四明它山水利备览·看守回沙闸人》。

大西坝碶等进入奉化江、姚江与浙东运河沟通。鄞江镇水路四通八达：东通宁波，南通鄞江－奉化江－甬江，北通鄞西水网和姚江，它山堰也因此成为浙东运河的重要水源工程；[①]再向上游，可以穿过吴家桥南港进入大溪，通航到四明山区。

南宋初年，由于它山堰上游泥沙为害剧烈，航道被阻断，"其时舟楫不通，竹木薪炭，其价倍贵，贩鬻者装载过堰。竹木排筏越堰而下，猛势冲击，声震溪谷"。对它山堰安全构成很大威胁，因此它山堰过竹木排筏受到官府严厉禁止。[②]回沙闸建成，闸板"水涨则下，水平则去，启闭以时，不病舟楫"[③]，船只改走回沙闸，下通正常航道，水运矛盾缓解。

之后，因它山堰上游大溪主流改道，吴家桥南港河水的流向转为由北向南，回沙闸对于保护引水渠不仅无益反而有害，于是废弃。[④]

---

① 宋曾巩《广德湖记》："盖湖之大五十里，而在鄞之西十二里，其源出于四明山，而引其北为漕渠，泄其东北入江（姚江）……舟之通越者，皆由此湖。"可知广德湖可引入姚江，鄞西平原水网地区可以接入浙东运河。宋政和八年（1118），广德湖废。魏岘《四明它山水利备览》以《广德湖仲夏堰已废并仰它山水源》专篇，详细说明了南宋时它山堰来水源源不断，上升为沟通鄞西水网与姚江航道的主力水源工程。参见缪复元：《宁波它山堰研究》，2023 年 09 月 18 日，https://mp.weixin.qq.com/s/cI1CNSD06Tles05iiWpsCg。

② 《四明它山水利备览·护堤》："前后府榜，非不禁约。人取其便，不顾利害，虽禁莫止。"

③ （宋）魏岘：《四明它山水利备览·防沙》。

④ 参见张卫东：《它山堰与水运——从两首回沙闸诗说起》，2022 年 09 月 28 日，https://mp.weixin.qq.com/s/QgOfXmDIrjk_V_vxuZYn_w。

第三节　宋代浙东航运

一、北宋浙东航运

北宋中期，两浙路向朝廷所贡的粮食、布帛和赋税，由于鉴湖和西兴运河的交通便利，使甬江和钱塘江通过浙东运河的交通运输业快速发展，"两浙之富，国用所恃，岁漕都下米百五十万石，其他财赋供馈不可悉数"①。如此，其对漕运的要求也必会有显著提高。北宋末叶，知明州军蔡肇记载了他从杭州到明州走运河时沿途所见："三江重复，百怪垂涎，七堰相望，万牛回首。"②

熙宁五年（1072），日本僧人成寻率弟子 7 人搭乘宋商孙忠的船只从肥前壁岛出发到明州。明州不许入港，又乘船沿海而行经越州、萧山到杭州。在杭州获准参谒天台国清寺后，又乘船从杭州出发，沿浙东运河经越州、曹娥，溯曹娥江而上，到剡县，又坐轿去国清寺。回杭州后又沿江南运河经秀州、苏州、扬州去五台山。③可见从浙东运河沿大运河河道之畅达。

（一）主要堰坝④

1. 西兴堰

西兴堰即西陵堰，由西陵埭改建而成。西陵埭，南朝陈时又称"奉公埭"，唐咸通中改建成西陵堰，唐末已不见记载。据萧山城厢觉苑寺前平胜经幢铭文记载：唐咸通十五年（874），分别设置了"西陵堰专知官"与

---

① （宋）苏轼：《进单锷吴中水利书状》，《苏轼文集》卷三二，中华书局 1986 年版，第 916—917 页。

② 嘉泰《会稽志》卷十。

③ ［日］成寻：《参天台五台山记》，白化文、李鼎霞校点，花山文艺出版社 2008 年版。

④ 主要参考邱志荣、陈鹏儿《浙东运河史（上卷）》第六章（中国文史出版社 2014 年版）。

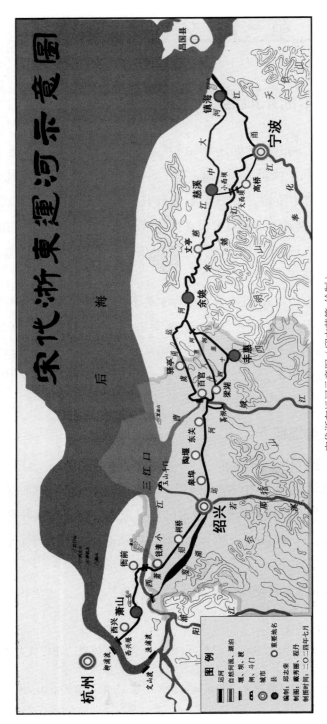

宋代浙东运河示意图（邱志荣等 绘制）

"西陵镇遏使"①，说明在唐咸通十五年前已经完成了西陵埭的改建，成为西陵堰。西陵堰降低了堤坝高度，便于拖船过坝。当时的浙东运河船只是经西兴堰渡江进入杭州的。嘉泰《会稽志》卷四："西兴堰，在县（萧山）西十三里，古西陵也。"这是其名西兴堰的最早记载。自五代吴越王钱镠始筑"西兴塘"，到明洪武终成稳固的石砌北海塘，西兴堰遂被纳入海塘之中，成为北海塘的一部分。明万历十五年（1587），又在西兴堰旧基上新建永兴闸（又名"龙口闸"），堰闸合一统称为"闸"，以外障江潮，内节运渠。之后西兴堰不见记载。

2. 钱清南北堰

钱清堰由钱清南堰和钱清北堰组成。嘉泰《会稽志》将二堰合而为一，统称为"钱清旧堰"。②钱清旧堰建于北宋熙宁五年（1072）以前（是年成寻有过钱清堰记载），设牛埭，另在江上设浮桥，船从堰上过，人从浮桥过江。当时，堰的主要作用为拦截运河淡水，不致失泄于钱清江，保持运河正常水位而设，宋高宗运河之行和攒宫南运船队等过的都是钱清旧堰。南宋初浦阳江改道钱清江以后，浦阳江频繁的大流量洪水刷深拓宽了钱清江河床，在钱清附近贯穿运河处，出现了运河"高于江水丈余"的高水位差，既危及江河岸安全，加速淡水外流，还造成交通运输上的很大困难。尤其是宋室南迁建都临安之后，这条运河已经提升到国家级的主要漕运水道，"千艘万舻"，昼夜不绝，而钱清旧堰建于宋室南迁之前，相对堰口比较狭小，过堰船舶数量有限，已经无法满足当时急剧增加的航运需要，以致经常发生船舶滞留不前，船夫殴伤堰卒的混乱场面："官舟行旅沿泝往来者如织。每潮汛西下，壅遏不前，则纷然斗授，甚至殴伤堰卒，革日继夜不得休。"③

为了改善过堰条件，畅通运河漕运，嘉泰元年（1201），又在旧堰附

---

① 萧山城厢觉苑寺前唐咸通十五年（874）平胜经幢铭文。详见陈志富：《萧山水利史》，方志出版社 2006 年版。

② 嘉泰《会稽志》卷四。

③ 嘉泰《会稽志》卷四。

近新建了规模更大的钱清南北堰，称为钱清新堰。"钱清新堰，在县西北五十一里，嘉泰元年置"，仍设牛堭，在"堰旁各置屋，以舍人、牛。盖捐锱二百万而两堰落成，人偕便之"①。南、北两堰均设堰营，有堰兵守卫，嘉泰《会稽志》卷四："钱清南堰营，在山阴县西；钱清北堰营，在萧山县东。额五十人"，在浙东运河所有堰营中员额最多。明成化中（1465—1487），知府戴琥筑麻溪坝，切断浦阳江改道口，驱浦阳江水由碛堰以合钱塘江，致使钱清江来水量减少，江面收窄，到弘治八年（1495），钱清江浮桥遂改建成石桥。②嘉靖十六年（1537），知府汤绍恩在三江口建成28孔三江闸，截断了钱清江入海口，使之成为内河；同年又再次开通碛堰，使浦阳江归复西出钱塘江故道，终结了改道钱清江的历史，钱清江与运河统纳入山会萧内河运河水系，钱清南北堰遂废。③

3. 都泗堰

宋代称都赐堰为都泗堰，有牛堭，其实就是原都赐埭。熙宁五年（1072），成寻从越州城内运河过都泗堰时，用牛两头拖船过堰。堰旁设有堰营，额定兵员戍卫门、堰，操作过堰。"都泗堰营，在会稽东县，额二十五人。"④后又设都泗闸。据《宋会要辑稿》记载，都泗闸系北宋宣和年间（1119—1125）为方便高丽使臣来往而设。⑤闸应是在原埭的位置基础上修建的，与都泗堰配套，构成周围封闭的船闸类型的水工建筑物。当船舶从鉴湖进入闸室后，开启闸门降低水位，与鉴湖外河道水位持平，舟船就可进入平原河网；同样平原河网船舶进入闸室后，就关闭闸门，待湖水注满闸室后，船随水升高，即可撑船进入城外鉴湖。设置船闸的好处是不需要再用牛盘车拖船过堰，既解除了过堰盘驳之辛劳，又比较安全；而不足是费时，船舶无论进湖还是出湖，都需要一个闸室进出水过程，耗用

---

① 嘉泰《会稽志》卷四。
② 《钱清江石桥记》，光绪《山阴前梅同氏宗谱》卷五。
③ （清）毛奇龄:《循吏传》,《西河合集》卷五。
④ 嘉泰《会稽志》卷四。
⑤ 《宋会要辑稿》食货八。

时间超过牛盘车过堰，同时每完成一个周期必会失泄湖水。因阻滞了舟船过堰，造成交通航运拥堵；而遇漕运和监司使命，又必须开闸放行，以致湖水失泄。为此，隆兴二年（1164），知府吴芾以复鉴湖为由，奏请废塞都泗堰闸："都泗堰闸，尤为要害。凡遇纲运及监司使命舟船经过，堰兵避免车拽，必欲开闸通放，以致启闭无时，失泄湖水。"[①]最后得到批准，已时值鉴湖晚期。

鉴湖堙废，湖内外水位差渐至消失，都泗堰和都泗闸拆除，时间应在嘉泰元年（1201）以后。都泗闸废除要先于都泗堰，又恢复到以前的用牛盘车拖船过堰，所以撰于嘉泰元年的嘉泰《会稽志》就没有了都泗闸的记载。都泗堰则在嘉泰以后依然存在，还设有厢军保护和管理，"都泗堰营在会稽县东，额二十五人"，直至明代才不见记载。而都泗门仍然发挥着沟通城内外水道的作用，成为绍兴水城标志性水城门之一，除元代增扩城墙有所东移外，[②]历明、清至民国二十年（1931）才被拆除[③]。现遗址尚在。

4. 曹娥堰

曹娥堰于唐光启二年（886）由曹娥埭东移迁建而成，降低了埭坝高程以利航运和溢洪，位于今曹娥江西岸曹娥镇内，俗称丁坝底处。北宋熙宁五年（1072）五月，成寻从鉴湖运河航道出曹娥堰进入曹娥江，记当潮满过堰时用牛两头拖船上堰，再用牛4头引船入江。由此可知，当时堰顶与运河水位高差较小，堰坡较短，只需两头牛就能拖船上堰，而堰顶与曹娥江低潮水位高差较大，堰坡较长，即便在高潮位时也要用4头牛拖放将船缓缓引入江中。次年六月，成寻返日本，自杭州至明州，取道浙东运河，记过曹娥堰时用牛12头。[④]与钱清南北堰一样，在曹娥江东西夹江相峙的

① （元）脱脱等：《宋史·河渠志》东南诸水下，中华书局1985年版，第2407页。《宋会要辑稿》食货八中也有类似记载。

② 康熙《会稽县志》卷一二。

③ 傅振照主编：《绍兴县志》第一册，第584页。

④ 姚汉源：《浙东运河史考略》，盛鸿郎主编：《鉴湖与绍兴水利》，中国书店1991年版。

梁湖堰、曹娥堰旁，同样设有堰营，"曹娥堰营，在会稽县东南；梁湖堰营，在上虞县西。额五十人"①，堰兵数额与钱清南北堰相同。

在中国运河发展史上，曹娥堰不仅是浙东运河上承担蓄水、溢洪和航运功能的重要堰坝，而且是宋代中国大运河上的27座重要堰坝之一，北宋齐祖之称"自阳武之越堤，开封之翟桥，总为堰者二十七，曹娥其一也"就是证明。这是迄今为止最早记载宋代中国大运河之起讫位置及河上堰坝数量的史料。此后，南宋王应麟《玉海》卷二三"运路二十一堰"条引《国史·职官志》，对宋代中国大运河中的二十座堰作了具体记载："堰：楚州之黄蒲、宝应、北神、西河，高邮之新河、樊良，扬州之邵伯、瓜洲，润州之京口、吕城，常州之望亭、奔牛，秀州之杉青，杭州之长安，越州之曹娥、梁湖、钱青（清），孟州之济源，汝州之梁县，泰州之白蒲、捍海，总二十一，监官各一人。余堰不居运河者皆领于州县。"堰之监官由朝廷委派，列入职官范围，足见朝廷对大运河生命线的高度重视。二十一堰中，浙东运河居有曹娥、梁湖、钱清三堰。

5. 梁湖堰

梁湖埭始建于南朝宋以前，此后少有记载。及宋，嘉泰《会稽志》记有"梁湖堰，在县（上虞县治丰惠）西二十五里"，可见在南宋以前已经把梁湖埭改建成梁湖堰。堰旁设营，称梁湖堰营，与曹娥江西岸的曹娥堰营组合，共额定堰兵50人，与钱清南、北堰营的堰兵数相同。②

6. 通明堰

通明堰因位于余姚江上游通明江而得名。通明堰（北堰）的兴建，使通明堰至梁湖堰的余姚江段渠化成浙东运河之上虞段运河，在宋代长约35里③，后把通明南堰至梁湖堰这段运河称为四十里河。堰有北堰和南堰，先建北堰。通明北堰在上虞县东一十里，应建于宋代以前。嘉泰《会稽志》记有通明北堰和通明闸，都是在上虞县东一十里，从嘉泰《会稽志》记载

---

① 嘉泰《会稽志》卷四。

② 嘉泰《会稽志》卷四。

③ 据嘉泰《会稽志》卷四所载丰惠距梁湖堰和通明北堰的里程相加。

规律看，离县里程相同的堰和闸，一般是在堰上建闸，先有堰后有闸。通明闸建于北宋景德中（1004—1007），废于南宋嘉泰元年（1201）前。[①] 熙宁六年（1073），成寻记过通明北堰时用牛16头，创运河过堰用牛数量之最，说明通明北堰坝体高大，堰上设闸，过堰最为困难。[②] 南宋淳熙七年（1180），魏王赵恺卒于明州，还葬绍兴，灵柩大船船队从姚江走上虞段运河，在翻越坝体高峻的通明北堰时遇到很大困难，南宋楼钥在《攻媿集》[③]中记录了当时情景，其谓：

> 魏王薨于四明，将葬于越。诏遣刑部尚书谢公廓然、运副韩公彦质护丧。使者旁午，州县震动，官吏股栗。他邑不过供顿之劳，惟上虞通明一堰最为高峻，潮汐虽登，仅过数舟，则已涸矣。

为破解这一难题，上虞县令汪大定参照都泗船闸抬高水位的办法，在北堰下游余姚江旁开设了临时的支港船闸，引渣湖之水注满闸室，升高船体后，再由人力拖船过堰：

> 增浚渣湖，别于支港创小堰以通余舟。募游手二百人，别以旗色，分列左右，俟大舟入闸，立栅既定，引湖水灌之，水溢堰平，众力掖丧舟以进，略无欹侧，舳舻相衔，序进而不哗，俄顷俱济。

嘉泰元年（1201），又在通明堰以南分道上始建通明南堰，以分流过堰船舶，遂有通明南北堰之称。据嘉泰《会稽志》记载，当时海潮自入海口定海（镇海），上溯甬江、姚江至北堰"几四百里"（似有误），地势高仰，退潮太快，"潮至辄回如倾注"。盐运重载船需候大潮汛时才能过堰，若船横江，常造成百艘左右的舟船受阻十多天才能过堰，于是建南堰分流，

---

① 嘉泰《会稽志》卷四："通明闸，在县东一十里。景德中置，今废。"

② 参见姚汉源：《浙东运河史考略》，盛鸿郎主编：《鉴湖与绍兴水利》，中国书店1991年版。

③ （宋）楼钥：《攻媿集》卷一〇三，引《知江州汪公墓志铭》。

专通官民之舟，而北堰专通盐运。[①]

7. 西渡堰

西渡堰后改称"大西坝"，位于明州城西北 20 余里的余姚江南岸、余姚江与其支道西塘河的交会口，今宁波市高桥镇高桥村大西坝自然村，为古代内河船舶往来明、越的必经之地，始建于北宋。西渡堰系筑于西塘河上用以蓄淡、障潮和保持正常水位的堰坝，应该与西塘河疏挖同时完成。西塘河堤原是广德湖北岸，《鄞县通志》记载，广德湖废于宋政和七年（1117），又开挖西塘河和中塘河，[②] 故配套工程西渡堰也应始筑于同期。

最早记载西渡堰的南宋宝庆《四明志》记从明州城西水门外西航，"逾西渡堰入慈溪江（姚江），舟行历慈溪、馀姚，以至上虞县之通明堰，率视潮候"，又载西渡堰设有牛埭，"管堰洪子原管一十八名，每名月支和雇钱二贯文。牛畜原额八头，每头月支料钱一贯文。索缆月支三贯钱"，后管理不善，一度裁员减牛，"宝庆三年（1227）洪子存者十三名，牛存者一头，舟上下甚艰"，遂买牛增人，以后有所改善。[③] 文中的"率视潮候"，是指从明州去杭越需等候潮涨越堰，即从西渡堰渡姚江，向北过小西坝，经剎子港到达慈溪县治慈城，走慈溪江（又称"后江"）到丈亭进入姚江，再顺江西航至通明堰，候潮过堰，经运河到达杭越。南宋《开庆四明续志》卷三也记有西渡堰："东距望京门（明州西门）二十里，西入慈溪江（余姚江），舳舻相衔，下上堰无虚日。盖明、越往来者必经由之地，淳祐间稍加葺治。"真实反映了当年浙东运河鼎盛时期，西渡堰要道上千帆高扬、百舸争流的壮观场景。

（二）宛委山杜杞水则刻石

杜杞（1005—1050），字伟长，宋无锡人，曾任两浙转运使，是主管

---

① 　嘉泰《会稽志》卷四。

② 　中国城市规划设计研究院:《大运河（宁波段）遗产保护规划》，2009 年版。

③ 　姚汉源:《浙东运河史考略》，盛鸿郎主编:《鉴湖与绍兴水利》，中国书店 1991 年版。

两浙水陆运输等事务的地方行政长官。他所处的北宋时代，古鉴湖被侵占情况日益严重，鉴湖被占及水位降低既造成蓄水减少、水患增多、农业减产，同时水位降低也影响浙东运河主航道鉴湖之航运，杜杞对此事高度重视，"同定水则于稽山之下"。此《水则题记》在今绍兴城东南若耶溪边的宛委山飞来石摩崖石刻上还可见：

宛委山北宋杜杞议复鉴湖定水则题记

> 转运使、兵部员外郎、直集贤院杜杞，议复镜湖畜水溉田，时与司封郎中、知州事陈亚，左班殿直、勾当捡计余元，太常寺太祝、知会稽县谢景温，权节度推官陈绎，同定水则于稽山之下，永为民利。
>
> 庆历七年十月一日题

二、南宋浙东运河航运

（一）浙东运河主要航道

根据嘉泰《会稽志》及其他史料记载，萧山西兴堰至明州西渡堰总长约 383 里。浙东运河各段情况如下：

1. 萧山运河路

"东来自山阴县界，经县界六十二里，西入临安府钱塘县界，胜舟二百石。"萧山段运河是南宋帝后梓宫自杭运抵绍兴安葬的起始段。据《中兴小记》、乾隆《萧山县志》记载，南宗绍兴十二年（1142），"南宋渡攒宫于会稽，乃取便道，绝流渡江抵西陵发舟，因通此河"[①]。"因通此河"，并非新开此河，而是对这段运河进行清障和疏浚，使水道畅通，达到皇陵船队通航的要求。

2. 山阴运河路

山阴运河路"东来自会稽县界，经县界五十三里一百六十步，西入萧山县界，胜舟五百石"。这段运河是浙东运河中最为稳定的河段之一。作为鉴湖的配套灌溉渠道，这段西兴运河位于西鉴湖堤以北，西端有钱清南堰阻隔，南面有鉴湖堤拦截补水，钱清江潮泥和稽北丘陵流失的水土对这段运河的影响相对不大，自西晋疏凿运河以来直至南宋鉴湖衰落，稀有疏浚记载，一直保持着载重五百石（约37.5吨）船只的通航畅通无阻。

3. 会稽运河路

会稽运河路即东鉴湖运河航道，前身是山阴故水道，南宋鉴湖衰落前后称漕河，明代以后多称官河，统称运河。其长度从小江桥到曹娥江，史称一百里。东汉至南宋，由于东鉴湖水位至少高于西兴运河水位"三尺有六寸"，即使存在"会稽高于山阴"的微地势高差，总体上鉴湖运河航道的平均水深要略超过山阴段运河，并且湖（河）面宽阔，属浙东运河中航道条件比较优越的河段，"胜舟五百石"以上。

4. 上虞运河路

上虞运河路"在县南二百二十步。东来自馀姚县界，经县界五十三里六十步，西入会稽县界，胜舟二百石"。这段运河是浙东运河中运力最低、航行最为艰难的河段。由于上虞段运河介于曹娥江与余姚江两大潮汐河流之间，筑于运渠上的梁湖、通明两座堰坝，在浙东运河所有堰坝中最为高大，特别是通明堰（北堰），即使在下移至下坝（江口坝）的明代，依然存在"河高于江丈有五尺"[②]的高水位差，超过钱清堰五尺，且感潮河段比钱清堰延长约一倍里程，潮势减弱，以致每晚候潮过堰之时，舟船群至坝

---

① （宋）熊克:《中兴小记》卷三〇，乾隆《萧山县志》卷一三。
② 万历《绍兴府志》卷一七。

下，争先缆索，相持不下，"或竟夜不车一舟"，比过钱清堰更为艰难，严重制约了交通航运。此外，二堰之间的运河，西抵梁湖堰，东至通明堰，宋时全长三十五里，南承四明山夹持的泥沙，淤浅河床，至今水深不超过1.3米[①]，削弱了航运能力。为此，嘉泰元年（1201）又在北堰以南不远处，新建了通明南堰分流航船，南堰专通官民客运之舟，北堰专通盐运。

5. 余姚江路

余姚江路"西来自上虞县界，经县界五十五里，东入庆元府（明州）慈溪县界，胜舟五百石"。余姚城至庆元西渡堰约为 82 里。嘉泰《会稽志》称为余姚江路，不称余姚运河路，显然考虑到余姚江系属天然河流的缘故。因余姚县城位于余姚江畔，其县界的四至距离是以县城为中心计算的。嘉泰《会稽志》记载余姚县境的东西距离："东至庆元府慈溪县界一十里，以桐下桥为界；西至上虞县四十五里，以新桥为界。"都是以桥为界，显然按水路里程计算。东西相距五十五里，与余姚江路里程一致，可知余姚城以西至上虞界的余姚江长度为四十五里。

6. 曹娥江路

"曹娥江路，南来自上虞县界，经县界（会稽县）四十里北入海，胜五百石舟。"[②] 这是运河曹娥江汇入海的情况。

（二）海上航道变化与浙东运河繁盛

至南宋，鉴湖堙废，西兴运河及原东鉴湖为主形成的浙东运河航运地位更加突出。南宋定都临安，政治、经济形势的巨大变化，使浙东运河的地位充分显现，其在文献中的记载不断增多。顾炎武（1613—1682）记载：

> 且又往时之运道，一在湖中，一在江海上。在湖中者，东自曹娥循湖塘，经城内至西兴。在江海上者，宋都钱塘时，凡闽广漕运入钱塘者，必经绍兴北海上，凡塘下泊处，辄成大市。今皆

---

① 唐元明主编，《上虞县志》，浙江人民出版社 1990 年版，第 125 页。
② 马蓉等点校：《永乐大典方志辑佚》，中华书局 2004 年版，第 909 页。

废矣。①

"湖中"的"湖"是东鉴湖，鉴湖也是运河航道。绍兴二年（1132）移跸临安后，这条运河成为绍兴府、庆元府和浙东运河沿岸其他城镇的水上交通枢纽。如漕粮、食盐、布匹及其余物资运输和官来商去，皆在此河。如闽、广、温、台等地的漕粮钱物皆由海道至定海、明州、余姚等地换船，或直接通过杭州湾运到杭州，或由浙东运河运往杭州。运到杭州的漕粮，又分别储存到在临安的"上界""中界""下界"三仓。又因南宋陵园设在绍兴（今绍兴市富盛镇攒宫山宋六陵），帝后梓宫迁运，全靠这条运河水道。浙东运河也成为当时临安与海外联系的重要通道。南宋姚宽《西溪丛语》记载：

> 今观浙江之口，起自篡风亭，北望嘉兴大山，水阔二百余里，故海商舶船，畏避沙潭，不由大江，惟泛馀姚小江，易舟而浮运河，达于杭越矣。

此时，杭州湾的航运存在着海潮和沙堆的危险，由明州至杭州商船多走浙东运河航线。

南宋状元王十朋《会稽风俗赋》在描述当时浙东运河的水运状况、途经线路、繁盛景象时谓："堰限江河，津通漕输。航瓯舶闽，浮鄞达吴。浪桨风帆，千艘万舻。"②

南宋陆游在《法云寺观音殿记》中记载绍兴城西法云寺边的漕运发达，其地富庶的景象时说：

> 出会稽城西门，循漕渠行八里；有佛刹曰法云禅寺。寺居钱塘、会稽之冲。凡东之士大夫仕于朝与调官者，试于礼部者，莫不由寺而西，饯往迎来，常相属也。富商大贾，掠舵挂席，夹以

---

① 顾炎武：《天下郡国利病书》卷三十二，第 52 页。
② （宋）王十朋：《王十朋全集·文集》卷十六，第 852 页。

大橹，明珠、大贝、翠羽、瑟瑟之宝，重载而往者，无虚日也。又其地在镜湖下，灌溉蓄泄，最先一邦，富比封君者，家相望也。[①]

陆游在宋乾道五年（1169）受命通判夔州，他的《入蜀记》[②]对坐船从绍兴城出发，经浙东运河经萧山、杭州，又经江南运河过秀州、苏州、真州，再溯长江去四川的水上路程有较详细记载。

南宋初建时，宋高宗以临安（今杭州市）为行都，其原因之一，就是因为临安与北宋时期重要的海港明州（今宁波市）相近，有航海之便。建炎三年（1129），金兵南下追击，宋高宗登海舟出逃，当时称之为"航海避敌"。宋高宗的这支海船队大约有1000艘海船（200余艘是从泉州、福州招募来的闽广大船），其中载卫士之船，每舟可乘百人。他们从明州乘楼船经过定海南下，先后舶靠昌国县（今舟山市定海区）、章安镇、馆头、温州。建炎四年（1130）正月，宋高宗就是在温州附近舟中过的年。该年三月，金兵北撤，他才由温州返航，经章安镇、台州松门寨、定海县、明州、余姚县，并在余姚县离开海舟，换乘小舟到达越州，"驻跸越州"。

宋高宗驻跸越州时，温、台、闽、广等地的运粮海舶，皆由海道运至余姚县卸下，然后再转运到越州。绍兴二年（1132）宋高宗移跸杭州以后，因定海（今宁波市镇海区）至临安航道淤浅，海舟航行困难，温、台、闽、广等地的运粮海舶便在明州卸下，然后再转运到临安，或者先在温州起卸。宋代，明州、越州、台州、温州等沿海诸州的海产，大多循浙东运河或逆钱塘江下游运至杭州。杭州有浑水闸鲞团，"城内外鲞铺不下一二百余家，皆就此上行"[③]。秀州、明州等地的鱼、蟹之类，也运到杭州贩卖。杭州有城北鱼行、城市蟹行、坝子桥鲜鱼行，经销鱼蟹。

钱塘江上游两岸，盛产竹木，每年都有大批竹木放排顺钱塘江下游两岸出售，然后籴进谷米运回，有些人即以此为业。《新安志》卷一《风俗》

---

① （宋）陆游：《陆放翁全集·渭南文集》卷十九，中国书店1997年版。
② （宋）陆游：《陆放翁全集·渭南文集》卷四十三—四十八，中国书店，1997年版。
③ （宋）吴自牧：《梦粱录》卷十六，大象出版社2019年版，第373页。

记载歙州休宁县（今属安徽）"山出美材，岁联为桴下溯河，往者多取富女"①。柴炭之类由一种"长船"顺钱塘江运往江边进行交易。柴行成批收购，然后批发给柴店销售。

（三）运河整治

南宋都临安，浙东运河是其通向南、北、东三条水运干道之一。绍兴、明州、台州成了临安的主要后方，也是海上丝绸之路的门户。浙东运河的重要地位，决定了政府必须全面加强对运河的管理、维修。

1. 萧山段运河整治

（1）西兴运河钱塘江出口

五代中后期，钱塘江入海口江道有北移趋势，"泛流南大门以外"②，导致西兴堰外江面迅速淤积，形成潮退时的大片滩涂，阻塞了西兴运河的出入江口。《宋史·河渠志》载，西兴有通江两闸，为江沙壅塞，舟楫不通。乾道三年（1167），疏浚西兴至大江沙河二十里，并浚闸里运河三十里，通便纲运。又恐潮泥再填淤，"且通江六堰，纲运至多"，专差官吏一人，主管开捞西兴沙河，拨捍江士兵五十名专浚沙浦，仍建营房居住。③嘉泰《会稽志》卷四记"西兴捍江营，在萧山县西，额二百人"，即指此。

嘉定十七年（1224），绍兴知府汪纲又疏浚西兴堰外沙河，开浚八千余丈；又于江口建西兴堰闸，使淤泥不得入，河水不得泄。④同年，又在闸外修建沙路，用五万余根桩条固定路基："沙路在西兴沙上，直抵江岸，长一千一百四十丈。十七年冬，汪纲以往来渡者病，涉筑此路，以济行人。"⑤次年三月，宁宗灵驾之行，为避江沙阻涨，即由此路直达运河。

---

① 淳熙《新安志》卷一，清嘉庆十七年刻本。
② 五代后梁开平四年（910），吴越王钱镠筑钱塘北岸六和塔至艮山门海塘，因"钱塘江昼夜冲激沙岸，版筑不能就"，而改用竹络装石筑塘。这说明当时江道直逼岸边，出现了北移趋势。参见陈志富：《萧山水利史》，方志出版社2006年版。
③ （元）脱脱等：《宋史·河渠志》东南诸水下，中华书局1985年版。
④ （元）脱脱等：《宋史·汪纲传》，中华书局1985年版。
⑤ 宝庆《会稽续志》卷四。

（2）西兴运河开浚

嘉定十四年（1221），"西兴至钱清一带为潮泥淤塞，深仅二三尺，舟楫往来不胜牵挽般剥之劳"，汪纲采取自筹、上补相结合的办法，筹资一万三千贯开浚运河，于是"河流通济，舟楫无阻，人皆便之"[①]。

（3）西兴运河堤岸整治

嘉定十四年（1221），汪纲又组织对西兴至绍兴府城的运河新堤整治，使"徒行无褰裳之苦，舟行有挽缡之便，田有畔岸，水有储积"，还建沿塘路的施水坊于田野郊远之地，以供路人暂息。此举对运河的整治和管理都起到重要完善作用。

2. 鉴湖运河航道（会稽段运河）整治

南宋初，鉴湖进入围垦高潮，淤积相当严重，特别是航道北岸的鉴湖堤前淤积，甚至到了与堤略平的地步，而且堤面残破，堤岸堰闸损坏，严重影响漕运。《宋会要辑稿》云：绍兴元年十月十六日，朝廷得奏报后，着徐康国等查勘淤情，拟定方案。徐查报会稽都泗堰至曹娥塔桥应修浚河身及夹塘，需用271201工。诏令雇募人夫开掏，限十日竣工。[②]都泗堰位于绍兴城东郭，塔桥位于今曹娥镇内运河上。

3. 上虞段运河疏浚

通明北堰兴建以后，与梁湖堰东西拦截，壅高了两堰之间的上虞段运河水位，也使运河上源七里湖、渔门浦经皂李湖来水夹带泥沙沉积运河，日积月累造成淤浅，成为浙东运河中航道水位最为显浅的河段之一。又由于梁湖堰一带地势高于通明堰，淤浅就先从梁湖堰以东开始。《宋史·河渠志》卷九十七载："绍兴初，高宗次越，以上虞县梁湖堰东运河浅涩，令发六千五百余工，委本县令佐监督浚治。"《宋会要辑稿》记载更为详细：绍兴元年（1131）十月十三日，工部员外郎成大亨等据两浙运使徐康国报告上奏朝廷，称上虞梁湖堰东运河浅淀一里半。成奉命前往实地勘查，测

---

① 宝庆《会稽续志》卷四。

② 《宋会要辑稿》方域十七。

得梁湖堰至任家坝一里一百八十丈淤积242100立方尺，每工开土运土40立方尺，需用6502工日。诏令户部支用钱、米，本县令佐监督施工，不得拖延。① 此外，还有前面所说的，包括淳熙七年（1180）新挖四十里河支港、嘉泰元年（1201）整治运渠和新设通明南堰、元代大修运河侧闸清水闸、孟宅闸等等，都是为改善航运条件所实施的河道整治工程。

这说明无论是中央政府还是地方政府都高度重视对浙东运河的整治和管理。整治里程之长，投入之多，对管理人员要求之高都是少有的。

4. 慈江、中大河航道整治

唐宋时期，浙东海塘的大规模修筑捍卫了姚慈平原，也为慈江、中大河的疏浚开拓和灌溉航运提供了御潮屏障。姚江航道多需乘潮航行，如元延祐《四明志》姚江所云"乘潮多风险，故舟行每由小江，小江即后江也"，也就是走水路往来余姚、慈溪和鄞州、镇海之间的舟船，大多不走前江（丈亭以东姚江干道），而是走由天然水道和人工疏凿水道组成的慈江、中大河、刹子港和西塘河。慈江在丈亭从姚江向东北分出，经化子闸进入中大河（江）东流，在白龙洋汇合前大河，东至张鉴闸入甬江，全长约49千米，包括慈江段约28千米和中大江段约21千米。这条姚江支道作为内河航道始于南宋淳祐六年（1246），由制守颜颐仲会同鄞、定、慈三县之力，共同疏浚开拓。② 这使之成为从丈亭到镇海的浙东运河分支航道。

慈江，慈溪江的简称，又名"后江"，位于姚江之北面。慈江发源于镇海的桃花岭，汇汶溪之水，向南流至化子闸分流：向西流为慈江，沿程有北山诸水汇入，西至丈亭汇入姚江；向东流称为中大河。明顾祖禹《读史方舆纪要》卷九十二对丈亭分流的姚江与慈江记载颇详：

> 前江，县（慈溪县慈城）南十五里。源出馀姚县太平山，流为姚江入县境，至丈亭，渡分为二：一由车厩渡历县南十五里之赭山渡，又东十余里，即鄞县之西渡也；一由丈亭北折而东，贯

---

① 《宋会要辑稿》方域十七。
② 中国城市规划设计研究院：《大运河（宁波段）遗产保护规划》，2009年版。

县城中，出东郭，抵县东南十五里之茅州闸，又东南流七里，为化纸闸，而入定海（即镇海）县境。宋宝祐五年，制使吴潜于县东南五里夹田桥，引流导江，凡十余里，为治溉之利。一名管山江，合流入鄞县界，亦谓之慈溪江。又有新堰，在县东南十二里，亦宋吴潜所建，堰下之田不患斥卤，舟楫往来下江者胥利焉。

中大江发源于汶慈尖山、大斗山、万丈山，经三圣殿流至黄洋桥，与来自化子闸一流汇合后东流，经长石桥、骆驼桥、贵驷桥、万嘉桥，折向东北，过新添庙桥，至镇海县城西门平水桥，在白龙洋与前大江汇合，经张鉴闸入甬江。

刹子港，即刹子浦，又名"管山江"。系沟通慈江与姚江的南北向运河，为宋丞相制使吴潜于宝祐五年（1257）买民田开凿而成，长约4000米，顾祖禹将它归入慈溪江。吴潜又在刹子浦的南端建小西坝，隔姚江与鄞州的西渡堰（大西坝）对接。

（四）南宋朝廷与浙东运河

1. 宋高宗浙东运河行程

南宋初，宋高宗赵构为避金兵追击，沿浙东运河多次往返，漂舟海上，驻跸绍兴。据《建炎以来系年要录》等史料记载，宋高宗运河行程不下五次，其间遭遇艰难险阻，运河也成避险之道。

第一次是从平江到越州。建炎三年（1129）十月戊寅，赵构从平江府（苏州）出发走水路，于癸未到临安。庚寅，御舟过钱塘江驾临浙东，经西兴运河，壬辰到越州。

第二次是从越州至钱清再返越州。建炎三年十一月己巳，赵构由越州返临安，当晚舟行钱清堰时，奏报宋师败绩，金兵已渡长江，次日返回越州，决定从浙东运河入海。

第三次是从越州到明州。建炎三年十一月辛未，御舟从越州城出发，过都泗堰时，船大不能过堰，令卫士拖曳仍未奏效，遂劈碎御舟改换小船，癸酉过堰，走鉴湖运河航道，渡曹娥江，经余姚江，于十二月己卯至明州，共七日。戊戌，金人陷越州。

第四次是从明州回越州。建炎四年（1130）四月甲戌，因金兵已退，赵构御舟从海上回到明州城下。次日由明州返越，丙子日，舟至余姚县，海舟大不能进，再改换小船，癸未到越州，驻跸州治。因余姚江段是逆水而行，自明州到越州共九日。绍兴元年（1131）正月己亥，赵构在越州改元绍兴，十月升越州为绍兴府。

第五次是从绍兴返回临安。绍兴二年（1132）正月壬寅，赵构御舟发绍兴西行，晚上至钱清堰，甲辰到萧山县，乙巳候潮渡江，丙午至临安府，共四日。

2. 宋六陵梓宫之行

（1）周必大《思陵录》

《思陵录》中记载了出殡的情形和路线：

> 甲寅，……皇太子送于新开门内，文武百官奉辞于门外，遂登舟。潮水既应，波伏不兴。黎明离岸，即达西兴，真有相之道也。梓宫既入港顿，不留，乃乘马，仅二三里登舟，又十二里至萧山县觉苑寺宿顿，晡临如仪。……凡梓宫前船一百八只，后船一百四只。
>
> 乙卯，晴。朝临讫，行三十五里至白鹤桥食顿，又十五里至钱清北闸。……夜，宿薛氏店。
>
> 丙辰，晴。朝临讫，行二十里，食顿柯桥。又二十里入绍兴府，宿顿光相寺。晡临讫，泊舟石寺门。……
>
> 丁巳，晴。朝临讫，导梓宫出都泗门，五里，食顿会稽县尉司。二十五里，至罗家新步，晡临焉。鉴湖弥漫，今此为田，凡收米八万石，每亩三斗，可知广狭矣。……戊午，阴。早，梓宫舍舟升龙辆，又自辆登大升舆，夹道罗禁卫、鼓吹、伞扇、挽歌。予骑导行六七里。将至永思陵，复降舆登辆。至上宫棂星门外，

力士捧擎以入，奉安讫，而雨作。^①

其中记载，三月十八日，赵构的灵柩从新开门（在杭州清河坊与望江门之间）出发，登舟渡过钱塘江，抵达西兴。又走了 12 里，到达萧山。十九日再行 35 里到了白鹤桥（今杭州市萧山区衙前镇），吃过午餐后又前进 15 里，抵达钱清江边。二十日，船队继续前行，在柯桥休息吃饭后，到了傍晚终于进入绍兴城。二十一日继续走，二十二日终于抵达上皇山麓墓地。

但是，船队的组成需要征发大批服徭役的百姓，并且，这一路上的费用都是由沿途人民供给，而且，为了确保赵构棺木"舒适"，还要拆毁不少建筑。对此，《思陵录》中也有所记载："闻临安今日五更浙江跨浦桥火，约焚拆二百家，正梓宫登舟处。"

（2）御河

御河，亦称攒宫江，南宋时整治，目的是将南宋朝帝王棺椁从临安运到攒宫皇陵，是浙东运河的支流。御河的起点在绍兴东湖镇东湖村董家堰，与运河相连，终点在皋埠镇攒宫村埠头，长 5.5 千米。《读史方舆纪要》记载："又宝山，在府东南三十里，一名上皋山，以西北接下皋山而名，宋攒宫在焉。下有御河，自府东南十五里董家堰抵山下，亦宋时攒陵河也。"御河上有 5 座陵桥，由北向南分别为：通陵桥，位于东湖镇的坝口附近；长山桥，古称延陵桥，位于腰鼓山村；护陵桥，位于横山村；金陵桥；陵桥，今名拈宫桥（拈系攒的俗写），在攒宫附近，为陆路通宋六陵而铺设。

（3）宋六陵与"攒宫"

宋六陵位于皋埠镇攒宫村。南宋绍兴元年（1131）四月，隆祐太后孟氏病故越州行宫。根据她"遗命择地攒殡，俟军事宁，归葬园陵"的要求，殡于会稽宝山。此为攒宫之始。绍兴十二年（1142）八月，金人将被掳后死于五国城的徽宗及皇后郑氏灵柩奉还宋朝。十月，葬于隆祐太后攒宫西北，陵名永祐。此后，宋高宗永思陵、宋孝宗永阜陵、宋光宗永崇陵、宋

---

① （宋）周必大：《周文忠集》卷一百七十三，清瀛塘别墅刻本。

宁宗永茂陵、宋理宗永穆陵、宋度宗永绍陵都建于宝山。南宋各代皇帝的皇后也都殡葬于此，此处从而形成了江南罕见的庞大帝王陵区。只不过，绍兴攒宫虽然历来叫作"宋六陵"，其实却有宋朝七位皇帝安葬于此。"攒"的字义是"不葬而掩其柩"，亦即不属于正式安葬而暂时厝放的意思。但南宋终究没有收复中原故土，孟太后归葬中原皇陵的愿望也就无法实现。"攒宫"也就取代原来的宝山而成了地名。

到了元世祖至元十五年（1278），江南释教总统杨琏真伽发掘宋六陵，盗取珍宝，并打算将六陵宋帝骸骨运到杭州，建造"镇南塔"予以镇压。山阴义士唐珏等秘密收拾遗骨，分别做上记号后埋在兰亭天章寺前。明朝洪武年间，六陵宋帝遗骨从天章寺前迁回攒宫。朝廷还规定五百步之内禁止樵采，并设陵户二人，使地方官吏督人看守。

（4）宝山摩崖

攒宫宝山西麓岩壁上有二处摩崖题刻。一在双义士祠后，曰"松壑"。字大如斗，古隶书，笔画分明，结体苍劲、古朴。宝山岩石质地坚硬，题刻字口深而挺拔。从"松壑"题字上升60余米的山腰岩壁上，又有"芗岩"两字，隶书横披，宽60厘米，高25厘米，字体风格与"松壑"相似。今"芗岩"题刻由于风雨剥蚀，字口已经浅平。

"松壑"与"芗岩"均无款。当地传说刻于南宋初年，时完颜宗弼兵犯越中，追赶康王赵构，来到牌口村宝山西麓时，忽然如堕五里雾中，于是便用长矛在山崖上划了两个不知所云的字用来识别。长矛岂能划出这两处摩崖题刻，自然只是民间虚构故事纪念宋代皇帝而已。

山阴金石家杜春生的《越中金石记》亦将"松壑"列为南宋题刻。他引宋末元初学者陈世崇所著《随隐漫录》，认为"松壑"，乃宋末元初词人吴大有别号。大有，字有大，嵊人。曾为南宋宝祐年间（1253—1258）太学生，因邀集同学联名上书痛斥贾似道祸国殃民的罪状不果，便退隐林泉，纵情于稽山鉴水间，与林昉、仇远等六人，以诗酒相娱，被时人比作"竹林七贤"。

3. 避敌传说

赵构多次往返于浙东运河，遂使沿途留下了许多意蕴深远的历史故事。尤以《越中杂识》记载的"缘木古渡"传说流传最广，脍炙人口：

> 宋南渡时，金人追高宗急，至此无以济，岸有松、杨两株，忽自拔根俯于水，两木相向如覆舟状，帝缘木而渡，及岸，顾其木，仍昂首自植。已而金兵至，怒而截为数段，委于河而返。高宗得入西门（迎恩门），驻越州，使人至树所验其迹，以长官封之。[1]

故事反映了绍兴人民忠诚报国的思想境界。今绍兴运河园有记其事的"缘木古渡"景点。

（1）水心庵

水心庵建于南宋绍兴三年（1133），位于绍兴城北的则水牌村。四面环水，建在水中央，故名"水心庵"。水心庵流传着一个故事：

> 南宋建炎三年（1129），金兵紧追，赵构东逃，逃到亚山尽头见一白衣姑娘正在捉鱼，忙喊姑娘救命。那姑娘赶忙把他拉到船中，让他打扮亚山渔民模样，划到河心石涂边叫他上岸。赵构一上岸，那位姑娘就不见了。他认为这是菩萨救了他，只得泊船避难在石涂上，逃过一劫。后金兵北撤，南宋朝廷再次返回越州，以越州为南宋临时首都。赵构做了皇帝后，凡是让他能躲过劫难的地方，他都造庙或庵去感恩，在石涂上建了水心庵。[2]

（2）保宁桥

保宁桥位于柯桥区平水镇剑灶村上灶下街头，东西向横跨上灶江，是一座半圆形单孔石拱桥。桥全长 13.40 米，宽 2.70 米，高 3.00 米，孔跨径 3.20 米。

---

[1] （清）悔堂老人：《越中杂识》上卷《大树庵》，浙江人民出版社 1983 年版。
[2] 王纪春、高积恭主编：《则水牌志》，西泠印社出版社 2013 年版，第 156 页。

传说金兵入侵，赵构避敌来到越州，惊慌之中，乘船来到上灶，上岸时不慎跌了一跤，又被随行护军扶起，在当地百姓的帮助下改为陆行，往会稽山日铸岭方向而去。后因金兵撤退，赵构躲过一劫。为纪念此事和感激民众，后来宋高宗赵构在上灶上岸之处，恩赐建立一座石桥。又之后，绍兴府按旨在上灶埠头建起了这座半圆形石拱桥，取名"保宁桥"，寓意保佑万民，安宁太平。

（3）康王牟山湖村驻兵

建炎三年（1129），正值金兵渡江南侵。《东山志》记载："宋建炎三年，高宗避金兵自越趋明州，驻跸于鞍山以东小山，后土人为建康王庙，因名康山。"①

康王在农历十一月廿八离开绍兴，到十二月初五到达明州，中途就停留在牟山湖一带。《东山志》所说的康山，即在牟山湖西面，上虞、余姚交界处。牟山湖离绍兴不远，康王一路驾车，当天就来到了湖边，巧合的是他也在秦始皇住过的皇宿湾过夜。

康王看到牟山湖周边不仅风景秀丽，且河网交错，顿时放下心来。水网地带北方骑兵无法施展威力，他感觉到安全有了保障。第二天，康王带着人马开始考察周边环境。古道和古运河都从牟山湖北面经过，南面是四明山余脉，再往南就是天台山。康王想到这里林密岙深，正是藏兵之所，用武之地。康王还察看了西边上虞的夏盖山，东边余姚的渚山，饮马古运河。他沿着古运河到了马渚东边的斗门地界，此时正是隆冬时节，寒风呼啸。恰好前面有一座小山，树木茂盛，挡住了凛冽的北风。康王见状便说，此山虽小如米粒，却为朕挡住了西北风。此言一出，这无名小山也就有了名，至今仍叫"米粒山"。

第二年，康王回到了都城临安，开始考虑驻兵牟山湖的事情。过了几年，他就让礼部侍郎吴隐率兵驻防牟山湖西湖畔。从此，牟山湖西侧就一

---

① 《东山志》卷一。临山历史文献第二辑，清雍正《东山志》校对版。中国文化出版社2011年版。

直是历代兵营。

4.绍兴西郭门外与宋理宗

（1）浴龙宫

《越中杂识》下卷《古迹》载：浴龙宫"在西郭门外虹桥北，宋理宗母全氏家也。理宗童时，值秋暑，偕弟与芮浴于河。适鄞人余天锡自杭来，舟抵此，忽雷雨，帝与与芮趋避舷侧。天锡卧舟中，梦龙负舟，惊起视之，则两儿也。问之，为全保长家儿。乃登岸诣全氏。主人具鸡黍，命二子出侍，因谓天锡曰：'此吾外甥赵与莒、与芮也。日者尝言，二子后当极贵。'天锡时，为丞相史弥远客，弥远有废立皇嗣意，嘱天锡密访宗子之贤者，适感此异，遂还白弥远，后卒代济王为皇嗣。宁宗崩，即位，是为理宗。与芮封荣王，改封福王"。

"会龙石"至今依然屹立在虹桥北墩西侧河中。此石，当地人叫作"澰浴墩"，谓理宗兄弟童时澰浴入水处。对于这块"澰浴墩"，这里的青年很有体会：我们不晓得用了多少力气，总不能把这块石头挪动半步。

（2）全后宅

《越中杂识》下卷《古迹》载：全后宅"在西郭门外，宋理宗母全后家。理宗幼时育于外家。"

三、宋代海上丝绸之路

（一）港口海关机构

北宋时期，明州港是当时五个对外贸易港（前期为广州、杭州、明州三港，后期增加了泉州、密州板桥镇两港）之一，是北宋同日本、高丽往来的主要口岸。在南宋时期，明州港是当时全国的四大港口（广州、泉州、明州、杭州）之一。南宋初年，明州遭受金兀术兵火洗劫。城市遭受严重破坏，海外贸易也受到了损害。[①]但不久得到恢复，绍兴七年（1137），明

---

① 童隆福主编：《浙江航运史》，第105—106页。

州已是"风帆海舶，夷商越贾，利厚懋化，纷至沓来"①。

市舶司或海关的设立，历来被视为对外交通、贸易发展的重要标志。纵观中国古代史，设立市舶司最早的是唐代广州。北宋，随着海外贸易的发展，始置市舶司于广州，其后又设两浙市舶司。至淳化元年（990），明州设立市舶司，是全国三个主要市舶司之一，与广州、杭州市舶司，通称"三司"。当时，明州的外贸更加发达，与泉州、广州为全国三大贸易港口。来明州贸易的，东

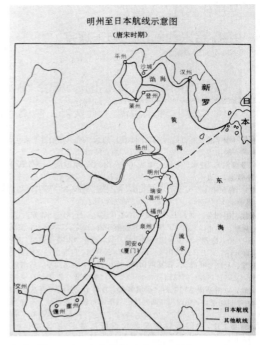

唐宋时期明州至日本航线示意图（引自1996年《宁波市交通志》，143页）

有日本，北有高丽，南有阇婆（马来西亚）、占城（越南）、暹罗（泰国）、真富（柬埔寨）、勃泥（加里曼丹）、三佛齐（苏门答腊），西南有大食（阿拉伯）等国的商人。光是有瓷器贸易往来的亚洲国家，就多达17个。

南宋迁都临安，对海外贸易采取鼓励政策，注重东南市舶之利。明州作为京都的门户，成了各国使者、商贾、僧侣出入境之地，进口货物也由此转运全国，经常"樯橹接天，藩舶如云"。明州城内设立一整套市舶机构，主要有签证关卡、办事处、仓库、码头以及接待宾客、商人的使馆、驿馆等。这些都促进了对外贸易的发展。

（二）航海技术

徐兢《宣和奉使高丽图经》卷三十四记载："（五年癸卯夏五月二十八

---

① 乾道《四明图经》卷九。

日庚辰）是夜，洋中不可住，惟视星斗前迈。若晦冥，则用指南浮针以揆南北。"这是宋代中国海船最早使用罗盘导航，航行于确定航线的明确记载。而且书中所记其始发地及回归地均是明州，目的地则为朝鲜。《宣和奉使高丽图经》是最早记述中国远洋航船使用罗盘导航成功来回的文献，这也是对宋代明州港航运能力和地位的展示和肯定。

（三）对外贸易

宋代，浙江开辟的远洋航线主要通往日本和高丽。[①] 当时中国通往日本的海船从明州港出发后，先到肥前的值嘉岛（今日本五岛市），再转船到筑前的博多（今日本福冈市）。当时，闽南的生意人海外贸易大多在南洋市场，而到日本做生意的是浙江宁波、台州一带的商人。[②] 到高丽的海上船路一般从明州定海（今宁波市镇海区）放洋，越东海、黄海，沿朝鲜半岛南端西海岸北上，到达礼成江口。《宋史·高丽传》载："自明州定海遇便风，三日入洋，又五日抵墨山，入其境；自墨山过岛屿，诘曲礁石间，舟行甚驶，七日至礼成江，江居两山间，束以石峡，湍激而下，所谓急水门，最险恶。又三日抵岸，有馆曰碧澜亭，使人由此登陆，崎岖山谷四十余里，乃其国都云。"此为较详细线路。至于高丽政府迎接中国商船之礼遇："贾人之至境，遣官迎劳。"[③] 对中国商人的贡物，他们常计其值，以方物数倍偿之。此外，《宋史·外国传》中亦有北宋淳化三年（992）十二月，阇婆国（今印尼爪哇岛一带）遣使朝宋，"贡使泛舶船六十至明州定海县"等记载，说明其时还与东南亚、西亚诸国通航。

---

① 童隆福主编：《浙江航运史·古近代部分》，第 98—99 页。
② （明）李言恭、郝杰撰，汪向荣、严大中校注：《日本考》，中华书局 2000 年版，第 60—61 页。
③ （宋）徐兢：《宣和奉使高丽图经》卷六，第 194 页。

（四）文化交流

宋代，中国浙江与日本等地的文化交流十分密切和繁荣。据研究，通过海上丝绸之路，浙江对日本文化产生了很大影响，[①] 主要体现在以下几个方面：

佛教。据统计"在整个北宋时代的一百六十余年间，入宋的僧侣是二十余人，但在南宋的一百五十年间，仅史料上载明的入宋僧就超过了百人。这个僧侣数可与唐代鼎盛时期相匹敌"[②]，这些入宋的日本僧人基本都到过浙江天台山、天童寺等地学佛学。

书画艺术。宋代日本僧人曾到浙江学习书法和绘画，受到浙江书画家艺术风格的影响。随着浙江书画传入日本，日本出现了模仿这些内容的作品。

武士道。浙江学者对日本武士道的思想理论也有影响，如会稽僧人无学祖元在日本时，经常与日本武士认真参禅究道，其中"突破生死的牢关，一旦临事，得以随处采取主动"的思想，对于后来日本武士道的发展产生了较大影响。

医药学。宋代日本僧人荣西留居天台山的寺院时，曾学过医学。所著的《吃茶养生记》是一部教导养生之术的医书。

茶与茶道。日本的"茶道是发源于中国、开花结果于日本的高层次的生活文化"[③]，其兴起与浙江茶文化有紧密联系。

丝绸织品。丝绸织品一直是宋代浙江对日出口的大宗货物，浙江商船去日本都载有大量丝绸织品。

印刷术。宋代浙江是全国最发达的地区，浙江刊印的图书曾作为商品大量运到日本，对日印刷业影响很大。

---

① 主要参考徐吉军：《论宋代浙江与日本的文化交流》，李英魁主编：《宁波与海上丝绸之路》，第 303 页。

② ［日］藤家礼之助：《日中交流二千年》，卞立强译，北京大学出版社 1982 年版，第 139 页。

③ 藤军：《日本茶道文化概论》仓沃行洋序，东方出版社 1992 年版。

建筑业。宋代浙江输入日本的建筑样式主要有"天竺式"和"唐式"。禅寺建筑对日本影响颇大。

造船和航海。日本商船"学习了宋船的造船术和航海术,大大减少了像过去遣唐使那样遇难的不幸事件"①。

（五）成寻《参天台五台山记》②

成寻（1011—1081），俗姓藤原氏，出身官僚家庭。宋熙宁五年（1072）三月十五日，成寻一行自日本松浦壁岛登上中国商船，从这一天起，成寻开始写日记，后写成《参天台五台山记》，书中记下了成寻一行乘船从钱塘江，过萧山经浙东运河，到曹娥、嵊州、新昌，再到天台的行程等。书中较详细记述了运河水道、船运设施，以及诸多沿运山川风光、风土人情、乡村城镇，是北宋时期浙东运河珍贵的历史资料。

成寻画像（引自《参天台五台山记》2008 年）

成寻一行由杭州经浙东运河到天台山。

> ［五月］五日甲申……巳时，江下止船，依潮未满也。申时，潮满出船。得顺风，上帆，过钱塘江（三江中其一也）。酉时，着越州西兴泊宿。
>
> ［五月］六日乙酉……，自五云门（萧山）过五十里，未时至钱清堰，以牛轮绳越船，最希有也。左右各以牛二头卷上船陆

---

① ［日］藤家礼之助:《日中交流二千年》，卞立强译，北京大学出版社 1982 年版，第136 页。

② ［日］成寻:《参天台五台山记》，白化文、李鼎霞校点，花山文艺出版社 2008 年版。

地，船人多从浮桥渡（以小船十艘造浮船），大河一町许。过三里，有山阴县，有大石桥。通前五大石桥也。过二里，至钱堰。从堰过五十里，戌时，至府迎恩门止。水门闭了，宿下。……今日过百卅里了（从杭州"定庆门"起）。

[五月]七日丙戌……迎恩门如日本朱雀门，大五间，左右有廊。扉有间锁，通水料欤？过五里，有都督大殿，如杭州府。过五里，有都泗门，以牛二头令牵过船。都泗二阶门楼五间，如迎恩门。未时，过六十五里，着盘江。同四点过十五里，至白塔山酒坊。……过十五里，至东关……过十五里，至曹娥堰宿。今日过百卅五里了。

[五月]八日丁亥，天晴。辰一点潮满。元以水牛二头引上船，陆次，以四头引越入大河（名曹娥河）。向南上河。河北大海也。河浒蒿山行，过五十里，午四点至王家会，暂逗留买薪。过廿五里，酉一点至夏午浦口（河名也，虽同河，上下名异）。过廿五里，至蔡家山宿。七时行法了。今日过一百里也。

[五月]九日戊子……巳时，过十五里，至弯头。借小船乘，移运入杂物。河水浅，大船不能上，仍借小船也。过廿里，午时着三界县。过卅五里，申四点至黄沙。顺风出来。上帆进船……

成寻一行又由天台山经浙东运河回杭州。

[八月]十九日甲午（回程）……日本僧出路，久不见来。钱塘江浅，不得渡。今日之内可出船。萧山河本浅，大船不得进，示县：借小船六只，可来者。午时，出船。过五十里，子时至钱清堰。

[八月]廿日乙未……卯时，以水牛八头付辘轳绳，大船越堰。船长十丈，屋形高八尺，广一丈二尺也。……申时，至于萧山。小船六只将来乘，移。今日过四十里，至河口定清门宿。

[八月]廿一日丙申……辰时，从法过门乘大船，待潮生。

天小晴，申时潮生，渡钱塘江。过十五里，酉时，到着杭州官舍。运船物，宿。七时行法了。都衔云"从府至杭州一百五里"云云，未一定。

四、元代沿海港口

（一）庆元港

"日元之间的贸易港，在元朝是庆元，在日本是博多。因此，所有的商船都来往于这两港之间。从而航路一般也都是横渡东中国海，航海日数似乎只是十天左右。"[①]

元代，浙东运河地位不及南宋时，但仍是庆元港（明州改庆元）联系腹地的主要航线，庆元港依然保持着我国港口的"三司"地位，是三大主要贸易港（广州、泉州、庆元）之一，是与日本、朝鲜贸易往来的重要口岸，正如张翥诗中所描写的："是邦控岛夷，走集聚商舸。珠香杂犀象，税入何其多。"[②]此外，还有东南亚、西亚，甚至地中海、非洲的许多国家和地区与庆元港有贸易关系。

元代，从庆元起航的目前所知的最大贸易船在途中沉没于韩国木浦，一次出运有2万多件瓷器贸易品、铜钱28吨[③]，实属少见。宋代，从明州进口的商品有160余种，而元代比宋代多60余种。[④]由此可见，庆元港在全国贸易中的地位不同寻常。

（二）白洋港

据史料记载，在唐代中叶，白洋山（又称"乌凤山"）系耸立海口的

---

① ［日］本宫泰彦：《中日文化交流史》，胡锡年译，商务印书馆1980年版，第401页。
② （元）张翥：《送黄中玉之庆元市舶》。
③ 韩国文化部关于木浦沉船报告Ⅰ—Ⅳ册。林士民、沈建国：《万里丝路——宁波与海上丝绸之路》，宁波出版社2002年版。
④ 至正《续志》"市舶"条。

小岛，大和年间（827—835），此地筑塘拦潮，改称"大和山"，有当时浙东著名的盐场及海上交通贸易港口——白洋港。[①] 到元朝末年，白洋港仍有巨船泊岸，对外贸易兴盛。明洪武二十年（1387），为防倭寇，信国公汤和在大和山南麓建白洋城，设巡检司驻兵御寇。至明中叶，海岸线北移，港口才堙废。

---

① 屠华清主编：《绍兴县交通志》，中国大百科全书出版社 1993 年版，第 57 页。

第七章
明清时期

　　明代三江闸建成，又畅流碛堰，使浦阳江干道归复西出钱塘江，基本消除了改道对山会水系的影响。海塘的闭合和浦阳江的改道最终确立了绍萧平原内河运河水系，而曹娥江以东的运河段，除堰闸和局部支线变迁外，运河主干道基本保持不变。元、明、清中国国都北移，加上政治动乱、军事战乱对浙东地区的影响，明中叶倭寇骚乱，清代鸦片战争外敌入侵等，对浙东运河的交通航运产生了不利影响。总体而言，随着运河水系的调整确立，浙东运河治理管理水平提升，航运能力有所加强和相对稳定。

第一节　明清山会平原水利

一、浦阳江改道

　　浦阳江为钱塘江的一级支流。历史上，浦阳江下游出钱塘江之口问题比较复杂，早期以在湘湖之地散漫流入钱塘江为主。到唐宋时期，萧绍地区海塘建设逐渐完成，下泄受阻，浦阳江也曾经改道由临浦、麻溪经绍兴钱清，至三江入海。又由于鉴湖堙废，会稽山水直接进入北部平原，因此，造成山会平原排洪压力骤然增大，水患剧增。明代，萧绍水利的重点便是对浦阳江下游进行人工调整，是这一地区新的水利平衡措施。主要水利工程是开碛堰和堵塞麻溪坝，由政府主导，靠行政命令来强制实施。为保证

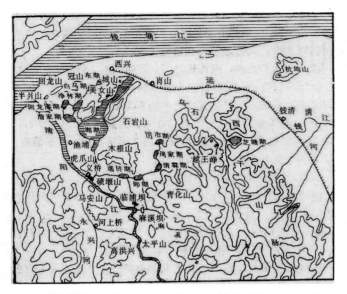

明早中期后浦阳江下游示意图（引自《绍兴市水利志》2021年版）

山会地区的整体利益，也必然使局部利益受损，山阴县天乐乡就是这一时期水利调整中典型的受害之地，并且也引起水事纠纷。

（一）改道过程

1. 唐代以前

唐以前浦阳江下游属自然状态，浦阳江以北出临浦注入钱塘江为主。《汉书·地理志》："余暨、萧山，潘水所出，东入海。"阚骃《十三州志》："浙江自临平湖南通浦阳江。"当时临浦、渔浦水面宽阔，水深不测，亦即《水经注·沔水》中所称的"万流所凑，涛湖泛决，触地成川，枝津交渠"之地。一遇浦阳江山水盛发，洪水的出口除临浦、渔浦为主，其余主要呈散漫状态，也有部分来水东北出流入西小江。由于当时河口排洪能力大，滞洪区宽广，均未带来这一地区的自然灾害，没有产生人与洪水之间区域性的较大矛盾冲突。

2. 唐宋时期

（1）排水受阻

湖泊淤积、围垦埋废。渔浦在盛唐时尚是一个大湖，而到北宋仁宗时期却出现了"市肆凋疏随浦尽"^①的状况;湘湖到北宋中期已成为一片低洼的耕地,到北宋末期,才又恢复成湖;临浦的围垦堙废到北宋中期,亦已基本完成。这些湖泊的堙废减弱了浦阳江下游的排洪、滞洪能力。

海塘修筑闭合使浦阳江北出受阻。唐末西兴塘、西江塘、北海塘先后兴建完成,与山会海塘连成一片,使原来遍布河口可顺流直下的浦阳江水不复故道,排水能力远不如以往。

鉴湖堙废加重浦阳江排水压力。南宋鉴湖堙废,原湖西部的滞蓄之水直接进入平原到西小江,更加重了内涝之时西小江的排涝负担,致使西小江的排洪压力骤然加大。

浦阳江河口排水大部进入西小江是有一个较长的过程的,湖泊堙废的过程是渐进的,海塘也有一个从泥塘到石塘,标准提高的进程。在尚为泥塘时,每临大汛期间,多采取人工决塘放水措施,山阴、萧山、诸暨三县排水矛盾并非突出,但之后随着水利条件的进一步改变,人口、农田的增多,淹没损失的增加,矛盾便日益增加。

(2)碛堰历史

碛堰是浦阳江改道的主要工程之一,位于义桥与临浦交界的新江碛堰山峡口。碛堰山史称"戚堰山""七贤山",名"碛堰山"当与碛堰有关。碛堰山主峰海拔160米,鞍部峡口不足20米。《唐律疏议》曰"激水为湍,积石为碛",碛为浅水中的砂石,而"壅水为之堰"。既是碛,又是堰,说明碛堰是用石块筑成的既可挡水又可过水的低坝。现有资料首记碛堰的是嘉泰《会稽志》卷四:"碛堰在县(萧山)南三十里。"这说明碛堰山山岙建筑中的堰坝在南宋时就已存在,其作用主要有蓄水、排洪、航运等。陆游诗《渔浦绝句》:"桐庐处处是新诗,渔浦江山天下稀。安得移家常住此,随潮入县伴潮归。"^②说明他是取道渔浦到临浦再到山阴的,但走碛堰只是可能,不确定。

---

① (宋)刁约:《过渔浦作》,(宋)孔延之:《会稽掇英总集》卷五。
② (宋)陆游:《剑南诗稿》卷十三。

至明代初期，浦阳江来水西出口之路条件更差，在临浦以下，不只走西小江，有相当一部分是通过萧山中部河网进入西兴运河到西小江入三江口的。

3. 明代改道

碛堰虽早在南宋时期就已存在，但当时肯定不作为浦阳江的主要出口。到了明代中叶，由于浦阳江造成山会地区的水旱灾难压力，碛堰已到了非开不可的地步，并且当时当地政府将其作为迫切需要实施的重要水利基础工程来对待。至明代中叶实施完成人工改道，浦阳江经临浦过碛堰山，全部北流至渔浦到钱塘江。浦阳江下游河口地区古代河湖形势比较复杂，文献记载不一，学术上争论颇多，关于明代浦阳江改道的时间主要有四种说法：

（1）宣德年间（1426—1435）

崇祯初刘宗周《天乐水利图议》记载："宣德中有太守某者，相西江上游，开碛堰口，径达之钱塘大江，仍筑坝临浦以断内趋之故道。自此内地水势始杀。"[①]

（2）天顺年间（1457—1464）

万历《萧山县志》卷之二载："三十里曰碛堰。《水利书》云：碛堰决不可开。"又载："天顺间，知府彭谊建议开通碛堰，于西江则筑临浦、麻溪二坝以截之。"

（3）成化年间（1465—1487）

黄九皋《上巡按御史傅凤翔书》记载："成化间浮梁戴公琥来绍兴，……相度临浦之北，渔浦之南，各有小港小舟可通，其中惟有碛堰小山为限，因凿通碛堰之山，引概浦阳（浦阳江）而北，使自渔浦而入大江（钱塘江）。"[②]

（4）弘治年间（1488—1505）

任三宅《麻溪坝议》载："弘治间，郡守戴公琥询民疾苦，博采舆

---

① （明）刘宗周：《天乐水利图议》，（清）王念祖：《麻溪改坝为桥始末记》卷一，民国八年（1919）蕺社印本。

② （明）黄九皋：《上巡按御史傅凤翔书》，民国《萧山县志稿》卷三。

论……因凿通碛堰，令浦阳江水直趋碛堰北流，以与富春江合，并归钱塘入海，不复东折而趋麻溪。"①

据考证，多以刘宗周先生之"宣德说"为重。陶存焕认为，浦阳江主流应在"宣德十年（1435）之前不久改道碛堰而汇入钱塘江，又筑临浦坝（又称"大江堤"）以阻水之再入故道后，萧绍平原水利形势顿时改观"②。

综上，浦阳江改道时间长、问题复杂、涉及知府人数多。这说明一个边际河流重大的水利工程建设与水资源调整完善会有数次反复，既要政府的决策、决断与行政强制，也要多代人的不懈努力。

浦阳江改道、三江闸等大型水利工程的兴筑，使西小江成为内河，大大缓解了山会平原的水患灾害，当然也减少了宝贵的水资源。

（二）麻溪坝兴废

1. 麻溪坝

浦阳江下游改道在开碛堰山后，"自此内地水势始杀，独临浦江上有猫山嘴一带江塘未筑，江流反得挟海潮而进，合之麻溪，横入内地，为患叵测。故后人复筑麻溪一坝以障之。相传设有厉禁，曰：'碛堰永不可塞，麻溪永不可开。'凡以谋内地之大全，如是或曰：'麻溪即指临浦而言，至今临浦称麻溪大坝，而麻溪为小坝云。'"③。

麻溪坝修筑完成后，浦阳江水不再由麻溪侵入和泛滥，坝内之水流向西小江，农田不受内涝而成沃土；坝外则归于浦阳江，使该地"自麻溪坝而一溪之水不得不改从猫山以合外江矣。当春、夏雨集之日，山洪骤发，外江潮汐复与之会，有进无退，相持十余日，天乡之民尽为鱼鳖，安望此三万七千亩尚有农事乎？况又有旱干以虐之，坐是十年九荒"④。

麻溪坝的存废问题在历史上引起长期的激烈争议。其一，麻溪坝是继

---

① （明）任三宅：《麻溪坝议》，（清）王念祖：《麻溪改坝为桥始末记》卷一。
② 陶存焕：《浦阳江改道碛堰年代辨》，盛鸿郎主编：《鉴湖与绍兴水利》，中国书店1991年版。
③ （明）刘宗周：《天乐水利图议》，（清）王念祖：《麻溪改坝为桥始末记》卷一。
④ （明）刘宗周：《天乐水利图议》，（清）王念祖：《麻溪改坝为桥始末记》卷一。

山阴天乐乡水利图（引自《麻溪改坝为桥始末记》）

临浦坝以后阻截浦阳江改道的一项关键工程，地处要道，竣工后，"山、会、萧三县江水无涓滴侵入"①，从而消除了浦阳江改道对山会平原带来的无穷灾患，于是三县遂视麻溪坝为保障。其二，麻溪坝将山阴的天乐四都截出坝外，麻溪水失故道，山洪骤发，加以外江潮汐顶托，造成天乐四都3.7万亩良田巨大的水旱灾害。

"至嘉靖中，始建猫山闸，以司启闭。万历中，土人复自猫山嘴至郑家山嘴筑大塘，永捍江流，不使内犯，而内水仍不可以时泄，其祸未解也。"②麻溪筑坝是浦阳江明代改道带来的局部性水利后患，既造成了天乐乡农田之大害，政府又未作损失补偿。

2. 刘宗周治理三策

刘宗周（1578—1645）本名宪章，字宗周。后因人误以字为名，遂易名宗周，另字起东，明绍兴山阴人。刘宗周是一代儒学名臣，是明代最后一个纯粹的儒学派系——蕺山学派的创始者。就绍兴水利而言，刘宗周也

---

① （明）刘宗周:《天乐水利图议》,（清）王念祖:《麻溪改坝为桥始末记》卷一。

② （明）刘宗周:《天乐水利图议》,（清）王念祖:《麻溪改坝为桥始末记》卷一。

是一位关注民生有专题研究的学者和有工程建设业绩的实践者。

明崇祯十六年（1643），刘宗周在被革职在乡期间，既注重著述讲学，又十分关注天乐乡民之苦，着意研究解决这里的水利问题。刘宗周天乐乡水患的治理和解决思路集中体现在《天乐水利图议》之中。该文开门见山写天乐荒乡之苦，记有诗曰："天付吾乡乐，虚名实可羞。荒田无出产，野岸不通舟。旱潦年年有，科差叠叠愁。世情多恋土，空白几人头。"指出天乐之所以成为荒乡，不仅是自然环境，也是人事没有处置好之祸害。又从介绍山会平原水利形势与历史入笔，写自宣德中某太守开碛堰山，筑麻溪坝后之水患无穷，指出"夫此一乡者为三县故，而受灾则亦付之无可奈何者也"。又接着对前人之做法提出了批评："为睹其一未睹其二也。"在此基础上提出治理对策："上策莫如移坝，中策莫如改坝，下策莫如塞坝洼。"对三江闸建成后，应如何适应新的水利形势变化，重新优化处置天乐乡的水利问题提出了自己独特的看法。"真万策之长策也。"

3. 改坝为桥

刘宗周的上策实施遭到萧山任三宅等人以"开坝之害不可胜言""沿江诸乡水害孰与御之"[①] 等为由竭力阻止。后太史余煌等提议："向者先生建三策，今不能行其上而姑用其中乎？请先开茅山，潦则泄，旱则灌，使三邑之民晓然知茅山之为利而不愿麻溪之有坝，然后渐开麻溪以兴永利，不亦可乎？"此亦不失为因地制宜之良策。"于是令曰旧制水门二，今加辟其一，皆以寻为度，高视旧增四分之一，而以石甃其上半，内外皆设滚门，中施板干，务在雄壮坚牢，可垂永久。"[②] 又将麻溪坝霪洞改广，并重筑郑家大塘。"高三丈，广倍之。"此次修筑完成，使浦阳江水又被拦在茅山闸外，然麻溪水之出路仍未得以疏通归流。直到道、咸之际，大水频年，还是"坝以外一片汪洋，几为鱼鳖，坝以内平畴寸水，乐业如恒"[③] 的局面。

清宣统三年（1911）八月，天乐乡自治会乃以废坝之议陈请省会咨议

---

① （明）任三宅：《麻溪坝议》，（清）王念祖：《麻溪改坝为桥始末记》卷一。

② 《刘蕺山先生建茅山闸记》，（清）王念祖：《麻溪改坝为桥始末记》卷一。

③ （清）王念祖：《麻溪改坝为桥始末记》序。

局，请求派员查勘，咨议局多次勘查，争议颇为激烈。民国二年（1913）
三月，天乐乡四十八村联合会三次呈请官厅废坝，官厅批令"静候办理"。
于是，"三月春涨已了，夏水又生，田庐既淹，塘圩将决，巨灾已成，忍
无可忍，万众一致，集愤于坝，不一日而四十八村男女老幼荷锸舁索，拆
坝而废之"[1]。最后政府顺从民意，合乎水利形势变化，决定改坝为桥，"桥
工开始于民国二年十二月，竣工于民国三年七月，由官厅派员验收"[2]。一
场历时 400 多年的因浦阳江改道引起的水利公案就此结束，然"卒得根据
先生绪论改坝为桥，乡人不敢忘"[3]。

二、戴琥河湖治理

戴琥，字廷节，明江西浮梁县人，明成化九年（1473）任绍兴知府。
他对绍兴水利的建树可概括为：承上启下，开拓创新。

（一）山会水则

鉴湖水利工程堙废后，在山会平原农田水利
上产生了河、湖水位的控制和涵闸的管理问题。
鉴湖原来的蓄水，已广布于整个山会平原，而平
原各地出现了河湖水位的深浅及耕地、微地貌各
不相同的情况。农田灌溉、水产养殖、航运对河
湖水位也有不同的要求。由于不能统一管理，各
乡村便按自己的需要控制所属的涵闸，保护自身
的利益，结果出现了诸多的矛盾和纠纷，加重了
山会平原的水旱灾害。对此，戴琥在经过深入实
地考察和研究的基础上，于明成化十二年（1476）

山会水则碑

---

① （清）王念祖：《麻溪改坝为桥始末记》序。

② （清）王念祖：《麻溪改坝为桥始末记》序。

③ 《刘蕺山先生传略》，（清）王念祖：《麻溪改坝为桥始末记》卷一。

创建了一座山会水则（水位尺），置于河道贯通于山会平原诸河湖的绍兴府城内佑圣观前河中，观内立有一块可供观测使用的"山会水则碑"。碑文如下：

> 种高田，水宜至中则；种中高田，水宜至中则下五寸；种低田，水宜至下则，稍上五寸亦无伤，低田秧已旺。及常时，及菜麦未收时，宜在中则下五寸，决不可令过中则也。收稻时，宜在下则上五寸，再下恐妨舟楫矣。水在中则上，各闸俱用开；至中则下五寸，只开玉山斗门、扁拖、龛山闸；至下则上五寸，各闸俱用闭。正、二、三、四、五、八、九、十月不用土筑，余月及久旱用土筑。其水旱非常时月，又当临时按视以为开闭，不在此例也。

> 成化十二年十二月朔旦

此碑文系为山会平原农田灌溉、排水和航运需要而制定的平原河网水位调控规则，由明绍兴知府戴琥撰于成化十二年。碑文原置于府城内佑圣观前府河旁，20世纪70年代，移置于禹庙碑廊。《山会水则》是绍兴水利史和浙东运河史上的一个杰出创造，全文共172字，其控制范围包括山阴、会稽、萧山三邑流域面积，已接近后来三江闸控制的1520平方千米，对流域内不同时节、不同田亩、不同农作物以及交通航行的水位控制和调度，统筹兼顾，一一作了周密、细致、明确的规定，同时又具有非常时日可以临时处置的灵活性，达到了很高的古代水利管理的科学水平。

《山会水则》从明成化十二年建立时起，至明嘉靖十六年（1537）汤绍恩建成三江闸止，共使用了61年。其时，三江闸成为统领山、会、萧三邑的新排灌枢纽，玉山、匾拖诸闸悉成内河节制闸，原与《山会水则》配套的刻有"上、中、下"三则的水则柱，亦被刻有"金、木、水、火、土"五则的新水则柱所取代，分立于三江闸前和佑圣观府河中。

（二）水利碑

明成化十八年（1482），戴琥即将离任绍兴前夕，根据他在绍兴十年的治水经验，写了《戴琥水利碑》，并立碑于府署，以供后来治水者沿用或参考。碑面分图、文上下两部分。上半部分高 84.2 厘米，为绍兴府境水利全图，绘刻府属八县的山川河湖、城池、堰闸的位置等内容。下半部分高 81.9 厘米，为碑文。此图所标上北下南，右东左西，极易辨认，是目前所见明代包括明代以前绍兴水利地形图示中最详尽、逼真、全面的一幅，至今仍保存完好。

碑文开门见山记述了绍兴之地理水系大势，"绍兴居浙东南，下流属分八县，流经四条"，即东小江、西小江、余姚江、诸暨江。越地多水，河道四通八达，河网密布，"其间泉源支流汇潴，堤障会属丛入，如脉络藤蔓之不绝者，又不可考"。

紧接着又对上述四江的流经路线、沿途水利工程、主要湖泊等进行了详细的记述，然后又集中对各河现状特征进行了精辟论述。"东小江田多高阜，水道深径无所容，力灌溉之功"，东小江即曹娥江，源短流急，古

明《戴琥水利碑》绍兴府境全图（拓自绍兴大禹陵原碑）

代受制于社会经济和科学技术条件限制，较少蓄水工程，沿岸农田灌溉困难，故"嵊治以上可以为陂，以下则资之诸塘"。西小江"自鉴湖废，海塘成，故道湮，水如盂注"。鉴湖上游三十六源之水集雨面积为419.6平方千米，总集雨面积约为610平方千米，有着巨大的蓄水功能，正常蓄水量2.69亿立方米[①]，但堙废后一旦山水盛发，全部倾注于北部平原。由于北部海塘建成，西小江原入海故道被围堵，洪水无处排泄，造成严重水患，而"惟一玉山斗门莫能尽泄"，"山、会、萧始受其害"。又虽建柘林、新灶、扁拖、夹篷、新河、凫山、长山等水闸排洪，遇较大洪水，仍不能及时排出，因此，必须再建水闸，既防洪又挡潮，并且"须于有石山脚，如山阴顾埭、白洋、会稽柘枝、新坝等处增置数闸，则善矣"。诸暨江是感潮河段，大侣湖以上应该重蓄水；以下应防诸湖遭潮水侵入，应加强水闸建设和堤防加固。余姚江港口应加强疏浚，确保潮水畅通，湖水蓄泄有度，加固灌排设施，则可减少水患。

戴琥又认为，"诸暨江萧山旧有积（碛）堰，并从西小江入海，堰废，始析而二，好事者不察时务，不审水性，每以修堰为言"，但这些人不明白，筑堰之时未有海塘，水还能从山阴诸河排入海中，此筑堰后尚不足以造成水患，现在海塘修筑后再存碛堰，则"诸暨将会巨浸，而山、会、萧十余年舟行于陆，人将何以为生？"山会水利历史变迁，全局与局部所言详备。又针对有人提出疏浚西小江说，戴琥认为，故水道已变，疏浚工程巨大又不切实际，即使疏浚也难以扼潮水，同时也难以防御潮水带来的淤泥涨塞。据上，戴琥斩钉截铁下达了作为一个当地最高官员的水利历史性结论，"堰决不可成，小江决难复通矣"，必须确保碛堰畅通排水。对萧山湘湖水利，碑中也作论述，须防止侵湖为田，水利设施要不断加强维修和管理，否则后患无穷，"大抵湖塘民赖以为利，侵盗之禁不可少弛。弛则民受其害，复禁又生怨"。湘湖能保持至今，戴琥也有重要功绩。

[①] 盛鸿郎、邱志荣：《古鉴湖新证》，盛鸿郎主编：《鉴湖与绍兴水利》，中国书店1991年版。

对水利这一关乎国计民生的大事，最后碑文中指出："后之君子庶几视为家事，随时葺理，不避嫌，不恤谤，不令大败，以佐吾民。则幸甚。"这既是对后任者的期望，也是戴琥守越十载，实践和继承大禹治水精神、以民为本思想的真实写照。

《戴琥水利碑》图文并茂，既记载了绍兴水利形势，又探索提出了治水方略。更难能可贵的是，他不拘泥于历史传统，而是从实际出发，与时俱进，提出了切合实际的治水思路，可谓明代绍兴水利史上的"水经"和"治典"。其不但反映了戴琥守越治水的艰辛实践和不懈探索，具有真知灼见，同时也必定包含了与他同时的一批共事者和民众的共同艰辛努力。

（三）治水影响

戴琥所处的时代正是水利从宋代鉴湖堙废到明代河湖整治的调整时期，而戴琥作为一个有良知、有作为的地方长官，面对前代水利遗留之现状，肩负起历史的重任，勇于开拓绍兴水利整治的新格局，无论是实践还是理论都卓有成效，并为后来者治水奠定了基础，产生了深远影响。明代曾任礼部右侍郎的丘濬（1420—1495）著有《戴公重修水利记》[①]，对戴琥在绍兴的治水业绩"所以异于前人"有中肯和高度的评述：

> 侯以名御史来知郡事，下车之初，问民疾苦，知其所患莫急于水利之修，乃躬临其地而遍阅之，以求其利之所在，与夫害之所必至，备得其实，乃择日厄徒于其要害处，建石以为闸，凡六。在山阴之境者五：曰新灶，曰柘林，为洞者四，以泄江南之水；曰夹篷，曰匾拖，为洞者三，以泄江北之水；曰新河，为洞者二，以泄麻溪五湖之水。
>
> 在萧山之境者一：曰夔山，为洞者二，以泄湘湖之水。夫如是，则小江虽淤积，堰虽废，而诸水悉有所往，终不能为民之害也。其所建置，疏塞启闭，咸有法则，断断乎必有利而无害，必

---

① 此文与《戴琥水利碑》同列一碑石，位居碑阳，撰于明成化十五年（1479）。

可经久而不坏。诸费一出于官，而民无与焉。於乎，若戴侯者，所谓良二千石者，非耶？

认为戴琥的德政必将传承及弘扬光大：

夫绍兴古名郡，吏治之载于史册者，代有其人，而尤以兴水利为良，今其遗迹，或存或湮，而百世之下，蒙其利而仰其德者，恒如一日。戴侯继前人后而兴此役，虽不拘拘于其已往之陈迹，而其利民之心，则固昔人之心也。后之继侯者，人人存侯之心，行侯之政，次第推广之，则其利之在民者，庸有既耶！于是乎书以为记，盖美前政之良，所以启后之继者于无穷焉。

戴琥规划了之后绍兴平原河网的治水方略及基本格局。再开碛堰，使历经多次变化的浦阳江下游回归钱塘江故道；其所提出的于滨海山石之间兴建排涝挡潮水闸的思路，启后来者之实践，66年后的明绍兴知府汤绍恩，建造当时总钥山会平原河网的三江闸，闸成后西小江成为一条内河，形成了以三江闸为排涝、蓄水、御潮总枢纽的绍兴平原河网水系。

三、三江闸建设

（一）建闸前水利形势

1. 水旱灾害严重

南宋鉴湖堙废，会稽山三十六源之水，直接注入北部平原，原鉴湖和海塘、玉山斗门两级控水成为全部由沿海地带海塘控制。平原河网的蓄泄失调，导致水旱灾害频发。南宋以来，浦阳江下游多次借道钱清江，出三江口入海，进一步加剧了平原的旱、涝、洪、潮灾害。

为了减轻鉴湖堙废和浦阳江借道带来的频发水旱灾害，自宋、明以来，山会人民在兴修水利上付出了巨大的努力，如修筑北部海塘，抵御海潮内侵，整治平原河网，增加调蓄能力，修建扁拖诸闸，宣泄内涝，开碛堰，筑麻溪坝，使浦阳江复归故道……有效地缓解了平原地区的旱、涝灾害，但仍不足以解决旱涝频仍，咸潮内入的根本问题。当时的水利形势，正如清罗京等在为程鹤翥《三江闸务全书》所作的序中所称："於越千岩环郡，北滨大海，古泽国也。方春霖秋涨时，陂谷奔溢，民苦为壑；暴泄之，十日不雨，复苦涸；且潮汐横入，厥壤潟卤。患此三者，以故岁比不登。"

2. 运河航运不利

浙东运河通过钱清江的航运状况也堪忧：

> 钱清故运河，江水挟海潮横厉其中，不得不设坝，每淫雨积日，山洪骤涨，大为内地患。今越人但知钱清不治田禾，在山、会、萧三县皆受其殃，而不知舟楫之厄于洪涛，行旅俱不敢出其间，周益公《思陵录》可考也。[1]

由此可见，钱清江洪潮频仍，对航运行旅造成很大不利。

3. 钱塘江北移的有利时机

明代钱塘江江道北移，相对减缓了钱塘江洪水和涌潮对三江口的冲击，山会海塘线外的滩涂开始淤涨，为创建滨海三江闸创造了有利条件。

（二）建设过程 [2]

1. 主体工程

嘉靖十四年（1535），"郡守汤公由德安莅此土"，"一旦，公登望海亭，见波涛浩淼，水光接天，目击心悲，慨然有排决之志"。次年，"遍观地形，以浮山为要津，卜闸于此，白其事于巡抚周公暨藩臬长贰，金'允议'"。最开始选定的闸址在"浮山"边，然"公乃祭告海神，筑基浮山之西，至再至三，终无所益"。看来是发现浮山之西并不适宜建作闸址。于是，"公又虑之曰：'事如是，可望其成乎？'"。

---

① （清）舒瞻：《重修明绍兴太守汤公祠堂碑文》，平衡：《闸务全书续刻》卷一。

② 本小节除特别标注外，主要引自《郡守汤公新建塘闸实绩》，（清）程鹤翥：《三江闸务全书》上卷，清漱玉斋刻本。

又相地形于浮山南三江之城西北，见东西有交牙状，度其下必有石骨。令工掘地数尺余，果见石如甬道，横亘数十丈。公始决然曰："基可定于斯，事可望其成矣。""即于丙申秋七月，复卜，吉，祀神经始。"最后选定了玉山闸北、马鞍山东麓的钱塘江、曹娥

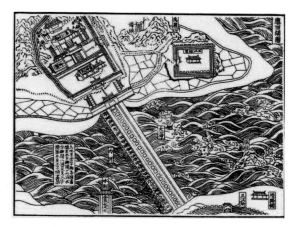

三江应宿闸平面图（引自万历《绍兴府志》卷十七）

江、钱清江汇合处的古三江口作为闸址，在彩凤山与龙背山之间倚峡建闸。以上记载也可说明汤绍恩选定建闸之地，原非河道，是两山之间的一块平地之下有山石相连。这也是大闸较快建成的重要原因之一，同时也为之后建"新塘"实行河道改道带来了难度。

是年七月开始备料筑坝，到次年三月闸成竣工，历时不足 9 个月，而闸体实际施工仅"六易朔而告成"，共费银 5000 余两。大闸左右岸全长 103.15 米，28 孔，净孔宽 62.74 米。[1] 孔数系应天上星宿，故又称"应宿闸"。取石之地在就近的石宕，即所谓"又命石工伐石于大山、洋山"。

此外，在闸上游三江城外和绍兴府城内各立一石制水则，自上而下刻有"金、木、水、火、土"5 字，以作启闭标准。全闸结构合理，建造精密，设施完备，具有整体性和较好的稳定性。

2. 新塘工程

三江闸建成后又在闸之西边建"新塘"，"长二百余丈，阔二十余丈"。这其实是一个河道改道工程，也就是说，新塘处是原河道出海口，由于三江闸建在新的山脚处，建成后必须对原老河道实行封堵，使水归三江闸。

---

① 绍兴县修志委员会：《绍兴县志资料（第一辑）·塘闸汇记》，古籍书店 1937 年版。

《郡守汤公新建塘闸实迹》记载了建新塘的工程过程和艰难。又记载,此新塘"其工之不易为与费之不可限,为与费之不可限,尤甚于闸。五易朔而告成,水不复循故道而归于闸矣"。至此,才出现了"嗣后河海划分为二"的新格局。

(三)工程效益

1. 阻断钱清江潮汐

三江闸的首要功效,是切断了潮汐河流钱清江的入海口,"潮汐为闸所遏不得上"[1],最终消除了数千年来海潮沿江上溯给山会平原带来的潮洪咸渍灾祸。闸成后,又筑配套海塘 400 余丈,与绵亘 200 余里的山会海塘连成一线,筑成了山会萧平原御潮拒咸的滨海屏障。钱清江从此成为山会平原的一条内河,所处钱清江西北之萧山平原诸河也随之成为内河。从而形成了以运河为主干、以直落江为主要排水河道、以三江闸为排蓄枢纽的绍萧平原内河水系。

2. 提高排涝能力

三江闸建成,山会平原河湖网成为内河。据测算,山会海塘内的山会平原面积(黄海高程 10 米以下)约为 965 平方千米。其中,河湖网水面约有 142 平方千米,占 14.7 %;平均水深 2.44 米,正常蓄水量有 3.46 亿立方米。[2] 河湖网既是南部山水下泄的滞洪区,又是旱季平原抗旱的主要水源,为山会平原的社会经济、生产生活提供了水资源基础保障。

三江闸将钱清江流域纳入控制范围,成为山会平原整体的排涝枢纽。闸全开时,正常泄流量达 280 米³/秒,能使绍萧地区 3 日降水 110 毫米暴雨排泄入海,也就彻底改变了汛期排洪涝不及时决海塘泄洪的被动局面,使"水无复却行之患,民无复决塘、筑堤之苦"[3]。

---

① 万历《绍兴府志》卷一七所收陶谐《建闸记》。
② 沈寿刚:《试议绍兴三江闸与新三江闸》,盛鸿郎主编:《鉴湖与绍兴水利》,中国书店 1991 年版。
③ (万历)《绍兴府志》卷十七《水利志》。

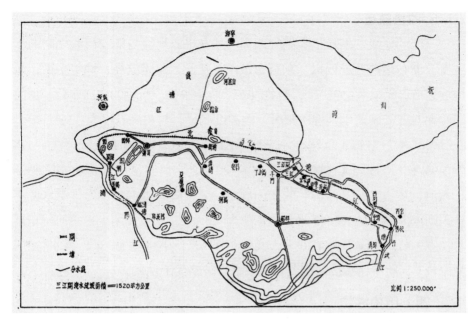

三江闸泄水流域图（引自民国《绍兴县志》）

3. 控制蓄泄

三江闸改善了绍萧平原河湖网的蓄水状况。由于大闸主扼运河水系出海的咽喉，可以主动控制蓄泄，因而在一般情况下，均可闭闸蓄水，或开少数闸门放水，保持内河 3.85 米（黄海高程）的正常稳定水位，以提高平原河湖的蓄水量，满足灌溉、航运、水产和酿造的需要，"旱有蓄，涝有泄，启闭有则，则山、会、萧之田去污莱而成膏壤"①。

4. 增加了土地资源

建闸前，钱清江之北、山阴海塘之南，今下方桥、安昌一带的塘内之田，因受钱清江潮汐祸害，垦种不易，有的甚至弃之为荒。闸成后，钱清江成为内河，荒地始可全面开垦，"塘闸内得良田一万三千余亩，外增沙田沙地百顷"。②为绍兴发展增添了宝贵的土地资源，在地域上也实现了一次新的扩展。

---

① 《京兆姜公三修大闸碑记》，（清）程鹤翥：《三江闸务全书》上卷。
② 《郡守汤公新建塘闸实绩》，（清）程鹤翥：《三江闸务全书》上卷。

5. 改善航运

三江闸建成，消除了鉴湖时期湖内外及平原河流与潮汐河流之间的水位差。浙东运河西起西兴，东至曹娥段，从此"路无支径，地势平衍，无拖堰之劳，无候潮之苦"[①]，有效改善了航行条件。当时的内河水位，据民国时期对三江闸前水则牌所刻各字的高度测量，其黄海高程为："金"字脚4.5米，"木"字脚4.34米，水字脚4.22米，"火"字脚4.09米，"土"字脚3.95米。[②] 按照《修闸事宜条例》"水至金字脚各洞尽开，至木字脚开十六洞，至水字脚开八洞"的启闭规定，金字脚、木字脚作为排涝水位不计，则内河高水位为4.22米，中水位为4.09米。如按今绍兴平原河网正常水位3.9米，警戒水位4.30米，高水位4.0米，中水位3.7米，低水位3.4米比较[③]，就航道水位深度而言，似乎当时略优于现代。

（四）历史地位

"三江闸代表了我国传统水利工程建筑科技和管理的最高水平。"[④] 三江闸是中国现存规模最大的砌石结构多孔水闸，是绍兴水利史上的一座丰碑，历经470余年屹立于今。

1. 选址正确

闸位于玉山斗门以北约3000米的泄水要道上，地处彩凤山与龙背山两山对峙的峡口，不仅闸基是天然岩基，非常稳固，而且濒临后海，泄水极为顺畅。

> 浮山潜脉隐限钱清入海之口，引为闸基，上砌巨石，牝牡相

---

① （明）黄宗羲:《余姚至省下路程沿革记》,《黄宗羲全集》第十册，浙江古籍出版社2005年版。

② 葛关良主编:《绍兴县水利志》第十三章"水闸"，中华书局2012年版，第205页。

③ 资料由绍兴市水文站提供。

④ 中国大运河水利遗产保护与利用战略论坛全体代表:《加强绍兴三江闸保护倡议书》，邱志荣、李云鹏主编:《运河论丛——中国大运河水利遗产保护与利用战略论坛论文集》，中国文史出版社2014年版，第379页。

衔，弥缝苴罅，惟铁惟锡，挽近西土工程，共夸精绝。以此方之，殊无逊色，而远在数百年前有兹伟画，尤足钦矣！[①]

2. 领先世界的水工技术

（1）基础处理

在天然岩基上清理出仓面后，置石灌铁铺石板，施工方法"其底措石，凿榫于活石上，相与维系"，再"灌以生铁"，然后"铺以阔厚石板"，底板高程不一，多数在黄海 1.92 米左右。

新塘施工的首要困难是在浪潮汹涌的入海口修筑，尤以封堵龙口为凶险，屡筑屡溃，后采用"箬口盛瓷，屑及釜犁等铁，破筏沉之""以石灰不计其数投之，……复以大船载石块溺水，并下埽填筑，筑起而溃者，亦难数计"等办法终获成功。[②]

（2）叠石方法

闸墩、闸墙全部采用大条石砌筑，条石每块多在 1000 斤以上，一般砌 8—9 层，多在 10 层以上，石与石"牝牡相衔，胶以灰秫"。"叠石为坊，渐高渐难。或曰砌石一层，封土一层，石愈高，则土愈高阔，后所欲加之石，从土堆拖曳而上，则容足有地，而推挽可施，梁亦易上，公从之，信然。即昔人碑不见龟，龟不见碑之意。"其垒石增高的办法既传统有序，又安全和稳固。

（3）闸门设置

闸墩顶层履以长方体石台帽，上架长条石，铺成闸（桥）面；墩侧刻有内外闸槽，放置双层闸门，闸底设内处石槛，以承闸板（各洞总有木闸板 1113 块）。计有大墩 5 座、小墩 22 座，每隔 5 洞置一大墩，惟闸西端尽处只 3 洞，因"填二洞之故"。由于天然岩基高低不等，孔高也不一致，

① 曾养甫：《重修绍兴三江闸碑记》，绍兴县修志委员会：《绍兴县志资料（第一辑）·塘闸汇记》，古籍书店 1937 年版。
② 《郡守汤公新建塘闸实绩》，（清）程鹤翥：《三江闸务全书》上卷。

深者 1.54 米，浅者 3.4 米，孔宽也略有差异，在 2.16—2.42 米。①

墩侧凿有内外闸槽各一道，每洞放置木闸门两道，既利于启闭和更换闸板，又可在闸门中间筑土以防止枯水期漏水。闸墩顶覆以长方形石台帽，上承石梁以成路面，"闸上七梁，阔三丈，长五十丈"，以增强闸的整体性和稳定性，也利于闸上交通。

3. 管理维修

（1）资金

三江闸从兴建到日后的管理都有一整套严格的管理制度。建闸资金，除"请动公帑"，"各捐俸捐资外，于三邑田亩，每亩科四厘许，计得资六千余两。物料始具，其役夫起于编氓"。②

大闸建成后，汤绍恩又担心日后闸有倒塌崩坏之患，预备了一定的钱币藏之于府中，专用修闸之费。

（2）启闭管理

闸之启闭，按三江城侧之"金、木、水、火、土"水则所示，"闭闸先下内板，开闸先起外板"。28 孔均配以闸夫和规则启闭，如"角、轸二洞名常平，里人呼减水洞，十一闸夫所共也。""除此二洞外，每夫派管二洞，深浅相配。""如开十一洞，每夫一洞，倍之则一人二洞，如开多开少不一，自有公议。""水小先开浅洞，大则先开深洞。倘闸内外俱有沙涨，又宜于小水微流处，先开几洞，借势疏通之。""洞虽分管，启闭未尝不通融相助。"③

这里还要提到的是近年新发现的则水牌。2018 年 9 月 27 日，浙江省建工水利水电有限公司在绍兴越城区城东则水牌村文昌阁跨龙桥南侧进行河道拓宽施工，在混里江与大长坂交界处河道内发现明代则水牌一件，该石牌上部略有破损，尺寸为 210 厘米 ×30 厘米 ×34 厘米，四面分别刻有春季水牌铭文、夏季水牌铭文、秋季水牌铭文、冬季水牌铭文，还有不同

---

① 绍兴县修志委员会：《绍兴县志资料（第一辑）·塘闸汇记》，古籍书店 1937 年版。
② 《郡守汤公新建塘闸实绩》，（清）程鹤翥：《三江闸务全书》上卷。
③ 《郡守汤公新建塘闸实绩》，（清）程鹤翥：《三江闸务全书》上卷。

水位刻线。

根据文物、水利专家的鉴定，确认该石碑应为明代绍兴平原河网水位调蓄与管理时测水位的三种石碑中的季水牌，对绍兴水利航运的发展历史具有宝贵的研究价值。笔者认为该则水牌应是与三江闸金木水火土牌相配套的河网调度水则管理碑，前者位于绍兴北部河网的中心区，用来观察和控制春、夏、秋、冬的不同水位，后者位于三江闸，按照绍兴府城佑圣观中《山会水则》调度原则，以控制三江闸启闭。

（3）维修管理

自三江闸建成至新中国成立共经 6 次较大规模的修缮，主持者分别为明万历十二年（1584）知府萧良幹、崇祯六年（1633）余煌，清康熙二十一年（1682）闽督姚启圣、乾隆六十年（1795）尚书茹棻、道光十三年（1833）郡守周仲墀，民国二十一年（1932）浙江省水利局等。

以上各次维修管理成效明显，技术水平不断提升。尤其是绍兴知府萧良幹主持的第一次对三江闸的大修，在工程完成后，集三江闸运行 47 年之经验，制订了三江闸第一个较完备的管理制度《萧公修闸事宜条例》[①]。该制度不但对三江闸实行了系统全面的管理，而且还具有可操作性。

（五）汤绍恩事迹

汤绍恩（1499—?），字汝承，号笃斋，四川安岳县陶海村人[②]。嘉靖五年（1526）进士，十四年（1535）由户部郎中迁德安知府，寻移绍兴知府，累官至山东右布政使。"为人宽厚长者，其政务持大体，不事苛细，与人不欺，人亦不忍欺。朴俭性成，内服疏布，外服皆其先参政所遗，始终清白，然亦未尝以廉自炫，度量宏雅。"[③]他在越为守 6 年，缓刑罚，恤贫弱，济灾荒，兴水利，功绩卓著，深受绍兴人民爱戴。

---

① 收于（清）程鹤翥:《三江闸务全书》上卷。

② 详见邱志荣、魏义君:《四川汤绍恩故居寻访记》，邱志荣主编:《中国鉴湖（第一辑）》，中国文史出版社 2014 年版。

③ 万历《绍兴府志》卷三十八。

《总督陶公塘闸碑记》曰:"西蜀笃斋汤公绍恩,由德安更守兹土,下询民隐,实惟水患。公甚悯之,曰:为民父母,当捍灾御患,布其利以利之也,吾民昏垫,不知为之所,乃安食于其土,可乎?"① 可知其对为官的责任非常明确。

开始建闸时,因巨大的工程投入和劳力需要,民间怨声四起。汤绍恩认定目标,说:现在虽有人怨我,但建闸成功后,水患灾害减轻,人民富裕,老百姓必定会肯定此举。任劳任怨,见识非凡。此可谓"水防用尽几年心,只为民生陷溺深。二十八门倾复起,几多怨谤一身任"②。

为解决工程经费之困难,汤绍恩赴省衙要求拨款,拨款不足,汤绍恩不但捐自己当年俸禄的三分之二,还发动三县人士解囊捐助。对店肆作坊积极出资者,则亲书匾额以赠之。"乍闻树叶声,疑风雨骤至,即呕血"③,其奉献精神感天地动人心。

三江闸建成后的次年,汤绍恩又指挥百姓在三江闸附近建造"新塘"。由于基础处理困难,又直接临水,潮汐冲刷频仍,施工十分困难。汤绍恩又命人将大石块置于海底,筑起拦海大堤,以为大功即可告成,不料堤筑起很快溃决,再筑又溃,难以数计,损失惨重,历尽艰辛而前功尽弃。为此,汤绍恩昼夜不眠,食不甘味。他写了一篇给海神的文章,置于怀中,赤身躺在新筑的大堤上,口中念着:"如再溃,某惟以身殉东流矣。"④ 话音刚落,精诚感神,便有几百条豚鱼,涌出海面。霎时,海面上风平浪静。再筑大堤,竟不再溃决。新塘终于建成了,长 200 余丈,阔 20 余丈。此事也可见汤绍恩建设水利之精诚与奉献。

为感念其建闸治水的功绩,从明代万历年起在绍兴府城开元寺和三江闸旁分别建有汤公祠,每年春秋祭祀。清康熙四十一年(1702)汤绍恩被敕赐"灵洛"封号,雍正三年(1725)又被敕封为"宁江伯"。今祠已不

---

① 《总督陶公塘闸碑记》,(清)程鹤翥:《三江闸务全书》上卷。
② (明)季本:《三江应宿闸》,乾隆《绍兴府志》卷十四。
③ 《郡守汤公新建塘闸实绩》,(清)程鹤翥:《三江闸务全书》上卷。
④ 《郡守汤公新建塘闸实绩》,(清)程鹤翥:《三江闸务全书》上卷。

存，但城内府山北坡尚存有汤绍恩手书的"动静乐寿"摩崖题刻。

汤绍恩继承大禹业绩，造福绍兴人民，后人赞曰[1]：凿山振河海，千年遗泽在三江，缵禹之绪；炼石补星辰，两月新功当万历，于汤有光。

四、海塘

（一）萧绍海塘

萧绍海塘西起今萧山临浦麻溪东侧山脚，经原绍兴县至上虞县蒿坝清水闸西麓，全长 117 千米。自西向东分别由史称西江塘（麻溪—西兴）、北海塘（西兴—瓜沥）、后海塘（瓜沥—宋家溇）、东江塘（宋家溇—曹娥）及蒿坝塘组成。海塘保护范围为今萧山区、越城区、上虞区境内的海塘以南，西界浦阳江，东濒曹娥江，南倚会稽山北麓的萧绍平原地区。

萧绍海塘的始筑年代有说是"莫原所始"。[2]《三江闸务全书》则记为"汉唐以来"。[3] 萧绍海塘上不但有著名的三江闸，还有山西、姚家埠、刷沙、宜桥、楝树、西湖等闸。

宋代萧绍海塘修筑技术已将部分土塘改为石塘，但结构还比较简单，难以抵御较大潮汐冲击。又"斗门海沙易淤，江流泛涨时有横决之患"[4]。

"海塘者，越之巨患也。"[5] 海塘建成后不断遭受风暴潮汐的冲击。北宋天圣年间（1023—1031），记载有海溢坏堤害稼的史料。景祐三年（1036）张夏以工部郎中任两浙转运使时，主持修缮西江塘和北海塘，并将部分柴塘改建为石塘。明代徐渭在《水利考》中说："是以前乎汉而无海塘，则镜湖不可不筑；后乎宋而无镜湖，则海塘不可不修。"

南宋绍兴二十八年（1158）、隆兴元年（1163）均大风海溢成灾，给事

---

① 明徐渭代张元忭撰书，载（清）程鹤翥：《三江闸务全书》下卷"汤祠对联"。
② 嘉泰《会稽志》卷十。
③ （清）程鹤翥：《闸务全书》卷上。
④ 朱孟晖：《麻溪坝开塞议辨》，（清）王念祖：《麻溪改坝为桥始末记》卷一。
⑤ 嘉庆《山阴县志》卷二十，第 31 页。

中吴芾在隆兴年间（1163—1164）"重加竣叠"会稽海塘。

明代萧绍海塘的抢险修筑，以萧山西江塘、北海塘两段最为频繁。前者毁坏，大都由于浦阳江、富春江发生较大洪水，再遭江潮顶托，致使塘身溢溃；后者则因异常风潮或塘前滩地坍失，塘身不耐强潮冲击。兴工修筑规模较大工程有：洪武二十二年（1389），萧山捍海塘（北海塘）坏，咸潮涌入，直达县城，用桩木及石板、石条将长山至黾山间 40 余里土塘改成石塘①（长山至黾山间实际塘长仅 10 千米，此按原史料数字不变）。

清代康熙五十一年（1712）八月风潮毁塘，将塘夷为平地，绍兴知府俞卿雇夫千余人，贷金 3000 余两修筑马鞍山、丈午村、蔡家塘三决口。次年八月大水复至，诸塘尽溃，俞卿按亩征银共 2.77 万余两，自康熙五十五年（1716）四月起修筑山阴海塘，并自九墩至宋家漊的 40 余里，"长堤四十里，俱累叠以巨石，牝牡相衔"②，总耗银 3.3 万余两，于康熙五十六年（1717）三月竣工。康熙五十七年（1718），俞卿又筹银兴修会稽海塘，仿山阴塘例易为石塘。康熙五十七年（1718）至六十一年（1722），在会稽境内建石塘 3000 余丈。③

乾隆中叶起，重视塘脚保护，有筑坦水，有堆块石；并在萧山西江塘沿线修建石盘头。乾隆五十六年（1791），在山阴宋家漊的三江闸港与曹娥江交汇、顶冲地段修建大型石盘头，称大池盘头。④

清代自顺治元年（1644）至宣统三年（1911）的 268 年间，山会海塘修筑不断。总计先后兴工建设 192 年次，其中西江塘 71 年次，北海塘 28 年次，后海塘 53 年次，东江塘 40 年次。均承前例拆筑重建为石塘，修筑塘身，镶筑柴塘、柴工和培填土塘、附土。

清代海塘建筑技术不断提高，根据海塘所处的位置险要程度分别将土塘、柴塘、篰石塘改建为各种类型的重力式石塘，主要有鱼鳞石塘、丁由

---

① 康熙《萧山县志》卷十一。

② （清）陈绂：《俞公塘记事略》，嘉庆《山阴县志》卷二十。

③ 道光《会稽县志稿》卷六。

④ 嘉庆《山阴县志》卷二十。

石塘（条块石塘）、丁石塘、块石塘、石板塘等。现存的重力式石塘基本是清代新建或改建的，险要地段还筑有备塘，以防主塘一旦发生漫溃，备用而减少受淹范围。塘前有坦水护塘，塘后还有塘河与护塘地，以便堆料、运料、取土、抢险，形成一整套布局合理而又有实效的防御体系。

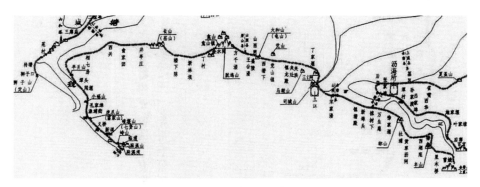

清代萧绍海塘地名位置图（引自《绍兴市水利志》2021 年版）

（二）百沥海塘

百沥海塘位于今上虞境内，南起百官龙山头，向北至娥江中利村，转向西北至三联吕家埠，又转向北至沥海镇后倪村，转东至夏盖山西麓止。由前江塘（百官龙山头—张家埠）、会稽后海塘（张家塘—蒋邵村东）、上虞后海塘（蒋邵村东—夏盖山）三段组成，全长 39.73 千米，与沿海水闸配套调度控制，主要功能是保护姚北地区人民生产、生活安全和控制航运水位。

（三）浙东海塘

浙东海塘起自夏盖山东麓，延伸向东南沿海经宁波至温州。

浙东海塘上虞段自夏盖山向东经谢塘镇延安、乌盆至上虞与余姚交界处，长 4.5 千米。唐长庆年间（821—824）创夏盖湖，湖北筑堤以挡咸水，应为早期海塘。元代以前全为土塘，元至正年间（1341—1368）始筑部分石塘，清康熙五十九年（1720）土塘改石塘 1700 余丈。民国十五年（1926）塘外又筑土堤，即现在的解放塘。浙东海塘已成为二线海塘。

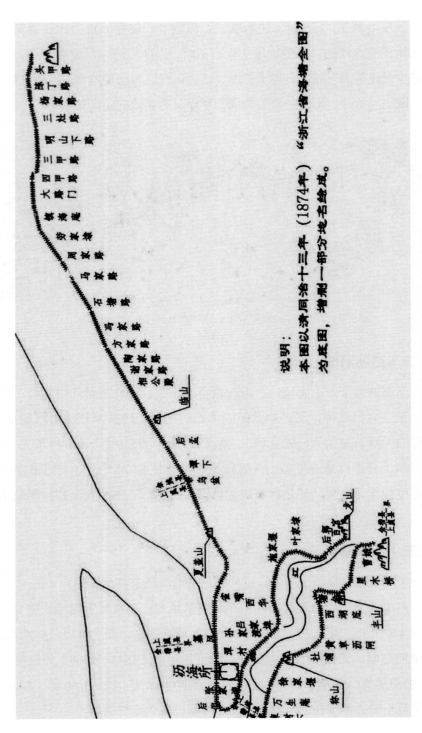

清代百沥海塘地名位置图（引自《绍兴市水利志》2021 年版）

余姚大古塘①，初名"莲花塘"，因余姚县令谢景初始筑，故又称"谢令塘"。宋庆历七年（1047）十一月，余姚县令谢景初为"令海水之潮汐不约冒其旁田"，自云柯（今余姚市历山村）达于上林（今慈溪市小桥头村、樟树村一带）筑土堤二万八千尺。是为大古塘之前身。宋庆元二年（1196），余姚县令施宿自上林至兰风（今余姚市黄家埠镇、回龙村一带）又筑堤四万二千尺，其中石堤五千七百尺。是堤以云柯为界，分东部塘与西部塘。东部塘于牛秘丞新筑原址重建，新创二千七百尺，用工二十万零三百六十。西部塘原有谢家塘、王家塘、和尚塘，均于宋绍熙五年（1194）秋溃决。后重筑石堤三千尺，高一丈，石厚一尺为一层。旧志载："用石三万尺，县出钱四千三百余缗，里人助工三百万。"南宋宝庆（1225—1227）及元大德（1297—1307）间，海堤频频溃决，海涂坍塌南向十六里。元后至元四年（1338）四月堤甫成而六月又大坏。元至正元年（1341）二月，余姚州判官叶恒改土塘为石堤。以八尺长杙为趾，纵横以大石，以碎石加土实其里。堤长二万一千二百一十一尺，下广九十尺，上半之，高十五尺。土堤、旧石塘危缺处尽皆易石修复。其后绍兴府守臣宋文瓒及后任泰不华又督筑成石堤三千一十四尺，总为二万四千二百二十五尺。东抵慈溪（今慈溪市观城镇一带），西接上虞，总长一百四十里。自宋庆历七年（1047）谢景初始筑大古塘至元至正元年（1341）叶恒约三百年，大古塘成。

（四）镇海后海塘

始筑年代不详。唐乾宁四年（897），开始修建泥塘；宋淳熙十六年（1189）仿钱塘江海塘形式，筑石塘602.5丈，东起巾子山麓，北抵东管二都沙碛（今宁波市俞范村附近）；嘉定十五年（1222）又向西增筑石塘520丈，土塘360丈；清乾隆年间重建新塘，将单层石塘改为夹层石塘，以此保证了石塘的永久牢固。按"城塘合一"要求，在塘上安置了12座警铺（类似亭子）、25尊大炮等防御倭寇的设施。今镇海后海塘全长4800米，东段1300米为"城塘合一"部分。

---

① 戴怀长主编：《余姚市水利志》，水利电力出版社1993年版，第102页。

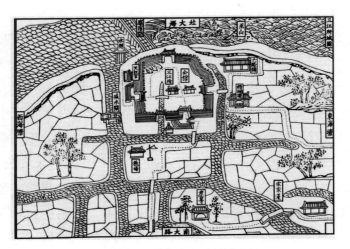

三江所城图（引自万历《绍兴府志》）

绍兴府海防全图（引自乾隆《绍兴府志》）

（五）所城炮台[①]

所城具有防御外来侵略的特殊功能，因多建在海塘及沿海地，所以也成了海塘的一部分，并有着参与防汛的功能。

1. 三江所城

三江所城位于今绍兴市越城区斗门街道三江村，因地处三江入海口而得名。古城历史悠久，相传唐代就有何姓居住于此，因此又名"何半城"。明洪武二十一年（1388），信国公汤和筑三江所城作为绍兴海防要塞，以防倭寇，为绍兴府境内设立的"三卫五所"之一，在公共建筑设置方面有很强的军事性和独特性。古城文化底蕴深厚，仅明代就有文武进士 35 名，有"九庙九桥十三弄七十二进"之称。

2. 沥海所城

沥海所城位于今绍兴市上虞区沥海镇，城墙已于 1956 年后陆续拆除，现存护城河，城池轮廓尚清晰可辨。沥海千户所为明朝设置的卫所，以位于曹娥江入海口处而得名，洪武二十年（1387）信国公汤和奉诏建置，属

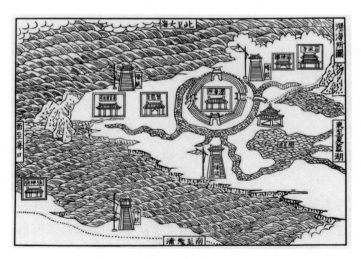

沥海所图（引自万历《绍兴府志》）

---

① 主要参考万历《绍兴府志》卷二。屠剑虹编著《绍兴历史地图考释》，中华书局 2013 年版。

临山卫，为绍兴府境内设立的"三卫五所"之一。治所位于当时上虞县东西北七十里曹娥江入海口，会稽县与上虞县分界处（今绍兴城区东偏北22千米，上虞区西北16千米），介于三江所与临山卫之间。原城由会稽、上虞两县分治，1949年后全部属上虞县。沥海城墙原呈正方形，城周三里三十步（约1.5千米），高二丈二尺（约7.04米），厚一丈八尺（约5.76米）。设东西南北城门四座及护城河。

3. 镇海炮台

镇海炮台位于宁波市甬江出海处镇海口两岸，地跨镇海、北仑两区，其范围东北起笠山、戚家山，西至后海塘的进港公路，东北以笠山、招宝山为界，南至镇海区的古城墙遗址，面积为4.56平方千米。镇海炮台是中国东南沿海人民抗倭、抗英、抗法、抗日斗争的主要战场之一，现存有招宝山威远城、月城、戚家山营垒、金鸡山瞭望台、吴杰故居、记功碑及安远炮台、靖远炮台、平远炮台、宏远炮台及镇远炮台等海防斗争史迹。

五、徐渭《水利考》

徐渭（1521—1593），山阴人。字文长，别号天池生，晚年号青藤道人。明代著名的文学家、艺术家、书法家。

徐渭憎爱分明，疾恶如仇，对贪官污吏、地痞恶霸常进行辛辣的讽刺和极端的蔑视，如所题的《螃蟹》诗云："稻熟江村蟹正肥，双螯如戟挺青泥。若教纸上翻身看，应见团团董卓脐。"而对那些为民造福，为绍兴水利建功立业的地方官却由衷崇敬。徐渭酷爱越中山水，在鉴湖之畔，运河之岸，他写下了诸多歌咏之作，这些作品是一幅幅绮丽的鉴湖风光图。

虽然在现有的文献中，未有徐渭直接从事水利建设的记载，然他对绍兴水利的历史和现状，尤其是对南宋鉴湖埋废、明代浦阳江改道后的水利形势与发展进行过深入的研究，写下了颇有见地和卓识的名篇《水利考》。

《水利考》收入于《青藤书屋文集》卷十八，为徐渭所编纂的万历《会稽县志》卷八中的一篇。文章首先回顾了绍兴的水利历史，对东汉鉴湖的水利效益和马臻的功绩予以充分肯定。接着，作者对自己所处时代的绍兴（尤其是会稽县）的水利形势作了提纲挈领的阐述，由此归纳出山会两县的农田灌溉状况："沿山者受浸于泉源，而其滨海者取给于支流，既获其租，又免其患，两利而兼收者，实赖后海塘以为之蓄泄也。"他进而指出："前乎汉而无海塘，则镜湖不可不筑；后乎宋而无镜湖，则海塘不可不修。""宋时虽有复湖之议，而今则有不必然者矣。"鉴湖埋废后，曾有不少社会名流对于复湖与废湖争议不休，徐渭却不拘泥于历史，不模拟前人之说，他注重现实，从水利发展变化的趋势，肯定了鉴湖埋废后的山会海塘实际上已逐渐取代了此前鉴湖的重要地位，以使人们对治水有一个清醒的认识。其见解确实非常人能及。

南宋以来，浦阳江借道钱清江，以至山会平原蓄泄十分困难，造成了这里无休止的水旱灾害。对此，徐渭在《水利考》中作了详尽的记述：

> 盖浦阳、暨阳诸湖之水俱入暨阳江，西北折而入浙江，其势回环，不能直锐，遂逾渔浦流注钱清江，北出白马等闸以入于海。迄今闸久淤塞，水道不通，一有泛滥，则不东注，而以会稽为壑，虽有玉山斗门，不足以泄横流之势，每于蒿口、曹娥、贺盘、黄草沥、直落施等处开掘塘缺，虽得少舒一时之急，而即欲修补以备潴蓄，则又难为工矣，是以恒有旱干之虞。

这段文字成为后来者引用这一史实的权威资料。

对如何治理山会地区的水旱灾害，徐渭首先提出了综合治理的办法："浚诸河渠而使之深，则可储蓄而不患于旱"；"增修堰闸而使之多，则可散泄水势而不患于潦"；"修筑海塘而使之完且高，则可捍御风潮而不患于泛溢"。

绍兴有"山—原—海"的台阶式地形，针对不同地貌，他又提出具体的治理方法：东南部的小舜江，可蓄泉，若"各因其势而利导之，则其田皆可获"。平原，"不患其不蓄，而患其所以泄之者有弗时也"；山乡之田，"其地高，其土砂砾，其水涌，不患其不泄而患其所以蓄之者有弗豫也"；

又东南山乡苍洋湖，"为众山之壑，淫雨浃旬，洪水泛溢，所谓内涨也，内涨不泄，遂成积患，故涨于内者求所以泄之而已"；海滨之乡，"兴风时作巨涛啮汰，所谓外涨也。外涨不防，遂成坍江，故涨于外者求所以防之而已"。

由上可见，《水利考》不仅对山会水利有历史和现实的客观记述和分析，还提出了切合实际、行之有效，既有全局又具体的治理办法，应是经认真研究思考过的治水方略。徐渭决不同于"不究其源而徒泥其迹，于利害所在漫不加省"之类的治水利者。非潜心研习过水利之人，出类拔萃之辈，何以有此至论。

从徐渭的这篇《水利考》分析，其时三江闸应还未建。徐渭出生在正德十六年（1521），汤绍恩来绍兴任太守为明嘉靖十四年（1535），那么徐渭写此文时还不到18岁。徐渭的《水利考》对汤绍恩来绍后，精准地分析水利形势，下决心建设三江闸应该不无启示。

第二节　明清城市河道

一、绍兴城市河道治理

（一）水利调整

南宋诸多社会发展和自然环境变迁的原因，使鉴湖水体在短期内产生了重大改变。这一变化使山会平原优越的水环境和良好的水利条件产生了变化，水旱灾害频发。

由于平原河湖的深浅及耕地高低不一，农田灌溉、水产养殖、航运对水位都有不同要求，因未能统一管理，出现了较多的用水矛盾和纠纷。明成化十二年（1476），绍兴知府戴琥在实地考察和研究的基础上，创山会

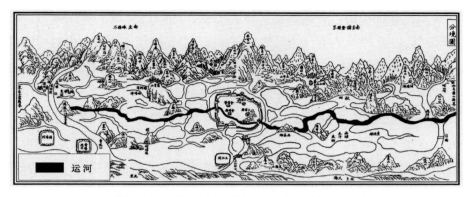

绍兴府运河及穿城示意图（引自嘉庆《山阴县志》分境图）

水则（水位尺）置于贯通山会平原河网的绍兴城内佑圣观河中，并立"山会水则碑"以观测水位，管理十几千米以外的玉山闸启闭，可以调节整个山会平原河网高、中、低田的灌溉和航运。这是山会平原河网得到系统管理的标志，也是绍兴水利史上的一个杰出创造，其中也反映了城内河道在山会水利中的地位。

（二）水城完善

明清时代，绍兴在浙江省仍居第四大城市之位，行政上一直是府治，并且以历史悠久、富庶的典型江南水乡城市闻名海内外。明代文学家袁宏道有《初至绍兴》诗：

> 闻说山阴县，今来始一过。
>
> 船方革履小，士比鲫鱼多。
>
> 聚集山如市，交光水似罗。
>
> 家家开老酒，只少唱吴歌。①

讴歌了绍兴水城、水乡、名士之乡的大好风光。

经过明清两代城河整治，绍兴城河体系更趋完善。"越郡城河，从鉴

---

① （明）袁宏道著，钱伯城笺校：《袁宏道集笺校》卷八《解脱集之一》，上海古籍出版社 1981 年版，第 361 页。

湖南入，直进江桥，分流别滂，号为七弦，固四达交通，发祥毓秀，为阖郡利益也。"①此为清代绍兴知府俞卿在《禁造城河水阁碑》中对绍兴城河现状和地位之评述。据清光绪十八年（1892）《绍兴府城衢路图》记载：在全城 7.4 平方千米范围，有大小河道 33 条，总长约 60 千米。另有港、溇多处，大小湖池 27 处，总水面约占全城面积的 20%。有桥 229 座，城中每 0.03 平方千米就有 1 座。"跨山会界，其纵者自江桥南至植利门，北至昌安水门；其横者自都泗至西郭门，中间支河甚多，皆通舟楫。"②民谚云："大善塔，塔顶尖，尖如笔，写尽五湖四海；小江桥，桥洞圆，圆如镜，照见山会两县。"水城之景观特色，由此可见一斑。我国著名古代建筑史研究专家张驭寰在《中国城池史》中认为："在城内形成一个水网，如苏州、绍兴城等等，那是规划比较整齐的。一条水为河街，一条水为水巷，南北东西相交，水网整齐。除此之外的一般城池的水网都比较简明扼要，并不像苏州、绍兴城那样全城成为水网，水系也不那样多。"③

绍兴水城按各功能区划分，市民居住地集聚也与水道密切相关。在卧龙山及县西桥一带，河道水域较宽广，是当时的府治、县治行政中心；城南飞来山周边，地势高燥，河道畅达，上承南门之活水，多世家大户的台门院落；城北则河道密布，众水汇入，是处商肆繁华，为贸易之地；城东蕺山周边，街巷深重，水道弯曲，也就多锡箔等手工作坊。这种因河而形成的城市格局，也是绍兴城市的一大特色。由康熙《会稽县志》的《府城图》中的图标可知"绍兴府"右侧便为政府办事机构之"水利厅"，也可见水利在绍兴之重要地位。

康熙二十八年（1689），康熙一行由北京永定门出发，经陆路南行至宿迁，然后乘舟沿运河南下，进入江南，又在杭州登岸，过钱塘江，再沿浙东运河到绍兴城，又祭禹。回京后，著名宫廷画家王翚等绘制了《康熙

---

① 乾隆《绍兴府志》卷十五《水利》。
② 乾隆《绍兴府志》卷十五《水利》。
③ 张驭寰：《中国城池史》，百花文艺出版社 2003 年版，第 393 页。

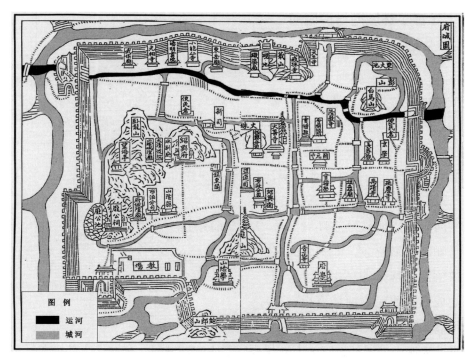

绍兴城运河及水系图（引自万历《绍兴府志》）

南巡图》①，其中不但描绘了浙东运河山水风光，还浓墨重彩地勾绘了绍兴水城"三山万户巷盘曲，百桥千街水纵横"的绮丽景观。康熙来越在杭州驻跸时还写了诗②：

> 越境湖山秀，文风天地成。
> 南临控禹穴，西枕俯蓬瀛。
> 容与双峰近，徘徊数句盈。
> 民心多爱戴，少慰始终情。

乾隆六下江南，亦留下了《乾隆南巡图》，其中有多幅绍兴水城的精彩画卷。这些都是绍兴城在全国地位和特色的反映。

---

① 王国平主编，赵大川编著：《京杭大运河图说》，杭州出版社 2006 年版。
② 《圣祖仁皇帝御制文集·第三集》卷四十九。

（三）环城河与护城河

1. 环城河

环城河与护城河有所不同。护城河也称作濠，是人工开挖的围绕城墙的河，古代主要用于防守。绍兴是河网遍布的区域，城市周边有自然河流环绕，所以这些河流习惯上也称作环城河。绍兴城最早的环城河位于句践小城之东，即南北向凤仪桥至宝珠桥的环山河。大城建成后，西起府河鲍家桥，东至金刚庙前相连的投醪河，当

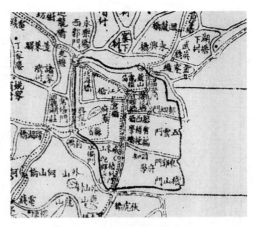

环城河局部图（引自光绪《浙江全省舆图并水陆道里记》）

时处大城南城墙外，应为大城建成后形成的环城河。东城墙之外为若耶溪（平水西江）及支流河道，形成大城东环城河。

至南宋鉴湖堙废后，绍兴环城河规模基本确定：平水西江和禹陵江河道形成东环城河，南起稽山门，北至昌安门；鉴湖南门至西偏门的变窄河段形成南环城河；娄宫江自然河段形成西环城河。

自北迎恩门至昌安门外的北环城河的形成据研究有两种可能：一是一般认为明嘉靖二年（1523）知府南大吉修府城，同时浚治城内外城河道，使北面环城河规模进一步扩大，排涝、航运能力增强；二是清光绪二十年（1894）《浙江全省舆图并水陆道里记》未见有城北环城河绘制，绍兴城北之环城河位置已在永乐桥到寨下村再到永兴桥的河道。笔者发现的一张民国时期《绍兴县城图》中，绍兴城墙外也没见有今所指的城北河，而北城墙之内有一环河经过。这条内环河在绍兴城墙拆除后，成为城北河，在河内侧建成了后来的环城北路。

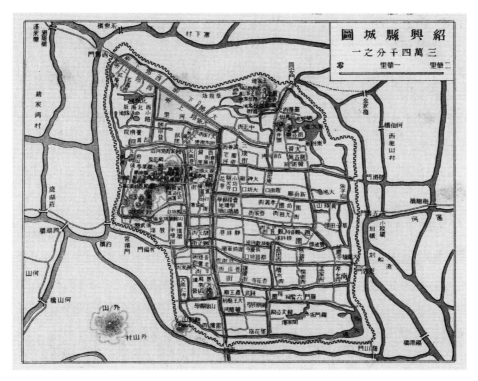

《绍兴县城图》（引自《浙江明细全图》1917 年版）

2. 护城河

嘉泰《会稽志》卷一："旧经有云：城不为壕。今城外故有壕，但不甚深广尔。皇祐中，有诏浚湟，太守王逵始治其事，旧经成于祥符，不及知也。"明万历《绍兴府志》载：宣和年间（1119—1125），越守刘韐修筑州城，于"瓮城外凿壕，去大城三十步，上施钓桥，凡为三壕：第一重阔二十步，深二丈，水深四尺至七尺；第二、第三重递减五尺，壕之内岸筑羊马城，去大城五步，高八尺，址阔五尺，上敛二尺"。又清西吴悔堂老人《越中杂识·城池》记："府城内外皆有壕，外壕广十丈、八丈、五丈不等，深一丈二尺、一丈或八尺、九尺不等；内壕俱广一丈八尺，深七尺。"壕即为护城河，属人工开挖。这里所记的壕与今日所指之环城河是基本不重合的，故不能把环城河称为护城河。在护城河之外的环城河（多为自然河流），有城市外围之行洪排涝、航运、观光等作用，并与城河水系互补使用，此亦为绍兴水城之一大特色。

宋代以前绍兴城墙主要是夯土打筑，也有部分采用山石垒砌。自元代起才改用砖筑城墙。[①] 明万历《绍兴府志》载，元至正十三年（1353），时任浙江廉访佥事的笃满帖睦尔在主持修筑绍兴城墙时"始甃以石，开堑绕之"。直至民国初年，绍兴古城墙仍是雄壮完整之形象，高 7—8 米，宽6—10 米，周长 1.36 万米。绍兴古城墙主要在民国二十七年（1938）被当时的驻绍国民军以抗战为由拆除。至 20 世纪 50 年代，在原城墙旧址建成沿环城河的环城公路，遗址大部分还在。

（四）城河治理与水利碑

据《越州图经》记载，南宋嘉泰年间（1201—1204），府城内厢坊迅速扩大，全城已有五厢九十六坊。[②] 水系发达，河港遍布，商肆繁华，人口增多，不足 8 平方千米的绍兴城，带来了城市拥挤和城河管理与排污的新难题。而到了明清两代，河道淤塞、侵占、污染问题更为突出。因此，城市水系的综合治理，便成为当时绍兴知府必须亲自负责抓好的重大民生环境工程。明清绍兴 3 块著名水利碑文就是城市治水历史的重要印记。

1.《浚河记》

明王阳明撰《浚河记》。王阳明（1472—1529）名守仁，字伯安，因筑室于会稽山宛委山下的阳明洞自号阳明子，世称阳明先生，明代著名哲学家、思想家、教育家。王阳明的《浚河记》碑主要记载了绍兴知府南大吉治理城河的过程以及倡导、守护正义的议论。

南大吉（1487—1541），字元善，号瑞泉，陕西渭南人，正德六年（1511）进士，嘉靖二年（1523）以部郎出守绍兴府。

碑文开篇就记载了当时绍兴城河令人忧虑的状况："越人以舟楫为舆马，滨河而廛者，皆巨室也。日规月筑，水道淤隘，蓄泄既亡，旱潦频仍。

---

① 张显辉：《绍兴古城墙建拆始末》，《绍兴通讯》2006 年第 5 期。
② 嘉泰《会稽志》卷四。

商旅日争于途，至有斗而死者矣。"① 由此可见，这城河已久为沿河民居所渐进侵占，杂乱凸显，淤积且狭小，填河的又都是一些权势大户，一般的民众敢怒而不敢言，官府也不敢过问。日侵月占，河道的蓄泄功能丧失，便出现了持续不断的洪涝灾害；绍兴自古以舟楫为主要交通工具，如今城河淤隘，航道堵塞，船行难通；水质污染，城市的环境和市民生活质量变坏。

"善治越者以浚河为急。"② 于是嘉靖三年（1524），南大吉组织对绍兴主要河道进行全面疏浚和整修，并首先对淤塞严重的城河加以浚拓，"南子乃决阻障，复旧防，去豪商之壅，削势家之侵"③，一举将府河拓宽六尺许。

"失利之徒，胥怨交谤，从而谣之曰：'南守瞿瞿，实破我庐；瞿瞿南守，使我奔走。'人曰：'吾守其厉民欤？何其谤者之多也？'"④ 南大吉在治理河道过程中与沿河占河为己有的势利之徒、奸猾小人有了直接冲突，由是恶意诽谤之声四起。

王阳明明辨是非，认为南大吉此举是"顺其公而拂其私，所顺者大而所拂者小"⑤，保护了河道水环境，并以事实充分肯定南大吉整治城河后的效益："既而舟楫通利，行旅欢呼络绎。是秋大旱，江河龟坼，越之人收获输载如常。明年大水，民居免于垫溺，远近称忭。"⑥

治水事业，功德无量，绍兴人民对南大吉的治河之举交口赞誉，为其作歌曰：

> 相彼舟人矣，昔揭以曳矣。今歌以楫矣。旱之熇也，微南侯兮，吾其燋矣。霪其弥月矣，微南侯兮，吾其鱼鳖矣。我输我获矣，我游我息矣，长渠之活矣，维南侯之流泽矣。

---

① （明）王守仁：《浚河记》，《王阳明全集》卷二十三。
② （明）季本：《季本纪略》，康熙《会稽县志》卷四。
③ （明）王守仁：《浚河记》，《王阳明全集》卷二十三。
④ （明）王守仁：《浚河记》，《王阳明全集》卷二十三。
⑤ （明）沈弘道：《南公浚上灶溪本末》，康熙《会稽县志》卷四。
⑥ （明）王守仁：《浚河记》，《王阳明全集》卷二十三。

碑文最后道明了为官之要和核心价值所在:"人曰:'信哉阳明子之言! 未闻以佚道使民,而或有怨之者也。'纪其事于石,以诏来者。"

王阳明的《浚河记》简明扼要,立意高远,把深刻的道理,以通俗的 语言表明,宏扬正义,鞭挞丑恶,针砭时弊,是对后来绍兴从政者的激励, 对民众的教育,成就了绍兴城市河道水环境综合治理的光辉历史篇章。

2.《禁造城河水阁碑》

清俞卿撰《禁造城河水阁碑》。俞卿,生卒年不详,字恕庵,号元公, 云南陆良人,清康熙二十年(1681)举人,五十一年(1712)八月由兵部 侍郎出知绍兴府。

到任后,俞卿见一些居民常投污秽物于绍兴城河中,堆积、污染并淤 塞河道,以致"一月不雨,则(城河)骤涸,船载货物,用力百倍,入夏 尤艰苦"①,于是是年冬,俞卿组织民众对城河进行疏浚。当时俞卿初到绍 兴,对如何清淤缺少经验,挖掘之土随意堆弃两岸,到第二年汛期河水高 涨,两岸堆土又重新滑落河中,因处理不及时,出现了边浚边淤的状况。 俞卿通过实地查考,总结失利原因,又布置新的疏浚办法,规定挖河必须 深3尺,宽则极于两岸,河道开挖始于各小门,逐段推进,以1里为程, 在起止处各筑土坝阻水,完工验收后开坝进水。为清除淤泥,用船将淤泥 运到城外的深渊处,也有的由沿河居民挑倒在一些空旷低洼之地。挖河的 费用中,挑挖的费用由官府出俸银,运土的船的费用则借于乡间,每次须 出船若干艘,并配有船夫一人,这样做,不逾月就完成了疏浚。

又有城河沿岸居民因贪图便利,常架水阁、木桥于河上,以致河道闭 塞,影响水上交通,俞卿亲自调查沿河设障情况,召集城中父老曰:

> 尔越文明旧盛,胜国二百七十年,取巍科登公辅者踵相接, 至于今少衰矣,实兹河之淤塞,故河在五行居其二,水与土相生 者也,水土生生之义亏,地气塞而文明晦,是不可不急以浚。架

---

① 乾隆《绍兴府志》卷十五。

阁者几何家？速毁尔阁！毁之实所以成之也。尔民其敬听毋梗！ [①]

导之以义，晓之以理，恩威并举，于是政令一出，沿河桥阁不日尽被拆除，虽大户之家莫敢后焉。

为使保护城河形成制度，俞卿又于康熙五十四年（1715）立《禁造城河水阁碑》[②]，分别位于城中府仪门和江桥张神祠，碑中首先言明立碑目的、绍兴城河地位，以及污染阻塞河道的危害：

> 为永禁官河造阁，复水利以培地脉事。照得越郡城河从鉴湖南入，直进江桥，分流别浍，号为七弦。固四达交通，发祥毓秀，为阖郡利益也。自居民不遵古道，始于跨河布跳，继而因跳构阁，一人作俑，比户效尤，致令通津暗塞，水涨则上碍船篷，水浅则下壅污泥，损伤风脉，阻滞商民，积弊相沿，莫此为甚。

设障侵占河道，污染水域，不仅是水利问题，更是败坏民风和影响区域综合实力发展的问题。

接着，俞卿记述了本次治河的经过、效果和立碑的意义：

> 本府莅任，即捐俸疏河，及确访水阁情弊，更逐处亲勘，随经出示晓喻，限期拆卸。不数日而障开天见，复还古制，远近同声称快，即造阁人户亦无不输诚悦服。兹据通郡绅衿耆老、船户人等各具呈词，公吁立碑垂久，事关地方利弊，合行永禁。为此仰郡属居民知悉。

俞卿为治水呕心沥血，工程实施中注意细节技术和听取民众意见，成效明显，还多次捐俸禄于其中，得到绍兴人民的肯定和拥护。

更难能可贵的是，俞卿在认识上高人一筹，对于治水意义有精辟的理解："当念河道犹人身血脉，淤滞成病，疏通则健，水利既复，从此文运光

---

① （清）韩矩:《毁水阁记》，乾隆《绍兴府志》卷十五。
② 乾隆《绍兴府志》卷十五。

昌，财源丰裕，实一邦之福，非特官斯土者之厚幸也。"

治理水环境不但要统一集中治理，还要有长效制度管理，依法严厉处置侵占河道、污染环境的行为："倘日后仍有自私图便，占河架阁等弊，许邻佑总甲指名报官，以凭按律究治；若扶同容隐，察出并罪。各宜永遵，毋得玩视。"

此碑为古代绍兴著名的水利规章之一，对后世治水产生了积极影响。

3.《禁造城河水阁示》

清李亨特撰《禁造城河水阁示》。李亨特，奉天正蓝旗人，乾隆五十五年（1790）出任绍兴知府。"尝微行城乡，体察疾苦，凡有关于民瘼者，罔不为除剔整顿之。"[1] 上任不久，即把水利与航运放在重要地位，整治河堰陂塘，建树颇多。为整治府河，李亨特对绍兴城内河道进行全面考察，见到河道管理的放任废弛，河道出现阻塞和污染的严重问题，于是确定了整治方案，立《禁造城河水阁示》碑，[2] 以下为告示主要内容。

其是"为申明禁令，立限拆毁私占官河水阁事"。

整治府河的主要理由：一是城河地位重要。"绍郡城河自南门受水，直进江桥，分流别浍，四达交通，仍流泻于昌安门，山、会二县于此分界"。二是架水阁于河上等现象带来问题和危害。"商贾辐辏，市民恶其地狭，架水阁于河上，舟行几不见日月，或时倾污秽溅人，往来者苦之。"又"架水阁致使通衢黑暗，污秽淋漓，水皆臭恶，泥污壅积。甚有妇女踞坐阁上，或当阁曝晒亵衣秽物，舟行其下，恬不知耻。且两岸相接，设遇祝融不戒，必致延灾，尤为大害。更查设有平矮石条、木桥，以图行走自便，不顾下碍舟楫，亦于河道不便"。更严重的是环境影响人文："兹河为郡城血脉，淤塞不通，故闾阎凋瘵，文明晦而科甲衰。"三是前人有治理规范。"康熙五十四年，俞前守下令尽撤之，并镌石碑二，一立府仪门，一立江桥张神祠，日后仍有占河架阁等弊，许邻佑总甲报官，按律究治，扶

---

① （清）悔堂老人：《越中杂识》上卷《名宦》，浙江人民出版社 1983 年版。

② 乾隆《绍兴府志》卷十四。

同容隐，一体科罪，以昭永禁。"

限期拆除要求：发现从郡城张神祠至南门止，共设有水阁74座，石条4座，木桥8座。

> 本应即行拿究，姑先申明禁令，立限拆毁，为此示仰该市居民等知悉，立将所架水阁、石条、木桥各自拆毁，限二十日内拆竣，以凭委员查勘。倘敢抗违，除委员带匠押拆外，仍将本人严拿，按强占律治罪，断不稍宽。各宜凛遵毋违。

限令在20日内自行完成清障，倘有敢于违抗者，除官府派员随带工匠押拆外，还要将违禁令人严拿，按侵占罪论处。

清障后，李亨特又组织对城河进行疏浚，于是河水为之一清，舟楫往来顺达，水城更显繁华景象。此外，李亨特还组织对城河的水则、桥、巷口、坊口、寺、庙口、轩亭口等35处的水深进行探测，为后来者治河留下了依据。同时，李亨特还着力整治城内街面路口，使城中街道畅通无阻，恢复了"天下绍兴路"①的美景。

4. 启示

从以上三块水利碑文的内容和实施发展过程中，至少可得到以下几点启示和认识可供借鉴：

第一，随着社会发展，人口增多，环境的变化会影响以往的城市功能正常运行和维护，个人损公利己的不良行为也会导致环境的恶化；在城市河道水环境方面，尤其是清障、清污、清淤便会成为突出需要解决的问题，如管理不善会引发诸多矛盾，直接影响城市生存环境、人文形象。

第二，城市水环境保护、治理是综合性的，城河水活、水畅、水清成为首要目标。在治水和河道水域保护中，必须采取行政首长负责制等责任承担方式，以及一系列强有力的综合举措，方是行之有效的。

第三，城市河道保护治理，航道畅达，具有动态性、持续性、重复性，

---

① （清）悔堂老人：《越中杂识》上卷《名宦》，浙江人民出版社1983年版。

在日常管理中，既要集中整治与日常管护相结合，更要制定操作性强的制度与法规，告示民众，统一认识，严格执行。

二、宁波城水运

（一）渡口

宁波城市三江宽阔，海潮涌动，古代没有条件建大桥，出行主要的交通工具是船，渡江河要靠渡船，俗称"摆渡"。

在鄞州有桃花渡，这是通向定海的主要渡口。桃花渡也称东渡，在东门外面，今江厦桥稍北。渡口的西面，称为东渡路。东渡路口，有城门，称

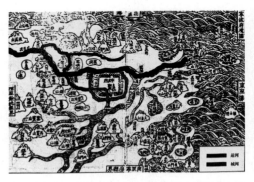

宁波府运河及穿城示意图（引自嘉靖《宁波府志》）

东渡门，也称东门。渡口的东面，称桃渡路。明代的渡口，设渡夫四名，每名给工钱 3 两 6 钱。清道光时期，有渡船 22 只，由戴、马、缪、滕四姓控制。① 依次还有东渡等 18 个渡口。奉化有南渡、北渡等 9 个渡口。定海有 14 个渡口。象山有湖头渡等。

（二）古桥

宁波城内河湖遍布，出于水利和交通的需要，一般小河上多会架设桥梁。据统计，宁波城内有 124 座桥，城外有 215 座桥，共计 339 座桥。

此外，定海有 126 座桥，慈溪有 85 座，奉化有 85 座，象山有 27 座。《甬上耆旧诗》卷七张琦《入村偶成》有"出郭动舟楫，入村趋草楼"之句；倪光《半村为毛廷辅赋》中说道："郡晓闻钟漏，门前人卖花。郭田

---

① （清）徐兆昺：《四明谈助》卷二九，宁波出版社 2000 年版，第 959 页。

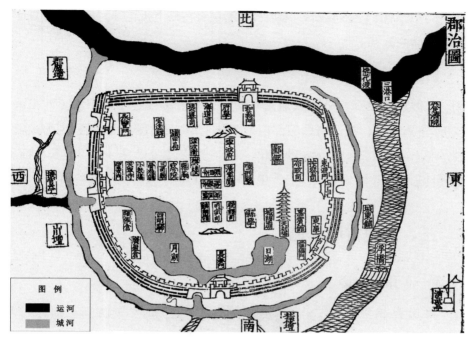

宁波府运河水系图（引自嘉靖《宁波府志》）

留野鹤，庭树宿城鸦。园径通渔市，河桥近酒家。柳塘横客棹，风月赋桑麻。"①

　　明代，东津浮桥是宁波城内联系奉化江东西两侧最主要的大桥，也是今灵桥的前身。浮桥总跨度有数十丈，过桥人众，每天络绎来往，又有邮递往来，经常是昼夜不息。由于交通压力过重，浮桥经常要维修。明代嘉靖年间维修浮桥最为频繁，其中有军事因素，但最主要的因素还是人口数量的增加，城市经济日趋发达。

（三）内河水运

　　由宁波到杭州，主要交通是浙东运河。明代海禁，宁波人外出，主要走浙东运河。源源不断的货物，也是通过它转运至外地。万历三十八年（1610），宁波卫都指挥刘宗尧"督漕运三百艘，严禁左右，杜绝诸弊，无

---

① （清）李邺嗣：《甬上耆旧诗》卷五，《四库全书》文渊阁本。

一折阅"①。由于交通落后，参加科举考试者在路上所花时间甚多。郑真作的《计偕录》有记载。

（四）海上航运

宁波地域滨海，外国人航海朝贡者，一般都要经定海小港（即小浃江），进入甬江，抵达府城三江口，登陆上岸。明代实行海禁，因海运限制，海上多走私船只。如正德初年，海运遭风，数十人受牵连，连年被拘。鄞县县丞丁袍了解实际情况后，出面申请，释放了这些海上运输户。②

三、沿运古城水道

（一）萧山水道

萧山县治城厢镇，位于钱塘江下游南岸，地处杭州、浙北地区通向浙南和浙东沿海地区的咽喉。春秋时属越国，秦汉时属会稽郡余暨县。三国吴黄武元年（222）改余暨为永兴，始为县治所在地。唐天宝元年（742）改永兴为萧山后

萧山古城墙遗址现场

仍为县城。民国二十三年（1934）始称城厢镇，至此，其作为县治已有 1700 余年历史。

2021 年 7 月，在萧山区市心南路和萧然南路路口施工现场，发现萧山

① 民国《镇海县志》卷二一《刘宗尧》，《中国地方志集成》本，上海书店出版社 1993 年版。
② 康熙《鄞县志》卷八《丁袍》，康熙二十五年（1686）刻本。

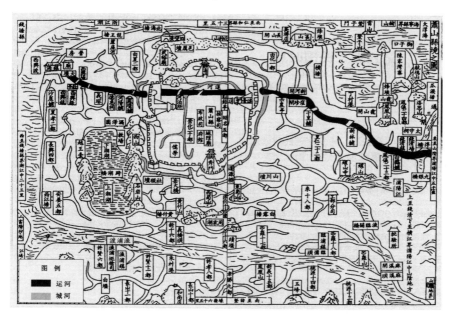

萧山县城运河及水系图（引自嘉靖《萧山县志》）

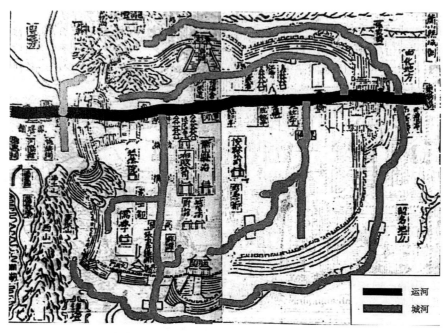

萧山县城运河及水系图（引自康熙《萧山县志》）

古城墙遗址。[①] 此处或为明清时期修建的萧山古城南墙遗址的一小段。

萧山区文保所相关负责人介绍，萧山古城墙从明代开始建造，明清两代都有修建。目前萧山境内的古城墙还有白鸽山段城墙遗址、西山段城墙遗址等。"这一发现使萧山古城南墙的走向更加清晰，有助于研究萧山古代城市的变迁。"

据《萧山市志》记载，明嘉靖三十二年（1553），为防御倭寇，萧山知县施尧臣奉命重筑县城，十一月动工，次年三月竣工，历时 4 月乃成。此后萧山城墙屹立了 300 余年。清代对城墙进行多次修整、加固。民国十四年（1925）至十九年（1930），因修筑萧绍公路、杭江铁路，建设北干山苗圃和辟东门市场，北城墙和东、西两段的部分城墙相继拆除。抗日战争全面爆发后，萧山县政府组成拆城委员会，于民国二十七年（1938）12 月至次年 11 月，征工拆除其余各段城墙。

萧山境内河流纵横，历史上内外交通主要依赖于西兴运河和南门江。唐代已设驿站梦笔驿，驿名出自南朝齐江淹"梦笔生花"典故。南宋诗人陆游多次留宿梦笔驿，写下了"千年未息灵胥怒，卷地潮声枕边和"的佳句。南宋以前已建城，设水门接运河。嘉泰《会稽志》引《旧经》称："县城周一里二百步，高一丈八尺，厚一丈一尺。"明嘉靖三十二年（1553），知县施尧臣重筑县城，开陆门五座，水门三座，水门通运河、南门江，行舟楫。邑内成市较早，宋代已成大市，元代更是"市井周匝"，"东西之桥，盘贩云集"。明末清初，商号向城外东西延伸，已成五里商业长街，故有"高下筑山城，东西开水市"之说。境内湖色秀丽，名胜众多，旧有"市区十景""城效二景""湘湖八景"。遗存至今的有湘湖、越王城、江寺钟、祇园塔等。

（二）上虞水道

百官位于上虞中部、曹娥江下游。曹娥江纵贯全镇，把镇分成百官、

---

① 参考童宇倩：《市心路拓宽工程发现萧山古城墙遗址》，2021 年 7 月 14 日，https://xsrb.xsnet.cn/epaper/html/2021-07/14/content_79495_13633516.htm。

上虞古县境图（引自《上虞县地名志》）

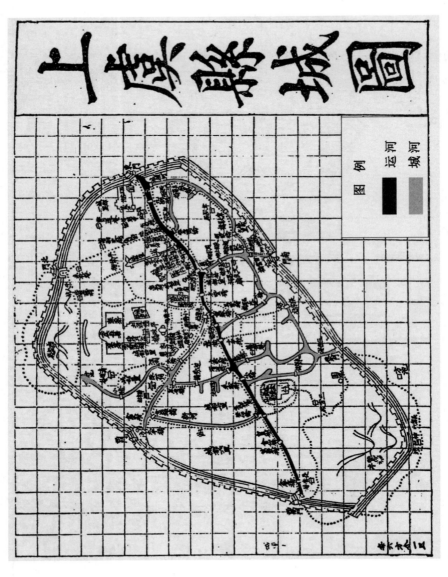

上虞县城图（引自《上虞县地名志》）

曹娥两片，曹娥历史时期属会稽县。运河穿镇而过，沟通曹娥江与绍兴河网水系。自古有九县通衢之称，系浙东交通枢纽之一。

《水经注》引晋《太康地纪》云："舜避丹朱于此，故以名县，百官从之，故县北有百官桥。"百官镇名由此而来。秦代置上虞县时为县治所在地。东汉置曹娥埭，始为鉴湖运河航道进入曹娥江的交通水道隘口。唐代改埭为堰后，置牛埭拖船过堰。宋代鉴湖堙废后，曹娥堰渐改成坝，坝顶升高，拖船过堰需用牛 12 头，十分艰难。南宋时设堰营，有堰卒 25 人。明代，曹娥坝归会稽海塘。万历《绍兴府志》把曹娥坝视作运河的东端，称"运河自西兴抵曹娥二百余里，历三县"。百官旧有三大舜迹：舜井、舜庙、百官桥。

（三）丰惠水道

丰惠城在唐长庆二年（822）至 1954 年的 1000 余年间为上虞县治所在地，文化发达，名人辈出，街巷通达，屋舍俨然。镇上曾多有高大古代建筑，除县署、学宫（孔庙）等公用建筑外，还有建于明代的 1 座状元台门，建于明清二朝的 3 座进士台门（进士第），建于清代的观察第、都宪第、登科台门、敕五堂等。据万历《绍兴府志》，元至正二十四年（1364），方国珍据浙东始筑城，周围 13 里，凡五门：东、西门及西南门共有水门三，明初拆城墙之石用于筑沥海所城。《上虞县志》载，嘉靖十八年（1539），知县郑芸因旧基重建。1954 年秋，县人民政府迁百官镇。丰惠街河傍主街流过。镇东有城横河，西南有西蒲河，南有巽水河，北有四十里河。镇上多古石拱桥，有始建于五代十国时期的丰惠桥，建于元代的九狮桥、永宁桥等。

九狮桥又名"等慈桥"，元代重建，位于上虞区丰惠镇横跨于东西流向的街河上，系单孔石拱桥，始建于宋前，宋嘉定间（1208—1224）重修，元至正癸未（1343）再次重修。

（四）余姚城水道

余姚秦时置县，东汉建城，临姚江而立。是曹娥江通过虞甬运河沟通

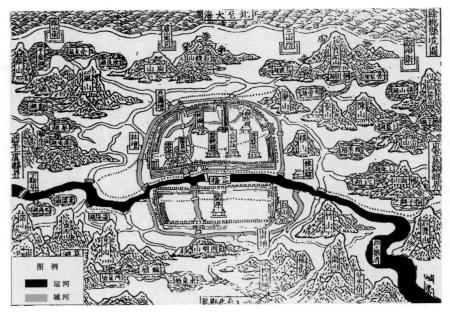

余姚运河穿城图（引自万历《绍兴府志》）

姚江的重要节点城镇，虞甬运河的终点。余姚城与运河紧密相连，"一水双城"。余姚城区，由南北两城组成，是历代县治所在地。北城始建于东汉建安五年（200），元至正十七年（1357）又向西扩展至龙泉山西麓，城围达 1465 丈。北城东为三官堂江，南为姚江，西为仁寿江，北为候青江，四江围绕，可通舟楫，形成天然的护城河。古城格局基本定型。南城筑于明嘉靖三十七年（1558），围 1440 余丈，与北城相当。南城的北固门城楼北枕姚江，与北城的齐政门城楼（舜江楼）相对，由横跨姚江的通济桥沟通南北，合二城为一。余姚城也是浙东运河上的重要城关，明代，阻止倭寇沿着运河进入。

（五）慈城水道

慈城镇位于宁波市江北区西北部，距离宁波市区 15 千米。其东与江北洪塘镇相连，西与余姚接壤，北与慈溪市相邻，南隔姚江与鄞州区高桥镇相望，城内有慈江（太平桥—夹田桥段）通过。慈城古县城北至慈湖，东、西、南以护城河为界，面积 1.83 平方千米（其中慈湖 6.9 公顷），是目前在江南地区保存完好、具有严格规制的古县城。

慈城建制始于越王句践时（约前472），名为"句章城"，县治置于姚江畔城山。唐开元二十六年（738）始设慈溪县，房琯为令，迁县治于浮碧山。自此，慈城一直为慈溪县治所在地。城内河道密布，通舟楫，分通姚江，东达甬城，西抵余姚，通绍兴接运河。

慈城格局方正，以城墙与护城河为防御，背山面南而坐，公共建筑依左文右武布局；城内街道三纵四横三十三条弄，呈"井"字交错，形成规整的棋盘形平面格局。县治主要建筑有县衙、孔庙（文庙）、关圣殿（武庙）、城隍庙、校士馆（考棚）、（慈湖）书院、城门、城墙、护城河、彭山塔等，以及传统的街巷、明清官宦宅第群等。

（六）镇海城水道

唐代建治，五代时期建镇，清康熙二十六年（1687）改名"镇海"。镇海口地处东海之滨的甬江口，为海防前哨，历来为兵营驻扎地。素有"两浙门户""海天雄镇"之称，是我国东南沿海人民抗倭、抗英、抗法、抗日的主战场之一。秦代称句章东境，唐元和四年（809），在鄞东甬江口建望海镇。后梁开平三年（909）五月，吴越王钱镠巡视明州，筑城于望海镇，因望海镇地滨海口，有渔盐之利，奏置望海县[①]，为建县之始，未几改为定海县，延续至明清时期。康熙二十六年（1687）改原定海县为镇海县。

第三节　明清运河水道

一、运河航道

明清浙东运河水道，以曹娥江为界，可分成西段萧绍运河和东段虞甬

---

① （宋）乐史：《太平寰宇记》，中华书局2007年版。

运河两种不同状态的运河。

（一）运河主要航道

1. 萧绍运河

从明嘉靖十六年（1537）建成三江闸封闭山会海塘以来，航运条件全面改观。萧绍运河自上虞曹娥坝至萧山永兴闸河段，成为绍萧平原运河水系的主干河道，途中已无堰坝险阻，所谓"有风则帆，无风则缆，或击或刺，不间昼夜"[①]，舟形如梭。

2. 虞甬运河

浙东运河过曹娥江后，在上虞和余姚的交界处，分两支进入余姚段。

一支从上虞的四十里河经通明坝［始建于宋嘉泰元年（1201）］，汇入姚江上游的干流"四明江"，在安家渡北侧余姚云楼乡上陈村东侧进入。在此西侧约1000米处，是与四十里河平行的十八里河，开掘于明永乐九年（1411），在云楼乡窑头东侧进入余姚段，下行1000米后从云楼的下坝汇入姚江七湾处。下坝即大江口坝，亦名下新坝。这段塘河十八里河与四明江平行的航道，原是浙东运河进入余姚段的主线。

又一支称新河，从上虞百官的上堰头（现改道为赵家坝）起，经驿亭到五夫长坝，接余姚马渚横河，过斗门曹墅桥后汇入姚江干流。其中长坝以东余姚河段长12千米，是利用当地的湖泊沼泽，经人工整理后形成的运河。

姚江流经余姚县城，主航道穿城而过，在郁家湾与旧慈溪县交界，流经丈亭古镇，与慈江交汇形成丈亭三江口，古时这段姚江又称为"丈亭江"，设丈亭渡和南渡以通往来。之后分为两支：东南干流为航运主道，至明州城东汇入甬江入海；另一支向东经慈江至夹田桥分两处，一处继续东流至镇海，一处从慈溪刹子港南端小西坝摆渡过姚江，通过南岸的大西坝，过高桥镇后进入西塘河，经11.5千米水路直达宁波城西望京门，与宁

① （明）王稚登《客越志》卷上，隆庆版，第12页。民国版用字稍异：缆作纤，刺作剌。

波城内水系和鄞西平原的南塘河、中塘河等运河水系沟通。西塘河完成了浙东运河从西往东到达明州府城的最后一段运河航程。

余姚段、慈溪镇海段、鄞州西塘河段是自然与人工相间共同组成的浙东运河段，其中基本由人工开掘利用的达 70 多千米。以姚江、甬江自然河道为主的航道沿线，历史上大多在沿岸修筑土石塘和各种内河及外江航运码头，并利用两岸支流开浦建闸、作堰起坝，使自然江河逐步成为防洪（潮）灌溉与航运两擅其利的水利、航道系统。

虞甬运河，自梁湖坝至镇海招宝山海口河段，分为：梁湖坝至通明下坝段；通明下坝至招宝山入海口由潮汐河流余姚江、甬江与慈溪江及内河西塘河等组成的江河运河段，其间既有潮汐风险，又要多次翻坝，其航运条件较差。

（二）运河与水网 ①

1. 曹娥江以西

按萧山、会稽地形略高于山阴划分，曹娥江以西段运河为东西二源。

西源自萧山西兴驿东南流 5 里余至普济桥，有大、小白马湖水自西南注入。又东南流 4 里至望湖桥前，西通湘湖。又东南流至县署西，有南大港南来注入。运河又东流转东南 19 里余至杨公桥前，有西小江（钱清江）的分支自南来注之。又东流 7 里至衙前市，转南流 8 里余至义桥坊，转西南流 1 里余，汇同西小江之水入绍兴境，南东流越西小江，至南钱清村凡 5 里，有鉴湖支水自南来注之。又东南流约 7 里至太平桥，北通大畈荡。又东流约 10 里至梅墅大桥，北接瓜渚湖之水。又东南流 6 里至高桥，西北受鱼渎大港之水。又东南流约 4 里至霞川桥，南受青甸湖之水。又东南流，经绍兴迎恩水门至大江桥约 6 里，南受鉴湖、府河之水。又东流里余至探花桥，北出铜盘湖港。

东源自曹娥镇之拖舟坝西北流约 8 里至白米堰桥，南岸受清水闸及渚溪之水，北岸分支赴西湖、黄草沥、楝树下等闸，北入海。又西北流约 9

---

① 主要参考余绍宗：《重修浙江通志稿·地理卷》。

里，过东关市至太平桥，有石屑溪西来注之。正干又西流 10 里余至陶堰市，南通白塔洋，北通贺家池。又西南流约 4 里，东南受洋牌湖之水。又西南流 10 里余至通陵桥，有攒宫河水东南来注。又西北流 7 里余至绍兴城东之五云门外吊桥，有若耶溪下流划船港水东南来注。又北流，转而西入绍兴都泗水门，过县署西南隅，又北稍西流至探花桥约 4 里，与运河西支汇合，北流出昌安水门，经铜盘湖港、直落江，由三江闸调控入钱塘江。

2. 曹娥江以东

运河主干道自曹娥江东岸梁湖坝东南流 13 里余，至西黄浦桥。正干又东流 4 里余至落马桥，分支东南流，会穿县城一支至通明南堰，与姚江合。主干道再东北流 5 里余至新堰坝（中坝），再东北流 12 里，称十八里河，过界桥入余姚，经江口坝（下坝）注于姚江。余姚江上游为玉带溪，源出上虞象田山，东北流约 18 里至通明南堰，堰以下曰通明江，其北有四十里河。通明江自通明南堰东北流 11 里余，过永思桥入余姚境后称余姚江。余姚江北流转西北 3 里余至下坝，西受十八里河之水。又曲折东北流约 15 里至曹墅桥，有马渚横河水西北来注。余姚江又东南流约 9 里，至兰墅桥，南受兰墅港分支北来之水。又东北流 2 里余至仁寿桥，此处又名"蕙江"，分一支北流为合山港。又东流里余，经余姚县城之通济桥，亦名舜江。又东过汪德桥北分一支为剑港，又东流约 3 里至黄山港口，分支北流为东横河。姚江又东流，有兰墅港自西来注。又东南流 5 里，半接慈溪境，以下又名"丈亭江"。再曲折东南流，南纳官船浦水，再流 6 里余，全入慈溪境。北纳渔溪水，又东北折东南流约 20 里至丈亭镇，以下称前江，有后江水自东来注。前江与后江对称，相隔 10 里许，似平行而潮流相背。潮落时前江东流，后江西流，潮涨则反之；前江为咸潮，后江为淡潮；二江间港汉甚多，近前江处多筑坝隔断，以蓄淡灌田。姚江自丈亭镇以下曲折东南流约 80 里，纳车厩、大隐诸溪，及后江分支张家浦（浦口有坝），再东流始名甬江。甬江又东流，纳后江二支浦至梅林镇，以下全入鄞州境。又折而西南，纳南塘、西塘汇水。甬江又东南流绕鄞城东北，至新江桥东，江北岸为五口通商之商埠，南汇奉化江。又东北流称大夹江，行约 36 里至镇海县城东招宝山脚入海。

（三）运河主要里程

明万历《绍兴府志》卷七载："运河自西兴抵曹娥，横亘二百余里，历三县，萧山河至钱清长五十里，东入山阴，径府城中，至小江桥长五十五里，又东入会稽，长一百里。"

又据明万历《绍兴府志》卷二载，时浙东运河水路为：

> 绍兴府城之西北，出西郭水门，由运河西至于钱清镇，又西北至于萧山之西兴镇渡钱塘江，凡一百二十里，达于杭州。又由钱清水路，西南至于临浦，达于钱塘，凡一百里。

又：

> 东出都泗门，由运河南过五云门，又东至于绕门山，又东至于东关之曹娥江渡江，由运河又东南至于上虞，过县之东，又东至于大江口坝，入于余姚江，又东至于余姚，过江桥，又东达于宁波之慈溪，凡二百七十五里，东通宁波，入于东海。又由东关南至于蒿坝，由剡溪而上，南至于嵊县，过县，又东南由陆路至于新昌，由新昌东南山路达于台州之天台，凡三百七十五里。

这里记载的运河航道：由西兴镇经绍兴到宁波的距离为 395 里；由钱清到临浦的距离为 120 里；又由东关南折过蒿坝，沿曹娥江水路可到嵊州，之后陆路到新昌，再到天台，距离是 375 里。

根据明代徽商黄汴编纂的《天下水陆路程》和清代憺漪子编纂的《天下路程图引》记载，经整理，明清时期杭州至宁波的水路如下：

> 自杭州武林出发，往南 25 里至浙江水驿，渡浙江 18 里至西兴驿，经 50 里，至钱清驿，再 50 里到绍兴府蓬莱驿，又 80 里达东关驿，渡曹娥江 10 里，至曹娥驿，经 90 里到姚江驿，再 60 里

至车厩驿，又 60 里达宁波府四明驿。^①

以上总长 443 里。

二、运河行程记载

（一）郑真《计偕录》

郑真，字千之，浙江鄞县（今宁波市鄞州区）人，洪武四年（1371）举人。^②

洪武五年十二月二十二日（1373 年 1 月 6 日），出甬东。

二十五日午后登舟，夜宿西门。

二十六日夜三更，泊高桥张循王祠下。

二十七日泊舟西渡。

二十八日早到余姚。晚到通明，宿上虞河上。

二十九日除夕，遇雨。

洪武六年（1373）正月初一日暮至越城下。

初二日，入越城。

初三日早，过西钱清坝，晚宿西陵。

初四日，风雨渡江，寒气凄冽。

初六日，到省中。

据此可知，郑真从宁波到杭州，走了 14 天。

（二）张德中《两京水路歌》

张德中，字大本，鄞县人。永乐元年（1403）赴南京应礼部制科，次年进士及第。授刑部主事，调工部，改江宁知县，曾参与编纂《永乐大

---

① 童隆福主编：《浙江航运史·古近代部分》，第 131 页。
② （明）郑真：《荥阳外史集》卷九七《计偕录》，《四库全书》文渊阁本。本处仅摘录其中的行程记载。

典》，所历皆有能声。永乐年间（1403—1424）是明朝国都从南京迁往北京，出现新旧国都、南北两京时期，也是南起宁波、北抵北京的中国大运河的航运通畅时期。其间，张氏从宁波出发舟行大运河，分别赴两京应试与履职，遂以沿途所见所闻为素材创作了《两京水路歌》①，这是以纪事诗的形式记录中国大运河的重要历史史料。内容涉及山川、河流、湖泊、潮汐、城镇、水门、水闸、水驿、堰坝、桥梁、渡口、名胜、古迹等地理、水利和人文领域，为考证明代中国大运河之京杭运河和浙东运河的地理位置，提供了坐标类的坚实证据，如《北京水路歌》中"共经水闸七十二，约程三千七百里"的量化记录，作为迄今为止中国大运河从宁波到北京的全程长度和水闸总数的最早记载，史料价值很高。

《南京水路歌》作于永乐元年（1403）张氏赴南京应试期间。诗中所述从宁波到南京的水路，包括中国大运河南端的浙东运河和沟通钱塘江、长江的江南运河，以及从镇江京口西至南京的一段长江航道。

《北京水路歌》作于张氏赴北京就职期间。史料记载，明成祖将都城从南京正式迁到北京是在永乐十九年（1421），故《北京水路歌》的写作时间当在十九年或十九年以后，比《南京水路歌》晚了约20年。这20年中正值地处济宁汶上县的南旺分水枢纽工程实施时期。该工程的相继成功运用，解决了运河最高段的水源问题，使北起北京，南至宁波的中国大运河开始进入航运通畅时期。

现节录两诗中的浙东运河部分。

南京水路歌（节选）

圣主乘龙天宇开，鹤书飞下征贤才。

鄞江布衣忝英荐，蒲帆早驾长风来。

长风吹帆过西渡，赭山大隐黄公墓。

车厩丈亭并蜀山，余姚江口停泊处。

---

① （明）余永麟：《北窗琐语》，《四库全书存目丛书》。

清滩七里如严陵，前瞻石堰为通明。

上虞东山由谢傅，钱王庙前双树清。

蔡家庄下梁湖坝，曹娥庙古丰碑大。

路接东关白塔高，樊江一曲萦如带。

绍兴城上会稽山，蓬莱仙馆云雾间。

柯桥古寺殿突兀，举头又见钱清关。

罗山林浦连渔浦，钱唐江潮吼如虎。

六和塔近月轮边，龙山闸枕澄江浒。

北京水路歌（节选）

四明古称文献邦，望京门外西渡江。

水驿一程车厩远，舜江楼头横石杠。

新中二坝相连接，上虞港内还通楫。

梁湖曹娥潮易枯，大舟小舠重难涉。

东关渐近樊江来，薰风廿里芙渠开。

贺监湖光净如练，绕门山色浓如苔。

绍兴城，水如碧，橹声摇过蓬莱驿。

柯桥远抵钱清湾，刘公庙食居其间。

新林白鹤路迢递，日斜始得瞻萧山。

梦笔桥高对江寺，双塔亭亭各相峙。

古碑无字草芊芊，犹美文通好才思。

西陵古号今西兴，越山隔岸吴山青。

钱唐江接海门阔，胥潮怒卷轰雷声。

杭州旧是临安府，藩臬三司列文武。

（三）崔溥《漂海录》

明弘治元年（1488）正月，朝鲜官员崔溥乘船海上，遭"雨脚如麻"，

"怒涛如山，高若出青天，下若入深渊，奔冲击跃，声裂天地"①之风暴，与同船 43 人随风暴从朝鲜济州岛漂至中国浙江台州府临海县地。初被疑为倭寇，后经多层严厉审查，确认身份，便受到中国政府的友好接待。

其行经路线，自临海牛头外洋登岸，水陆兼行，经桃渚、健跳、越溪、宁海、奉化到宁波；然后从宁波舟行浙东运河，经慈溪、余姚、上虞、绍兴、萧山、西兴，渡钱塘江至杭州；再从杭州走京杭运河，至北京；最后由北京走陆路至鸭绿江返回故国。崔溥在中国停留了四个半月，行程 4400千米。回国后，他根据这次经历，写了一部重要著作，名为《漂海录》，约 5.4 万字，作为写给朝鲜国王的重要外交"内部报告"。

《漂海录》因崔溥对所见所闻作了多层面的实录，为研究我国明代大运河史提供了第一手资料，有的记载是当时中国正史上见不到的史实，极有考证价值，所以深受朝鲜本国及有关国家的重视，"朝鲜《海东文献总录》及《文献备考》都把它作为重要古籍收入"。又"据悉，日本早在1769 年便由清田君锦把《漂海录》译成日文，改名'唐土行程记'。美国也于 1956 年由约翰·迈斯凯尔将《漂海录》译成英文，名为'锦南漂海录译注'"②，可见其影响之大。

崔溥是一位具有深厚汉文化素养和丰富地理知识的朝鲜中层官员，而且他做事认真，个性耿直，颇具学者风范。崔溥在中国几乎走完了大运河南北全程，《漂海录》所记从海上丝绸之路，到运河沿岸的我国明代的海防、政制、司法、水运、水利、城市、地志、民俗及两国关系等均较丰富翔实，极有考证价值。这是一部因"天时、地利、人和"促成的作品，也是外国人记载浙东运河最重要的著作之一，当然其记述内容还远不止于浙东运河。

---

① ［朝鲜］崔溥著，葛振家点注：《漂海录》卷一"正月初五"，社会科学文献出版社1992 年版。

② 葛振家：《译序》，［朝鲜］崔溥著，葛振家点注：《漂海录》。

1. 浙东沿运城市和水道的记载

宁波府

闰正月二十九日，过宁波府。是日雨。翟勇与臣等乘轿过大川。川畔有佛宇，极华丽，前有五浮图、双大塔。又过虚白观、金钟铺、南渡浦，至广济桥。桥跨大川，桥上架屋，桥长可二十余步。桥所在之地即宁波府界，旧为明州时所建也。又行至三里，有大桥，桥之北有进士里。又行至十余里，又有大桥，桥上亦架屋，与广济桥同而差小，忘其名。桥之南有文秀乡。又过常浦桥至北渡江，乘小舠而渡。自牛头外洋西北至连山驿，群峰列岫，纠纷缭绕，溪涧岩壁萦圩错乱。至此江，即平郊广野一望豁如，但见远山如眉耳。江之北岸筑一坝，坝即挽舟上过之处。坝之北筑堤凿江，有鼻居舠绕岸列泊。勇引臣等乘其舠过石桥十三，行二十余里。江之东堤，闾阎扑地；其西南望，有四明山。山西南连天台山，东北连会稽、秦望等山，即贺知章少时所居也（此为作者泛指其地）。棹至宁波府城，截流筑城，城皆重门，门皆重层，门外重城，水沟亦重。城皆设虹门，门有铁扃，可容一船。棹入城半，至尚书桥，桥内江广可一百余步。又过惠政桥、社稷坛。凡城中所过大桥亦不止十余处，高宫巨室，夹岸联络，紫石为柱者，殆居其半，奇观胜景不可殚录。棹出北门，门亦与南门同。城周广狭不可知。府治及宁波卫、鄞县治及四明驿，俱在城中。至过大得桥，桥有三虹门。

慈溪县

二月初一日，过慈溪县。是日雨。经新清桥、进士乡，至宋石将军庙。庙大如官府，立旌表之门。自府城至此十余里间，江之两岸，市肆、舸舰丛集如云。过此后，松篁橙橘夹岸成林。又过茶亭、景安铺、继锦乡、俞氏贞节门，至西镇桥，桥高大。所过又有二大桥，至西坝厅。坝之两岸筑堤，以石断流为堰，使与外江不得相通，两旁设机械，以竹绹为缆，挽舟而过。至西玙乡之新堰，堰旧为刹子港颜公堰，后塞港废，堰为田导水，东汇至于广利桥之南。置此坝，外捍江潮，挽济官船，谓之新堰，概与西坝同。至此，又挽舟而过，过新桥、开禧桥、姚平处士之墓，至慈溪县。棹入其中，有经元门、钟英门、都堂里门、都宪桥、进士门、德星桥、宝峰门，至临清亭前少停舟。夜，又溯江而北，至鸡报，泊于岸待曙。而问其江，则乃姚江也。江边有驿，即车厩驿也。驿丞乃秦高也。

余姚县

初二日，过余姚县。是日阴。早发船，溯西北而上。江山高大，郊野平铺，人烟稠密，景物万千。日夕，过五灵庙、驿前铺、姚江驿、江桥，至余姚县。江抱城而西，有联锦乡、曹墅桥，桥三虹门。又过登科门、张氏光明堂，夜三更到下新坝，坝又与前所见新堰同。又挽舟过坝，经一大桥，有大树数十株，列立江中。将曙，到中坝，坝又与下新坝同。又挽舟逆上，江即上虞江也。

上虞县

初三日，过上虞县。是日晴。过二大桥而上。江之南有官人乘轿而来，乃上虞知县自县来也。县距江岸二三里许。又过黄浦桥、华渡桥、蔡墓铺、大板桥，步青云门、新桥铺，至曹娥驿，驿丞徐深也。驿北有坝，舍舟过坝，步至曹城江，乱流而渡。越岸又有坝，坝与梁湖巡检司南北相对。又舍舟过坝，而步西二里，至东关驿。复乘船，过文昌桥、东关铺、景灵桥、黄家堰铺、瓜山铺、陶家堰铺、茅洋铺。夜四更，至一名不知江岸留泊。

绍兴府

初四日，到绍兴府。是日晴。撑鉴水而上，水自镜湖一派来绕城中，日出时，到绍兴府。自城南溯鉴水而东而北，过昌安铺，棹入城。城有虹门当水口，凡四重，皆设铁局。过有光相桥等五大桥，及经魁门、联桂门、祐圣观、山会水则碑，可十余里许，有官府。瞿勇引臣等下岸，其阛阓之繁，人物之盛，三倍于宁波府矣。……复沿湖棹出城外，过迎恩桥，至蓬莱驿前留泊。夕，知府姓周，及会稽、山阴两县官，皆优送粮馔。

萧山西兴驿

初五日，至西兴驿。是日晴。……绍兴府，即越王旧都，秦汉为会稽郡，居浙东下流。府治及会稽、山阴两县及绍兴卫之治、卧龙山，俱在城中。会稽山在城东十余里。其他若秦望等高山，重叠崒嵂，千岩万壑，竞秀争流于东西南三方。北滨大海，平衍无丘陵。兰亭在娄公阜上天章寺之前，即王羲之修禊处。贺家湖在城西南十余里，有贺知章千秋观旧基。剡溪在秦望山之南嵊县之地，距府百余里，即子猷访戴逵之溪也。江流有四条：一出台州之天台山，西至新昌县，又西至嵊县北，经会稽、上虞而入海，是为东小江；一出山阴，西北经萧山县，东复山阴，抵会稽而入海，是为西小江①；一出上虞县，东经余姚县，又东过慈溪县，至定海而入海，是为余姚江，是臣所经之江；一出金华之东阳、浦江、义乌，合流至诸暨县，经山阴至萧山入浙江，是为诸暨江。其间泉源支派汇溺堤障，会属从入者，如脉胳藤蔓之不绝。臣又溯鉴水而西，经韵田铺、严氏贞节门、高桥铺至梅津桥。距岸五里许，有山隆起，东有石壁削成，前有二大石人立，其一天作人形逼真②。又过融光桥至柯桥铺。其南有小山，山脊有古亭基，人以谓蔡邕见椽竹取为笛之柯亭之遗址也。又过院社桥③、白塔铺、清江桥至钱清驿。江名乃一钱江也。夜过盐仓馆、白鹤铺、钱清铺、新林铺、萧山县地方，至西兴驿，天向曙矣。江名即西兴河也。

过钱塘江至杭州

---

① 这里已将西小江和浦阳江分开二源记述。

② 其所记之地应是鉴湖边之柯岩景观大佛与云骨。

③ "院社桥"应为"阮社桥"。

初六日，到杭州。是日阴。西兴驿之西北，平衍广阔，即钱塘江水，潮壮则为湖，潮退则为陆。杭州人每于八月十八日潮大至，触浪观潮之处地。臣等自驿前舍舟登岸，乘车而行可十余里至浙江，复乘船而渡。江流曲折傍山，又有反涛之势，故谓之浙江。浙一作淛。江阔可八九里，江长西南直抵福建路，东北通海。华信所筑捍潮之塘，自团鱼嘴至范村，约三十里，又至富阳县，共六十余里。石筑尚完固如新，故又谓江为钱塘江也。臣至其塘，复缘岸步行，则西望六和塔临江畔。行过延圣寺、浙江驿，至杭州城南门。重城叠门，门有三层楼。入其城，过文魁门、灵顺宫、肃宪门、澄清门、南察院、祐圣殿、土地庙、芝松坊铺至武林驿。自城门至此驿，约十余里矣。

2. 明朝海禁记载

《漂海录》载，弘治初年（约 1488—1490）明朝政府所采取的海禁举措极为严格，官民不但仇视倭寇，而且海防意识也很强。崔溥等人漂至浙江台州府临海县牛头外洋，"见山上多有烽燧台列峙，喜复到中国地界"[1]，烽火台是当时沿海防寇报警之用。他们弃船登陆后，即被误作倭人。当地居民一面包围盘问，一面驱赶递送官府。"则里中人，或带杖剑，或击铮鼓。""群聚如云，叫号隳突"，"夹左右，拥前后而驱，次次递送"[2]。"里人皆挥棱杖乱击臣等"，"自登陆以来，道旁观者，皆挥臂指颈，作斩头之状，以示臣等"[3]。可见对倭寇之仇恨。是日，又有海门卫千户许清"闻倭犯界，专为捕获而来"，并对崔溥言："此方人皆疑你为窃贼，故不许留你，虽艰步不可不行。"疾驱崔溥等人前往海门卫桃渚所审问。第二日，近桃渚所城"七八里间，军卒带甲束戟、铳煻、彭排，夹道填街。至其城，则城有重门，门有铁扃，城上列建警戍之楼"。又有人写崔溥掌上："自古倭贼屡

---

① ［朝鲜］崔溥著，葛振家点注：《漂海录》卷之一"十六日"。
② ［朝鲜］崔溥著，葛振家点注：《漂海录》卷之一"十七日"。
③ ［朝鲜］崔溥著，葛振家点注：《漂海录》卷之一"十八日"。

劫我边境，故国家设备倭指挥部、备倭把总管以备之。若获倭，则皆先斩后闻。"^① 于此可见弘治初年（约 1488—1490），关禁条例依然很严格。又崔溥等途经"城临海岸"的宁海县健跳所，又"有兵船，具戎器，循浦上下，示以水战之状"。"入城门，门皆重城，鼓、角、铳声震海岳。""所千户李昂躯干壮大，容仪丰美，具甲胄兵戎"^②，"以百千兵甲环城拥阗"^③。宁海县越溪巡检司，是崔氏一行通过的第一个巡检司，"城在山巅，军卒皆带甲列立海旁"^④。由此可见，明初太祖为加强海防沿海筑城、移置于要塞的卫所，至弘治初年仍设兵戍守。

《明史纪事本末·卷五十五·沿海倭乱》载，自洪武十七年（1384）至正统四年（1439）的 50 多年间，仅浙东一地遭倭寇侵掠就达 7 次。尤其台州桃渚一带受害最甚。^⑤ 正统四年（1439）四月倭寇渐东。"倭大皓入桃渚，官庾民舍焚劫，驱掠少壮，发掘冢墓。束婴孩竿上，沃以沸汤，视其啼号，拍手笑乐。得孕妇卜度男女，刳视中否为胜负饮酒，积骸如陵。"据此，便可理解被疑为倭寇的崔氏等人为什么进入浙东沿海后受到官民如此严厉的控制和对待。对此《漂海录》均有翔实记述。

3. 明代运河堤坝闸堰

《漂海录》对运河里程及堤坝闸堰设置及如何操作也作了较详尽的记述：

> 自牛头外洋至桃渚所一百六十余里，自桃渚所至宁海县四百余里间，俱是沿海僻地，无馆驿。到越溪巡检司，始有铺。到宁海县，始见白峤驿。自白峤驿过西店、连山、四明、车厩、姚江、曹娥、东关、蓬莱、钱清、西兴，至杭州武林驿，自桃渚所至此，一千五百有余里也。……臣所经自牛头外洋至桃渚所，至杭州，

① ［朝鲜］崔溥著，葛振家点注：《漂海录》卷之一"十九日"。
② ［朝鲜］崔溥著，葛振家点注：《漂海录》卷之一"二十四日"。
③ ［朝鲜］崔溥著，葛振家点注：《漂海录》卷之一"二十五日"。
④ ［朝鲜］崔溥著，葛振家点注：《漂海录》卷之一"二十五日"。
⑤ 葛振家：《译序》，［朝鲜］崔溥著，葛振家点注：《漂海录》。

至北京会同馆，大概共有六千余里。……水泻则置堰坝以防之；水淤则置堤塘以捍之；水浅则置闸以贮之；水急则置洪以逆之；水会则置嘴以分之。坝之制：限二水内外两傍，石筑作堰，堰之上植二石柱，柱上横木如门，横木凿一大孔，又植木柱当横木之孔，可以轮回之。柱间凿乱孔，又劈竹为绹，缠舟结于木柱，以短木争植乱孔以戾之。挽舟而上，上坝逆而难，下坝顺而易。闸之制：两岸筑石堤，中可容过一船。又以广板塞其流以贮水，板之多少随水浅深。又设木桥于堤上，以通人往来。又植二柱于木桥两傍，如坝之制。船至则撤其桥，以索系之柱，句上广板通其流，然后扯舟以过，舟过复塞之。洪之制：两岸亦筑石堰，堰上治牵路，亦用竹缆以逆挽之。挽一船，人挈则百余人，牛则十余头。若坝、若闸、若洪，皆有官员聚人挈、牛只以待船。至堤塘与嘴皆石筑，亦或有木栅者。[①]

《漂海录》中关于运河之堰、闸、坝等的形制、功能、设制、操作都有详尽记载，几成一部运河水工书。

（四）王穉登《客越志》

明代王穉登（1535—1612）《客越志》对浙东运河也有较详细记载：

西兴买舟，已在萧山境上，此地舟形如梭，卷篷蜗居，不可直项，插一竹于船头，有风则帆，无风则縴，或击或剌，不间昼夜。……二十里萧山县，听潮楼甚伟。

四十五里山阴县枕上过，六十里绍兴郡，禹穴已成梦游。

廿五日早过樊江，去绍兴五十里，为会稽县。大禹巡狩诸侯，防风氏玉帛后至，戮于此，今不识专车之骨安在。时朝旭初升，群峰尽出，岚容如沐，紫翠濯濯，与建初指挥四顾，邻船皆惊。

---

① ［朝鲜］崔溥著，葛振家点注：《漂海录》卷之三"六月初四附记"。此篇可作为《漂海录》的总结。

又八十里，渡曹娥江。^①

（五）黄宗羲《余姚至省下路程沿革记》

清康熙十八年（1679），黄宗羲（1610—1695）《余姚至省下路程沿革记》^②记清初情况要点摘编：

> 余姚至杭州不过300里，三江横截，地势卑下。曹娥江之东未接余姚江以前，大致数十里一堰。大船不过容数十石，再大则不易拖堰。遇风雨，人在篷下，能坐不能立；两岸则泥泞难行。商旅深以为苦。

这和南宋时的情况有一定差异，那时船通行容量以斛计，行旅似亦不如此之苦。水道之难，应该是人为之功不如以往。

> 余姚至曹娥有二路，自城西二十里之曹墅桥分途。溯姚江而行是南路，更前二十里至下坝，又分二路：挽坝而上，行渣湖旁支港中（按即十八里河），更十八里至新坝（按即中坝，所谓新通明坝），过坝行十里至上虞县治（今丰惠镇）；不挽下坝，仍溯姚江上行，三十里至通明坝（通明南堰），始挽而上，至上虞县城，与挽下坝而上之支港路会合。又谓自支港开后，成为通途，非大旱水涸，无由通明南堰者。

此由十八里河通上虞县城一路，应该是明嘉靖以后事。黄宗羲误以为自南宋始，有疏略。但清初仍为通途则无疑。

这里提到的进入曹墅桥而行支港是北路。北路较南路近10里，经斗门、横河、驿亭三堰。斗门、堰在曹墅桥北不远处；横河堰，在余姚西30里，牟山湖之北；驿亭堰在上虞西北40里，渔浦湖之北。三堰皆在夏盖

---

① （明）王穉登：《客越志》卷上，隆庆版，第12—13页。
② （清）黄宗羲：《余姚至省下路程沿革记》，《南雷文定前集》卷二，丛书集成本，第21—23页。

等湖之南，掠湖西行，渡百官江（曹娥江下游）。渡江后再陆行 2 里至塔桥（今绍兴市曹娥街道附近）与南路会合。南路各堰，拖船过时用辘轳绞盘；北路过堰则徒手挽舟。北路水道尤窄浅，船只更小。

北路即菁江至新河路，虽可通而记载不多，应该不甚重要。清初行旅始较多，似亦由于南路之失修。然北路过曹娥江后，有陆路 2 里，为一障碍。

又记：曹娥江之西，更无岔路，地势平衍，无拖堰之劳及候潮之苦，远较东段易走。宋元钱清江之险，由于麻溪坝等建成后，上游转入钱塘江；三江闸等建成，潮水亦不能倒灌。钱清江与运河相混，不复成险。

又记：渡钱塘江自古为难，宋代即常整理。钱塘江除风暴涌潮外并不甚险，船只覆没往往由于载人过量，地方官吏只空言禁约，无实际措施。百官江本不甚宽，当地人每日只以一船过渡，各船轮流值日，不当值者不能阑入，以致行旅多，渡人少，候船太久。

清初，运河河道变化在曹娥江之东，北路较以前重要。沿运管理日益废弛。

（六）齐召南《水道提纲》

齐召南（1703—1768）《水道提纲》记绍兴运河，西自西兴驿，东经萧山县城中，又东经钱清镇入山阴界，经柯桥，共百里至府城西郭门，均为顺流。穿城中会稽县界，自东郭门，东溯皋埠至东关，更东分为二渠：一东至曹娥坝，一东南至�（蒿）坝，共各九十余里。这一运河河道，自东或东南至府城，亦为顺流。萧山境之西河、塘河及湘湖俱与运河通；山、会境凡水出南山者皆原汇鉴湖，接漕渠。

又记：宁波府甬江即鄞江，有南北二源。北源姚江亦曰舜江，出余姚县西南 80 里之太平山，西北流至上虞县南，折向东北，分支经中下二坝复合姚江，东经余姚新、旧二城间，又东经慈溪县南为前江，蓝溪、文溪诸水皆汇入，其南有大西、小西二坝。更东南有南港、东港。二坝下流与奉化江会于宁波府城西南，南港与奉化江会于府城东北，又东分流入镇海县西南入江者为东港。南源奉化江至府城西南分为两派，北派稍东北流与慈溪二坝下流会，又东至府城南，合南派，又东北至府城东北与姚江之南港会，又东北与东港会。经镇海县城南即大小浃江总汇，又东一里至招宝山浃口，又前曰蛟门，入海。

（七）黄钺《泛桨录》

清乾隆五十三年（1788），应浙江学政朱珪之聘，当涂人黄钺赴浙江绍兴、宁波两府参监案试，批阅考卷。黄钺往返途中将所经浙东运河和曹娥江水路航线及过坝情况等记录下来，后撰写成《泛桨录》，流传至今。现择要辑录如下。

> 乾隆五十二年正月九日，（黄钺）随朱氏案试宁、绍两府，由杭东渡。渡钱塘江至西兴，过萧山县。
>
> 十日黎明过绍兴，大雨，船渗漏。薄暮抵曹娥坝，冒雨渡江。换船，船狭长，方言谓之艒，当地称为黄瓜船，以其形似黄瓜。
>
> 十一日晨起过上坝（中坝），行十八里过下坝。坝铺土，泼水使滑，曳船上坝，过坝。
>
> 十二日到大西坝进膳，抵宁波西门，入校士馆。
>
> 十三日至三月二日，凡二十二日考试。
>
> 三月五日自宁波西归，五十里至螺湾庙候潮。
>
> 六日晓过余姚，暮渡曹娥江，谒曹娥庙，庙后即曹娥墓。
>
> 七日晓行大雾中，于绕门山下午饭，十里至绍兴西郭门，入水关约十里抵行馆。
>
> 四月六日离绍兴，去城十里观农民竞渡。三十里至柯亭，二更至萧山停泊。
>
> 七日早至西兴渡江，至杭州学使署。[①]

---

① （清）黄钺：《泛桨录》，《小方壶斋舆地丛书》本。

（八）冈千仞《观光纪游》①

冈千仞（1833—1914），字振衣，号鹿门，日本仙台藩人，是著名汉学家。1844 年 6 月冈千仞来华游历三百余日，著《观光纪游》《观光续纪》《观光游草》。《观光纪游》近十万字，是近代日本所著汉文体中国游记中最有代表性的一部。冈千仞的这篇绍兴游记，记述绍兴的风土山水、名胜古迹甚多。诸如浙东运河、柯岩、鉴湖、寺庙、兰亭、禹陵故迹、绍兴水城、曹娥江，他都有涉及并有一些评述。游记文章优美，大处落笔，有不少细腻描述，颇具史料价值。

1. 记运河古纤道

[明治十七年（清光绪十年）]（七月）十四日（廿二日），此间属山阴县。水程一路，远峦迤逦，烟水淡荡，昔人所谓"行山阴道上，终日应接不暇"者。经一湖水，架石桥，横截水心，铭曰"自太平至宝带桥，凡二百八十一门"，不特美观，实为伟功。

2. 记绍兴大禹陵

十五日（廿三日），晨起，舟已泊在禹陵下。三面皆峻峰，所谓会稽山者。陵户掌门钥，投钱入观。有碑，蝌蚪字，曰衡山崩时，获裂土中，禹碑是也。拾石级，中间碑刻康熙、乾隆历朝祭文。有御碑亭，刻乾隆帝五古长篇。庙粤匪乱后所新修，宏厦翚飞，葺以黄瓦。正面安塑像，大丈余，左右立像各五，大字题栋上，曰"天成地平"，曰"成功永赖"。楹联二，曰："江淮河汉思明德，精一危微见道心""绩奠九州垂万世，统承二帝首三王"。左庑安四嗣王、四辅、六卿神主，右庑安嗣王十一世、四岳、九牧神主。蝙蝠千百，巢栖梁桷，秽臭冲鼻。庙左一阜，有窆石亭，石质莹然，微含红色，挺出七八尺，诸名流细字题名，雕刻极精。

---

① ［日］冈千仞著，张明杰整理:《观光纪游 观光续纪 观光游草》，中华书局 2009 年版。

碑刻阮文敏（元）记。出门右折，有两大碑，一刻"大禹陵"三大字，一刻"禹穴"二大字。禹穴在蜀，以禹陵当之，误矣。放翁诗已呼禹穴，其来也久。

过祝官小休，曰姒姓，世奉祭祀，爵八品。村有姒姓三十余家。

3. 过堰坝到余姚

十六日（廿四日），蛏浦坝隆起二三丈，村丁驱水牛十余头挽舟。峨舶徐徐上坝，乘势转下，俄然浮波上，极快。水牛肥大，力兼数牛，出没水中，性甚畏暑，所谓"吴牛嚅［喘］^①月"是也。行四五里，至春浦坝，水牛挽舟如前。转入一沟，左右田塍，久旱急水，岸岸水车，驱牛运转。法以片板塞牛目，一人在旁鞭策，日夕辘辘不休。稻花盛开，间见垂穟者。一市曰马家堰，堰坝小者。雇村丁，挽舟逾堰，群舟争先，哄然喧哗。惕斋呼市胥示护照，众不敢争。

暮至横河坝。岸设巨柱，柱贯棍，群丁推棍盘旋，舟冉冉转下，而乘客安坐舟中，不少惊。自此地势平旷，江流渐阔，此为姚江。日已暮，一酌就寝。夜半，舟人群呼，遽然眠觉。问之，下坝也。大波汹涌，舟已在坝下。此为斗门坝。此间两岸皆山，地势高低，故所在设坝通舟。坝又呼闸，放翁《入蜀记》"一日出三闸"是也。江月初升，风露寥阔。右望城堞，此为余姚。余姚有新古二城，此为古城。

这条记载很重要，第一，蛏浦坝在今上虞区道墟哨金的萧绍海塘边，不在向东关方向的运河，说明作者是往北向河道进入曹娥江，再往虞甬运河到余姚的；第二，此河段的山川风光，尤其是过堰坝的情景过程也记述得很生动和翔实。

---

① "嚅"应为"喘"。

三、运河整治

（一）政府组织

明弘治中（1488—1505），山阴知县李良重修县内运河，甃以石。湛然僧再修之，石塘宽不逾丈。嘉靖四年（1525），绍兴知府南大吉主持大规模修整府城内外运河，修砌塘身。至此，运河堤岸多成石塘，塘线也更稳固。

就浙东运河全线而言，运河沟通曹娥江与姚江段的自然地理环境最差，王穉登《客越志》："夜过中坝，水高一丈，雨晴微月，碛声怒激，若千雷殷作。"[①] 又余姚下坝："滩声下碛，怒如惊涛。船从枯堤而下，木皮如削，为之毛发森耸。""明洪武初,鄞人郑度建言"[②] 将通明北堰移建至郑监山下，名郑监山堰，又名"新通明坝"或"中坝"。明代永乐九年（1411），由于通明江上游七里滩处沙涨淤积，河浅碍船行，开浚县北（时县治在丰惠镇）新河，从县西黄浦桥直抵郑监山至新通明坝。又修通明坝，开凿了十八里河直抵江口坝。"官民船皆由之"[③]，此水路虽不甚便，然可避免候潮过坝之难。嘉靖年间（1522—1566），上虞县令郑芸于梁湖坝一带浚挖河流，又将梁湖坝向西移到曹娥江江边，以利通行舟楫。

（二）民间捐修

1. 纤道桥碑记

阮社《纤道桥碑记》碑载："自太平桥至板桥止，所有塘路以及玉、宝带桥，计贰百八十一洞，光绪九年八月，乡绅章文镇、章彩彰重修。匠人毛文珍、周大宝修。"不但记载了规模，还记载了当时修筑纤道是民间捐修之举。匠人"毛文珍、周大宝"应是现场的主要施工技术负责人，凿其名于其上，这建筑好与坏的责任便终身及后世铭刻。可见这民间捐修的公共

---

① 万历《绍兴府志》卷十七。
② 万历《绍兴府志》卷十七。
③ （清）顾祖禹撰，贺次君、施和金点校：《读史方舆纪要》卷九十二，第4229页。

事业也有着约定俗成的严格管理。

阮社《纤道桥碑记》碑

2.《绍兴县志资料第一辑》

民国《绍兴县志资料第一辑》多有民间善士修缮纤道记载：

> 冯士毅，字再可，山阴柯桥人，隐于市肆而乐善好施，镇之南岸，东西官塘一带，绵亘数百里，日久倾仄，行者苦之。士毅先自捐金若干，与二三同志协力修复。

> 冯光昂，山阴柯桥人。邑之西，有玉带桥、行义桥者，连络数十里，西至萧邑，东达余、上，千万人往来之通衢也，岁久倾圮，行人苦之。光昂出重金，首行捐修，复向亲友劝输，逾年而巨工始竣，利及行人。

> 倪兆锦，字绣章，山阴亭后人。……太平桥至柯桥官塘水涨时，行旅病涉，锦出资培高尺余。

3. 皋埠段纤道[①]

该段纤道每隔数米，石板面刻有捐款修建者姓名，如：

> 同治十年朱学瑞房重修壹佰伍拾丈
> □□□孟德裕堂修塘五仓
> 松林傅兆桂室王氏造一仓
> 上虞县高鸿达造一仓
> 王墩□孟光裕堂修官塘五仓

---

① 据 2022 年张笑荣实地调查所得碑拓。

王门董氏三千

屠继仁堂造五仓

4. 澎家堰桥碑

上虞东关澎家堰村运河段，有澎家堰老桥，位于古纤道中间，是一座东西向的造型十分精美的单孔平梁桥。[①] 桥之东侧有桥头石碑。碑高约 0.8 米，底厚约 0.35 米，高厚约 0.28 米，长约 3.5 米，自重在 3 吨左右，立于桥东角，碑南面无字，北面镌刻：

> 是桥自康熙辛酉吾族武成公建后，历久渐欹，行旅危之。立夫凤寿，爰议集腋重修。适章子小品，亦乐为醵资赞助。遂由凤寿经理，卜吉从事焉。功既竣，因缘数言，并镌捐助姓氏于石上。（以下是捐款大洋名单及数量，共助洋六百三十四元，略）
>
> 经理杜凤寿识
>
> 光绪丁酉冬吉旦

此桥建于康熙二十年（1681），由杜姓族人武成公主持始建。桥至光绪年间时已倾斜成危桥，危及航运及行人安全，又由杜凤寿在光绪二十三年（1897）发起集资捐款重修。修建完成后便将事由经过写成短文，与捐款人姓名一起刻于碑上。萧绍运河虽属官河，但在维修整治上，多民间捐助和主持兴修之举。

《上虞县地名志》记载，此桥在澎家堰村，"相传昔有彭姓兄弟定居于此，并在村前河上筑土坝以抗旱排涝，由此得名彭家堰，后演变为澎家堰"[②]。可见此地及绍兴民间捐款兴修水利与运河塘、路、桥之风俗传承。此桥桥板外沿两侧未同一般桥题刻桥名，而是凿刻了南北两幅横额，南为"巽水腾蛟"，北为"太乙生元"。其意应北为"自然精气，造就万物"，南为"风调雨顺，人才辈出"。

---

① 邱志荣：《上善之水：绍兴水文化》，学林出版社 2012 年版，第 405—407 页。

② 浙江省上虞县地名委员会编：《上虞县地名志》，1983 年版，172 页。

为有利于商运，晚清也有宁绍商家提出要深挖梁湖一带运河的咨呈。绍兴皋埠段有同治年间（1862—1874）捐修运河纤道塘的塘石刻记。今柯桥镇、绍兴城区运河段多处可见当时民间商业界及有实力之士捐修河墈留下的刻石题记。

四、运河水驿

水驿，古代驿站为官办之接力式通信运输机构，专司传达朝廷诏书，奏报地方文书及进呈贡物等职责。每驿派有驿丞，配置驿吏，雇用驿夫，基址建有驿舍，备有舟车，供过往官员之需。自秦汉始，会稽境内已有驿，铺之设，延至唐宋，绍兴已成为浙东之漕运与驿运中心。沿古运河两岸水驿，依次相连，深具特色，在我国水运史上占有重要一页。

1. 西兴驿

西兴驿位于运河南岸的西兴街 254 号南侧，南北向，驿前曾有西兴邮亭。唐杜甫《解闷十二首》有句："商胡离别下扬州，忆上西陵古驿楼。"白居易《宿樟亭驿》有句："夜半樟亭驿，愁人起望乡。"西兴驿，唐时称樟亭或庄亭，五代之后名西陵驿，宋朝叫日边驿。据明来集之《樵书初编》记载，萧山知县鲁曾题"庄亭古迹"于其上。清康熙《绍兴府志》载："西兴驿在西兴镇运河南岸，唐之庄亭也。"清宣统三年（1911），西兴驿被裁撤。今存遗迹分两层，上层主要为驿站房址的台基、石砌包边、石板踏道、砖砌墙基、灰黑色夯土及石板地面。

2. 渔浦驿

嘉泰《会稽志》卷四："渔浦驿，在县南三十六里。"

3. 梦笔驿

嘉泰《会稽志》卷四："梦笔驿，在县东北百三十步。"

4. 钱清驿

钱清驿位于钱清马埠桥边。得名源于汉代清官刘宠。嘉泰《会稽志》卷四记载："钱清驿在县西北五十里。"

南宋诗人陆游《夜漏欲尽行度浮桥至钱清驿待舟》一诗中描述：

> 潮生抹沙岸，云薄漏月明。
>
> 江头晓色动，鸦起人未行。
>
> 扶携度长桥，仰视天宇清。
>
> 遥怜系舟人，听我高屐声。
>
> 水槛得小憩，一笑拄杖横。
>
> 澄漪弄孤影，微风吹宿酲。
>
> 湛然方寸间，不受尘事撄。
>
> 寄语市朝人，此乐未易名。[①]

至明代，官修《明会典》卷一百十九记载了当时几大著名驿所，包括"绍兴府蓬莱驿，山阴县钱清驿，上虞县曹娥驿，会稽县东关驿，余姚县姚江驿，萧山县西兴水驿"。其中，萧山西兴水驿设置最早，为唐代设置。万历藏书家曹学佺（1574—1646）在其《石仓历代诗选》卷三百八之《过钱清驿询其故乃汉会稽太守刘宠弃钱之所也》篇中，记载"钱清题驿额"事，钱清驿得名源于汉代清官刘宠。"贤哉刘会稽，遇之何周详……水以钱愈清，钱以水亦彰。寥寥千载下，孰不诵遗芳。"

5. 柯桥驿

嘉泰《会稽志》卷四："在县西二十五里。"宋代有，明久废。

6. 蓬莱驿

蓬莱驿位于绍兴城迎恩门外。嘉庆《山阴县志》卷六："蓬莱水驿在迎恩门外，唐曰西亭，宋曰仁风，向设驿丞一员。"嘉泰《会稽志》卷四："仁风驿在县北三里。"为当年绍兴最大水驿，有门楼、正厅、穿堂、后堂等二十余间。清乾隆年间（1736—1795），配有船十五艘，水夫一百一十名，仍具相当规模。以后随着交通条件之改善，水驿渐趋裁撤而至不存。蓬莱驿附有接待院、上纤埠头、接官亭。

---

① （宋）陆游：《剑南诗稿》卷十六，汲古阁本。

接待院在绍兴城迎恩门外。嘉泰《会稽志》卷十三《送迎》载："《吴越春秋》有越人相送之辞曰'行行各努力'，盖自古风俗笃厚，重于离别如此。今西出迎恩门则临安路，有接待院，有吕氏庄，皆将迎之地。院侧竹台因古城遗址，巨竹森茂，庄亦有亭榭花木，可以置酒。昔时山阴尉廨门外临运河亦有亭，今废矣。远则有法云寺、柯桥馆、灵秘院，皆其所也。"

上纤埠头在绍兴城迎恩门外。出虹桥为上纤埠头，直通西郭吊桥，皆为入城陆路。该街北侧房屋墙基砌于河岸，无纤道，故需在上纤埠头上岸，乘轿等由陆路入城。水路去杭州方向，也需在上纤埠头乘船拉纤远行，上纤埠头遂成为出入绍兴城的重要埠头。

接官亭在绍兴城迎恩门外上纤埠头，以岸为埠。接官亭为古时迎接来绍的朝廷官吏的专用场所。文献有记载，康熙、乾隆、孙中山、周恩来等经运河来绍均在此上岸，蔡元培、鲁迅等亦在此下船离绍。

7. 东关驿

嘉泰《会稽志》卷四："会稽县有东城驿，在县东六十里，今废。"东城驿即后世之东关驿。东关驿名随地名之变而变。《浙江古今地名词典》："东关驿，古驿名。《方舆纪要》卷九二：'在（绍兴）府东九十里，曹娥江西岸，旧名东城驿，明初改今名。'"与曹娥驿隔江相望。故址即今上虞县西之东关镇。明嘉靖年间（1522—1566）再移至凤凰山东北顶坝底处。清雍正年间（1723—

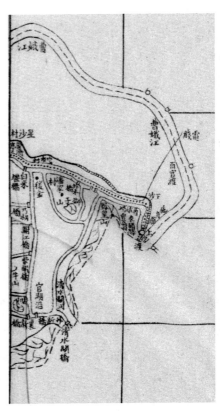

清代东关镇、东关驿图（引自光绪《浙江全省舆图并水陆道里记》）

1735）归并曹娥巡检兼管。驿站在鼎盛时期，设驿丞一员，书办一名，驿皂二名，走递夫九名，水驿夫一百五十九名，站船五只，水手二十名，河船二十只，水手二十名。至民国元年，驿、铺尽撤。

8. 曹娥驿

旧址在上虞县西 30 里的梁湖镇，名曹娥站。元大德七年（1303）为江涛冲毁，迁县治西。明洪武初又移旧处，嘉靖间移至江口。驿丞仍给夫船送迎。计有站船 5 只，每只水夫 3 名；红船 2 只，每只水夫 3 人；中河船 24，每只水夫 2 人；小河船 12，每只水夫 1 人。另走岸差夫 51 人，馆夫 3 名。又余姚协济站船 2 只。值倭寇兵兴，支应过多。按院庞尚鹏裁革，夫船仍留一半，驿丞由梁湖坝兼管。

9. 百官驿

在上虞百官市南。明置，旋废。上虞，宋代尚有一二处，明已废。

10. 姚江驿

在东门外大江北岸，旧官一员，吏一名，清裁。馆夫八，水夫六十七，陆关十八，杂役八。船七只，清裁。

11. 车厩驿

在慈溪县西南 40 里。至清乾隆时绍兴各驿裁并归县，只余西兴一车厩驿。

12. 四明驿

《宁波府简要志》载："四明驿，府治西南二里十步，月湖中。本唐贺知章读书处。故地宋置涵虚馆，为迎送宾客之所。至元十三年改置水马站，分南北二馆，中通桥路。国朝洪武元年改置水驿，选官置吏，站船八只，每船水夫十名，带管递运船二十四只，每船水夫六名，南北驿房各四间。各房设正副铺陈四状，馆夫二十四名，防夫二十名。"永乐时改名为四明驿，是送贡使赴京的处所。

五、康乾南巡

清代康乾盛世中，两位帝王尤重拜祭大禹，因此在乘龙舟途经浙东运河时留下了辉煌的篇章，为清代大运河增添异彩。《钦定南巡盛典》①记载了当时为迎接乾隆皇帝祭禹整治浙江海塘、浙东运河的情况，以及乾隆途经之地和其所写的诗文。

（一）康熙皇帝南巡

康熙皇帝第二次南巡在康熙二十八年（1689）正月至三月，康熙帝沿运河至扬州，经苏州进入浙江境内。二月初七日泊秀水县（今属嘉兴市），次日又泊仁和县塘栖镇，初九日御舟抵达杭州，阖郡士民迎驾。十一日谕随从部院诸大臣，令酌量增加江南、浙江人学额数；加恩减免南巡后所经地方官员和人犯所受刑罚；因蠲免租赋，民间有建立碑亭，称述德意者，令停止；凡商民抵关，交纳正税即应放行，榷关不得稽留苛勒。十三日，康熙帝舟泊绍兴府会稽山麓。次日，率随从诸臣往禹陵致祭，行三跪九叩礼，御舟晚泊萧山县西兴镇，"欲亲往视察下河，派官员先往视阅，回奏称下河所经水路甚浅，不予通舟楫，陆路亦甚难行，且宿顿无所。各口工程俱遵皇上旨画，今工已及半，凡所修治，无可疑者，皇上似可无行"②。十六日又令地方官修葺禹陵，增加守祀之人，并赐银二百两予守祀之人。又亲作《禹陵颂》并序文。离杭州时，曾下谕刑部尚书图纳等人，说明他此次南巡的动机："朕兹行特为百姓，阅视河道，咨访闾阎风俗。因禹陵在迩，躬往致祭。归时便道过西湖，聊尔寓目，非为游观也。"③十七日自杭州乘舟北上，经石门、嘉兴，离开浙江。

《清史稿·圣祖本纪》载："二十八年己巳春正月庚午，诏南巡临阅河

---

① （清）高晋等编：《钦定南巡盛典》，《四库全书》第 658 册—659 册，上海古籍出版社 1987 年版。

② （清）朱轼等：《圣祖仁皇帝实录》卷一三九，中华书局 1985 年版，第 521 页。

③ （清）朱轼等：《圣祖仁皇帝实录》卷一三九，第 521 页。

工。丙子启銮。"二月"丁未，驻杭州。……辛亥，渡钱塘江，至会稽山麓。壬子，祭禹陵，亲制祭文，书名，行九叩礼，制颂刊石，书额曰'地平天成'。癸丑，上还驻杭州"。

（二）乾隆皇帝南巡

1. 第一次南巡

《清实录·高宗实录》载：乾隆十六年（1751）三月辛丑（初四），"遣官祭南镇之神，并明臣王守仁祠，赐王守仁祠扁，曰'名世真才'"。

甲辰（初七），"是日，御舟驻跸绍兴府西，翼日如之。乙巳，上亲祭禹陵，行三跪九叩礼。丙午，上奉皇太后回銮，渡钱塘江，至杭州"。

丁未（初十，清明节），予姒氏官奉祀大禹。谕："朕时巡至杭州，禹陵在望，缅惟平成之德，万世永赖。皇祖圣祖仁皇帝曾亲祀焉。爰东渡浙江，陟会稽。式遵皇祖旧典，躬荐馨于宇下。厥有姒氏子姓，世居陵侧，应世予八品官奉祀。该督抚择其有品行者一人充之，昭崇德报功至意。"

《清史稿·高宗本纪》载："十六年春正月庚子"，乾隆初次南巡。"三月戊戌朔，上奉皇太后幸杭州府。""乙巳，上祭禹陵。丙午，上奉皇太后还驻杭州府。"

2. 第三次南巡

乾隆二十五年（1760）八月初九日上谕，言原拟于二十六年"皇太后七旬万寿之际"南巡，因高邮、宝应等处被水成灾，赈济灾民更为重要，所以改定于二十七年春南巡。乾隆二十七年（1762）正月至五月，乾隆帝第三次南巡，一路行程与前大致相仿。但由于自乾隆十二年（1747）钱塘江改走中小亹之后，钱塘江江道于乾隆二十四年（1759）复归北大亹，海潮一日两次冲刷海塘，形势严峻，故乾隆帝抵杭之次日，即策马赴老盐仓、尖山等处相度情形，饬令修筑柴塘，并建设竹篓、坦水各项工程，以保护北岸田园庐舍。驻跸海宁盐官陈氏安澜园，然后返回杭州。渡江到绍兴祭禹陵，返杭阅兵，游西湖，驻跸圣因寺行宫，最后奉皇太后回銮。其间撰《茅山正讹》文，辨明禹改茅山曰会藉之茅山为扬州镇山，在绍兴，而非句容之茅山。[①]

六、运河地图

（一）《九省运河泉源水利情形图》

清乾隆五十五年（1790）前后，朝廷制作了大运河全图[②]，第二部分绘制的是从绍兴府经杭州直至京城的大运河，详细反映了运河沿途各府县周边水道、湖泊、山川、河流间沟通关联的济运情形，足证浙东运河为中国大运河南起始端。

《九省运河泉源水利情形图》绍兴至嘉兴部分（引自《九省运河泉源水利情形图》2006年版）

---

① 沈建中编著：《大禹陵志》，研究出版社2005年版，第253页。
② 刘枫主编，全国政协文史和学习委员会编：《九省运河泉源水利情形图》，浙江古籍出版社2006年版。

（二）《浙江全省舆图并水陆道里记》

《浙江全省舆图并水陆道里记》修于光绪十六年（1890），至光绪十九年（1893）完成。该书首图为《浙江全省百里方图》，一格代表百里；每府有二十里方图，一格为二十里；每县有五里方图，每格为五里。县五里方图上的山脉、河流、道路、村庄、桥梁标注规范和清楚，是图可作为当时浙东运河状况的重要依据。

第四节　明清海禁与对外贸易

一、明代海禁与对外贸易

（一）海禁缘由

明朝建立之初，东南沿海有倭寇为患，日本人常犯中国山东、浙江、福建沿海，洪武三年（1370），"复寇山东，转掠温、台、明州旁海民，遂寇福建沿海郡。……五年寇海盐、澉浦，又寇福建海上诸郡"①。此外，时有张士诚、方国珍余部骚扰，加上中国传统的重农抑末（商）思想的影响，所以朱元璋在其登上皇位的第四年（1371），便下令禁止沿海地区居民私自出海，这一禁令当时被称为"海禁"，并多次加以重申。②

（二）贸易与管理

由于中国与海外国家长期形成的外交关系是不可能完全禁绝的，所以在朱元璋提出海禁的同时，又制定贡舶制度，允许海外一些国家以"朝贡"名义，航海来明朝，在明朝政府监督下，进行有限制的贸易活动。明朝政

---

① （清）张廷玉等：《明史》卷三百二十二，中华书局 1974 年版，第 8342 页。
② "海禁"内容主要参考童隆福主编《浙江航运史》（人民交通出版社 1993 年版）第五章第四节。

府还允许来明朝"朝贡"的国家规定期限（3年、5年或10年朝贡一次），并发给勘合（勘合就是证书，"勘"指核对，"合"指相同）。海船的数目、船上人员数目、所带"贡品"和其他货物，都在勘合上填写明白。明朝政府发给那些允许来明朝"朝贡"的国家编有编号的勘合，自己存留底簿。海外国家海舶前来明朝，明朝政府即将他们所持的勘合与自己存留的底簿进行核对，核对无误，证明并非伪造，便允许他们"朝贡"。凡是没有勘合的外国商船，则不允许进入明朝"朝贡"。"朝贡"，事实上就是一种贸易，因为每次"朝贡"，朝廷照例要依据贡物而偿以相当代价的货物。所以多数国家并不以"朝贡"为满足，贡使或附搭的行商，常常乘"朝贡"之机运载大批货物前来贸易，进行"互市"。

明初，延续前朝的做法，将主要与日本交往的贡市地点设在宁波，设市舶司。"提举一人（从五品），副提举二人（从六品），其属吏目一人（从九品）。掌海外诸藩朝贡市易之事，辨其使人表文勘合之真伪，禁通番，征私货，平交易，闲其出入而慎馆穀之。"①此为官吏设置和主要职责。又记："吴元年，置市舶提举。洪武三年，罢太仓黄渡市舶司。七年，罢福建之泉州、浙江之明州、广东之广州三市舶司。永乐元年复置，设官如洪武初制，寻命内臣提督之。嘉靖元年，给事中夏言奏倭祸起于市舶，遂革福建、浙江两市舶司，唯存广东市舶司。"此为明代设市舶司的沿革变化。

永乐二年（1404），明朝和日本签订了勘合贸易条约（即永乐条约），开始进行勘合贸易（即朝贡贸易）。

明朝规定来明朝"朝贡"的国家的船只只允许在广州、泉州、宁波三处港口泊岸，还规定占城、暹罗、西洋诸国的船只在广州泊岸，日本的船只则在宁波泊岸。因此，中日之间的勘合贸易明代时多是到宁波港进行的。

明代日本勘合贸易船来宁波的航线有两条，即"南路"和"南海路"。南路航线从日本的兵库（或堺）出发，通过濑户内海，经博多、五岛，横渡中国东海，到达宁波；南海路航线，从日本的堺出发，通过土佐冲，经

---

① （清）张廷玉等：《明史》卷七十五，第1848页。

由萨摩的坊津，然后横渡东海或南海，到达宁波。与南路航线相比，南海路航线较长，需要较长的航行时间，据日本《荫凉轩日录》记载，南海路比南路航线往返要多费时 3 至 4 个月。

明代日本的勘合贸易进入宁波洋面后，从普陀山、莲花洋、沈家门在政府官员的导引下，经定海入宁波港，然后经签证允许，换船从宁波出发，循浙东运河，经余姚、绍兴、萧山，越过钱塘江到杭州，再循江南运河，经嘉兴、苏州、常州等地，横渡长江。由大运河到北京，回程再由大运河到宁波起航渡海归去。

为接待和转送贡使，明朝在宁波还设置四明驿。四明驿是送贡使赴京的处所，日本使团一般从四明驿上船，经由运河去北京。

据明末鄞县人高宇泰《敬止录》引《皇明永乐志》，"日本国"物品 248 种，分为 9 大类：宝物矿物类；工艺品类；扇类；兵器类；马匹毛皮类；纸品类；布绢类；香料药物类；日用杂品类。可见明代宁波海外贸易极为兴盛。

从嘉靖三年（1524）起，又接连颁布禁海命令。这项禁令，一直到明世宗死去，明穆宗继位（1567）后才废除。

（三）对外文化交流

虽然有海禁，但中外文化交流仍在进行。据统计，在明朝 300 多年时间里，前往中国的日本僧人为数众多，仅知名的就可以数出 110 多人。这些僧人到明朝的目的既是寻求佛法、研习经文，更是文化交流、领略风土人情。"前往北京，要先从宁波沿着大运河和其他河流，途经余姚、绍兴、萧山、杭州、嘉兴、苏州、常州、镇江、南京、扬州、淮安、彭城、济宁、天津等地，因而在往返途中可以在各处停留，游历神山宝刹、名胜古迹。由于这些使僧们全是乘坐特许贸易船只往返的，因而，所谓在明朝时间，也仅仅是奔波于宁波—北京间的路途之中，大体上只有一两年时间。"[①] 由此可见从宁波到北京的大运河在中外文化交往中的地位。

---

① ［日］中村新太郎：《日中两千年——人物往来与文化交流》，张柏霞译，第 195 页。

日本著名画僧雪舟（1420—1506）于明成化四年（1468）实现了他的夙愿[1]，随使节团出发来明。在宁波登陆后参游天童寺、阿育王寺，之后沿浙东运河经余姚、绍兴、萧山，渡过钱塘江到杭州，遍游名胜，又沿京杭运河到北京，翌年原路返回，一路观光体验，或学习临摹，或创作绘画，创作技法大进，之后归国。至今他仍有《唐土胜景记》《归中真经图卷》等作品保存于日本寺院。

明末清初还值得一提的是著名学者，浙东人朱舜水。他为中日文化交流和传播作出了杰出贡献。朱舜水（1600—1682），名之瑜，字楚玙，余姚人。这位著名的学者，不服清朝的统治，期望明朝的复兴。他东渡日本，为浙东文化传播到日本做出了巨大的努力。在他的影响下，当时日本思想界崛起了独树一帜的儒家学派——水户学派。朱舜水又被誉为"真正的经济学家"。"今日在无人之野起建一座城池，必咸集士农工商之擅长者，如有先生一人在，则成就全城尚且有余。有诗书礼乐至水旱田作之理，由房屋建造至酒盐油酱之方，先生无不精通备至。"[2]

（四）贸易走私

明初，政府虽一再颁布海禁令，然私商海上航运贸易一直在秘密进行。浙江私商海上贸易的主要对象仍然是日本。双方贸易的货物主要有：日本的倭刀、倭扇、莳绘（描金）的东西、盒子、屏风、砚盒和工业原料铜、硫黄、苏木等。这些物品为中国所重。

明代，双屿岛成为走私贸易基地，又有葡萄牙人、倭寇和海盗常劫掠浙东沿海。明朝廷便于嘉靖二十六年（1547）令浙江巡抚朱纨发兵双屿岛，焚毁所有建筑物和货物，烧毁小船 35 艘、大船 12 艘（但尚有葡、日和海盗等走私海船 1290 余艘逃脱）；同年五月，官军在双屿岛又用木石筑塞岛上的南北水口[3]。之后，浙东沿海民间海上走私贸易得到控制。

---

① ［日］中村新太郎：《日中两千年——人物往来与文化交流》，张柏霞译，第 199 页。
② ［日］中村新太郎：《日中两千年——人物往来与文化交流》，张柏霞译，第 225 页。
③ 《朱中丞甓余集》"双屿填港工事"。

二、清代海禁与对外贸易

（一）早期沿袭明制

清政府收复台湾后，为了防止郑成功抗清，又沿袭明制，严禁商民出海贸易。清政府的海禁十分严厉，规定犯禁者不论官民一律处斩，货物入官，家产偿赐给告发者；所在地方文武官员一律革职，地方保甲如不告发在先，一律处死。外国商船不准进出东南沿海各港口，只以澳门一处港口作为对外贸易口岸。其后，又强迫濒海居民迁徙内地，历史上称为"迁海"。其时浙江的海上对外贸易运输几乎停顿。

（二）开海贸易

康熙二十二年（1683）清朝收复台湾，"海疆宴清"，政权巩固，同时也由于对外贸易交往的需要，遂在东南沿海各省官吏的吁请之下，于第二年（1684）九月下令"开海贸易"。此后，东南沿海商民可以自行造船出海贸易，海上对外贸易又开始逐步发展。

浙江输往日本的商品有：白丝、绉绸、绫子、绫纤、纱绫、南京缎子、锦、金丝布、葛布、毛毡、绵、罗、南京绡、茶、纸、竹纸、扇子、笔、墨、砚台、瓷器、药、漆、胭脂、方竹、冬笋、南枣、黄精、芡实、竹鸡（鹑类）、红花檽（即丹桂，药用）、附子、药种、化妆用具等。而从日本输入的主要是金、银、铜等。

在清朝，即使海禁时期，民间私商海外贸易也未间断过，"走险窃出"时有发生。有些还贿通地方官出海贸易。康熙帝曾经说过："向虽严海禁，其私自贸易者，何尝断绝。凡议海上贸易不行者，皆总督、巡抚自图射利故也。"①

清代（鸦片战争前）"海禁"开放后，宁波港"南北"号船帮和宁波海运船主十分活跃。清廷在全国成立了四个海关，康熙二十四年（1685），

---

① 《清圣祖实录》卷一一六。

在宁波设立浙海关。康熙三十七年（1698），又在宁波和定海，分别设立浙海分海关。[①] 宁波港在与西方通商中，首次有英国商船来往于浙江舟山、宁波是在 1683 年宁波海关建立后，更是"至宁波者甚多"[②]，仅康熙四十九年（1710）到宁波、舟山的英国商船就有 10 艘[③]。"今自乾隆二十年以来，外洋番船收泊定海，舍粤就浙，岁岁来宁。"[④]

鸦片战争后，清政府屈从于英国，《南京条约》签订后次年又签订了《五口通商章程》。自此，宁波港成了向西方开放的口岸。浙东海上丝绸之路被纳入新的经济贸易圈中，并受到西方文明较大的影响。

（三）浙海关

清康熙二十三年（1684），开海禁，允许 500 石以下船只出海贸易。翌年，宁波设立浙海关，又称"监督浙海钞关"，后称"浙海常关"，以掌管海上贸易和征收关税。浙海关行署设在府治南董庙西边，海关在甬东七图，下辖大关口、镇海口、象山口等十七口。乾隆二十二年（1757），浙海关设在定海县（今舟山市定海区）的红毛馆取消。道光二十四年（1844）一月，宁波开埠，指定江北岸为"外人居留地"。到咸丰十一年（1861）月，随着由英人操纵的浙海关新关的建立，浙海关的管理权逐一落入英人之手。是年十二月，太平军占领宁波，遂将浙海关改为"天宁关"，宣布三个月不征关税。同治元年（1862）五月，太平军撤离宁波，复改天宁关为"浙海关"。光绪二年（1876）九月，中英订立《烟台条约》，温州辟为商埠，并于翌年四月对外开放，浙海关管辖的温州各口岸划归瓯海关管辖。

民国二十六年（1937）9 月 30 日，政府下令裁撤海关监督。翌年 2 月，浙海关关闭。

---

① 林士民：《浅谈宁波"海上丝绸之路"历史发展与分期》，李英魁主编：《宁波与海上丝绸之路》，第 45 页。

② （清）魏源：《海国图志》卷五十三，岳麓书社 2004 年版，第 1433 页。

③ 郑绍昌主编：《宁波港史》，人民交通出版社 1989 年版，第 121 页。

④ 《皇朝文献通考》卷二十七《征榷考二》，《四库全书》本。

第五节　浙东学派

浙东^①学派的学术思想体系庞杂，著作繁多，其重要学术取向是"经世致用"。浙东学派又有"广义浙东学派"（一称"浙学"）和"狭义浙东学派"之说。

广义的浙东学派，包括狭义浙东学派及浙江其他地区的学术派别，如宋代今浙中（浙江中部地区）以吕祖谦为代表的金华学派、陈亮为代表的永康学派，今浙南（浙江南部地区）以叶适为代表的永嘉学派。

狭义浙东学派，指清初以黄宗羲、万斯大、万斯同、全祖望、章学诚、邵晋涵等为代表的研究经学兼史学的经史学派，因这些代表人物均出自浙江东部，故名。清代浙东学派"影响后来最大者"多在史学，故也称"浙东史学派"。浙东运河是文化和学术的承载和交流之地，也哺育了历代名人的成长与发展。浙东学派的主要学者，于水利、运河也多有著述及研究，也是其"经世致用"取向之体现。

一、季本

季本（1485—1563），字明德，号鼓山，明绍兴会稽人。少时师从王文辕，以经学闻名诸生中。正德四年（1509），师事王阳明，习良知之学。正德十二年（1517）进士，曾迁长沙知府。后还乡家居二十年，以著书讲学为乐。徐渭曾拜于其门下。季本在绍期间积极倡导和支持政府治理河道，在所著《浚学河记》中指出：

> 越水国也，故其俗以舟楫为车马，行李之往来，货财之引致，

---

① 《水经注·浙江水》记："句践霸世，徙都琅邪，后为楚伐，始还浙东。"古以钱塘江为界，分为"浙西""浙东"，今杭嘉湖地区古为"浙西"，而宁（甬）绍、台温、金丽衢地区均属"浙东"地区。

皆有赖焉。然犹利之细者也。自鉴湖既废，高下皆田，下流虽有诸闸之防，第可因水势以时蓄耳。其上苟无沟渠河荡以潴之，则岁旱无所取水，防亦何益乎？故善治越者当以浚河为急。

不但精到地评述了鉴湖堙废后山会平原的地势和水利之关系，并提出了当时治水的关键，以及浚河与治越的关系，是为绍兴治水之名言。著有《易学四同》《诗说解颐》等作品。乾隆《绍兴府志》卷十四记载有其《三江应宿闸》一文。

二、黄宗羲

黄宗羲（1610—1695），浙江余姚人，字太冲，一字德冰，号南雷，别号梨洲老人等，学者称"梨洲先生"。明末清初的经学家、史学家、思想家、地理学家、天文历算学家、教育家。"东林七君子"之一黄尊素长子。他与顾炎武、王夫之并称"明末清初三大思想家"，与顾炎武、方以智、王夫之、朱舜水并称为"明末清初五大家"，与陕西李颙、直隶容城孙奇逢并称"海内三大鸿儒"，亦有"中国思想启蒙之父"之誉。他提出"天下为主，君为客"的民主思想。他说"天下之治乱，不在一姓之兴亡，而在万民之忧乐"，主张以"天下之法"取代皇帝的"一家之法"，从而限制君权，保证人民的基本权利。《黄宗羲全集》中有《余姚至省下路程沿革记》一文，记录沿线水陆交通等情况。

三、毛奇龄

毛奇龄（1623—1716），原名甡，又名初晴，字大可，又字于一、齐于，号秋晴，又号初晴、晚晴等，浙江绍兴府萧山县（今杭州市萧山区）人。以郡望西河，学者称"西河先生"。清初经学家、文学家。康熙时荐举博学鸿词科，授检讨，充明史馆纂修官。寻假归不复出。治经史及音韵学，著述极富。毛奇龄《西河合集》分经集、史集、文集、杂著，共四百余卷。另著有《湘湖水利志》等水利文献。

四、万斯同

万斯同（1638—1702），字季野，号石园，门生私谥贞文先生，浙江鄞县（今宁波市鄞州区）人，清初著名史学家。康熙十七年（1678），浙江巡抚荐应博学鸿词科，力辞不就。次年，清廷诏修《明史》。于史馆十九年，以所学之长，撰成明史列传 300 卷、明史表 13 卷、宰辅会考 8 卷、河渠志 12 卷，最终手定《明史稿》500 卷。

五、齐召南

齐召南（1703—1768），字次风，号琼台，晚号息园，浙江天台人，清代地理学家。雍正七年（1729）己酉科乡试中副车，雍正十一年（1733），举博学鸿词，以副榜贡生被荐。乾隆元年（1736），召试于保和殿，钦定二等第八名，为翰林院庶吉士，授检讨。次年参修《大清一统志》。乾隆六年（1741），撰《外藩书》。乾隆十二年（1747），充《续文献通考》副总裁。

乾隆二十六年（1761），齐召南完成最重要的作品《水道提纲》28 卷，其中有《丰安闸碑记》《浙江诸水篇》等水利文献。

齐召南《山阴》诗：

镜中看竹树，人地总神仙。

白玉长堤路，乌篷小画船。

有山多抱墅，无水不连天。

朝暮分南北，风犹感昔贤。[①]

---

① （清）齐召南:《齐召南宝纶堂诗钞》光绪本一。

这是一首描写浙东运河萧绍运河段的经典诗作。

六、全祖望

全祖望（1705—1755），字绍衣，号谢山，浙江鄞县人，清代浙东学派的重要代表人物，著名的史学家、文学家，博学才俊。乾隆元年（1736）中进士，入翰林院为庶吉士。因不附权贵，于次年辞官归里，不复出仕。专心致力于学术，四处讲学，足迹遍布大江南北，曾主讲绍兴蕺山书院，从者云集。在学术上，其推崇黄宗羲，自称梨洲私淑弟子，又受万斯同影响，专研宋和南明史事，留意乡邦文献，尤好搜罗古典文献及金石旧拓，曾编成《天一阁碑目》。其著作颇丰，有《汉书地理志稽疑》等，并七校《水经注》。

其《答山阴令舒树田水道书》，嘉庆《山阴县志》卷二十八中有载，为重要的水利文献。

七、章学诚

章学诚（1738—1801），字实斋，号少岩，清绍兴会稽道墟（今属绍兴市上虞区）人，史学家、方志学家。自幼酷爱史书，一生不得志，但著述甚丰，成就甚大。其中《文史通义》备受推重，在史志界与唐刘知几《史通》并称我国古代两部最主要史学著作。他强调"史德"，主张把"史德"作为良史标准之一。主张效法自然，经世致用。修志论，著有《方地辩体》《修志十议》等。《清史稿》有传。

第八章
晚清民国时期

　　1842年清政府向英国求和，签订了丧权辱国的《南京条约》，中国开始沦为半殖民地半封建社会。此后外国列强的航运势力也逐步侵入浙江，使浙东运河航运业发生了前所未有的变化。经过艰难曲折的磨难和动荡，总体在航运业的组织形式、运载能力、建设及管理等方面呈现出现代化、开放发展的渐进之路。

　　抗战时期，战争对浙东运河航运业是一次巨大的灾难。浙东运河航运业呈现战时由任务繁重到基本瘫痪的状况。

　　抗战胜利后实行航道疏浚清理、抢修水利工程、整顿钱江渡口等措施，浙东运河航运得到了短暂的恢复发展。

第一节　航线与整治

一、航线记载

　　清至民国时期，浙东运河的航道无大的改变。①

---

① 详见（清）熊学鹏等撰：《幸浙盛典》下册，浙江古籍出版社2021年版。乾隆十六年（1751），乾隆南巡过钱塘江沿浙东运河入绍兴府线路。

（一）《萧山县志稿》

《萧山县志稿》卷第二载：

> 运河起自西兴乡之龙口闸，东流经西兴市。又东南经资福闸，受白马湖之水。又东南经村口闸，受湘湖、白马湖及长河、长安二乡支河之水。又东南经蒙山北，金水桥河北来注之。又东南经盛家桥，受湘湖之水，县北阵河、芦康河合出金鸡桥，北来注之。又东南经望湖桥受湘湖之水。又东入县城西水门，经城市，合西河出东水门，北通毛家河，南通长浜沿。又东流分支出陈公桥为双河，又东至盛文阁出万缘桥，与新开河会。又东流以霪头闸、涝湖闸，受北来各港之水。又东出吟龙闸，又东经衔前市，折而南，至钱清镇，接钱清江，入山阴境。其尾间则在三江闸。[①]

这里较详细记载萧山运河及周边水源及连接河道，对绍兴北部的三江闸与运河关系等也有描述。

《萧山县志稿》卷第三又载：

> 运河，旧志：宋令顾《水利事迹》：萧山自西兴闸至钱清堰，计四十五里，中有运河。河之南有湘湖，河之北为由化、夏孝二乡。每遇岁旱，各得湘湖水利，如欲取水，先于运河两头筑坝，方决望湖桥下坝，引入运河……按：运河自西达东，横穿县境而过，为各溪河之干流，沿途闸坝甚众，其通塞关于本邑之水利，亦极巨也。[②]

此为萧山段运河的状况及其与湘湖水利的关系。

（二）邮政航线

晚清时期浙东运河的畅达和重要，在当时邮局的业务交通中也可证明：

---

① 《萧山县志稿》卷第二《山川》，民国二十四年（1935）。
② 《萧山县志稿》卷第三《河渠》，民国二十四年（1935）。

"（邮件）从绍兴到杭州先由航船运至西兴，再由邮差带来，16 小时后到达杭州，杭州到莫干山由航船运送，需 6 小时。每天从绍兴到宁波的邮件经过百官和余姚。"①

（三）《越谚》

清代后期，范寅在《越谚》一书中记载："吾绍之商于山东者，每由三江乘船往返。"绍兴内陆航运和沿海海运之畅达，由此也可见一斑。

二、运河行程记载

（一）段光清《镜湖自撰年谱》

晚清时期，江南地区兵事颇盛，战火纷飞，浙东运河也呈现了战时特点。先后任宁绍台道、浙江盐运史、浙江按察史的段光清（1798—1878）在《镜湖自撰年谱》中，从一个侧面记载了当时运河沿岸的社会经济落后、无序和战乱之祸不断，其中也记述了咸丰十一年（1861），他因战乱从绍兴城乘舟沿浙东运河逃往宁波的过程。

> 见事势危急，黑暗中自回寓所，招集随从家丁，买舟出城。舟亦无从招处，幸有朋友乃绍兴人，黑夜招一舟来，行李上船。寓中有一妇人，云母家乃是乡间，求附余舟出城。由水关而出，行不过数里，回望城中已火起矣。不知贼果来耶？抑乱民借此以抢掠人家耶？次日午刻抵东关，铺中尚未关闭，登岸，……夜宿曹娥镇。……次早，换百姓船赴鄞县，路过半浦，……至宁波府城。②

其兵乱之中的经过也证明了当时运河航运是浙东的主要交通要道，并且船行速度还是很快的。

---

① 陈梅龙、景消波编译：《浙江近代对外贸易及社会变迁——宁波、温州、杭州海关贸易报告译编》，宁波出版社 2003 年版，第 237 页。

② （清）段光清：《镜湖自撰年谱》，中华书局 1960 年版，第 187 页。

（二）李希霍芬《李希霍芬中国旅行日记·上册》

费迪南德·冯·李希霍芬（Ferdinand von Richthofen）生于 1833 年，卒于 1905 年，是德国知名的地质地理学家。曾担任波恩大学、莱比锡大学和柏林大学的教授，晚年多次荣任德国地理协会会长。李希霍芬在 1868—1872 年间对中国进行了 7 次地质考察，足迹遍布当时 18 个行省中的 13 个，对中国的山脉、气候、人口、经济、交通、矿产等进行了深入的探察。回到德国后，李希霍芬总结考察成果，完成了五卷本传世巨著《中国——亲身旅行和据此所作研究的成果》（*China: Ergebnisse Eigener Reisen und Darauf Geründeter Studien*）。

《李希霍芬中国旅行日记》（*Ferdinand von Richthofen: Tagebücher aus China*）主要部分来自李希霍芬所遗留的手稿，其中包含一些从未面世的内容，为读者进一步了解彼时的中国历史地理、大运河河道及沿河人文风情提供了较翔实的资料。这里摘录的主要是作者记录浙东运河的部分内容，有着重要的运河水利、人文、自然环境等史料价值。以下引文出自《李希霍芬中国旅行日记·上册》[①]，脚注从略。

1. 从宁波到余姚

（1868 年）12 月 1 日晚上离开宁波，经杭州（Hang-tschóu）前往镇江（Tschingkiang）。

（12 月 2 日）这次我乘坐的船不如在宁波时的舒适，空间也不大。我沿着余姚（Yü yau）方向的支流往西北然后西的方向前进。

一直到余姚县河两边都是延绵的斑岩群山。如同之前一样，景色十分怡人。陆地上比岛上有更多的圆顶山峰。虽然山基本上是一座挨一座，但仍会突现一些断裂，只是很少见到特别陡峭的山峰。间或出现的长长峡谷延伸到远处。

---

① ［德］费迪南德·冯·李希霍芬著，［德］E.蒂森选编:《李希霍芬中国旅行日记·上册》，李岩、王彦会译，商务印书馆 2016 年版。

这里到处都能看到草坪，只有在地势较高处散落着些许针叶林，偶尔也能看到一丛丛的阔叶树木，主要是在较低的山坡上，那里还有很多墓地，虽然植被称不上茂盛，但是中国人还是从中受益不少，而且也使得这里的风景如画一般。

在山与山之间，大概距离河床 6 千米到 12 千米的地方，一块块的平地不时地出现在眼前，而从南方开始的山谷一直伸入到远处的山间。平地上主要种的是稻谷，一排排的房屋散落在山下，在它们中间时常可以看到一些庙宇。河边很少有大的村庄，余姚是一座分布比较散的县城，破败的城墙环绕的是现在没有多少人居住的位于河岸南边的老城。新城则在河北岸，有新城墙，和更北边的郊外村落连在一起。以前这里无疑非常美丽，那众多雕刻着精美花纹的石门似乎在提醒人们记住这里的辉煌时期。在庙宇和桥梁上我们也经常看到如此美丽的雕刻。但是现在这些石门大都倒塌了，随处可见的都是不怎么美的景象，如同中国很多别的地方一样，满眼都是贫穷和脏乱，这里的人已经忘记什么是高贵了。

2. 过堰坝

（12 月 4 日）夜里我们的船就停靠在运河上，之后经历的事情两次极大地考验了我的忍耐力，因为我们必须过两道水坝，整个过程发生了很多莫名其妙的事情。程序非常复杂，人们不停地交涉、吵闹，还有看热闹的，就是没人干点儿实事。后来我不得不鼓起勇气催促了一次，才有人把六头水牛拴在我们的船上，大概有 50 个劳力，他们有的拽绳子，有的推船，怕船翻了。他们开始喊号子，但是因为用力不均，没有成功。人们又开始吵嚷起来，我们的船摇摇晃晃地一下子陷到淤泥里。于是又从头开始，这么反反复复几次，船终于被推高起来。但是岸边的斜面非常地滑腻，缺乏摩擦力。苦力们拼尽了力气才把船推上去，半道上，拴绳子的柱子又歪了，我们的船几乎就要重新退回水里，万幸没发生事故。于是人们再次鼓起劲来。还好在如此危急的时刻，潮水帮了一把忙，终于成功了。

早上的时候我们已经离开绍兴（Schau hing）50里。沿着河道走了10里，然后进入一条岔道走了40里。此处人烟稠密，房屋拥挤，河道交错。运河南边5—8千米外就到了山脚下，连绵的山峦在绍兴这里渐渐消失。

3.到绍兴城

绍兴府是一座非常大的城市，大概有100万人口，但是太平天国起义也重创了这座城市。尽管如此，这个地方也比宁波更大更重要。一条河道穿城而过。但是我选择了从另外一条城墙最外端的运河前进。我的目的是，攀登城北边那座上面有一座庙的山丘，然后从山顶上眺望城中。但是我发现，这座山被一圈围墙环绕着，而运河经过的这一边根本就没有门，所以我的计划并没有实现，除了围墙和城郊我什么都没有看到。围墙上长着很多蕨类和藤本植物，对一个植物学家来说倒是很有价值。和山上的庙宇一样，围墙也很破败，城郊在太平天国之后也变成了废墟。

4.过西兴运河

（12月5日）整个晚上船都在前行，早上我在阳光中醒来，到达了一个村子。这里非常特别，因为所有房屋都是背面朝向运河。在宁波我没见到过这种情况。同时也能看得出，从这里开始进入了石灰岩地区。

用石块砌成的河岸和远处的稻田被一道比较宽的，上面有很多墓地的堤岸隔开。岸边尽是古代的房子和宏伟的建筑。这些高大的建筑物非常精美，尤其是布满雕刻的石门和屋顶，虽然现在很多屋顶都漏了。主要是因为这种材料不禁风雨，尤其是雕刻装饰风化严重。但是它们仍然显示出过去此处的繁华。

河道在又老旧又肮脏的西兴镇（Hsi hsing）终结。为了去杭州府，不得不渡过钱塘江（Tsiën tang）。这里的河水浅，南岸非常平。人们不得不前往3千米外的一个水坝，稍远的地方停着我们的交通工具，一艘帆船。为了能上船，我们坐上了一架两头水牛拉动的四轮车穿过浅滩靠近帆船。河面只有1千米半那么宽。人们通常在北岸登陆，穿过一条两侧都是房屋的小巷进入城中。

5. 到西兴镇

这段的交通十分拥挤。从西兴镇开始，河道中拥挤着很多货船和客船。大概有20架水牛车在干拉船的活儿，每架车都得有大概12个劳力掌握。帆船大概只有6艘，但是那些水牛车也像船一样在水里行进。货物直接就被扛到船上，甚至包括在此地十分常见的轿子也用船驮运。我像一个精明的美国人一样，立刻就想到如果在如此繁忙之地开着一艘汽船做运输生意的话，肯定有利可图。但是当我得知，有位高尚的中国人为了公众的利益自己承担了这段路程的费用，真真为我的想法感到羞愧。这种情况实在少见，在中国就加倍稀罕了。

从西兴靠近河岸，眼前的景色十分迷人。左侧是富阳（Fuyang）那边的山，右侧是一望无垠的平坦地，间或有一两个小岛。在如此美景中穿梭而过，就来到了杭州府。

（三）周作人《夜航船》

1901年，周作人走水路从绍兴经上海去南京报考江南水师学堂，对沿途各类内河航道和航船有准确生动的记载：

绍兴主要的水路，西边自西郭门外到杭州去的西兴，东边自都泗门外到宁波去的曹娥，沿路都有石铺的塘路，可以供舟夫拉纤之用，因此夜里航行的船便都以塘路为标准，遇见对面的来船，辄高呼曰"靠塘来"，或"靠下去"，以相指挥，大抵以轻船让重船，小船让大船为原则。旅客的船钱，以那时的价格来说，由城内至西兴至多不过百钱，若要舒服一点，可以"开铺"，即摊开铺盖，要占两个人的地位，也就只要二百文好了。①

又"西兴渡江"中记载：

西兴是萧山县的一个市镇，也即是由绍兴西郭北海桥到杭州的第一个驿站，计程是水路九十里。这虽是一个小镇，可是因为是通达杭沪宁汉各大商埠，出入必由之路，所以着实繁盛，比那东路通达宁波的曹娥站，要热闹得多了。②

（四）孙中山宁绍之行

民主革命的先行者孙中山曾三次来浙江考察，第三次先后到了绍兴和宁波，他乘船走浙东运河绍兴段，又乘火车到宁波，其间给浙东人民深刻的启示和教育，也为浙东运河增添了光辉的历史篇章。

1. 到绍兴

《民国日报》1916 年 8 月 23 日载：

1916 年 8 月 19 日晨刻，孙中山由杭州清泰第二旅馆至督军署辞行后，即乘舆出凤山门至南星桥渡江东游。随行者为胡汉民、邓家彦、朱执信、周佩箴、陈去病等 5 人。时值退潮沙见，浪静波恬，先生容与中流，回顾其乐。轮渡过江达西兴稍憩，即换乘越航（越安公司轮船），由汽船拖带而行。午后四时抵柯桥，学商军警欢迎，众居民亦倾巷来观。五时抵西郭门外育婴堂河埠，军队官绅已争出迎迓，遂登岸，乘舆入城。花巷布业会馆作"行

① 周作人：《知堂回想录·夜航船》，北京十月文艺出版社 2013 年版，第 91 页。
② 周作人：《知堂回想录》，第 93 页。

台"，士女夹道欢呼，莫不称叹。20日清晨，孙中山一行从布业会馆乘轿到卧龙山，步行登高，游龙山、登望海亭，望绍兴山水。上午十时，回布业会馆，应商会之请，在觉民舞台召开的欢迎大会上发表演说，他说："浙民知识较他省为优，西湖岸上之烈士墓纪念尚存。绍兴河畔之牌坊不少，此非有知识之作为而何？……知当今之国家，非一人之国家，我人民之国家……国家之强弱，人人有莫大之责任！"下午县知事宋承家、银行行长孙寅初、商会会长陶荫轩陪同乘三明瓦即"烟波画舫"游禹陵展谒神像，并登窆石亭摩挲古碣，叹为未见。当晚，出席布业巨商陶荫轩的宴会。①

21日清晨，仍由宋承家等陪同，坐"烟波画舫"出游鉴湖，登岸又游陆游快阁。然后下画舫去娄宫，上岸，骑坐天章寺备的驴子，配上兜轿，游王右军的兰亭及唐林三侠士墓。下午仍坐画舫去五云门外游运河、东湖，谒陶焕卿祠，召见陶的父亲陶品三，叫秘书写一手谕给浙江都督府，意谓从民国五年（1916）开始，追加陆军上将陶成章烈士年抚恤金700元整，表示对烈士家属的关怀，同时还为陶祠题"气壮山河"匾额，表示对烈士的敬仰。然后再坐画舫30里，去孙端孙德卿家，参观上亭公园②，瞻仰明末乡贤朱舜水遗像。

2. 到宁波

8月22日清晨，孙中山由孙端转曹娥江到百官镇，改乘曹甬铁路火车前往宁波。

当日下午2时，在省立四中的宁波各界欢迎会上，孙中山先生发表重

---

① 摘自中国人民政治协商会议浙江省绍兴县委员会文史资料工作委员会编：《绍兴文史资料专辑》第五辑，浙江人民出版社1987年版。

② 上亭公园建设主要为孙德卿出资，是一个以个人筹建为主，民间相助，以为民众服务，宣传和推广民主、民生、科学思想为目的建设的综合性公园，也是绍兴第一个农村公园。1915年建成，时公园面积达20余亩。孙中山先生来绍兴，到上亭公园参观，亲题"大同"二字相赠，可见孙中山对其建园主旨的肯定和造园风格的赞赏。详见邱志荣：《绍兴风景园林与水》，第106—107页。

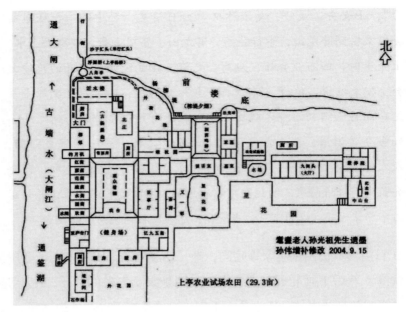

上亭公园布置图

要演说，阐述了他浙东之行的许多精辟的见解。

他肯定宁波为通商大埠，具有区位和人才优势。他十分感慨地说：

> 所最钦佩者，莫如浙江。良以浙江地位、资格均适宜于共和，而民心又复坚强，故能有此结果。今观宁波之情形，则又为浙省之冠。查甬地开埠在广东之后，而风气之开不在粤省之下。且凡吾国各埠，莫不有甬人事业，即欧洲各国，亦多甬商足迹，其能力之大，固可首屈一指者也。

他还希望宁波：

> 第一在振兴实业。宁波人之实业，非不发达，然其发达者，多在外埠。鄙见以发达实业，在内地应更为重要。试观外人，其商业发展于外者，无不先谋发展于母地。盖根本坚固而后枝叶自茂也。宁波人对于工商业之经验，本非薄弱，而甬江有此良港，

运输便利，不独可运销于国内沿海各埠，且可直接运输于外洋，若能悉心研究，力加扩充，则母地实业，既日臻发达，因之而甬人之营业于外者，既无不随母地而益形发展矣。此所望于宁波者一也。

　　二在讲究水利。宁波地方以地位论，其商业之繁盛，本不至在上海以下。而上海商业之所以繁盛，实在于为外海之总汇。宁波若能讲求水利，其情形未始不让。盖宁波之地位，较杭州、汉口为佳。杭州、汉口不能直达外洋，而甬江修理得宜，可与各国直接通商。以繁盛之上海，其江口尚有淤积之患，欲改良交通，颇非易事。若在宁波，仅有镇海口岸容易修理，若能将甬江两岸筑一平行之堤，则永无淤塞之患，而极大之轮船，可以出入，宁波之商务，自无不发达矣。此所希望宁波者二也。

　　三在整顿市政。此事为自治中更宜注意。凡市政之最要者，道路之改良，街衢之清洁是也。试游上海之公共租界，其道路之宽广为如何，其街衢之清洁为如何，宁波何尝不可仿此而行……①

3. 殷切期望

孙中山先生到绍兴、宁波的首要目的当然是宣传阐述他的三民主义，特别是民生主义的思想主张，同时我们从他的行程和讲话中可以看到：

第一，他对越中山水风光、人文历史非常热爱。在绍兴的路程，他几乎都是在船上，作西兴运河、鉴湖之游。游禹陵，展谒治水先祖；在卧龙山登高望远，赏稽山鉴水风光；至鉴湖观快阁胜景，仰放翁遗风；到兰亭看书圣笔迹，赏曲水流觞之高雅；在运河之畔的东湖，既拜谒辛亥先烈，又饱览"残山剩水"②之奇绝。以至于随行的胡汉民在途中欣然作诗一首：

　　西湖三日共勾留，乘兴扁舟更远游。

---

① 尚明轩主编：《孙中山全集》第三卷，人民出版社 2015 年版。
② （明）张岱：《陶庵梦忆》卷六《曹山》。

我有一言君信否，会稽山水胜杭州。①

第二，期望浙东水利、水运加快发展。从钱塘江乘船经运河至迎恩门进绍兴城，在绍兴他看到了鉴湖和三江闸的巨大效益；之后，又到了宁波，见到了三江口的浩大、海洋资源的丰富和海运的发达，因此希望浙东水利、航运，不但要传承历史，充分利用资源优势，更要规划好大的工程，加快宁波港、海上丝绸之路的发展，建设东方大港。

第三，希望浙东要振兴实业，在政治、经济、城市、金融、社会管理等方面领先其他地区。所谓"能积极经营，奋发自强，即不难成为中国第二之上海，为中国自己经营模范之上海。是为诸君子勉为之耳"②。

孙中山先生宁绍之行，为浙东地区、为浙东运河沿线谋划了发展方向，勾画了宏伟蓝图，产生了深远影响。

（五）周恩来回故乡

周恩来（1898—1976），字翔宇，曾用名飞飞、伍豪，小名大鸾，代用名少山、冠生、胡必成等。原籍绍兴山阴，世居城内保佑桥百岁堂，生于江苏淮安。

周恩来对故乡绍兴怀有深厚感情。1939 年，他以国民政府军事委员会政治部副部长身份回故乡，历时三昼夜。③

3 月 28 日凌晨三时半，他由临浦乘单放汽轮沿着西兴运河到绍兴西郭门外。此行的目的：一是看望家乡父老，动员人民积极参加抗战；二是向当地中共地下组织了解情况。为了行动方便，他以探亲、扫墓为由回原籍。是日，周恩来在西郭码头上换了入城坐船，到西郭门上岸进城。其间向家乡人民宣传抗日统一战线政策及持久战思想，广泛接触绍兴各阶层人士，

---

① 摘自中国人民政治协商会议浙江省绍兴县委员会文史资料工作委员会编：《绍兴文史资料专辑》第五辑。

② 尚明轩主编：《孙中山全集》第三卷。

③ 屠华清主编：《绍兴县交通志》，中共绍兴县委党史资料征集研究委员会编：《越都风云录》，中国大百科全书出版社 1993 年版，第 402—404 页。

拜访堂族长辈，到百岁堂亲笔在家祭簿上填写"恩来，字翔宇，五十房，樵水公曾孙，云门公长孙，懋臣长子，出继簪臣为子，生于光绪戊戌年二月十三日卯时。妻邓颖超"①及几位兄弟、堂兄弟名录。

在绍期间，周恩来专门邀请大明电灯公司工人座谈，还为故乡亲友、爱国人士、青年工人、妇女等题词23幅。先后踏访大禹陵、东湖、快阁、兰亭、王阳明墓等名胜古迹，并多作水上之行，或坐小汽轮，或坐乌篷船，以观赏稽山镜水风光。他对故乡先贤大禹、越王句践、爱国诗人陆游、近代辛亥烈士秋瑾等给予高度评价。他特意在大禹陵碑前留下了珍贵的历史影记，勉励故乡人民发扬大禹治水和越王句践卧薪尝胆精神，学习鲁迅和秋瑾革命精神，反抗日本侵略者。

三、运河整治方案

民国时期，江浙经济发展较快，浙东运河之水运地位尤为重要。针对"河窄坝多，剥（驳）船狭小"②等问题，运河整治提到议事日程，时浙江省建设厅杨健负责，提出了《浙东运河之重要性与整理意见》③，以下引文出自该意见者，脚注从略。

浙东运河，起自钱江南岸之西兴镇，止于鄞州之新江桥，计长一百七十余千米，横贯钱塘江、曹娥江，并顺姚江达甬江而通于海，就天然阶段，可将全线划分为钱塘曹娥段、曹娥姚江段及姚江本身等三大段。

（一）重要地位

该意见中阐述了浙东运河在全国运河中的地位和划分标准：

> 吾国主要江河，流向均由西而东，惟运河则由北而南，起自
> 北平，南迄宁波，长达二千余千米，贯通后可使黄河、扬子、钱

---

① 傅振照主编：《绍兴县志》，中华书局1999年版，第2204—2205页。

② 齐思和等整理：《筹办夷务始末·道光朝》卷七一，中华书局1964年版，第2823页。

③ 杨健：《浙东运河之重要性与整理意见》，《浙江省建设月刊》（第十卷）1936年第3期。

塘、曹娥各流域之航运，得以联络一气，产物得以相互接济，关系全国交通、经济、国防者甚大。故整理运河，为整个国家之建设大计；而宁绍杭为沿运生产最富之区，整理浙东运河，实为贯通全运之嚆矢。此关于联络全国航运，浙东运河之应行整理者。

（二）整治意义

该意见中提到对浙东运河的整治当时已引起了中央政府的高度重视，为切要之工程：

> 全国经济委员会特拟订全国水利建设大纲，令行各省建设机关拟具工程计划，以俟筹款兴办，循序推进，并指定浙江自杭州钱塘江经绍兴达宁波通海之浙东运河，为全国当前切要水利工程之一。

对浙东运河在抗战时的重要战略地位也作了判断：

> 近代兵凶战危，在军事时期，轨道桥梁最易被毁，陆路交通随时有停顿之虑。水道运河既无被阻之可能，而船舶设备简单，航行便捷，辎重运粮之接济工作，非此莫属。况宁绍各处支流分歧，航道四达，在军事上尤有特殊之便利。此关于国防上，浙东运河之应行整理者。

对浙东运河整治十分有利于宁波港发展，以及促进长江三角

《浙东运河之重要性与整理意见》（《浙江省建设月刊》，第1页）

民国宁绍台水陆交通简图（绍兴市档案馆提供）

洲、全国经济集聚优势的重要性，该意见认为：

> 为今之计，莫如先就上海相近扩充宁波原有商港以分其势为有利。宁波为东南重要商埠之一，以镇海为门户，舟山列岛为屏蔽，形势天成，风涛平静，最合商港地点；徒以腹地水运过短，客货输销不远，以故商业未能充分发展。运河之成，使甬埠可以直接吸收扬子、钱塘、曹娥各流域之富源。且浙赣铁路既已完成，杭甬全线行将通车，宁湘株钦两路再使与浙赣接轨，闽赣闽浙路线渐次完成，即长江以南，徽、赣、湘、桂、闽各省商货，均得罗致于宁波出口，然后以甬人雄厚之金融与商业上之经验，以经营出入口及国际汇兑事业，则不难完成真正中国人之商埠，以转移上海之经济势力。此关于调整全国经济与开发甬埠，浙东运河之应行整理者。

（三）整治思路

该意见对实施整治浙东运河的资金筹措、组织形式等事宜提出了切合实际的思路：

> 近年中央对于各省水利建设，莫不予以实力之扶植；况甬人执全国商业之牛耳，绍属素称富饶之邦，地方之金融势力颇为雄厚，际此省库穷竭时期，对此偌大工程，恐非政府能力之所能独任，尤赖中央及地方贤达之主持指导，以成此关系整个国家之伟大建设耳。

以上杨健所提的意见方案，是近代史上第一个应用现代科学的理念和方法提出的整治浙东运河的方案，既系统深入周密，又具有很强的可操作性。这样一个事关国家和民生，且已列入国家计划，上报中央政府的大运河整治工程方案，惜因日本次年挑起七七事变，中日战争全面爆发而未能实施。

第二节　航运业发展

一、民营航运 [①]

（一）萧绍段

1904 年，法国商人莫尼诺以开设沪绍轮船公司为名，向清政府索取绍兴府属的内河航行权，为此与浙江巡抚"屡争不已" [②]，亦所谓"列强环逼，渔我航利"。到 1905 年初，法国驻华大使也公然发文向清政府外务部交涉，强索绍兴内河航权，口气十分强横。

法国这一直接侵犯浙江航权和主权的行径，激起了全国人民，特别是浙江人民的公愤和强烈反对。他们从各自不同的地位和利益出发，采用多种方式揭露、抵制和反对法国的侵略阴谋，维护本国的航行权。浙江巡抚在群众公愤和舆论压力下，最后不得不拒绝了法国的无理要求。浙江人民终于取得了抵制和反对法国侵略行径斗争的胜利。

民国之前，萧绍段航运全恃航船和民船，轮船航业尚属空白。

1911 年 11 月，绍兴绅商俞襄周等创办了萧绍地区最早的内河小轮企业越安轮船合资有限公司（以下简称越安公司）。该公司一时成为独家经营浙东运河的小轮公司。

越安公司起始向上海购进木壳煤油小轮 5 艘，分别命名为"越新""越昌""越亨""卿云""大利"，接着又自行建造客船 6 只，每船有客位100—150 座。于 1912 年初航。行驶曹娥—西兴长班（每天对开一次）和绍城偏门—曹娥—蒿坝短班（每天往返一次）。因小轮行驶速度快，比一般航船缩短航时 2/3 以上，很快受到当地客商的欢迎，营业颇旺。至 1916

[①]　主要参考童隆福主编：《浙江航运史·古近代部分》，人民交通出版社 1993 年版；屠华清主编：《绍兴县交通志》，中国大百科全书出版社 1993 年版。

[②]　《交通》，《东方杂志》1905 年第 5 期。

年，该公司已拥有汽轮 6 艘，船舶吨位共计约 35 吨，拖船 10 多艘，日载客量 1000 多人的规模，营业日趋兴旺。

1916 年 11 月，萧山临浦镇箔商童秋芳等人集资 5000 元创办临绍协济轮船有限公司，先购进"协济"小轮 1 艘，拖带客船，开驶由绍兴经柯桥、钱清、杨汛桥、螺山、江桥、所前、白露塘、义桥至临浦的航线。

1917 年，绍兴商人吴鸿藻创办正大轮船公司，置备小汽轮 1 艘，行驶绍兴至临浦线。1920 年，萧绍地区内河已经有五六家小轮公司的轮船行驶，之后各公司竞争日益激烈。

1927 年 2 月，越安公司又分出"永济"轮 1 艘，由王廉出面组织永济轮船公司，经营西兴至曹娥航线。到 20 世纪 30 年代，萧、绍地区的小轮航运主要由越安公司、大华公司和临绍公司 3 家公司所掌控。

（二）宁波段

宁波于 1895 年最早创办了内河小轮企业永安商轮局，1896 年 5 月便派轮行驶余姚江，开辟宁波至余姚航线。经过试行，该航线稳定下来。起初是两条船对开，每日发一班，以后改为一条船，隔日发一班。1899 年有每益利记宁绍轮船公司的 3 艘小轮，挂德商旗号，往来宁波至余姚、绍兴等处。之后，民营航运公司增多，航线新辟，宁波内河小轮航运业有较快发展。至民国前，宁波地区已有商办的内河小轮公司 7 至 8 家，有汽船 10 余艘，通航甬江干线、余姚江、奉化江等航线。

在浙江近代航运史上，能够在一段较长的时间中，和外国航运势力进行坚决的争夺斗争并最后取得重大胜利的轮船航运企业当数宁绍商轮公司。

甬沪线是宁波最主要的一条航线，但它却为外商和招商局垄断，不仅运费很高，并且服务态度十分恶劣，船上高级船员多为洋人，他们对贫苦旅客任意打骂和凌辱，激起宁波人民的愤恨。1908 年 7 月，宁波人虞和德邀集同乡，并联合绍兴巨商集股创办宁绍商轮股份有限公司（以下简称宁绍公司），打破了外国航运势力和国内招商局对甬沪线的垄断局面。宁绍公司创办以后，受到宁绍地区人民的支持和赞同。但是外商和招商局为了独占甬沪线，达到"彼此沾益"的目的，外国航运势力先在租用上海码头问题上进行刁难和讹诈。宁绍公司分别向两江总督和工商部请愿，才得到南通张謇帮助，在十六铺租得一处码头，并建造堆栈。在码头问题上刁难未成后，英商太古公司、法商东方公司又联合招商局用跌价竞争的手段，以达到压垮宁绍公司的目的。宁波、绍兴同乡会及时组织起"航业维持会"，募集现金，补贴该公司的损失。为保护民族航运业，航业维持会以5角的票价将宁绍公司的全部统舱票买下，而以3角出售，每票补贴2角，以对付外商和招商局削减运价的竞争。

在关键时刻，宁绍公司还得到海外宁波籍华侨的有力支持，并争取了政府和民间的支持和理解，在竞争中逐步取得了有利的环境。经过两年的激烈争夺，宁绍公司虽然每年亏损5万余元，航业维持会补贴的金额亦高达10万余元，但民族航运业终于坚持并发展壮大。

1911年辛亥革命发生后，与宁绍公司竞争的法商东方轮船公司停闭，"立大"号轮船退出沪甬航线，英商太古公司以及招商局也有所收敛，最后被迫停止竞争，宁绍公司困难局面开始改变。"新宁绍"号船订造并于1914年投入沪甬线营运，成为当时该航线上一艘最新、最大的客货班轮。1916年之后，该公司形势转好，连年获利，到1919年盈利高达38万多元。资本由创办时的25万元，增至150万元，实力大大增强，并已拥有轮船3艘，船舶吨位共计7633总吨，而且轮船的质量、性能在当时所有行驶沪甬线的中外轮船公司之上，具有很强的竞争优势。至此，太古、招商以及后起的"三北"等3家轮船公司改变策略和经营方式，于1918年一致提出愿意在沪甬线上同宁绍公司联合营业，并且在营业收入配额上让其轮船占第一位，宁绍公司终于获得成功。宁绍公司是敢于同两家外商和一家官办的大轮船企业抗争并赢得胜利的民营轮船公司，不仅打破了外资航运势力和国内的招商局对沪甬航线的垄断，而且成为中国以华商名义，使用大型轮船，面对外国侵略者的强大竞争压力，在一条航线上艰难坚持下来并发展壮大，取得胜利的第一家民族轮船企业，在浙江近代航运史上也具有很重要的意义和影响。

以上时期，宁波港的进出口中外轮船艘数和吨位都有较大的增长。在1902年该港贸易总额超过1896年的水平以后，航运量也出现迅速上升趋势。1911年进出口轮船达到1532艘次，船舶吨位187.98万吨，分别为1901年814艘次，船舶吨位94.42万吨的1.88倍和1.99倍。由于中国轮船航运业的发展，国轮的吨数除少数年份外，一般占进出港轮船总吨数的50%以上，1911年最高达到63.69%。这也是近代航运史上，浙东人民自强不息、艰苦创业的民族精神和力量的一次充分展示。

二、宁波港战时畸形繁荣

1937年8月13日，日本军队向上海发动进攻时，就全面封锁了中国沿海，不准华籍船舶航行，致使宁波通向上海、定海、象山、温州、嵊泗等沿海各地的航线一度停开，海运一时陷于停顿状态。当时宁波防守司令部为了阻止日军进攻，下令在甬江入海口打了一道梅花桩，作为第一道防线。1939年又下令将"新江天"等多条轮船沉于镇海口招宝山到小金鸡山一带，作为第二道防线。1940年7月，宁波防守司令部再次下令将"凯司登"轮和"海绥"轮沉于镇海海墟拗氅港转弯处，作为第三道防线。至此，先后沉于甬江航道的大小船舶达21艘，合计2万余吨，筑起一道所谓"海底篱笆"防线。

甬江口封港以后，尽管在航道中留有一个狭窄的通道，但不熟悉航道沉船的船舶无法通行，致使一般商轮不能直接驶入宁波，只能停泊在镇海口外起卸，然后再由小轮船往返驳运。于是便有一些商人，在军界、政界的支持下，成立了"宁波驳运公司"，乘机将进出口货物的驳运业务完全垄断于己。这造成了宁波港进出数量少、吨位小、速度慢的港运状况。

与此同时，许多中国商轮为保障战时自身的安全，也按权宜之计纷纷委托英、美、德、意等外国轮船公司出面经营，并悬挂他们的旗号，以免遭日本海军的查扣和攻击。

在战时特殊环境下的控制区域，宁波与香港的航运业比以前有增长。据宁波航政办事处统计，1939 年 3 月—12 月进出口外轮共达 541 艘次，平均每月达 54.1 艘次。除外轮外，还有大量木帆船进出宁波港，如 1937 年出入该港的沙船达 2.9 万艘次。

其时，宁波成为东南沿海沟通外部经济的一个重要吐纳承接之港，进出口贸易也就十分旺盛。仅从上海进口的货物，每天在万吨以上；出口运往上海的货物，每天也在 5000 吨以上。1940 年前后，该港的日吞吐量最高达 3 万吨，是战前最高水平的 6 倍左右。

进出口货物增多，也使宁波港的码头、船舶、航运、库场、装卸疏运，无不日夜繁忙，超负荷运转，一时呈现出十分繁忙的景象。从宁波港出口的货物主要以茶叶、棉花、锡箔为大宗，纸类、草帽、丝织品次之。进口货物最多的则是棉布、棉纱、卷烟、糖、煤油，其次是汽油、汽车零件、电机器材、医药用品等。

但当时宁波港口的兴盛和城市经济发展，毕竟是在战争环境特殊情况下产生的畸形现象，是在一种恐慌和高压下的无序状态，其管理水平差，安全无法正常保障。至 1941 年 4 月，宁波沦陷，不久又爆发了太平洋战争，这一虚假和畸形的繁荣局面也就再不存在。

1939 年 4 月宁波"景升"轮沉入江底，约 400 人遇难，即航运史上的"景升惨案"。这是日本侵华危害浙东航运和生命的罪证，也有战时管理混乱的原因在其中。

抗战结束后，浙东运河航运渐趋稳定，萧绍地区和宁波地区的内河、内江轮船呈现了吨位小（其中不少都在 10 吨以下）、经营灵活的特点。这有利于物资交流和商品流通，便利了人民交通往来，也促进了内河航运的发展。

三、运河船只

（一）内河船只

1. 内河船只种类

内河船种类包括：画船、航船、埠船、乌篷船、楼船、民船、客船、划船、红头樟船等。

（1）画船

宋元绍兴水上之舟，已有较高标准，较常见的有画船。柳永《夜半乐》"泛画鹢，翩翩过南浦"，此中"画鹢"便是指船身上绘有花纹、图案，船头雕刻着叫"鹢"的动物的船。传说"鹢"居于海，性嗜龙，龙见而避之，故造船者将其画雕于船头，使龙不敢兴风作浪，以求平安航行。又秦观"画舫珠帘出缭墙，天风吹到芰荷乡"，元杨维桢"与客携壶放画船，春波桥下柳如烟"等句。均说明如画船一类游船在当时已普遍使用。

（2）航船

航船也称"夜航船"，多于傍晚开船，次晨到达目的地，航程较远。[①]铁路、公路未兴建前，去曹娥、西兴需乘航船。航船船身较大，上盖竹篷，船舱下层装货，上层载客，备有被褥，供乘客租用。因夜航，沿途停靠点较少。

明张岱在《夜航船·序》中称："天下学问，惟夜航船中最难对付。"其中也可见夜航船人流之多之广，因坐在船上时间较长，谈天说地便成寻常之事，天南海北，无奇不有。既是水上趣事，亦属民俗文化。

（3）埠船

埠船为水乡主要商旅交通工具。以城区和农村集镇为中心，往返行驶，沿途停靠主要村庄。有一天来回者，也有一天两次来回者，俗称"四埭头"。船后艄竖有木牌，写起讫点和沿途停靠村名。开船、停靠或终点时，吹海螺或敲小锣以招呼旅客上下。为快速稳当，一般用3—4支橹摇。逆

---

① 傅振照主编：《绍兴县志》，中华书局1999年版，第543页。

风时还派纤夫在岸上背纤。

（4）乌篷船

乌篷船用于载客和水乡游览。南宋时
乌篷船已在陆游诗词中多次出现。他常乘
坐"乌篷画楫""轻舟八尺，低篷三扇"，
泛舟鉴湖之中。乌篷船，也称乌篷画船。
船篷油漆成黑色，船长一般一丈五尺左右，
分为 5 舱，客人席地而坐，中舱 4 人，前
舱 2 人，后舱坐船老大。乌篷船之动力主
要靠脚蹬桨，手划桨主要用于控制方向，
也是动力的一部分，起到舵的作用。行船

浙绍乌篷船同业公会会员证

时船老大一手扶着夹在腋下的划楫，两脚便踏桨柄末端，脚一伸一缩，桨
就前后略呈浅弧形击水推船身，时速可达约 10 千米。

鲁迅小说《阿 Q 正传》[①]："有一只大乌篷船到了赵府上的河埠头。"鲁
迅幼时见到这种"三道明瓦窗的大船，已经泊在河埠头，船椅，饭菜茶点，
点心盒子，都在陆续搬下去"，他还坐船到东关去看"五猖会"。

周作人文中的《乌篷船》：

> 乌篷船大的为"四明瓦"（Sy-menngoa），小的为脚划船（划
> 读如 uoa）亦称小船。但是最适用的还是在这中间的"三道"，亦
> 即三明瓦。篷是半圆形的，用竹片编成，中夹竹箬，上涂黑油，
> 在两扇"定篷"之间放着一扇遮阳，也是半圆的，木作格子，嵌
> 着一片片的小鱼鳞，径约一寸，颇有点透明，略似玻璃而坚韧耐
> 用，这就称为明瓦。三明瓦者，谓其中舱有两道，后舱有一道明
> 瓦也。船尾用橹，大抵两支，船首有竹篙，用以定船。船头着眉
> 目，状如老虎，但似在微笑，颇滑稽而不可怕，唯白篷船则无之。
> 三道船篷之高大约可以使你直立，舱宽可以放下一顶方桌，四个

---

① 《鲁迅全集》第一卷《呐喊》，人民文学出版社 2005 年版。

人坐着打马将，——这个恐怕你也已学会了吧？小船则真是一叶扁舟，你坐在船底席上，篷顶离你的头有两三寸，你的两手可以搁在左右的舷上，还把手都露出在外边。①

（5）楼船

楼船既可观戏，又可容人居其上，颇有气势。

明张岱《陶庵梦忆》卷八《楼船》：

> 家大人造楼，船之；造船，楼之。故里中人谓船楼，谓楼船，颠倒之不置。是日落成，为七月十五，自大父以下，男女老稚，靡不集焉。以木排数重搭台演戏，城中村落来观者，大小千余艘。午后飓风起，巨浪磅礴，大雨如注，楼船孤危，风逼之几覆，以木排为戗，索缆数千条，网网如织，风不能撼。少顷风定，完剧而散。越中舟如蠡壳，踽踽篷底看山，如矮人观场，仅见鞋韈而已，升高视明，颇为山水吐气。②

（6）民船

民船以货运为主。航线起讫和航行的日期，任客商雇用后自定。因此，这种营业船无固定驻泊地点，四散流动。

（7）客船

客船专营载客，不设固定航线，客商雇用后可随时选定去处，驶往各地。船舱内洁净，可坐可卧，船家还可承包代办膳食酒菜，在香市、庙会季节常供人包租。

（8）划船

划船以载客为主，四处游动招客，供旅客或商人随时雇用。船身小巧，形似梭子，最多只能容乘 3 人。航行时轻快灵活，即使小港浅浜或低矮的桥洞也能畅通无阻。

---

① 周作人:《乌篷船》,《语丝》1926 年第 107 期。
② （明）张岱:《楼船》,《陶庵梦忆》卷八。

清康熙南巡乘坐浙东运河楼船（引自《康熙南巡图》）

（9）红头樟船

红头樟船是一种红头百官船，配置帆具的俗称木帆船。[①] 曾是境内主要货运船舶。船体木质，坚固（一般底厚 22 厘米左右，边厚 14 厘米左右），艏、艉皆呈方形，货舱较深大，艉舱撑竹篷，系船民生活舱。配 1 支橹，设帆 1—5 张。可载货 15—20 吨的宜长航，10 吨以下的宜驳运。航行时，摇橹、拉纤、张帆，时速 5000 米。主要分布于百官镇、余姚镇和宁波市江北区。

2. 造船工艺

（1）船身

船身较长，平底，船头短小，中舱宽大，两舷微呈弧形，后艄高翘，一般无桅杆。有用竹笠编的圈棚遮盖，棚盖漆成黑色称乌篷船，本色的称白篷船。载重量一般在 60—500 担，最大的白篷船载重量可达 800 担以上。适于平面水网河道航行，航行时主要靠摇橹前进，每船有橹 2—4 支。

---

① 干凤苗主编：《姚江志》，中国水利水电出版社 2003 年版，第 125 页。

（2）制作

制造木帆船通常均无正式图样，施工工艺与技术要领均由营造的负责大工匠口授或示范，但所造船只都有规定的比例尺寸。河船船式较多，各种船型长、阔、深的比例各异。普通船长约 2.8—5.4 丈（合 9.3—17.9 米），但也有船长至 7.6 丈（25.3 米）的。造船所用木料亦按船的各部位均有规定。无论海船、河船，船身的纵向均用杉木，横向用樟木，船底板用松木、梓木或柏木。舵杆须用楠木或硬杂木，桅杆（尤其是海船）要求用建杉。造船所用的铁钉亦须定制，计有枣钉、边铲、锚钉、梁钉和挂足等。对捻缝和油漆的桐油、石灰、麻、网衣也有一定的要求。

（3）工场

绍兴工场在松陵、双渎、板桥、镇塘殿等地，其中以松陵的为最大。据 1949 年调查，当时松陵有造船户 313 户，共有从事造船的业主和工人 421 人。所造之木船，分出卖和出租两种，大部分是出租。[①] 主要船工有大工、小木工、刨工、锯工和漆工。

3. 运输

航政部门统计，1933—1935 年，在杭甬运河西曹线中从事营运的木帆船共有 3495 艘。其中航快船 632 艘，平均每船可载客 25 人，带货 12 担；货运篷船 2863 艘，平均每艘可载货 107 担。全年木帆船的运载能力是：客运量为 15800 人，货运量为 313925 担。

（二）外海船只

民国时期浙东所造海船仍以传统的宁波船型为主。船型均呈尖头，船腹较狭，呈半圆状曲线形。船底具备龙骨，船舷的曲线较陡，船首尾部均斜向高出水面。

1. 外海船只种类

外海船种类包括：漕船、海漕船、沙船、福船、夹板船、宁波船。

---

① 屠华清主编：《绍兴县交通志》，中国大百科全书出版社 1993 年版，第 257—258 页。

（1）漕船

漕船多属平底沙船型，大者可载粮万斛，中者可载粮千石，为沿海运粮之用，又称"漕运船"。

（2）海漕船

海漕船是一种尖底的三桅帆船，舳舻不分，两头各置一舵两桨，前后对称，上盖望楼，载重在 1000 斛上下。

（3）沙船

明代沙船多为"北帮"商号所经营之船舶。船平底，小平头，舳部出艄，舭部有梗水木。身长而扁，吃水浅，稳性好。大号船长 10 丈，宽 1 丈 8 尺，设 4 桅，可载粮 1500 石。

（4）福船

福船为明代"南帮"号所经营之船舶。大福船"底尖上阔，艏昂艉高，舱楼 3 重，中设 4 层，下层装土石压舱，2 层为住舱，3 层为操帆及餐事场所，中置水柜，左右开 6 门，4 层为露台，旁设翼板"。

（5）夹板船

夹板船是清代中期行驶沿海的主要货运船舶之一，分东洋夹板船和西洋夹板船。大者"长七丈四五尺，宽二丈三四尺"，小者"长六丈有零，宽二丈有零"。

（6）宁波船

宁波船又称"三不像""橹蛋船"，载重 6000—10000 担。

2. 造船厂

主要分布在宁波沿海地区的舟山、镇海、象山、宁海等市县、著名船厂有宁波鸿大造船厂，宁波恒大船厂，宁波胡发记船厂等。[①]

---

① 童隆福主编:《浙江航运史（古近代部分）》人民交通出版社 1993 年版，第 410 页。

第三节　宁波开埠与曲折艰难 [①]

　　1844 年 1 月 1 日，宁波正式宣告开埠 [②]，它成为近代中国被迫对外开放的第一批口岸之一和浙江省的第一个口岸。宁波的开埠是中国政府被迫和未有充分准备下的一次对外开放。在主权被侵犯、经济上受到不公平交易和待遇的同时，浙东民族航运业也在与外国列强抗争中顽强生长和发展。宁波开埠，对浙东海上丝绸之路也产生了深远的影响。

一、外国人居留区的设立

　　宁波江北岸泛指宁波府以北、由甬江和余姚江夹成的一块倒三角形地域，是一个地理位置比较清晰和稳定的区域。1844 年 2 月 18 日英国首任驻宁波领事罗伯聃首先在宁波的江北岸西侧的杨家港租赁卢姓民房一所，设立宁波大英钦命领事署（俗称"大英公馆"）；接着美国、法国也援例派遣领事进驻宁波；普鲁士、荷兰、瑞典、挪威、西班牙、葡萄牙等国派遣的副领事或管事官也接踵而至。西方各国为了有利于自身利益的保护和贸易，特在宁波江北岸一带划定"外国人居留地"，"凡是同这口岸贸易有关的人们，无论是中国人或外国人，都是在这里设置他们的写字间" [③]。江北岸外国人居留区的行政管理权，名义上是由中外共管以区别于外国人控制的租界，但实际权力被外国领事团和税务司掌控。此外，还在江北岸设巡

---

① 　主要参考金普森、陈剩勇主编，赵世培、郑云山著：《浙江通史·清代卷（中）》，浙江人民出版社 2005 年版。童隆福主编：《浙江航运史·古近代部分》，人民交通出版社 1993 年版。

② 　姚贤镐编：《中国近代对外贸易史资料（1840—1895）》中华书局 1962 年版，第818 页。

③ 　［美］马士：《中华帝国对外关系史·第一卷》，上海书店 2000 年版，张汇文等译，第 404 页。

捕房，这已属于对中国国家主权的侵犯。

二、浙海新关的开设

宁波港在开埠后的最初 10 多年时间里，还是归清政府设置的浙海关管理。由于兼顾国内贸易与对外贸易颇有不便，至 1859 年，另设新关于江北岸，专征对外贸易税。至 1861 年 5 月 22 日，由英国人费来士、美国人华为士、宁绍台道兼浙海关监督张景渠会同议定，在宁波江北岸改组了浙海新关。"主管征税者曰税务司，以客卿任之，隶属于浙海关监督，初名新关，俗称洋关，地址在江北岸海关巷。"[1] 由华为士担任第一任税务司[2]，税务司只对总税务司负责，这样，宁波海关的行政管理大权全由外国人操纵。至于原来设立在江东的浙海关便改为浙海常关，只负责管理国内木帆船贸易的征税工作，其余船舶的贸易征税，港口的航政、航道等事务，无不由浙海新关掌控。

浙海新关建立后，随即订立了《浙海关关章》和《浙海关轮船往来宁沪专章》。这两个章程实际规定了浙海新关对宁波港的进出口船舶和货物有权进行严格的监督和管理。浙海新关除了征收关税（包括进出口税、复进口税、子口税、船钞等）以及引水费、船舶注册费等以外，还对上下码头的货主收取码头捐。

外国侵略者不但在宁波控制海关，破坏了中国的海关行政管理权、关税征收权和支配权，还掠夺了与海关职责并无直接关系的特权。如港界，外船可以在宁波城东的甬江、奉化江和城北的余姚江随处靠泊。又如引水权、海务、港务等也受到不同程度的事实侵犯。

民国十九年（1930）2 月，浙海关新关又兼管 50 里外的定海、象山等13 处常关。翌年 11 月，船舶丈量、登记、船员管理以及海事处理等事务

---

① 张传保等编：《鄞县通志·政教志》，宁波出版社 2006 年版，第 118—119 页。
② 陈善颐：《外国侵略者控制下的浙海关见闻》，2013 年 09 月 05 日，http://www.nbzx.gov.cn/art/2013/9/5/art_1229608302_19533.html。

移交给新成立的上海航政局宁波办事处，并裁撤所辖 50 里内外的常关。^①

民国二十二年（1933）10 月，税务司之职改由华人卢寿汶担任。民国二十六年（1937），浙海关新关在绍兴新埠头、余姚庵东和象山石浦、翔鹤潭等处设立分卡。

民国三十年（1941）4 月，日军占领宁波。翌年 3 月，浙海关新关在宁波的房产被日军宪兵队抢占。不久，上海江海关日籍副税务司来宁波抢占这些房产。

民国三十四年（1945）9 月 25 日，国民政府接收浙海关新关。翌年 3 月 26 日，在镇海设立支关，办理船舶登记、关税征收和缉私事务，并兼管虎蹲山、七里屿灯塔及附近灯桩、浮标等助航设施。民国三十七年（1948）8 月，浙海关新关改组为上海江海关宁波分关。

三、交通部上海航政局宁波办理处 ^②

民国二十年（1931）11 月，国民政府交通部上海航政局宁波办事处在镇海成立，掌管由浙海关新关划出的船舶丈量、登记，船员管理，以及海事处理等事宜。民国二十四年（1935），办事处迁到宁波，址设江北岸外马路英国领事馆余屋。翌年复迁镇海。民国二十六年（1937）再迁宁波，址设江北岸桃渡路 72 号。

民国三十年（1941）4 月，宁波沦陷前夕，宁波航政办事处撤至海门，与海门航政办事处合并，成立"交通部直辖宁波航政办事处"。同年宁波沦陷后，日军海军部在镇海设办事处，办理征税及船舶登记等事务。民国三十三年（1944）6 月，日伪建设部上海航政局在宁波外马路设办事处。翌年 1 月迁址江厦街福建会馆。

民国三十四年（1945）8 月 15 日，抗战胜利。9 月，国民政府交通部

---

① 主要参考钱起远主编：《宁波市交通志》，海洋出版社 1996 年版，第 521 页。
② 主要参考钱起远主编：《宁波市交通志》，海洋出版社 1996 年版，第 521 页。

直辖宁波航政办事处迁回江北外马路 21 号。10 月，复名交通部上海航政局宁波办事处。

四、贸易和航运

在宁波正式对外开放之前，外船主要聚集在英军占领下的定海。宁波开埠之后，驶往定海的外船"每自六七只至十一二只不等，时来时去"[①]，宁波开埠的当年（1844）外贸总数达 50 万元。但是，其时浙东地区自然经济仍占优势，可以容纳西方进口商品或者提供出口中国产品的数量都是有限的。又由于上海港迅速崛起，原先各地进出口的货物改由直接从上海出入。此外，浙东运河此时的航道状况和管理都适应不了航运要求："至宁波地处偏僻，自杭至宁计程五百数十里，中隔钱塘、曹娥二江，又绍兴一带，河窄坝多，剥（驳）船狭小，装货有限，运脚多所耗费。"[②] 诸多不利因素，宁波港的对外贸易一直低迷不振。

到 19 世纪 50 年代，宁波港的进出口贸易主要由于太平军对南京到上下游一带长江水域的控制，处于相对有利的地位，这时上海与宁波之间的海上交通贸易往来不绝。太平天国失败后，随着上海国内外贸易的进一步发展，上海进口货通过宁波转销和宁波出口货输往上海的数量增多，沪甬间贸易和海上运输日见繁荣。

在宁波开埠初期，宁波港的外籍船舶仅往来宁波和国外各港以及香港等地之间。从 19 世纪 50 年代开始，其航行范围已扩大到国内沿海的甬沪等航线。当时宁波港进出口船舶绝大部分属于英、美、德等国，中国船舶只占极小部分。如 1863—1874 年，每年进出口船舶中，中国船舶吨位占宁波港全部进出口船舶吨位比重最高的 1873 年，占比为 8.3%，占比最低的 1865 年只占 3.5%，其余货运吨数都被外国船所抢占。

---

① 齐思和等整理：《筹办夷务始末·道光朝》卷七一，第 2822 页。
② 齐思和等整理：《筹办夷务始末·道光朝》卷七一，第 2823 页。

19 世纪 60 年代起，外国洋行开始到宁波拓展经常性的经营业务，包括航运业务。1962 年旗昌洋行斥资并吸收中国买办商人资本，创立旗昌轮船公司，1865 年（一说 1864 年）正式开通上海—宁波轮船航线，以装载量 1086 吨的"江西"号定期航行。[①]1879 年，外商航运企业英商太古轮船公司又在宁波设立分公司，经营轮船运输。一直到 1876 年，由于包括宁波在内的中国近代航运业的兴起，国内轮船才在艰难激烈的竞争中取代了部分外国轮船，在宁波港进出口轮船中的中国船舶的比重也逐步提高。

这一时期航行宁波港的外船有英国、美国、德国、法国、葡萄牙、西班牙、丹麦、挪威、瑞典、荷兰、比利时、俄国、日本、暹罗（今泰国）等 10 多个国家的。中国轮船主要是招商局所属的船舶，开辟的国内航线主要有宁波至上海、海门、温州、福州、厦门、台湾、山东、长江沿岸镇江以及香港等地。国际航线主要通向暹罗、锡兰（今斯里兰卡）、苏门答腊、菲律宾、柬埔寨、日本等国家和地区。

五、码头和航道设施的建设

宁波历史上在江东建有许多帆船码头。宁波正式开埠以后，由于江北岸三江口至下白沙一带辟为轮船作业的区域，因此，首先在这一带修建了一些仓库和小型石碶式码头（俗称道头），专供驳船和小型洋式帆船使用。约在 1862 年，美商旗昌洋行开始建造趸船式浮码头，为开通定班货轮作准备。

最早的栈桥式铁木结构的趸船码头是 1874 年由招商局建造的，靠泊能力约为 1000 吨级，后又继续维修扩建，达到 3000 吨级。这座码头的建成标志着宁波港从江东帆船码头到江北轮船码头的转变的初步完成。接着，1875 年，丹麦的宝隆洋行在宁波建华顺码头，开行"彭格海"号轮

---

① 顾家熊、聂宝璋编：《中国近代航运史资料（第 1 辑）》上，上海人民出版社 1983 年版，第 246 页。

船。[1]1877 年，招商局又建江天码头，系铁木结构，长 46.35 米，宽 7.8 米，前沿水深 7.1 米，靠泊能力为 1000 吨级。同年，英商太古轮船公司建北京码头，铁木结构，长 48.77 米，宽 7.2 米，前沿水深 6 米，靠泊能力也是 1000 吨级，供该公司"北京"轮停泊。江天码头和北京码头还配有自己的货栈和堆场。

随着轮船往来的增加，对航道设施也提出了新的要求。在海关的海务机构成立以前，宁波港还没有正规的助航设施。1872 年，根据总税务司的指令，除了重新改建了两座灯塔，还在外航道增建了航标，以指示航向，保障进出港船舶的航行安全。

第四节　沿运、港口惨案 [2]

近代，国难深重，战火不断，浙东也成为重灾之地。天灾人祸，接踵而至。沿运港岸，人民遭殃；海上之路，飞来横祸。生灵受害，惨不忍睹。侵略者灭绝人性，罪责难逃。

一、新江桥断桥

宁波三江口，清咸丰年间（1851—1861）尚未设桥。驻江北岸英国领事每往东渡门（今东门口），必以渡船渡之。同治二年（1863），英国人将上一年建于盐仓门之浮桥擅迁至桃花渡口（今新江桥附近），取名"新江桥"，由英人台佛逊管理。凡华人过桥每人须付"过桥费"四文，对此，当地人无不义愤填膺。同治八年（1869）四月十三日，宁波城内赛神会

---

①　张传保等编：《鄞县通志·政教志》，第 1216 页。
②　主要参考钱起远主编：《宁波市交通志·附录》，海洋出版社 1996 年版。

（即五都元帅会），从远近赶来的观会者充塞桥面和两堍，而英国人仍按例索费，付费稍有迟疑，便皮鞭相加，遂引起人群秩序大乱。值赛会者向城内行来之际，观会者纷纷上桥向北涌去。桥身突然折断，400 余众随之齐落江中。后有当地人作《浮桥断》诗，记其事：

> 余年十一岁己巳，四百余人同日死。
>
> 出门观赛兴何豪，不料大祸从此始！
>
> 鄞邑赛会迎都神，时在孟夏之中旬。
>
> 笙歌嘹亮金鼓沸，五色辉煌旗帜新。
>
> 是日会过甬江桥，桥上观者涌若潮。
>
> 拥挤不堪桥倾圮，纷纷坠溺随浪飘。
>
> 迢递长江夕照里，晚潮风送浪花起。
>
> 中途但闻呼救声，沉没漂流靡所止。
>
> 泛泛犹如鹜与鸥，凄惨形状不忍视。
>
> 扇巾衣履满江中，络绎不绝十余里。
>
> 吁嗟欢乐出城东，霎时身葬鱼腹中。
>
> 父母妻子临江哭，江干谡谡起悲风！

新江桥惨祸发生后，邑人纷纷要求赎回浮桥，无奈鄞县正堂软弱无能，坐视外人强行。光绪三年（1877）六月，由城绅陈政钥会同姜伦棣、姜孝球，与洋药商严文周协商，由福建、宁波两帮洋药商筹银 16000 两，向英人赎回此桥。

此案为英国侵略者侵犯我国主权，草菅人命所致。

二、"景升"轮倾覆

1939 年 4 月[①]，停靠宁波新江桥北堍利涉码头之利涉轮船公司"景升"

---

① 未见有确切日期。

轮，正欲解缆开航，其时，船上乘客已达 400 余人，熙熙攘攘，拥挤不堪，且大部分乘客挤于上舱，致使轮船上重下轻。

猝然间，有误传日机空袭之警报骤鸣，船上乘客顿时乱作一团。船主汤友根惊慌失措，仓促解缆，不脱，遂以斧断缆，而傍于"景升"轮外档后侧一小驳船，有人正以撑篙钩紧船栏，欲将尚未装船之牡蛎肉续装上舱，使轮船船体晃动加剧，"景升"轮一离岸即倾覆，乘客全部落水。除上舱 40 人获救外，溺死 387 人。

事后，将打捞之尸体置于四明公所，供受难者家属认领。沿途哀哭之声不绝于耳，惨不忍睹。有沉尸被潮水冲至清水浦一带，逾月才得上浮。

此案为日寇侵华战时环境下，管理混乱所致。

三、日军火烧渔船，残杀民众

1940 年 6 月 6 日，日本侵略军有一艘巡洋舰自舟山南下，至檀头山附近遇正作业之东门岛渔船，便发炮轰击，立时击沉多艘。之后，日军又将未被击中的 11 艘渔船围在一起，用铅丝捆绑渔民周福寿等 32 人，浇上汽油焚烧，人船俱毁。

1941 年 3 月 15 日，檀头山渔船 3 艘，载客 19 人自石浦返航，至铜瓦门外，突遇一艘日舰，渔船皆被扣焚烧，除 1 人泅水潜逸，余皆死难。

上述两案为侵华日军赤裸裸的兽行。

四、"新宁绍"轮被炸沉

1945 年 7 月 1 日，宁绍轮船公司"新宁绍"轮（曾称"谋福"轮，2150 总吨[①]），自甬驶沪途中，遭美机轰炸，沉于鱼腥脑附近海面，死难者六七百人。

---

① 总吨，通用船舶容积单位，表示船舶建造规模的大小。

此案成为宁波港又一大惨案，也为战争之祸。

五、"江亚"轮沉没

"江亚"轮，原名"兴亚丸"，系日本东亚海运株式会社于 1939—1940 年制造之铁质客货轮，计 3363 总吨，1236 客位。1945 年 8 月日本投降后，"江亚"轮由招商局自汉口接收，1946 年 5 月 22 日正式投入申甬航线。

1948 年 12 月 3 日 15 时 30 分，"江亚"轮载客 3000 余人，自上海十六铺码头起航驶往宁波。18 时 45 分驶至里铜沙（离吴淞口 30 里许）洋面，突然一声巨响，电灯猝然熄灭，海水迅速涌进船舱，急救汽笛仅拉响一声，船体即左倾下沉，三四分钟后，全船沉没。事后，招商局登记船难人数 3200 余人，死亡约 2100 人。

"江亚"号沉没系重大海难，其原因至今仍无定论，有四说：锅炉爆炸说、船内定时炸弹爆炸说、触礁说、触海上漂雷说。

第五节　会馆商帮

一、会馆 ①

会馆是浙东运河航运业发达的重要聚集场所和标志，具有地域性、行业性的特色，集商、住、祭祀、金融、娱乐于一体。

（一）绍兴会馆

1. 穗康钱庄
穗康钱庄位于绍兴城北安昌镇。安昌素为绍兴城北绍萧边界的商贸金

---

① 　主要参考邱志荣主编：《通江达海 好运天下：浙东运河博物馆文本解读》，第 207 页。

融中心，棉花交易，蚕茧收购量大，资金周转活跃，故钱庄很早就应需而生。穗康钱庄始创于清道光年间（1821—1850），由梅林於氏投资经营，是安昌的百年商号，见证了安昌曾经的繁荣。

2. 布业会馆

布业会馆位于绍兴市越城区北后街 24 号。清同治年间（1862—1874），绍兴商人陶琴士以经营布业致富，为联络同行，便利交易、集散，购入胡氏花巷之地近 20 亩，于光绪三年（1877）与同人集资营建布业会馆。布业会馆是一处集住、商、娱乐于一体的公共建筑。

民国五年（1916）秋，孙中山先生下榻于布业会馆，第二天在觉民舞台发表"必须合众人之力，而后可以成为世界最强盛之国"的演讲。民国六年（1917），蔡元培先生亦在觉民舞台向绍兴各界代表作"愿天下无病人，无懒人，无穷人"的演说。抗战时期，绍兴沦陷，布业会馆挂上了"烟糖合作社"的牌子。民国三十四年（1945）秋，绍兴各界人士在觉民舞台召开庆祝抗日战争胜利大会。后布业会馆被县参议会用作会址。

3. 绍兴钱业会馆

绍兴钱业会馆位于绍兴越城区笔飞弄 7 号。清光绪十二年（1886）由成康、震丰等 42 家钱庄出资建成。

1934 年出版的《中国经济年鉴》指出："中国钱庄的起源，迄无准确之夷考，据一般说法，则有南北两派，北派为山西票号，南派为绍兴钱庄，经营范围，以此定界，如严格定之，则前山西票号，因性质与钱庄不同，当不能目之为钱庄。"学术界一般把绍兴作为中国钱庄的发源地之一。

明代中后期，随着绍兴境内商品经济的发展，内地货物和外洋货物的流通日益频繁。这导致绍兴市场上货币种类增多，出现了制钱、银两并用的局面。兑银、资金借贷和资金异地转划的需要，促使绍兴早期钱庄的兴起。

至清康熙、乾隆时期，绍兴人开始在北京、上海、杭州、汉口等地创办钱庄，逐渐形成了在中国钱庄业实力非常强的"绍派"钱庄，王孝通《中国商业史》云："清代钱庄，绍兴一派最有势力，当时阻止票号势力，不得越长江面南者，此派之力也。"到 1935 年，绍兴城区拥有钱庄 65 家，到 1952 年，绍兴钱庄业退出历史舞台。

4. 安徽会馆

安徽会馆位于越城区迎恩门段运河边上。安徽会馆是清代建筑，系安徽驻绍商业同仁集资建造。

建筑坐北朝南，原存两进，为徽派做法。第一进前厅，五开间，两柱四檩，置船篷轩。其中东尽间辟门作通道。第二进大厅，三开间，明间五架抬梁造，次间穿斗式，明、次间前槽作船篷轩，后槽为一单步廊。单檐硬山顶。21 世纪初，安徽会馆在迎恩门商业街规划建设中被拆除。

5. 江浙闽三省烟商会馆（嵊州烟商会馆）

江浙闽三省烟商会馆在嵊州市区东后街 16 号。2004 年 9 月，在烟叶公所天井内发现石碑，碑正面刻有"江浙闽三省烟商会馆重修碑记"篆文字样，详细记载有会馆名称"永安会馆"及民国时期原地址"东后街 66 号"，重修年代为民国九年（1920），并用正楷字体刻有当年重建会馆捐资人的姓名和金额。此碑被发现后，由浙江省烟草公司出面协调处理，并由上海"中国烟草博物馆"珍藏。

今东后街 16 号的位置，早在清代就已是当时江苏、浙江和福建三省烟商会馆。清末民初，烟商压价，导致新昌种植烟草的民众激愤，纵火焚毁会馆。民国九年（1920），会馆重修，一直保存至今。

新嵊一带历来产黄晒烟，烟叶大多需经曹娥江水路运出，通过浙东运河销至绍兴、宁波、上海和福建各地，嵊州成为重要中转枢纽。

（二）宁波会馆

1. 庆安会馆、安澜会馆

庆安会馆位于宁波市江东北路 156 号，西临甬江、姚江、奉化江汇合的三江口。庆安会馆与安澜会馆是宁波漕粮海运的主要管理和服务组织，航运从业者的主要聚集地之一。

自唐宋以来，宁波地区经济繁荣，商贾云集，各地商人依托宁波港优越的地理环境，开设商号、打造船只、经营货物，并逐渐形成了南、北号两大商业船帮。清道光三年（1823），南号舶商建立会馆，取名"安澜"，意为"信赖神佑，安定波澜"，亦称"南号会馆"。

道光三十年（1850），北号舶商在三江口木行路、安澜会馆北侧建北号会馆，取名"庆安"，寓"海不扬波兮庆安澜"之意，其建筑规模、体量、工艺均超安澜会馆。

庆安、安澜会馆，内设船运行业董事办公室，负责处理日常事务，解决行业纠纷，谋求业务发展。清咸丰（1851—1861）、同治（1862—1874）以后，宁波南、北号商业船帮达到鼎盛。在官府资助下，庆安会馆曾于咸丰四年（1854）购进中国第一艘机动船"宝顺轮"。

会馆同时又是祀神的庙宇，供奉航海保护神妈祖。现庆安会馆是我国"八大天后宫"之一，也是浙江省内现存规模最大的天后宫。建筑装饰采用砖雕、石雕和朱金木雕等宁波传统工艺。天后宫内建有两座祭祀妈祖和行业聚会时演戏用的戏台。两会馆整体建筑格局严谨、规模宏大，建筑构造独特、工艺精湛、文化深厚，是宁波古代海上贸易交通的历史见证。

2. 宁波钱业会馆

宁波钱业会馆位于宁波市海曙区鼓楼街道战船街10号，姚江南岸，毗邻三江口，是民国时期宁波金融业聚会、交易的场所。宁波钱庄业历史悠久，清乾隆年间（1736—1795）即在滨江形成"钱行街"，同治年间（1862—1874）首创了"过账（簿）"结算法，一度与山西票号齐名。清同治三年（1864）钱业会商处（会馆前身）在江厦滨江庙设公所议事。民国十二年（1923）在今址购地兴建钱业会馆，至民国十五年（1926）竣工并投入使用。现会馆占地1500余平方米，由前后两进组成，均中西混合式砖木结构，前进廊舍环绕，中有戏台，后进议事厅，为旧时宁波金融业最高决策地。会馆北侧，附有西式花园，1994年改建成"宁波钱币博物馆"。

二、商帮

（一）宁波帮

宁波帮的产生及其影响：

> 通商互市甬江东，航海达吴淞。
> 货殖竞豪雄，最难神圣合劳工。
> 四明二百八十峰，潮汐蛟门涌。
> 地灵人杰众梓桑，恭敬乡情重。
> 云水逢迎交谊通，霸图继文种。
> 大隐仰黄公，我思先正有高风。

从这首宁波旅沪同乡会会歌中，可见宁波人的豪迈气概、精神风貌。

由于地理条件、人地矛盾、历史传统等因素，宁波从明代开始向外发展。19世纪中叶以来，大批宁波籍有志之士，敢于闯荡天下，到上海开拓事业，致力于向海外发展，以同乡互助、和衷共济的团队精神，以超人的经商才能，名震沪上，纵横全国，走向世界，于是就产生了驰名海内外的"宁波帮"。

宁波帮是中国历史上重要的商帮。从中国的第一家火柴厂、第一家毛织厂到中国的第一个商业社团、第一家金融机构，都是宁波帮代表人物创建的。宁波帮中曾涌现出一大批海内外工商界知名人士，亦涌现出邵荃麟、柔石、张承宗、沙文汉等一大批把自己的命运与祖国的命运紧紧结合在一起的风云志士。此外，活跃在文学界、科技界的宁波帮人士也是首屈一指。中华人民共和国成立前夕，上海的宁波帮向海外发展，取胜于商海，争雄于国际社会。香港十大富豪宁波人占其四，世界七大船王宁波人占其二，宁波帮在美国和日本十大财团中各占其一，在亚洲电影界独占鳌头。包玉刚、邵逸夫、王宽诚、陈廷华、董浩云等一代巨商闻名世界。宁波人的足迹遍布全球，据统计，海外宁波帮从老宁波籍人士有30万之众，分布在世界 64 国家和地区，发展到如今"50 万宁波人捞世界"。

（二）越商

越商是中国一大商帮。越商的历史，最早可追溯至越国大夫范蠡，他提出"农末俱利"主张。范蠡，字少伯，春秋时期楚国宛（今河南南阳市附近）人。"昔者，范蠡其始居楚，曰范伯。"[①] 他出身贫寒，后入越，为越国大夫，又升上将军。范蠡辅佐越王句践组织和实施了一系列发展生产、富国强兵的策略。其中，由他主持修建的一批水利、农业、城市工程，为越国复国争霸起到了重要的作用。

句践七年（前 490），范蠡随句践由吴获释返越，受命在山会平原上选址定都建城。他利用 8 个孤丘，先建成周围 2 里 223 步的山阴小城，又在小城附近修筑大城。大、小城的修建，使於越的中心得以从崎岖的会稽山地迁移到平原泽国。为了开发山会沼泽平原，发展农业生产，越国大规模兴修水利，先后修筑了山阴故水道、富中大塘、练塘等水利工程。范蠡是主要的设计主持者。范蠡还利用当时广阔的河湖水域，开辟出南池、坡塘两大鱼塘，发展淡水养鱼业。由他撰写的《养鱼经》，被公认为中国最早的内塘养鱼专著。

前 472 年，范蠡审时度势、功成身退，化名"鸱夷子皮"，去越适齐。后行至陶，号"陶朱公"，经商致富，常散财助人。《史记·越王句践世家》《国语》《越绝书》《吴越春秋》等均有记载。

隋唐大运河的开凿，为越州经济发展带来空前的发展机遇和交通便利。越州既是浙东七州的政治中心，也是浙东以及东南沿海的经济重镇。物产丰富，商贾辐辏，《隋书·地理志》说："会稽川泽沃衍，有海陆之饶，珍异所聚，故商贾并辏。"唐代诗人杜牧在给皇帝起草任命李讷为浙东观察使的文件中更是明确指出：越州"西界浙河，东奄左海，机杼耕稼，提封七州，其间茧税鱼盐衣食半天下"[②]。唐玄宗开元初年任山阴县尉的孙逖对

---

① 《越绝书》卷第七。
② 《全唐文》卷七百四十八。

当时越商泛舟五湖的经商活动，在《送裴参军充大税使序》中作了如下描述：

> 会稽郡者，海之西镇，国之东门，都会蓄育，膏肆兼倍，故女有余布而农有余粟。以方志之所宜，供天府之博敛，篚丝绹，缯金刀，浮江达河……①

在当时全国性的商业大格局中，越州的商人以"越商"著称，与来自他郡的吴贾、闽商、巴贾、胡贾等形成激烈的竞争态势。越商以丰富优质的地方产品，如越罗、越绫、越瓷等，销售至广远的地域。上都长安和东都洛阳，更是越商必到之地。唐崔元翰在为越州州署所写的《判曹食堂壁记》中记载：

> 越州号为中府，连帅治所，监六郡，督诸军，视其馆毂之冲，广轮之度，则弥地竟海，重山阻江，铜盐材竹之货殖，舟车包篚之委输，固已被四方而盈二都矣。②

越商收购运销越地名产到全国各地，甚至达到"披四方而盈二都"的畅销程度，其奋发努力和百般艰辛可想而知。越商的行踪和傲立商海的形象屡屡在唐宋诗歌中出现，而且被诗人们充满激情地歌咏，如唐代元稹云："估客无住著，有利身则行。出门求火伴，入户辞父兄。父兄相教示，求利莫求名。求名有所避，求利无不营。"明清时期，黄宗羲提出的"工商皆本""义利兼容"等，更是培育了绍兴民间的创业和从商行为，以及重视发展实业的传统。近代上海开埠后，大批绍兴人到上海从事锡箔业、酿酒业、印染业等，他们崇尚实干，不少人成为商界巨子。民国时期越商逐鹿上海滩，成为控制金融命脉的商帮。

---

① 《全唐文》卷三百十二。
② 《全唐文》卷五百二十三。

第六节　运河名产

历史上，浙东本属山川秀丽、人民勤劳、物产丰富、地灵人杰之地，有诸多特色产品闻名于世，并通过浙东海上丝绸之路销往世界各地。

一、陶瓷

越地早期的陶器"夹炭黑陶"在河姆渡文化遗址中已被发现，主要种类有釜、罐、盆、豆、盘、钵、器盖和支座。1983 年，绍兴县发现的凤凰墩遗址（距今 4000 多年）、仙人山遗址（距今 5000 年左右），先后出土了一批夹砂红陶、泥质灰陶和泥质黑皮陶。这种黑皮陶在 20 世纪末的绍兴环城河工程开挖约 2.0 米深处也有发现。《中国陶器史》认为，我国南方地区在新石器时代晚期出现了印纹硬陶，其分布范围大致和越族人民的聚落所在地区相吻合。1984 年，在上虞百官镇西南 5000 米处发掘到 5 座商代早期龙窑窑址，残片可见印纹陶纹饰，有人字纹、编织纹、回纹、云雷纹、绳纹、弦纹等。[①]

春秋战国时期，越国原始青瓷质量比前期有所提高，胎质细腻，采用轮制成型，胎壁厚薄均匀，外施青釉。除有众多的印纹陶和原始青瓷成品外，在众多发掘的窑址中还发现有烧造印纹硬陶、原始青瓷，以及二者合烧的窑址。其中吼山原始青瓷窑址发掘的青瓷胎色灰白，胎釉结合尤为良好，此处可能是越国鼎盛时期的官办窑场[②]。

经过越地烧瓷匠人代代不息的总结和技能提高，大约到东汉中期以后，越窑青瓷终于完成由原始青瓷向成熟青瓷的转变，实现了质的飞跃。[③] 上虞上浦小仙坛窑址烧制的青瓷，便是其代表。此处出品的罍、壶、洗、罐

---

① 李文龙主编：《绍兴物产·陶瓷》，文化艺术出版社 2000 年版，第 240 页。
② 吼山为越国富中大塘内的一个生产基地。
③ 李文龙主编：《绍兴物产·陶瓷》，第 246 页。

等胎质细腻，色泽淡雅，造型优美，技术含量高，属上乘产品。三国时期越窑青瓷质量又有较大改进和提高，品种明显增加，并且不乏珍品。

西晋时期越窑激增，产品质量提高速度加快，龙窑达到 15 米以上，出现了扁壶、鸡头壶、尊、狮形烛台等上乘品种。

唐代越窑进入全盛时期，产量大增，瓷制的茶具、餐具、酒具、文具、玩具以及实用的瓶、壶、罐等各种器皿，无所不有。越窑青瓷的不同一般之处：一是瓷质精细而极薄，呈半透明态，这便是古人所说的"越瓷如冰"；二是色泽迷人，其青色显得晶莹透彻，古人称之为"雨过天青"。唐代著名文人陆羽，曾著有《茶经》，书中也品评了各地的瓷器，其中盘和瓯两者，都以越窑出品为第一。陆羽还说："或者以邢州处越州上，殊为不然。若邢瓷类银，越瓷类玉，邢不如越一也；若邢瓷类雪，则越瓷类冰，邢不如越二也；邢瓷白而茶色丹，越瓷青而茶色绿，邢不如越三也。"[1]

越瓷之美到了唐末、宋初到达顶峰。五代，越窑属吴越国钱氏管辖，吴越钱氏在浙东地区命人烧制了所谓秘色器。[2] 秘色者，言其色泽奇异独特，不随便示人，此瓷只让朝廷使用。[3] 诗人陆龟蒙（？—约 881）有《秘色越器》诗，言其神奇和好处："九秋风露越窑开，夺得千峰翠色来。好向中宵盛沆瀣，共嵇中散斗遗杯。"[4]

唐代，越窑青瓷不仅在国内销量名列前茅，而且在当时的国际贸易中，深得国外商人之喜爱。中唐以后，越窑生产规模及制作水平进一步提高，从晚唐开始，越窑青瓷大量行销国外。五代时，吴越钱氏除了烧制"秘色瓷"进贡中原王朝外，还组织货源，开辟海上航线，对外贸易。其销路分别到达朝鲜、日本、泰国、越南、柬埔寨、印度、伊朗、巴基斯坦、斯里兰卡、菲律宾、印度尼西亚、伊拉克、埃及、苏丹、坦桑尼亚、西班牙等

---

① （唐）陆羽：《茶经》卷中，中州古籍出版社 2015 年版，第 20 页。
② 胡行之：《越窑秘色瓷研究》，《绍兴史迹风土丛书谈》第八册。
③ 陈桥驿：《绍兴史话》，上海人民出版社 1982 年版，第 76 页。
④ （清）彭定求等编：《全唐诗》卷六百二十九。

国和地区。[1] 这些国家和地区或有越窑青瓷的收藏，或有大量青瓷碎片的保存。

唐代越州窑的中心窑场在上虞、余姚上林湖一带[2]，已发现的五代窑址63处，其中上林湖有48处[3]。由于上虞、余姚、慈溪窑址距离明州港很近，众多越窑青瓷就是由明州港输出国外的。又发现鄞州东钱湖窑场是五代晚期新兴的吴越境内第二大窑区，其范围包括东钱湖四周及相邻区域，目前已发现五代窑址37处[4]。

北宋时期，越窑青瓷釉色透明，花纹装饰繁缛，题材广泛。采用各种艺术手法塑造人物、花草、珍禽、异兽。北宋中叶后，青瓷制造中心已由明州、越州渐转至龙泉，因此明州港青瓷外销中越窑烧制的比例减少，但越窑作为历史悠久的瓷器产地，其外销数量仍为数不少。据日本《朝野群载》卷二十所收录宋朝航海公凭记载，纲首李充赴日贸易，携带的舶贸中就有"瓷碗二百床[5]，瓷碟二百床"。此外，研究表明，在巴基斯坦、马来西亚、伊拉克等地都有北宋越窑青瓷出土，这证明在北宋时期明州港仍有越窑青瓷的对外贸易。[6] 至南宋越窑开始衰落。

二、丝绸

《越绝书》卷四已有大夫计倪对句践"劝农桑"等的记载，足见其时已开始有蚕桑养殖和丝织品的存在，并且地位重要，和发展农业一起作为

---

[1] 童隆福主编：《浙江航运史·古近代部分》，第60页。

[2] 谢纯龙主编，慈溪市博物馆编：《上林湖越窑》，科学出版社2002年版。

[3] 李军：《五代越窑青瓷的外销与制瓷技术的传播》，李英魁主编：《宁波与海上丝绸之路》，第170页。

[4] 李军：《五代越窑青瓷的外销与制瓷技术的传播》，李英魁主编：《宁波与海上丝绸之路》，第170页。

[5] 床，装器物的工具，1床装20件器物。

[6] 王宏星：《唐至北宋明州港南下航路与贸易》，李英魁主编：《宁波与海上丝绸之路》，第142页。

增强国力的措施之一。当时的"桑"也可泛指其他纺织，是织布的代称。《吴越春秋》卷五有"得苎萝山鬻薪之女，曰西施、郑旦。饰以罗縠，教以容步，习于土城，临于都巷。三年学服而献于吴"的记载，其中"罗"是有纹之绸，"縠"是有皱纹的纱[①]。可见当时越国王宫贵族已开始着丝绸这种轻柔之服。

至于《吴越春秋》卷五中的《采葛妇歌》，更反映了当时越地纺织制布之流行和织制水平之高。

> 葛不连蔓叶台台，我君心苦命更之。
> 尝胆不苦甘如饴，令我采葛以作丝。
> 饥不遑食四体疲[②]，女工织兮不敢迟。
> 弱于罗兮轻霏霏，号缔素兮将献之。
> 越王悦兮忘罪除，吴王欢兮飞尺书。
> 增封益地赐羽奇，机杖茵褥诸侯仪。
> 群臣拜舞天颜舒，我王何忧能不移。

其中所写的"弱於罗兮轻霏霏"，既说明当时有丝绸存在，也表明这种以葛作原料的"黄丝之布"质量之上乘珍贵，并且越国妇女擅长于此工艺织造。

越地丝绸发展到隋唐时期开始名扬天下。《浙江通志》记："炀帝以越州所进花绫独赐司花女袁宝儿及绛仙，独赐司花女袁宝儿及降真，他妃莫得。"《新唐书·地理志》载：越州丝绸贡品有"宝花、花纹等罗，白编、交梭、十样花纹等绫，轻容、生縠、花纱、吴绢"等品种。刘禹锡《酬乐天衫酒见寄》诗云："酒法众传吴米好，舞衣偏尚越罗轻。动摇浮蚁香浓甚，装束轻鸿意态生。"[③]嘉泰《会稽志》卷十七记载："越罗最名于唐。杜子美

---

① 李文龙主编：《绍兴物产·丝绸》，第214页。
② 此句系根据《文选注》提示增补。
③ （唐）刘禹锡著，瞿蜕园笺证：《刘禹锡集笺证》卷三十四，上海古籍出版社1989年版，第480页。

诗屡道之。《缲丝行》曰'越罗蜀锦金粟尺'，《后出塞曲》曰'越罗与楚练，照耀舆台躯'。"唐末朝廷在浙东重赋搜刮，单越绫一项，每十天就要征调"万五千匹"[①]。

五代时，吴越钱镠"闭关而修蚕织"，"桑麻蔽野"，"年年无水旱之忧，岁岁有农桑之乐"[②]，越绫越绢遍产会稽民间，并且品种之丰，超过前代。

宋代，绍兴丝绸业继续发展，王十朋《会稽风俗赋》[③]中有"万草千花，机轴中出，绫纱缯縠，雪积缣匹"之描述，在贡品中又新增了绯纱和茜绯纱等品种。

明代虽绍兴丝绸业地位有所下降，但丝绸依然是当地重要农副产业，如明末清初，有"华舍日出万丈绸"之誉。清末，绍兴府继续保持浙江四大丝绸生产基地之一的位置，生产地主要分布在绍兴城区、华舍、下方桥等三个区域，生产方式主要以家庭为单位。

丝绸是唐五代浙东主要输出货物，五代越州设"沿海博易务"，主管南北货物交易及与日本、高丽丝绸贸易，外销锦绮等织物。[④]当时通过明州运往日本等国的吴越之地商品以锦绮等织物为主。丝绸为当时日本王公贵族的心爱之物，无不争购。北宋时，越州丝绸外销日本、朝鲜及印度、大食（阿拉伯半岛）、占城（越南）、阇婆（爪哇）等国。据《明会典》载，明朝初年间，绍兴等地设织染局[⑤]，丝绸出口南洋及日本。清初，江浙粤闽等地贩丝绸出洋者甚多，所经路线基本是从浙东运河到明州港入海。

宁波和丰纺织股份有限公司（简称"和丰纱厂"）位于宁波市江东北路 317 号，西邻甬江。1905 年，戴瑞卿等在江东冰厂（冰厂路）跟甬江边置地 5.3 万平方米，建成和丰纺织股份有限公司，1945 年抗战胜利后该厂

① （宋）司马光编著，（元）胡三省音注：《资治通鉴》卷第二百五十九，第 8460 页。
② 傅振照主编：《绍兴县志》第十八编《历史名产》，中华书局 1999 年版，第 1029 页。
③ （宋）王十朋：《王十朋全集》卷十六，上海古籍出版社 1998 年版。
④ 傅振照主编：《绍兴县志》第十六编《商业》，中华书局 1999 年版，第 951 页。
⑤ （清）张廷玉等：《明史》卷八十二，第 1997 页。

重建，恢复生产，1998 年重组创立宁波维科集团股份有限公司。旧址现存办公楼、成品车间和烟囱等。办公楼面阔三间，坐北朝南，为二层外廊式四坡顶西洋风格楼房。成品车间建于 1905 年，坐西朝东，两层楼房，通面宽 106 米，通进深 15 米。东侧有西洋式单层人字坡青砖建筑，通面宽 33 米，通进深 15 米。烟囱方砖砌筑，圆径 4 米，高约 40 米。和丰纱厂是宁波近代工业代表中"三支半烟囱"之一，在宁波乃至全国近代纺织工业史上有着重要地位。

三、茶叶

据鲁迅《古小说钩沉》辑《王浮神异记》："余姚人虞洪，入山采茗，遇一道士，牵三青牛，引洪至瀑布山。曰：'吾丹丘子也。闻子善具饮，常思见惠。山中有大茗，可以相给，祈子他日有瓯蚁之余，不相遗也。'"① 后来虞洪令"家人入山，获大茗焉"。《神异记》是汉代故事集，固不可全信其真，但丹丘子为汉代名士，以其言行可佐证汉代越地已有了茶叶。陆羽在《茶经》中品评浙江茶叶是"越州上，明州、婺次，台州下"不但说明了浙东此时茶叶生产已经成熟和形成规模，有了品牌，还表明当时会稽山的茶叶品质位居浙东之首。

绍兴之茶兴于唐而盛于宋。宋代会稽山已经是茶园遍布，"会稽山茶，以日铸名天下"②。著名的产品除日铸岭的雪芽茶外，还有会稽山的茶山茶、天衣山的丁埚茶、陶宴岭的高坞茶、秦望山的小朵茶、东士乡的雁路茶、兰亭的花坞茶等。③ 草茶之中，日铸岭所产，被评为全国第一。④ 据《宋会要辑稿》，绍兴二十三年（1153），绍兴府茶叶总产量达到 385000 多斤。⑤

---

① 鲁迅：《鲁迅全集》第八卷，江苏凤凰文艺出版社 2020 年版，第 248 页。
② （宋）高似孙：（嘉定）《剡录》卷十。
③ 嘉泰《会稽志》卷十七。
④ （宋）欧阳修：《归田录》卷一。
⑤ 《宋会要辑稿》第一三六册。

明清两代，会稽山茶仍以品质优越闻名于世。明代茶叶专家许次纾《茶疏》中的全国最著名的五大名茶，绍兴日铸茶名列其中，他认为绍兴之日铸"与武夷相仲伯"。

浙东海上丝绸之路也是茶叶、茶文化向海外传播的重要通道。绍兴的珠茶外销兴盛于大约17世纪中叶。当时在英国伦敦市场上，售价不亚于珠宝。明末清初，绍兴平水镇就形成了一个重要茶市。鸦片战争后，"海禁大开，各县所产之茶，集中平水，加工精制为圆形绿茶，大量输出，以供外国市场之需要，外销数量曾占华茶出口的首位"[1]。光绪元年（1875），绍兴茶商在上海设茶行，与英商怡和洋行共营平水珠茶，由宁波船运至上海出口，销往欧美国家，年均外销20万箱左右（合880万斤）。[2]光绪九至二十年间（1883—1894），平水珠茶出口量在10万吨以上，占同期全国茶叶出口总量的20%，占浙江省茶叶出口量的半数。

四、黄酒

（一）绍兴黄酒的起源

据对河姆渡遗址出土的大量遗存考证，当时的先民酿酒已开始由自然酿成变为人工酿造。遗址中发现的酒器盉[3]，表明当时已有了酒并有了饮用的方式和习惯。到越王句践时酿酒技术已趋成熟，饮酒已成为社会生活的重要内容。句践在"十年生聚，十年教训"中，又以酒作为生育奖品，规定"生丈夫，二壶酒，一犬；生女子，二壶酒，一豚"[4]。此外，越国出师

---

① 陈一鸥：《浙东茶叶剥削史》，中国人民政治协商会议浙江省委员会文史资料研究委员会编：《浙江文史资料选辑（第11辑）》，浙江人民出版社1979年版。

② 任桂全总纂：《绍兴市志》卷十五《对外经济贸易·进出口贸易》，浙江人民出版社1996年版，第1149页。

③ 沈作霖：《古今酒具纵说》，李永鑫主编：《酒文化研究文集》，中华书局2001年版，第133页。

④ 陈桐生译注：《国语·越语上》，第707页。

伐吴以酒"箪醪劳师"，胜利后"置酒文台，群臣为乐"[①]。绍兴城内至今仍有"投醪河"，记载传承着这一历史。

到汉代，酿酒的原料已由稻米扩大到杂粮，绍兴所产的米酒，则属于上尊之品。西晋，嵇含在其所著的《南方草术状》中说："南人有女数岁，即大酿酒，既漉，候冬陂池水竭时，置酒罂中，密固其上，瘗陂中，至春潴水满，亦不复发矣。女将嫁，乃发陂取酒，以供贺客，谓之女酒，其味绝美。"[②]此酒应是"女儿红"酒的前身。至南朝时"山阴甜酒"已很出名。南朝梁元帝萧绎（508—555）在所著的《金楼子》中记他少年读书时，有"银瓶一枚，贮山阴甜酒"之语。颜之推在《颜氏家训》中说，萧绎11岁在会稽读书时，"银瓯贮山阴甜酒，时复饮之"。

（二）独特的黄酒水源

鉴湖的建成为绍兴酿酒业提供了优质的水源，使绍兴黄酒品质得到提高，名声大振。鉴湖有着良好的自然环境和水文条件，其上游源于会稽山麓，那里植被良好，污染很少，水质清冽；在平原地区湖中流水进出很顺畅，更兼有斗门、闸、堰、阴沟适时启闭，使总集雨面积约为610平方千米，年径流量4.6亿立方米左右的来水得到调蓄，故来水丰富和湖水更换频繁的次数，为一般湖泊所不及[③]。

绍兴黄酒水源已具备了独特的三个条件：其一，发源于鉴湖南部的会稽山；其二，经过山溪河流（至少10千米）的冲刷，吸收矿物质和有机物；其三，进入会稽山南麓鉴湖中涵养，按绍兴话说是生水变成了熟水。

据20世纪80年代初环保等部门地质调查，在萧甬铁路以南至会稽山麓之间原鉴湖湖区的广阔平原中，分布着广泛的泥煤层，鉴湖湖水平均深

---

① （东汉）赵晔：《吴越春秋》卷六。

② （晋）嵇含：《南方草木状》卷上，咸淳西川学海本。

③ 盛鸿郎、邱志荣：《古鉴湖新证》，盛鸿郎主编：《鉴湖与绍兴水利》，中国书店1991年版。

度 2.77 米，即几乎所有上层泥煤都分布在水深范围内，接触极其广泛。[①] 这些泥煤对鉴湖浅层地下水有渗滤净化作用，对水体中的污染物也有吸附作用，同时影响水体的生态和物化物质，对保持鉴湖生态平衡，改善水质具有十分重要的作用。

以上条件使鉴湖水具有水色低（色度 10）、透明度高（平均透明度为 0.86 米）、溶解氧高（平均为 8.75 毫克／升），耗氧量少（平均 BOD5 为 2.53 毫克／升）等优点，宜于酿酒。清梁章钜在《浪迹续谈》中称："盖山阴、会稽之间，水最宜酒，易地则不能为良，故他府皆有绍兴人如法制酿，而水既不同，味即远逊。"

（三）绍兴主要产酒地和品种

绍兴酿酒之地多在鉴湖畔、运河边。

1. 东浦酒

东浦是典型的水乡集镇，位于运河沿岸，素有"醉乡""酒国"之称，酿酒历史悠久。据《东浦镇志》载，东浦酿酒史已有近两千年，境内梅里尖附近出土的饮酒器具足以证明。[②] 元朝绍兴路总管泰不华曾在东浦的薛渎村举行乡饮酒礼。明代绍兴知府建三江闸，集民间资力，每捐 200 两纹银者，官府颁发"茂义"匾额一块予以表彰，当时东浦有较多酿坊获此匾额。乾隆年间的山阴进士吴寿昌的《乡咏十物》其中一咏为：

> 郡号黄封坛，流行盛域中。
>
> 地迁方不验，市倍榷逾充。
>
> 润得无灰妙，清关制曲工。
>
> 醉乡宁在远？占住浦西东。[③]

---

① 绍兴地区环保所：《鉴湖底质泥煤层分布特征调查及对水质影响的试验研究》，1983 年。当时勘测主要在西鉴湖。

② 《东浦镇志·浙江书临》，1983 年版。

③ 嘉庆《山阴县志》卷二十八。

这是对东浦酒的品牌、制作技术影响和运销给予的很高评价。据统计，清咸丰时，东浦的酿酒业到达全盛时期，仅东浦镇的赏祊村就有酿坊 100 多家，比较大的有 28 家。咸丰二年（1852），东浦成立了"酒仙会"，在赏祊戒定寺开辟酒仙殿，俗称酒仙庙，并确定每年农历七月初六至初八日 3 天为迎神赛会。届时村村演戏，家家办酒，迎宾请客，热闹非凡，亦所谓"东浦十里闻酒香"。咸丰七年（1857）八月东浦立一块《酒仙神诞演庆碑记》于酒仙神殿内，是为绍兴黄酒史上的珍稀名碑。据载，乾隆皇帝曾游历浙东运河到绍兴，在品尝东浦所酿之酒后，兴致高扬，举笔挥毫，留下"越酒甲天下"的御题匾额和"东浦酒最佳"的赞语。[①]

20 世纪 30 年代，东浦酿酒作坊已多达 400 多家，总产量约 3 万缸，占全绍兴的 1/4 左右。绍兴民谚亦有"绍兴老酒出东浦"[②]之说。

2. 山西村酒

宋代陆游曾作过一首脍炙人口的《游山西村》诗：

> 莫笑农家腊酒浑，丰年留客足鸡豚。
> 山重水复疑无路，柳暗花明又一村。
> 箫鼓追随春社近，衣冠简朴古风存。
> 从今若许闲乘月，拄杖无时夜叩门。[③]

诗人笔下的山西村便是陆游故里三山。三山即行宫山、韩家山、石堰山，位于当时鉴湖乡石堰塘湾村（现归属东浦街道），由西向东呈"品"字形鼎立鉴湖之北岸，是鉴湖湖光山色绝胜地之一。山西村即壶觞村，相传明代刘基来此醉酒，竟将皇帝所赐酒壶掉入水中，故名"壶觞"，地名便与酒有关。位于鉴湖之畔、三山之麓的山西村，清代几乎家家酿酒，当时较著名的有"茂盛""永盛""公成""严裕昌"等酿坊。产品经销杭州、上海、青岛等地。

---

① 李文龙主编：《绍兴物产·黄酒》，第 168 页。

② 钱茂竹主编：《绍兴酒文化》，中国大百科全书出版社 1990 年版，第 168 页。

③ （宋）陆游：《剑南诗稿》卷一。

3. 云集酒

《浙江省绍兴县地名志》记载：阮社，位于绍兴县西北部。东靠柯桥镇，南邻州山，西连湖塘，北与管墅、南钱清公社接壤。[①]浙东运河古纤道、太平桥就在境内。阮社村原名竹村，相传魏时"竹林七贤"之一的阮籍曾在村居住，故改名阮社。古代阮社人十分崇仰阮籍，把阮籍当作神仙来看待，不但有祭祀碑，也传承了酿酒与饮酒之风。阮社今尚存"籍咸桥"以纪念二阮。

阮社最有名的酒厂为创建于 1743 年的云集酒厂，创始人周佳木取厂名云集，意谓在这里名师云集，酒仙云集。到清末民初，绍兴酒坊以"云集"最为著名，在全国形成销售网络，遍及上海、广州、天津等地。云集酒坊在北京多处设立酒局和酒栈，为促进销售，在每百坛的坊单上放有彩票，获奖者可持彩票领奖。

云集酒远销和闻名海外，1915 年云集酒作为绍兴酒的代表参加在美国旧金山为庆祝巴拿马运河通航而举办的巴拿马太平洋万国博览会，获得国际金奖，这是绍兴酒第一次获得国际金奖。云集酒也沿着浙东运河源源不断地运送到世界各地，名扬四海，飘香万里。

4. 女儿红酒

东关镇位于今上虞及曹娥江西部，距上虞城中心 6.11 千米，1954 年前属绍兴县辖区，因地处绍兴城之东而得名。东关街道所在水域白塔洋属古代山阴故水道、东鉴湖范围，这里水面宽广，水质清澈，浙东运河东西穿境而过，镇南的前濠湖、镇北的后濠湖拥镇而浩瀚。当代国学大师马一浮、著名科学家竺可桢都是东关人。

绍兴酒按酒坊所在地区的不同，分西路酒和东路酒。当时位于绍兴西部山阴县的东浦、阮社、湖塘各地所产之酒，称"西路酒"；而位于绍兴城东部的斗门、马山、孙端、皋埠、陶堰、东关各地所产之酒，称为"东路酒"。绍兴人谓："要吃鲜鱼鲜虾小库、皇甫庄，要吃老酒直落、后礼江。"

---

① 《浙江省绍兴县地名志》，1980 年版。

东关酒厂是绍兴东路酒的代表，其前身是东关金复兴酒坊，1967 年改为地方国营上虞酒厂，是绍兴市四个主要大酒厂之一。

东关酒厂主要酿制女儿红酒，其酿制方法和用途同《浪迹续谈》中关于绍兴人尽早为日后女儿出嫁配置的花雕酒（女儿红）大致相同："最佳者名女儿酒，相传富家养女，初弥月，即开酿数坛，直至此女出门，即以此酒陪嫁。则至近亦已十许年，其坛常以彩绘，名曰花雕。"这里还流传着一个关于女儿红酒的故事，说是从前有个裁缝师傅求子心切，后发现妻子怀孕了，他很高兴，回家酿了几坛酒，准备生儿子时喝庆贺酒。不料，生下来的是个女儿，他气恼不过，便把酒深埋在后院桂花树下。后女儿长大出落得亭亭玉立，聪明贤惠，还学得一手绣花好手艺，于是裁缝店生意兴隆，远近闻名。裁缝心中欢喜，决定把女儿嫁给他最得意的徒弟。成亲办喜宴之日，裁缝想起还有酒埋于树底，起土开坛，所得之酒不但晶莹澄澈，香气满屋，还深得嘉宾好评。问其酿酒之技法后，乡人多有效仿。生儿子酿酒、埋酒，此酒称"状元红"；生女儿酿酒、埋酒，称"女儿红"。

上虞东关酒厂以生产的"越红酒""女儿红"等产品畅销海内外。女儿红不但酒名甚大，还以古朴、典雅、著名的青瓷为包装，受到海内外好评和欢迎。

5. 叶万源酒

著名的鉴湖三曲位于绍兴西部，主要水域在原西鉴湖之区。第一曲为湖塘古城一带；第二曲为型塘、阮社一带；第三曲为杏卖桥、漓渚江口一带。有人评说，这三曲一带是鉴湖上游之水和湖水的交汇处，其水清纯鲜洁，软硬适中，最宜酿酒。当年，闻名中外的叶万源酒坊便坐落在鉴湖一曲之畔。据《中国实业志》评述，绍兴酒论历史之久，影响之大，以叶万源为最。

叶万源何时创建已无可考证，但至明中叶已有相当规模和影响，因坊主富有，人称"叶十万"。汤绍恩当年主持兴建三江闸，叶万源捐资建造28 孔中的第一洞闸，表明了坊主对水利公益事业的热心相助，也是酿酒者与水之佳话，酒与运河相依相融。

叶万源酒大多由水路经浙东运河运至宁波，然后销往广东、福建及南洋诸岛。叶万源酒声誉俱佳，在宁波酒贾每次开盘定价都要由叶万源的"馥生""恒丰"两家酒栈先开价，其他酒坊再以每坛低于该价的 3 角至 5 角出售。①

绍兴黄酒清代已远销国外。时山阴叶万源酒坊所产之酒，以其质特优，专销日本和南洋群岛各国。之后，绍兴酒外销范围扩大，数量增多。

五、石宕与景观

石宕即采石场所。在越地，有的地方叫"石宕"，有的地方叫"岩宕"，有的地方叫"硐"，也有称"窟"的。浙东地区采石活动的最早文字记载出现于春秋时期，《越绝书》有越国组织在山阴故水道沿线采铜、采锡的

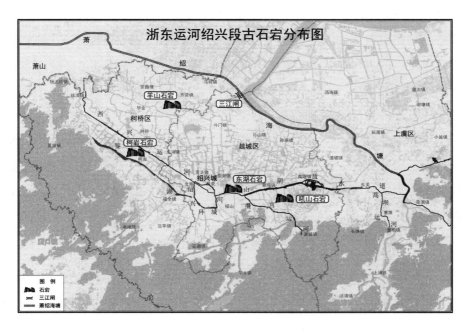

浙东运河绍兴段古石宕分布图（作者自绘）

---

① 钱茂竹主编:《绍兴酒文化》，中国大百科全书出版社上海分社 1990 版，第 173 页。

记载。运河、灌渠、港口建设均需要石材，而建成的运河、港口又方便了石材输出，为城建、民居、海塘提供基础材料，随着用途的扩大和工艺的发展，采石成为运河沿线的重要产业。

"谁云鬼刻神镂，竟是残山剩水。"[①] 可谓天下奇观。残山，是人工开采后形成的不规则奇石山体，在大自然的风吹雨打，地质运动下形成独特的景观。剩水，主要是人工开石后形成的石宕湖。由人工长年累月往地下开采石材，大小依岩体可采范围而定，深数十米至上百米不等，采石者待地下泉水涌出石宕，便将其废弃，形成深不可测，传与海通的石宕湖依残山环绕，形成幽深湖山。

（一）鸟门山

鸟门山位于绍兴城东约 6000 米东湖湖畔，东湖无围墙时，与运河直接连通。相传前 210 年，秦始皇东巡至大越，曾在此歇马喂草，故名"箬篑山"，又称"绕门山"。是一座青石岩山，石质颇优，始开如白玉，日久变青。鸟门山距绍兴城不远，水运交通便利，据记载及实物考证，绍兴古城墙建设、古运河砌石，以及此周边大部分民居用石，都以此山石为材料。鸟门山虽成名在清光绪年间（1875—1908），但这里的奇岩、怪洞、石壁、石宕形成年代应是十分久远的。

鸟门山采石遗景，绝非杂乱无章，而是依山势起伏变化。鸟门山万仞千削，百壁如挂，或高耸，或低仰，或似仙，或似兽，横看成剑，侧又成柱，千姿百态，其妙无穷。岩壁之下，又为石宕，湖水环绕，刚柔相济，幽深莫测，形成山水大盆景。

（二）柯岩

柯岩在绍兴城西约 12 千米的鉴湖之畔。据载，自三国以来，便有石工在此采石不止，山因此得名。所采之石主要用于河墈、民用建筑、墓地。

柯岩采石遗景或形成孤岩突兀，或成为深潭通泉，最胜处为"炉柱晴

---

① （明）张岱:《陶庵梦忆》卷六《曹山》。

烟"。柯岩以云骨最为奇绝，号称天下第一石，云骨是隋唐以来采石刻凿而成，高30米，底围仅4米，最薄处不足1米。顶有古柏矫健，已逾千年。相传宋代书法家米芾来此，见此奇景，"癫狂"数日才依依不舍离去。云骨之西又有开凿于隋代、竣工于初唐的大佛，高20.8米，为浙江四大名佛之一。石宕边上有蚕花洞、七星岩等景观。

柯岩景观

（三）羊山

羊山位于绍兴城西北约15千米处。据载，隋开皇时，杨素封越国公，采羊山之石以筑罗城。除此之外，萧绍海塘、三江闸、钱塘江北岸部分海塘多用此山之石。护卫钱塘江两岸生灵，此石宕可谓功勋卓著。

羊山采石后，留下数峰耸立的孤岩于石宕中。其主峰如宝剑一把，剑锋如削，似有雄风万丈，题曰"剑魂"。

羊山另一著名景点便是石佛寺。传说为凿刻寺中石佛，工匠曾用了30年。佛成之日，空中有鹫鸟飞翔，时人认为此为吉祥之物，便依岩建成"灵鹫禅院"，以容石佛。隋大业年间（605—618），赐额石佛寺。寺院内多岩壁石刻，书法古朴苍老，气势不凡。其中南宋一代抗金名将韩世忠所题"飞跃"两字钢筋铁骨，所向披靡，有大将风采。

史籍记载，唐乾宁间（894—897），节度使董昌僭位，钱镠举兵讨伐，便屯兵羊山一带。后人为纪念钱镠平乱，尊其为城隍菩萨，建"武肃王殿"供奉。石佛寺外围，古石磊磊，各具神态。水宕大小不一，环山依石，形成羊山石佛、寺庙、摩崖和山水风景相结合的越中著名园林。

（四）吼山

吼山在绍兴城东 13 千米的皋埠境内，其主要石质与东湖石类同。

越王句践时，这里既是一个畜养基地，又是越国生产基地的核心。《越绝书》卷八载："犬山者，句践罢吴，畜犬猎南山白鹿，欲得献吴，神不可得，故曰犬山，其高为犬亭，去县二十五里。"古代这里还是一处人工采石基地，经过采石形成景观。

山西之石宕，残岩千姿百态，宕水深不可测。石宕东北隅，有山称曹山，有石梁长 20 余米，横跃石宕之上，形成洞门，又宛如一只石象长鼻吸水，惟妙惟肖，自然天成，游船可贯穿其中，成别有洞天胜景。

放生池池水清澈蔚蓝，池边残宕石壁多历代名家题刻。吼山多洞，其中以烟萝洞最著名。进入洞中，如入城堡。采石所存岩壁有一尊越王句践石像。岩壁直冲云霄，藤蔓草丛之间，有飞泉直下，人称"龙涎水"。又有"一洞天"景观，由一块与岩壁相连的巨石向天外伸展。又有剩水宕，三面陡壁，形似风帆，直挂天际。

吼山更以奇石著称于世。自山脚至山顶，象鼻石、神犬石、蛤蟆石、飞来石、僧帽石，千姿百态，各显鬼斧神工，其中以云石、棋盘石为最。云石，高 22 米，似一倒置靴子，又似天然灵芝。棋盘石高耸云天，上覆巨石数块，传说古代常有神仙于此弈棋，登临两石之间，或有云雾飘渺，难辨云石。

要指出的是吼山棋盘石是典型的"石蘑菇"，属于地质科学的研究范畴，是岩石水平节理与垂直节理不同侵蚀造成。[①]

（五）《越州名胜图》蔡元培题诗

《越州名胜图》纵 32.4 厘米，横 38 厘米。纸质，册页。硬纸布面，封签题"越州名胜图，西塘老人戚扬"。内收绍兴"兰渚山亭""炉峰形

---

① 邱志宋著：《绍兴风景园林与水》，学林出版社 2008 年版，第 61 页。

《越州名胜图·东湖》（裘士雄提供）

蔡元培题
《越州名胜图》诗

势""羊山远眺""东湖""湖塘""柯岩览胜""鉴湖快阁""稽山夏禹祠""种山西园诗巢"等十景国画，共 10 幅。作于 1934 年。戚扬题签，陈艮仙（庆均）作画，尾页蔡元培题诗。为国家一级文物。藏绍兴鲁迅纪念馆。

1934 年 12 月，时任"中研院"院长的蔡元培收到同乡挚友、时任南京国民政府公务员惩戒委员会委员的陶冶公《越州名胜图》十幅，恳请题词。《越州名胜图》为绍兴乡人陈艮仙所作，笔墨细腻，山水胜迹，栩栩如生，引人入胜。

陶冶公名铸，号望潮，绍兴陶家堰人。蔡元培看到《越州名胜图》后，思乡之情油然而生，欣然命笔，写下七绝一首：

故乡尽有好湖山，八载常萦魂梦间。

最美卧游君有术，十篇妙绘若循环。

廿三年十二月。冶公先生正。蔡元培

1934 年 12 月 17 日，蔡元培将《越中名胜图》十幅送还陶冶公，附上诗作，并寄去一便笺："冶公先生公鉴：承枉顾，领教为快。嘱题《越州名胜图》，已题一绝，奉璧，请正之，并候日绥。弟蔡元培敬启。"蔡元培的这首怀乡诗和十幅《越州名胜图》，后由陶冶公精裱成册页，妥为庋藏，并于新中国成立后捐赠国家。

（六）伍山石窟

宁波伍山石窟位于东海之滨的三门湾畔。风与鸟兽将种子带入洞窟，野生花树藤萝援壁凌空，风姿各异。千百年来，大自然与古代工匠共同创造了难以想象的神奇壮美世界。伍山石窟因其雄奇变化、藤树植被和海洋风情，不同于其他采石遗景，为国内罕见。在伍山多处石窟内发现蝌蚪文遗迹，尚需破译。

（七）其他石宕

据《李希霍芬中国旅行日记·上册》记载，作者亲见了宁波、舟山等地几处石料场的情况，既有记述，也有他的思考与评论。

> 宁波
>
> 周边很多地方的日常生活和石头息息相关。很多建筑物、全部的街道、河道上无数的桥梁和庙宇都是石头造的。桥梁用长石条建成，船可以从下面通行。不同之处只在于所用石头的品质不同。我参观了一个采石场，当地所需的很多石料都来自这里。由于整整两面山壁都被开采光了，剩下的一半山壁看起来摇摇欲坠。无数的石英石石条堆放着准备运走。河道直接延伸到石料厂边上。在这里就连棺材和装饰物都是用石料凿出来的。
>
> 舟山
>
> 以前金塘经常遭到海盗的袭击，今天还可以看到岛上矗立的高高的碉堡，虽然现在四周都种上了庄稼。……只是在几年前，当地的海盗团伙才被英国的舰船击溃。但是这里的人依然得有所提防，虽然现在海盗带来的危害已经微乎其微了。当地人大都在石料场谋生，一个石料场至少能养活100个人，石料被运往沿海

各地。①

六、盐场②

浙东盐业，始于越国，盛于汉代。《越绝书》卷八载："朱馀者，越盐官也。越人谓盐曰馀。"汉初，会稽为全国设盐官之二十八郡县之一。唐代，会稽有会稽东场、会稽西场、余姚场、怀远场、地心场五盐场，为全国海盐重要产区。宋代，绍兴有钱清、三江、曹娥三场。当时，绍兴沿海海水清淡，钱清场六分为二，盐业趋于衰微。明代，鼓励盐民开垦新涨荒地，盐业复苏。万历年间（1573—1619），山、会两县，钱清、三江、曹娥三场，共为60团11255丁。清代，时有兴衰。迨至民国初期，盐场部分卤水赖余姚供应，成本昂贵，陆续废场，盐业复趋衰落。民国二十年（1931）左右，浙东纲销奇旺，盐民竞相添置私板，盐业又为之一振。民国二十三年至二十四年间（1934—1935），浙东纲销短绌，限制官板，封置余板，盐业生产又趋下降。

食盐是民众生活之必须，盐运又要依赖运河水道输送到家家户户，盐场及运输成为运河沿线重要产业。

---

① ［德］费迪南德·冯·李希霍芬著，［德］E·蒂森选编：《李希霍芬中国旅行日记·上册》，李岩、王彦会译，第53页。

② 主要参考傅振照主编：《绍兴县志》，中华书局1999年版，第1042页。

附　录

钱清盐场厅壁记

（宋）刘宰

钱清镇去绍兴府四十五里，而近有江曰浦阳。盖自婺之浦江发源，浦江旧名浦阳也。唐《志》载：越州有府曰浦阳，乃府兵之府，城基犹在，有桥曰隐兵。而钱清之名，则不知所始。相传以为钱武肃王诛董昌于浮梁，因以得名。然近尝发土得《灵助庙舍路记》，乃会昌中碑，已言钱清，则名已久矣。昌传言，执昌至西江。五代《吴越世家》又言：西小江岂正谓此江耶？或言后汉父老持百钱送太守刘宠，宠各取一大钱，以此表其清云。

熙宁间，部使者卢秉论盐课云："越之钱清场，江水清淡，以六分为额，不言三江、曹娥两场。"老吏云："崇宁改盐法，始以钱清分为三场，场基堆阜，四环乃旧教阅之所，今犹目为教场。亭民本九十余户，户每月出盐一席，豪民既侵夺其地，邑胥又多方渔猎之，复有私贩通往之扰，仅余三十八户，而额不减，使之均出，是以重困。四五十年来未尝及额，而逋负愈积矣。"从弟镛孤苦力学，久处上庠，幸取世科，顷尉东阳，颇著能声，转而为此，不敢不谨。抚存亭民，既为剔蠹疏源，又间为之代税输。三十八户欣然如更生，而课亦随美随增九分有奇。廨宇建于崇宁元年，适百年矣，虽颓敝之甚，高宗幸四明路，尝驻跸其中，镛为一新之。仓使得十万钱，而为屋三十余楹，宏敞雅洁，什器俱备。使亭民之解事者司钱物之出入，官吏皆不与。居民仰叹，以为前未有也。又尝为府中修山阴两乡海上石堤八百丈，土塘千三百余丈，添创两埭，造南岸大石桥，以便往来，亦可谓勤矣。去替止三月，以书求壁记，将书前任名氏、岁月之详。因为取其大概，并记之，庶后来者有考云。

（录自钦定重修《两浙盐法志》卷二十九。此文又收入于宋楼钥《攻媿集》卷五十八，则此文当是楼钥代刘宰所作）

盐商行

（元）杨维桢 [①]

人生不愿万户侯，但愿盐利淮西头。

人生不愿万金宅，但愿盐商千料舶。

大农课盐析秋毫，凡民不敢争锥刀。

盐商本是贱家子，独与王家坼富豪。

亭丁焦头烧海榷，盐商洗手筹运握。

大席一囊三百斤，漕津牛马千蹄角。

司纲改法开新河，盐商添力莫谁何。

大艘钲鼓顺流下，检制孰敢悬官铊。

吁嗟海王不爱宝，夷吾策之成伯道。

如何后世严立法，只与盐商成富媪。

鲁中绮，蜀中罗，以盐起家数不多。

只今谁补货殖传，绮罗往往甲州县。

---

① 杨维桢（1296—1370），字廉夫，号铁崖、东维子等，元末著名文学家，曾任钱清盐场司令。

第九章
中华人民共和国成立后

中华人民共和国成立以来，沿线各地政府对浙东运河体系的整治、保护、利用高度重视，运河充分发挥了水利、航运、文化、景观等综合功能。20世纪末以来，绍兴率先开展河道综合整治，把浙东运河列为重要河段，并很快发展到全域，采取了工程整治、文化保护、生态建设、产业调整、运河申遗、基础研究、大众传播等举措，全民的运河知识普及水平不断提升，保护意识全面增强，成就举世瞩目，得到各界肯定，民众交口赞誉。至于浙东引水工程和新杭甬运河，宁波、舟山大港区的建设是新时代浙东地区在水利、水运、海上丝绸之路上的杰出传承和卓越创造。

守正创新，久久为功。浙东运河沿线城市将按照国家要求和浙江省委、省政府关于大运河建设的指示精神，保护、传承、利用运河文化遗产，一以贯之，把浙东运河打造为树立中国形象、展示中华文明、彰显文化自信的亮丽名片。

第一节　航道建设

中华人民共和国成立后，政府十分重视浙东运河体系建设，自力更生，艰苦奋斗，因地制宜，采取疏浚、拓宽、改道建闸等措施整治航道，并逐步采用新工艺、新技术提升航运能力，尤其是过坝升船技术应用，使安全性能大为提高，各地新建了多处码头，航运业有了全面的发展。

一、河道整治

（一）萧绍段河道整治 [①]

1951 年，运河绍兴市区段仅能通航 7 吨级船只。上虞四十里河在丰水时能通航 20 吨级船只，而在春、秋农田用水季节，水位又下降，仅能通航 15 吨级以下船只，若遇夏季 7 天不下雨，只能通行 7 吨级以下船只，在蔡山头一段只能通行 4 吨级以下船只，该段 10 天不下雨，则河底无水。

1954 年，宁绍管理处组织疏浚蔡山头河道。

1955 年，浙江省工程队整治绍兴城河，疏浚后的河道常水位一般能通行 11—15 吨级船只。

1963 年，绍兴航道工程队按六级通航标准改建百甬线上吉山桥、马慢桥，采用双曲拱，可通行 100 吨级船只。

1970—1973 年，绍兴航道工程队重点疏浚绍兴大城湾、王家山等航道，砌护岸拓阔航道 1500 米，达到六级航道标准，缩短航程 70 米。绍兴航道工程队又对上虞三角站至丁坝底、老坝底航道进行了疏浚。

1972 年、1974 年，绍兴航道工程队先后两次疏浚百官至前江航道，拓宽桥梁 4 座。

1974 年，绍兴市交通邮政局完成昌安至大吞塘航道疏浚，并疏浚大吞塘至大城湾航道和绍兴五云街河，整修了百沥河、四十里河。

1975 年 10 月，绍兴航道工程队疏浚五夫街河段，修建桥梁 5 座。航道疏浚后，航道达到八级航道标准，为之后沟通杭甬运河工程打下基础。

1984 年，为改变四十里河河床高、河障多、河面窄等状况，上虞县水电局负责对此河进行全面疏浚。

---

① 　主要参考罗关洲主编:《绍兴市交通志》浙江人民出版社 2007 年版；屠华清主编:《绍兴县交通志》，中国大百科全书出版社 1993 年版。

（二）宁波段河道整治[①]

1. 姚江河段

姚江干流自新江口至宁波三江口长 82.4 千米，河口建闸前为潮汐河，新中国成立前两岸无堤防。

（1）堤防建设

1952 年 3 月，慈溪县人民政府兴筑陆埠以下江堤，两岸总长 100 千米。

1954 年涝灾后，余姚县在丈亭以上兴筑江堤，两岸总长 100 千米。至 1956 年，干流两岸江堤连成一体，总长 280 千米。

1959 年姚江闸建成后，姚江成为内河，咸潮不入，江堤失去御潮作用。姚江沿岸因航运机动船掀起的波浪而被剥蚀。20 世纪 60 年代起，政府在岸滩冲刷严重地段加筑块石护坡，护坡总长 42 千米。

1986 年起，余姚县对境域姚江两岸总长 216.87 千米江堤进行砌石，堤顶高程按 20 年一遇洪水位标准设计。1998 年，余姚市政府实施姚江江塘加固建设方案。姚江节制闸以下 58.7 千米江堤在 3 年内完成，江堤防洪标准达到 20 年一遇洪水标准。

（2）航道疏浚

1959 年，姚江闸建成，阻咸蓄淡，但因潮汐吞吐被截，甬江潮波变形，水沙关系失衡，引起闸外尾闾和甬江干流泥沙大量淤积，过水断面面积缩小，严重影响航运，也不利于排涝。

1967 年起，为改善通航，浙江省水利电力厅派疏浚队配备链斗式挖泥船到宁波开始疏浚工作。自 1967—1984 年的 18 年间，累计挖泥 215.8 万立方米。1991 年起恢复疏浚。

（3）航标[②]

航标是安全通航的重要保障，也是规范管理的体现。航标大多设置

[①] 主要参考孔凡生主编：《宁波水利志》，中华书局 2006 年版；胡允和主编：《甬江志》，中华书局 2000 年版。

[②] 参见干凤苗主编：《姚江志》，中国水利水电出版社 2003 年版。

在杭甬运河甲线余姚镇以东，共 9 座，1960 年 8 月至 1961 年 6 月建标，1983 年秋经过维修，由宁波市航管处管理。

蜀山航标位于余姚市城区蜀山渡旁，水泥柱身，高 5.5 米，灯质白光，射程 1000 米。

东江沿航标位于陆埠镇沿江采石场旁，水泥柱身，高 5.5 米，灯质红光，射程 500 米。

河姆渡航标位于河姆渡镇河姆渡旁，钢管柱身，高 6 米，灯质白光，射程 1000 米。

小隐航标位于大隐镇大隐村旁，钢管柱身，高 6 米，灯质红光，射程 500 米。

城山渡航标位于大隐镇城山渡旁，钢管柱身，高 6 米，灯质白光，射程 1000 米。

乍山航标位于鄞州区高桥镇小山村，钢管柱身，高 6 米，灯质红光，射程 1500 米。

小西坝航标（左）位于慈城镇前洋村，钢管柱身，高 6 米，灯质白光，射程 1500 米。

小西坝航标（右）位于高桥镇大西坝村，钢管柱身，高 6 米，灯质白光，射程 1500 米。

姚江口航标是钢管柱身，高 6 米，灯质白光，射程 1500 米。

2. 甬江河段

（1）江堤建设

1950 年，对毁于 1949 年台风风暴潮的江堤作了全面培修；1956 年，又对江堤在修复水毁地段基础上作了重点加固；1980—1983 年，实施疏浚和建筑挑水导流设施相结合，对镇海港区段进行整治，使平均江底高程达到 −5.87 米，口门段达 −8.87 米，保证了 3000 吨级客轮出入甬江，万吨轮停泊镇海港区。

（2）河道疏浚

中华人民共和国成立初期，针对抗战初期为防御日舰入侵的打桩、沉船设障进行统一整治，清除障碍后于 1954 年进行疏浚，使 3000 吨级客轮航道畅通。

1961 年 7 月，天津航道局所属"浚利""快利"两艘挖泥船开始在镇海口至梅墟间的 6 段主要浅滩进行疏浚。1975 年，镇海港拦海大堤合龙引起淤积后，1976 年、1978 年、1979 年多次组织疏浚，回淤量显著减少，疏浚量由每年 280 万—340 万立方米，降至每年 80 万立方米。镇海港区段江底高程维持在 −8.87 米，万吨级轮船可顺利靠泊；甬江河段江底平均高程维持在 −5.87 米，3000 吨级客轮可自由出入。

1978 年，镇海港拦海大堤建成，改变了河口形状，引起港区严重淤积。1980—1983 年采取疏浚和综合整治相结合的措施，促使万吨级轮船顺利停泊镇海港区，3000 吨级轮船可自由航行。

3. 三江六岸整治

宁波市区的江岸，包括奉化江、姚江、甬江汇聚的三江口及以下甬江河段岸堤，称城区三江六岸，旧有石塘或土塘拦洪，塘外滩地及河道均为行洪排涝通道。

由于城市发展，塘外滩地、江道逐年被侵占，设障情况日益严重。宁波市人民政府自 1986 年 5 月按照"谁设障，谁清障"的原则，首先在姚江进行清障工作试点。1987—1990 年，共清除码头 46 座，清除工业废料和城市垃圾 3.96 万立方米，拆除厂房车间 1.77 万平方米，迁移居民 53 户。在退滩地上新建江堤 1015 米，以固定滩岸，并改建部分滩地为园林绿化带，作行洪滩地，平时为居民的江边憩息之所，既能保障市区行洪，又能美化城市环境，可谓一举两得。

二、杭甬运河航线及其改造 [①]

新的航运要求，新的工程技术，促使在新的时代背景下对浙东航运进行提升改造，较多航道利用了原浙东运河航线。

（一）航线

1. 甲线

甲线起自杭州艮山港，出三堡闸入钱塘江，至浦阳江进峙山闸，经萧山、绍兴内河，穿曹娥江入三北内河，在曹墅桥进入余姚江，至姚江大闸，后经甬江出海，全长 258 千米，是浙江省主要水运干线之一。

（1）萧山段

萧山段起自临浦镇峙山闸（钱塘江段不计），经白鹿塘、所前、渔临关、江桥头、杨汛桥至钱清，通航里程 39 千米。

（2）绍兴段

绍兴段西起钱清马社桥，东至上虞五夫，全长 114 千米。该航线在1979—1983 年全线疏浚后，能通航 20—40 吨级船舶，达到八级航道标准。

（3）宁波段

宁波段从五夫升船机站至镇海段，全长 99.57 千米，属宁波市航区范围，是宁波内河运输向外沟通沿海各港口，向内连接绍兴、杭州、嘉兴、湖州、上海等城市的重要航线。其中五夫升船机站至丈亭三江口段长40.45 千米，最低通航水位 2.2 米，最窄河宽 20 米，最小弯曲半径 100 米，最浅水深 2.5 米；丈亭三江口至姚江大闸段 35.66 千米，最低通航水位 2.2米，最窄河宽 170 米，最小弯曲半径 50 米，最浅水深 2.1 米。两段航道上共有桥梁 25 座，升船机 3 座，通航能力为 40 吨级，属八级航道。从姚江大闸至市区三江口 3000 米，通过能力 1000 吨级，属六级航道，架有解放

---

① 主要参考罗关洲主编：《绍兴市交通志》，浙江人民出版社 2007 年版；钱起远主编：《宁波市交通志》，海洋出版社 1996 年版；韩勇主编：《杭州市交通志》，中华书局 2003年版。

桥、新江桥。

2. 乙线

乙线为浙江省规划航线。该运河线起自杭州艮山港，经三堡横跨钱塘江，过七甲船闸入萧绍内河，沿途经新林周闸、钱清至太平桥西和杭甬运河甲线衔接，经白桂潭、独树乡、皋埠至曹娥上溯曹娥江，在江坎头进入四十里河，过通明闸至曹墅桥，又与杭甬运河甲线汇合，再经余姚丈亭江口、慈江闸、镇海骆驼桥抵达镇海，全长 212.23 千米。其中，有 74.1 千米和甲线重复，较甲线缩短 45.86 千米，但部分河段（萧山七甲船闸至新林周、上虞江坎头至通明闸等）水浅河窄，桥孔狭矮，需要进行全面改造。

宁波段起自余姚丈亭，经慈江闸、化子闸、骆驼桥至镇海汽车站，全长 49 千米。[①] 其中丈亭至慈江闸段长 13.64 千米，最低通航水位 2.2 米，最窄河宽 36 米，最小弯曲半径 100 米，最浅水深 2.1 米，通过能力 40 吨级；慈江闸至化子闸段长 15.24 千米，最低通航水位 2.65 米，最窄河宽 20 米，最小弯曲半径 37 米，最浅水深 1.3 米，通过能力 30 吨级；化子闸至

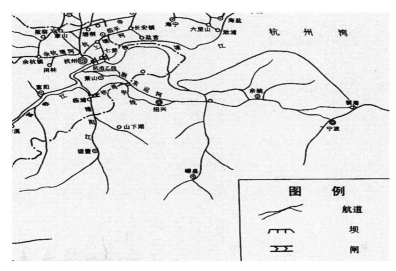

杭甬运河甲乙线示意图（引自《杭州市交通志》2003 年版）

---

① 干凤苗主编：《姚江志》，中国水利水电出版社 2003 年版。

镇海段长 20.12 千米，最低通航水位 2.55 米，最窄河宽 14 米，最小弯曲半径 40 米，最浅水深 1.2 米，通过能力 15 吨级。全线架有桥梁 58 座，船闸 2 座，通过能力 15 吨级，属 11 级航道。

（二）航线改造

连接杭州、绍兴、宁波三市的杭甬运河，到 1979 年还只能通过 15 吨级船舶。1979 年，浙江省革命委员会批准开通杭甬运河工程，对航道和过堰设施，按通过 40 吨级船舶的要求进行改造建设。

杭甬运河改造路线：从杭州南星桥开始，逆钱塘江上行至萧山闻家堰入浦阳江，过临浦峙山闸，经绍兴钱清，沿杭甬铁路经绍兴城区到曹娥老坝底入曹娥江，再从下游赵家（百官）升船机通向驿亭、五夫、马渚、斗门入姚江，经余姚、宁波姚江闸，抵宁波三江口，全长 216 千米。

1980 年，工程正式开工，拓浚改善航道约 3000 米，新建 40 吨级升船机 4 座（曹娥老坝底、陡门、西横河、姚江），至 1983 年 7 月 1 日基本通航，沟通了钱塘江、曹娥江、甬江三大水系。

三、新杭甬运河①

（一）建设缘由

杭甬运河自 1983 年 7 月 40 吨级航道全线贯通之后，对提高浙东地区水上货物运输能力和促进宁波市及沿线县市的经济繁荣起到一定的作用。但按 40 吨级航道建设的杭甬运河沿线受升船机和局部航段限制，实际只能通过 25 吨级船舶，严重地制约着浙江东部地区的水运事业和经济发展。

---

① 本小节资料由绍兴市港航局提供，主要参考浙江省交通规划设计研究院 2008 年 5 月 29 日《杭甬运河设计工作汇报》，及浙江省交通规划设计研究院 2005 年 12 月 12 日《杭甬运河杭州段、绍兴段航道工程初步设计》等。

（二）规模

新杭甬运河改造工程被列入浙江省"十四五"重点工程项目，按四级航道标准改造。改造工程总投资为742653万元。

1. 杭州段

杭甬运河杭州段自杭州三堡，往钱塘江上溯至三江口入浦阳江，在义桥镇南、新坝之北新辟航道1.5千米进入萧山内河，穿浙赣铁路线后进入西小江，在钱家湾入杭州、绍兴界河，至瓦泥池东为界河终点。

按四级航道标准改造航道55.79千米，其中新建护岸46.41千米，开挖土方483.98万立方米，新建500吨级船闸1座，改建桥梁23座。杭州段总投资为165459万元。

2. 绍兴段

杭甬运河绍兴段线路自西小江（界河）钱家湾起，沿西小江再穿萧甬铁路、104国道、官塘河，入盘星星河，沿盘星星河在鲇鱼滩附近向南入下沙湖、瓦泥池，穿柯桥连接线、嘉会大桥，沿柘林大江、富林大江，经墨庄、绍三内河、陶堰镇、上三高速公路东关公铁桥、上虞开发区、塘角船闸、曹娥江（塘角船闸—大库船闸段）、大库船闸，沿四十里河，经丰惠大桥、通明船闸入姚江，终于绍、甬分界处安家渡，全长101.73千米。按四级航道标准改造航道89.49千米。新建500吨级船闸3座，改建桥梁64座。

绍兴段总投资为393034万元。绍兴段分为绍兴市区、绍兴和上虞3个航段，投资额分别为98563万元、130909万元、163562万元。

3. 宁波段

杭甬运河宁波段始于绍、甬交界处的余姚安家渡，顺姚江自上而下经蜀山船闸至宁波市区，通过姚江船闸（或二线沟通船闸）进入甬江，终于甬江口，改造航道共93.65千米。宁波段新建船闸2座，改造桥梁13座，改造倒虹吸3座，新建及修复改造护岸27千米。按四级航道标准改造航道88.76千米，五级航道标准改造航道4.9千米，其中新建护岸38.67千米，

杭甬运河线路走向示意图

杭甬运河全线（引自《浙东运河史（上卷）》2014 年版）

杭甬运河杭州段示意图（绍兴市公路与运输管理中心提供）

杭甬运河绍兴段示意图（1）（绍兴市公路与运输管理中心提供）

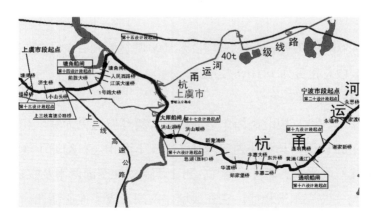

杭甬运河绍兴段示意图（2）（绍兴市公路与运输管理中心提供）

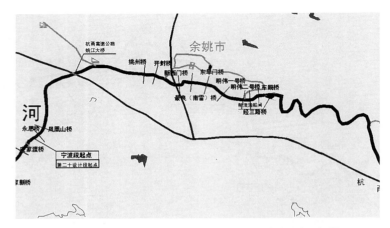

杭甬运河宁波段示意图（1）（绍兴市公路与运输管理中心提供）

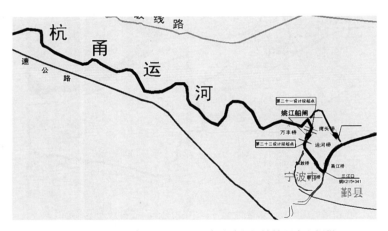

杭甬运河宁波段示意图（2）（绍兴市公路与运输管理中心提供）

开挖土方 430.45 立方米，新建 300 吨级、500 吨级船闸各 1 座，改建桥梁 15 座等。宁波段总投资为 184160 万元。

4. 效益

新杭甬运河绍兴段北离浙东运河古道，新开航道更为宽广和顺畅。杭甬运河通过京杭运河与浙北内河网及江苏、上海相连；沟通了钱塘江、曹娥江、甬江三大水系，通过钱塘江，可上溯新安江至浙西南及皖东南地区，通过甬江与宁波深水港相通。它在钱塘江南岸形成了连通浙北、浙西及邻近省市的东西向水运主通道，对完善浙东地区交通运输网络和促进区域经济发展具有十分重要的意义。工程于 2002 年开工，除宁波三期工程外，其他工程至 2009 年 9 月已全线实现通航。

第二节　沿运工程

一、水闸

现代水闸建设，能减少外江潮水对内河水运的影响；提升防洪、排涝、灌溉的能力；使水资源实现跨流域调配，逐步实现浙东水利一体化。

1. 钱塘江沟通工程及三堡船闸

据《钱塘江志》记述，五代时，吴越钱氏在杭州今闸口和三郎庙附近分别兴建龙山、浙江两闸，沟通江南运河与钱塘江之间航道。[①] 北宋天圣四年（1026），侍御史方夤因海潮冲坏水闸，舟船有阻滞之艰，奏请修理。后在龙山闸内添建清水闸，浙江闸内添建清水、保安两闸，而原闸称"浑水闸"。南宋乾道五年（1169），修理浙江浑水、清水和保安三闸，并置监官一员；是年，龙山河和龙山闸因地近皇宫，已废。元延祐三年（1316），丞相康里脱脱重新疏通龙山河，建上、下两闸。明洪武五年（1372），浙江省参政徐本等人扩浚龙山河道，使其可通军舰，仍置闸限潮水。清道光八年（1828）五月，龙山两座闸被湖水冲坏，浙江巡抚刘彬士奏请修复。民国二十三年（1934）10 月时，龙山闸下尚有细流相通，闸址犹存。浙江闸废于何时尚待考证。民国时期亦曾多次计划兴建钱塘江与京杭运河的沟通工程，均未能实施。

中华人民共和国成立后，1951 年 10 月 12 日，华东水利部邀请交通大学严恺教授、华东交通部罗英总工程师、华东财政经济委员会孙辅世专员、

---

① 钱塘江志编纂委员会编：《钱塘江志》，第 436—437 页。

南京水利实验处黄文熙处长等来杭踏勘，研讨京杭运河与钱塘江沟通方案，但未曾实施。后来，在河口段建有内河与钱塘江沟通的建筑物。南岸萧山境内的峙山闸、新坝闸、江边排灌站，钱江排灌总站和钱江排灌站也有配套闸可以通航；北岸于余杭七堡建有上游闸。

1976年，作为长江水系九省一市统一航运网规划建设的一个项目，以三堡船闸为主的京杭运河与钱塘江沟通工程动工。1980年9月，因缩短基建战线而停工缓建。1983年11月复工，1988年12月31日竣工，1989年1月通过国家验收，正式通航。工程建成后，连接京杭运河与钱塘江水系，以杭州为中心构成江海衔接、江河直达的水运网络。沟通工程起自运河艮山港作业区东端，拆除拦河坝，利用原上塘河部分航道，穿越建国北路、环城东路，接贴沙河，在艮山门电厂穿沪杭铁路、机场路，接通官河部分河道，跨大寨路，在新塘镇东转至三堡，经过船闸通钱塘江。沟通工程全长6.97千米，其中新开航道长5.56千米，船闸及上、下游引航道长1.41千米。沟通工程按五级航道标准通航300吨级船舶设计，永久性建筑物按四级航道标准适当结合当地实际设计。三堡闸闸室净长160米，口门宽（同闸室宽）12米，门槛水深2.5米，上、下闸首平面尺寸为长16米，宽23.4米。上闸首顶标高10.5米，底标高1.7米；下闸首及闸室顶标高8米，底标高−0.2米。两闸首均为钢筋混凝土整体式底板，块石混凝土空箱边墩，短廊道输水。闸室为钢筋混凝土双绞式平底板，浆砌块石重力式墙。闸门采用卷扬加平衡重式启闭机、10吨油压启闭机。

该工程完成后，扩展水运直达距离约400千米，使京杭运河、长江、钱塘江、浙东运河、宁波港及海运连接在一起，航运效益十分显著。

2. 峙山闸

峙山闸位于萧山临浦峙山下，闸以山名。因有五孔闸门，又名"五洞闸"。峙山闸建于1958年6月，是一座包含灌溉、排涝、航运等综合功用的水闸。闸室长40米，宽25米，底标高2.13米，门槛水位2米左右。1975年，为满足通航要求，将闸北面浦阳江的平水桥改建为控制船闸，与峙山闸配套。闸室长300米，宽40米，每孔净跨4米，净孔高3.22米，通航能力 40 吨。

2009 年初，杭甬运河新坝船闸建成试运行，过江货船由新坝船闸驶入，自此峙山闸结束长达 35 年的航运功能。

3. 新三江闸

新三江闸位于绍兴市柯桥区北，距市区约 16 千米，系大型滨海排涝水闸，是萧绍平原继三江古闸之后的河网枢纽工程。明嘉靖十六年（1537）建成三江闸，到明末清初就有外江淤沙影响泄流之患，并愈趋频繁，影响排涝及航运河道蓄水调度。1977 年经浙江省水电厅批准，在三江闸外 2.5 千米处另建新闸。

新三江闸于 1977 年 11 月 5 日动工，至 1981 年 6 月 30 日竣工，投资 591.2 万元。闸共 15 孔。新三江闸的建成，对提高萧绍平原的防洪抗旱能力，保证运河河网的水位具有显著效益。可使当时流域内 82.1 万亩农田从原 3 日平均雨量 130 毫米的防涝能力，提高到 10 年一遇 3 日平均雨量 254 毫米不受涝。日平均泄流量 528 米³/秒，最大泄流量可达 1420 米³/秒。由于排水能力的增强，内河控制水位提高了 8—10 厘米，相应增加蓄水量 1400 万立方米。

4. 通明闸

通明闸位于上虞区四十里河与姚江相接处，闸上下地势高低悬殊，为节制水位而设。通明闸始建于北宋景德年间（1004—1007），1966 年改建成 3 孔，中孔净宽 2.8 米，边孔净宽 2.7 米，总净宽 8.2 米，过闸流量 25 米³/秒。1973 年，将闸旁过水堰改建为通明新闸，2 孔各净宽 4.3 米，总净宽 8.6 米，合计过闸流量 120 米³/秒。1984 年，上虞县在疏浚四十里河时再次作了修理。

5. 姚江节制闸

姚江上游河床较高，旱时水位下降快，影响城区工业用水、生活用水、农田灌溉和航运。1961—1964 年，先后在姚江四路主江、岔江上分别建造皇山、竹山、郁浪浦、中舜江 4 座节制闸控制水位，并使江南四明湖等水库放水注入姚江通向江北时，不致流往下游。4 座节制闸控制上游面积

1082 平方千米，江道槽蓄容积 344 万立方米，设计过闸流量 659 米³/ 秒。

6. 姚江大闸

姚江大闸位于江北区湾头，距甬江、姚江、奉化江三江交汇处西 3000 米，横跨姚江。1958 年大旱，在距姚江河口 3.5 千米处，利用弯道取直建此闸，1959 年 6 月竣工。姚江大闸是宁波市最大的阻咸、排涝、蓄水综合碶闸。闸身全长 165.2 米，闸门 36 孔。设计过闸流量 725 米³/ 秒，建成后，52 万亩农田灌溉水量得到基本保证。

7. 斗门爱国增产水闸

斗门爱国增产水闸位于余姚市马渚镇斗门村河东 30 号东侧河道岔口。该闸西北原为古代斗门所在，宝庆《四明志》等文献中均有记载。现斗门闸建于 1952 年 7 月 15 日，截断东西运河支流。

8. 下坝余上团结闸

下坝余上团结闸位于余姚市马渚镇四联村下坝自然村西南。该闸建于 1954 年。闸所在的十八里河，从余姚下坝至上虞丰惠。十八里河西连四十里河，再与曹娥江相通。余上团结闸下游也有运河与姚江相连。该闸是姚江与曹娥江之间重要的水利枢纽。

9. 蜀山大闸（船闸）

蜀山大闸（船闸）位于余姚城区东 10 千米的余姚市凤山街道蜀山村姚江干道。2003 年 10 月动工兴建，2005 年 12 月竣工，是宁波历史上首座船闸与水闸合一且规模最大的大闸，姚江流域防洪灌溉的骨干工程，虞甬运河的重要航运枢纽。水闸总净宽 96 米，排水流量 556 米³/ 秒，防洪标准 50 年一遇。船闸在水闸左侧，通航标准为 500 吨级。

10. 姚江船闸

姚江船闸位于宁波市区姚江大闸东首 245 米处。1999 年开始筹建，2000 年正式动工，2005 年 4 月 19 日通过验收。姚江船闸解决了潮汐影响下的姚江通航入海问题，是杭甬运河流经宁波市区的最后一个通航设施，使船舶通航能力从过去的 40 吨级提升至 300 吨级。

二、升船机 ①

升船机是杭甬运河改造工程中，采用新的机械工程技术实施的航船过坝形式。这是对运河上传统人力牵引过坝的重大改进。20世纪末以来，随着浙东运河航道的改造和新船闸的建设，这些升船机多被淘汰或已不再使用。

升船机有一个较大的承船车，其大小根据过载能力而设计。升船机通过铁轨沉入河底，船只进入承船车后，经室内空动机、卷扬机的操作，承船车缓缓前进、上前，越过坝顶把航船送到坝的另一处，承船车再次沉入河底，船只平稳入水后开始航行。升船机的建成，使航船在上下河及内外江水位落差较大的河段均能安全过坝，是过坝通航能力的技术性进步。升船机作为解决内河船只过坝的一种形式，与传统船闸比较，具有不消耗水量、不须破堤坝、节约投资、过往较为方便的特点和优势。

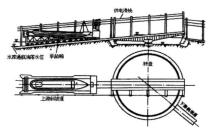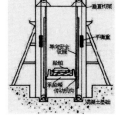

斜面升船机机械原理图（引自《通江达海 好运天下：浙东运河博物馆文本解读》2022年版）　　垂直升船机机械原理图

1. 曹娥丁坝底升船机

曹娥丁坝底升船机位于曹娥江西岸，为绍兴第一座岔道式升船机。该升船机由斜坡轨道（轨道半径40米，坡度1:8，轨道水斗段总长193.4

---

① 主要参考罗关洲主编：《绍兴市交通志》，浙江人民出版社2007年版；钱起远主编：《宁波市交通志》，海洋出版社1996年版。

米)、承船车卷扬机机房、操纵室等组成，1964年动工，1971年4月建成，同年5月1日投入使用，能运载30吨级以下的各类船舶。1977年8月成立上虞县升船机管理所。1983年，由于杭甬运河干线改道，通过该升船机的船舶减少，同年9月起停止使用。

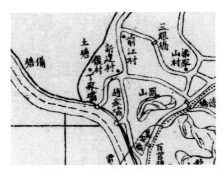

清光绪时丁家坝所在位置（引自光绪《浙江全省舆图并水陆道里记》）

2. 曹娥老坝底升船机

曹娥老坝底升船机位于曹娥江西岸的杭甬运河航道上，是萧绍运河的终点。该址原有曹娥堰，即六朝浦阳北津埭，为浙东运河上重要的交通堰坝和货物盘驳点。20世纪80年代杭甬运河贯通后，于1982年4月25日在原坝址上动工建造40吨级小型斜面高低轮升船机，升船机轨道长150米，轨道坡度为1∶8，宽轨轨距3.35米，窄轨轨距2.35米。1983年6月20日，主体工程完工，同年7月1日正式通航。其附属工程于1983年底全部竣工。工程总投资100万元。

3. 驿亭升船机

驿亭升船机位于上虞区驿亭镇驿亭闸北面的杭甬运河甲线航道上，为小型斜面高低轮升船机。1975年3月26日动工，1976年8月竣工通航。升船机轨道长度95米，坡度1∶8，宽轨轨距3米，窄轨轨距2.2米，设计过载能力为30吨级。工程总投资18万元。

4. 五夫升船机

五夫升船机位于上虞区驿亭镇五夫村长坝闸北面的杭甬运河甲级航道上，为小型斜面高低轮升船机。升船机轨道长115米，轨道坡度为1∶8，宽轨轨距3米，窄轨轨距2.2米，于1975年10月动工，1977年7月建成通航，设计过载能力为30吨级。工程总投资19万元。

5. 赵家升船机

赵家升船机位于曹娥江东岸上虞区赵家村。升船机轨道长129米，轨道坡度为 1∶8，宽轨轨距 3 米，窄轨轨距 2.2 米。1978 年动工建造，1979年 12 月建成通航，升船机原设计过载能力为 30 吨级。工程总投资 56万元。

6. 大西坝升船机

大西坝升船机位于海曙区高桥镇至余姚江航道 3000 米处。初为人力车坝，坝长 1.4 丈，分两孔，每孔置碶板 2 道，用石砌成。1970 年改建高低轮自动控制升船机，惯性过顶。升船机承船车长 8 米，宽 4 米；传动系统平均运行速度 40 米／分钟，过坝时间为 1.5 分钟，最大通过能力 30 吨级。

7. 杨木碶升船机

杨木碶升船机位于鄞州区梅墟街道至甬江航道 1000 米处。清乾隆初，改堰为碶。乾隆四十年（1775）重修，升船机长 6.2 丈，宽 1 丈，高 1 丈。1970 年改建高低轮自动控制升船机，惯性过顶。升船机承船车长 8 米，宽4.2 米，钢轨长 90 米；传动系统平均运行速度为 40 米／分钟，过坝时间为2 分钟，最大通过能力为 30 吨级。

8. 陡门升船机

陡门升船机位于余姚江曹墅桥上游 1 千米处。1983 年 6 月建成，采用高低轮斜面平运电子自控，惯性过顶。升船机承船车长 11 米，宽 5.5 米，钢轨长 118 米；传动系统平均运行速度为 40 米／分钟，过坝时间为 2.5—3分钟，最大通过能力为 40 吨级。

9. 西横河升船机

西横河升船机位于余姚江马渚上游 2 千米处。1983 年 6 月建成，采用高低轮斜面平运电子自控，惯性过顶。升船机承船车长 11 米，宽 5.5 米，钢轨长 136 米；传动系统平均运行速度为 40 米／分钟，过坝时间为 2.5—3分钟，最大通过能力为 40 吨级。

10. 姚江升船机

姚江升船机位于姚江大闸东首 245 米处。1983 年 6 月建成，采用高低轮斜面平运电子自控，惯性过顶。升船机承船车长 10 米，宽 5.3 米，钢轨长 131.6 米；传动系统平均运行速度为 40 米／分钟，过坝时间为 3 分钟，最大通过能力为 40 吨级。

三、主要港口 ^①

中华人民共和国成立以来，随着经济社会的发展，运河客货运输需要，内河港、对外港口都得到了全面振兴发展，伴随水运交通的形势变化，也有新的调整。

（一）内河港

1. 柯桥港

柯桥港位于绍兴市区北 12 千米的柯桥区，杭甬运河横贯该港，公路、铁路、水路相互衔接，交通便利。岸线长度 113 米，港区总面积达 3.25 万平方米。共有泊位 45 个，均为货运码头。港口年吞吐量为 20 万—50 万吨。

2. 绍兴港

绍兴港位于绍兴城区，处于杭甬运河中段，杭甬铁路和 104 国道平行穿过港区，铁路、公路、水路相衔接，交通便利。绍兴港由大城湾港区、铁路货物中转港区、厂矿港区、城北桥客运港区组成。1990 年，绍兴港区总面积达 16.7 万平方米，拥有泊位 151 个。其中，货运码头 133 个，码头长 2416.8 米，客运码头 18 个，码头长 285 米。1952 年，该港归宁绍航管处绍兴航管站管理，1976 年后由绍兴航管处负责管理。港口年吞吐量为 200 万—500 万吨。

3. 东关港

东关港位于上虞区东关街道，距百官街道 6.1 千米，杭甬运河、杭甬铁路、104 国道平行穿越港区，往东 107 千米达宁波，往西 135 千米至杭州，港区地处萧绍内河水系，交通便利。港区内有泊位 10 个，均为货运码头，码头总长 140 米，最大靠泊能力为 20 吨。年货物吞吐量为 20 万—

---

① 主要参考罗关洲主编：《绍兴市交通志》，浙江人民出版社 2007 年版；钱起远主编：《宁波市交通志》，海洋出版社 1996 年版。

50万吨。

4. 百官港

百官港位于上虞区百官街道，杭甬运河穿越港区，杭甬铁路、329国道通过港区南面。百官港拥有泊位12个，其中货运码头8个，客运码头4个。百官港以出口曹娥江黄沙为主，数量占全部吞吐量的85%以上，主要流向余姚、宁波等地，港区年吞吐量为50万—100万吨。

5. 曹娥港

曹娥港位于曹娥江中游的上虞区曹娥街道，内河东起曹娥升船机，西至三角站作业区，总面积达8.15万平方米，拥有泊位21个，均为货运码头。1990年，港区库场总面积为9240平方米。年货物吞吐量为100万—200万吨。

6. 蒿坝港

蒿坝港位于上虞区曹娥街道蒿坝村，东临曹娥江和104国道，距城区7000米，港区处于杭甬运河的支流断头，距杭甬运河6000米，东可达宁波、镇海，西可至杭州。蒿坝港有泊位19个，均为货运泊位。蒿坝港是四明山地区货物集散地之一，主要承担曹娥江的黄沙中转运输，年吞吐量为20万—50万吨。

7. 通明港

通明港位于上虞区东部通明村，西起上河砂码头，东至航管所联办码头，面积为0.98万平方米。杭甬铁路未建前，宁波至绍兴、杭州的大量货物在该港中转，每年货物中转量在13万吨以上。通明港为黄沙出口专业港，黄沙产自曹娥江，在江坎头过驳，进四十里河到该港，再经通明坝过驳运往余姚、宁波等地。港区内有货运泊位12个，年货物吞吐量为50万—100万吨。

8. 余姚联运码头

余姚联运码头位于余姚市三江口。1987年始建，1988年1月建成。余姚联运码头有40吨级泊位6个，堆场850平方米，仓库757平方米。

9. 内河港区码头

内河港区码头在杭甬运河的终点，位于宁波市江北区甬江街道下江村，距宁波北火车站 1.5 千米，距白沙作业区 2000 米，由宁波市航运代理公司经营。1989 年 10 月动工，翌年 12 月竣工。内河港区码头有 40 吨级泊位 6 个，年吞吐量为 30 万吨。

10. 绍兴港

2006 年 9 月 27 日，绍兴市人民政府《关于绍兴港总体规划（2005—2020）的批复》（绍政发〔2006〕93 号）原则同意《绍兴港总体规划（2005—2020）》"一港七区"布局规划、岸线利用规划和各港区功能分工。授权绍兴市港航管理局在市交通局的领导下监督执行。绍兴港主要包括越城港区、柯桥港区、上虞港区、诸暨港区、嵊州港区、上虞杭州湾港区、滨海港区。绍兴港有规划作业区 35 个，泊位 333 个，占地面积约为 1400 公顷；旅游码头 11 个，泊位 55 个，占地面积 18.3 公顷。投资估算约 52.96 亿元，其中 2005—2010 年投资 33.73 亿元，2011—2020 年投资 19.23 亿元。

绍兴港越城港区中心作业区是杭甬运河的配套工程。该项目对降低市区及周边地区进出的物资运输成本，减轻区域综合交通网的压力，形成物流园区，改善区域生态环境和投资环境具有重要意义。该项目位于绍兴市越城区东湖镇朱尉村以东、谢家岸村以南、窑湾江以北地块，建设 500 吨级泊位 17 个，其中全天候泊位 3 个、集装箱兼顾钢材泊位 2 个、件杂货泊位 6 个、散货泊位 3 个、化工品泊位 3 个，设计年通过能力为 185 万吨。岸线总长 1292 米，占地面积达 34.6 公顷。

该工程投资概算为 4.50 亿元，工程决算为 3.75 亿元。其中，进港道路工程由绍兴市交通投资集团有限公司投资，工程决算为 5434.13 万元。

进港道路一期工程于 2009 年 3 月开工，于 2013 年 9 月完工；二期工程 2011 年 5 月开工，于 2011 年 8 月完工；码头工程于 2011 年 2 月 28 日开工，于 2014 年 8 月 5 日通过交工验收并投入试运行；2014 年 12 月 20 日组织竣工质量评定，质量等级为合格。试运行期间，工程各类生产设施和工艺系统设备使用情况良好。2015 年 2 月 12 日，绍兴港现代物流集团有限公司组织有关单位对该工程进行了竣工验收。

2015 年，进出港吞吐量为 39.63 万吨，集装箱吞吐量为 1861 标箱；2016 年，进出港吞吐量为 58.9 万吨，集装箱吞吐量为 3915 标箱；2017 年，进出港吞吐量为 77.59 万吨，集装箱吞吐量为 8366 标箱；2018 年，进出港吞吐量为 72.39 万吨，集装箱吞吐量为 23171 标箱；2019 年，进出港吞吐量为 137.29 万吨，集装箱吞吐量为 51238 标箱；2020 年，进出港吞吐量为 203.78 万吨，集装箱吞吐量为 63926 标箱；2021 年，进出港吞吐量为 191.96 万吨，集装箱吞吐量为 43643 标箱；2022 年，进出港吞吐量为 156.61 万吨，集装箱吞吐量为 40015 标箱。

（二）外江港 ①

1. 宁波港

宁波港兴自 8 世纪 30 年代，内联大运河，外通日本、高丽，以及东南亚、中东等地区，贸易发达。到晚清，宁波港被辟为五个通商口岸之一，为我国重要港口。1844 年，五口通商正式开埠，码头由江东向甬江北岸转移。1909 年，宁绍公司建成 2000 吨级铁木结构的宁绍码头。19 世纪末至 20 世纪初的 30 余年间，宁波港在甬江北岸建成千吨级码头 4 座。

1973 年，港内已有 500 吨级以上泊位 12 座，其中 3000 吨级 4 座、2000 吨级 2 座、1000 吨级 5 座。货物吞吐量为 138 万吨，客运量 92 万人次。

2. 镇海新港

1974 年镇海新港工程动工，1978 年连接游山的拦海大堤建成，延长港口岸线 3.16 千米，建成万吨级煤炭码头。宁波港由此实现从河口内港到河口港的历史性转变，泊位由千吨级升到万吨级。到 1978 年，宁波、镇海两港区共有 500 吨级以上泊位 24 座，其中万吨级泊位 1 座、千吨级泊位

---

① 主要参考钱起远主编：《宁波市交通志》，海洋出版社 1996 年版；胡允和主编：《甬江志》，中华书局 2000 年版。

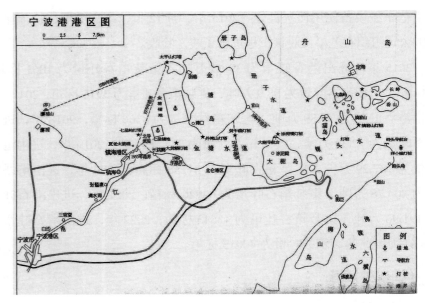

宁波港港区图（引自《甬江志》2000 年版）

16 座。货物吞吐量达 214 万吨，首次突破 200 万吨，客运量达 109 万人次。

3. 北仑港

1978 年以后，宁波石油、电力等大型企业发展迅速，运量激增。上海建设宝山钢铁总厂急需提供 10 万吨级以上矿石转运码头，选定北仑港址，并于 1979 年 1 月开工。1982 年，10 万吨级矿石卸货码头和 2 座 2.5 万吨级装货泊位竣工运行。宁波港由河口港转为海港，又一次实现历史性转变，泊位从万吨级升到 10 万吨级。1984 年，宁波市被列为对外开放的 14 个沿海港口城市之一，1987 年被列为计划单列市，宁波港也被列为中国大陆沿海四大国际深水中转枢纽之一。

1980—1990 年的 10 年中，宁波老港建成客运大楼和客运码头，形成泊位 5000 吨级以下、以服务浙东地区经济生产和人民生活为主并承担沿海客运任务的港区；镇海港新建万吨级泊位 6 座，形成泊位万吨级的承担省内外中等批量物资中转服务的港区；北仑港新建 10 万吨级矿石码头和 15 万吨级原油码头各 1 座，5 万吨级泊位 3 座，2.5 万吨级泊位 3 座，形成大型泊位超万吨级的国内外大批量货物中转港区。

至 1990 年，宁波港宁波、镇海、北仑 3 个港区共拥有 500 吨级以上泊位 47 座、10 万—15 万吨级泊位 2 座、5 万吨级泊位 3 座、2.5 万吨级泊位 3 座、万吨级泊位 6 座、千吨级泊位 18 座。宁波港全港吞吐能力为 4969 万吨，年度吞吐量为 2553 万吨，客运量为 295 万人次。宁波港在国内开辟沿海南北航线和江海联运，形成"T"字形的航线结构，腹地覆盖沿海各省，深入长江。宁波港同国外 56 个国家和地区的 189 个港口直接通航，面向世界。成为多功能、多层次、综合性的国内、国际转运枢纽港。

（三）宁波舟山港 [①]

宁波舟山港位于浙江省东北海岸，处于长江经济带与国家南北沿海运输大通道的"T"字形交汇处，紧邻亚太国际主航道要冲，对内可通过多式联运直接覆盖长江经济带及丝绸之路经济带；对外可直接面向东亚、东盟及整个环太平洋地区。宁波舟山港是我国重要的集装箱远洋干线港，国内最大的铁矿石中转基地和原油转运基地，重要的液体化工储运基地和华东地区重要的煤炭、粮食储运基地，国家主枢纽港之一。

目前，宁波舟山港的航线总数达 245 条（包括"一带一路"航线 80 余条），其中远洋干线 112 条、近洋支线 81 条、内支线 20 条、内贸线 32 条，连接全球 190 多个国家和地区的 600 多个港口，与 30 多个国际港口结为友好港、姊妹港。

宁波舟山港港口由北仑、洋山、六横、衢山、穿山、金塘、大榭、岑港、梅山、嵊泗、岱山、镇海、白泉、马岙、定海、石浦、象山港、甬江、沈家门共 19 个港区组成，是中国大型和特大型深水泊位最多的港口。

宁波舟山港海域宽阔，北起杭州湾东部的花鸟山岛，南至石浦的牛头山岛，南北长 220 千米。大陆岸线长 1547 千米，岛屿岸线长 3203 千米。港口岸线曲折、岛屿众多，港口岸线资源丰富。岸线蜿蜒曲折，分布有港湾、河口、半岛和众多岛屿。主要海湾有杭州湾、象山湾和石浦湾等，主要入海河流有钱塘江、甬江。1910 个沿海岛屿星罗棋布，形成对外海波浪

---

① 本小节资料由浙江省交通厅徐子寿老师提供，在此表示感谢。

的天然屏障，很多岛屿线 −10 米等深线近岸，航道通畅，适宜建港。港区主要分布在宁波镇海、北仑海岸，以及舟山岛南海岸。大型国际远洋船舶经虾峙门深水航道进出。天然航道平均水深 30—100 米，具备少有的超大型国际枢纽港建港条件。港口通航条件优越，全年可作业天数达 350 天以上，30 万吨级巨轮可自由进出港，40 万吨级以上的巨轮可候潮进出，是中国进出 10 万吨级以上巨轮最多的港口。

宁波舟山港前身为宁波港和舟山港。1996 年，浙江省出台《宁波 − 舟山港口中期规划》，指出宁波、舟山海域深水岸线资源得天独厚，是浙江省经济发展中最大的比较优势，提出了宁波港和舟山港两港统一规划、统一建设的思路。突破行政区域界线，整合宁波、舟山港口资源，推进两港一体化进程，充分发挥整体优势，提高浙江省港口的国际竞争力，是浙江实施"八八战略"的重要内容之一。

2003 年 3 月，浙江省政府成立浙江省港口规划建设委员会，筹备两港统一事宜。2004 年 3 月，甬舟国际集装箱码头有限公司成立，宁波舟山港口一体化迈出实质性步伐。2005 年 7 月，浙江省政府成立宁波 − 舟山港口一体化工作领导小组，推进两港一体化工作；同年 10 月，浙江省政府常务会议审议通过了浙江省交通厅提交的《"宁波 − 舟山港"一体化运作方案》。

2005 年 12 月 2 日，浙江省政府成立宁波 − 舟山港管理委员会，办公室设在浙江省交通厅，与宁波 − 舟山港口一体化工作领导小组办公室合署办公。浙江省政府授权管委会负责宁波、舟山港口的规划管理和深水岸线的有序开发，协调两港一体化重大项目建设；协调两港生产经营秩序和有关规章制度的制定、执行；负责两港统计数据的汇总、上报、统一发布；协调两港对外宣传和招商引资工作。是年 12 月 16 日，浙江省政府发文批准从 2006 年 1 月 1 日起使用"宁波 − 舟山港"名称，同时不再使用"宁波港"和"舟山港"名称。

2015 年，国务院提出了在舟山建立江海联运服务中心，同年 9 月在浙江省政府主导下成立了宁波舟山港集团有限公司，使得宁波 − 舟山港一体化迈出了实质性的步伐，也去掉了"宁波－舟山港"横在港口名称中间十年的短短一横，对外统称为"宁波舟山港"。

基于《中华人民共和国港口法》规定的一城一港属地管辖原则，"宁波舟山港"设立后，仍由宁波市和舟山市政府属地行政运营管理，分别为宁波港域和舟山港域。

（四）建设成效

2015 年，在宁波外贸进出口总额和班轮航线增长的带动下，宁波舟山港集装箱吞吐量保持较高增长速度。其中，宁波港域集装箱吞吐量达到了1982.4 万标准箱。2019 年，宁波港域集装箱吞吐量为 2616.7 万标箱，保持世界第三；货物吞吐量为 5.84 亿吨。

2019 年，宁波舟山港集装箱吞吐量达到 2753 万标箱，货物吞吐量为11.19 亿吨，11 年蝉联世界首位，成为全球首个"11 亿吨"大港。

2023 年，宁波舟山港完成货物吞吐量 13.24 亿吨，完成集装箱吞吐量3530 万标箱。

强港强企亮点纷呈，在世界一流强港方面，战略管控力持续加强。编制印发《集团世界一流强港建设工程（2023—2027 年）行动方案》，确保105 项重点工作任务有序推进。"宁波舟山"首次跻身新华·波罗的海国际航运中心发展指数全球第九位，取得历史性突破。世界一流企业方面，入选国务院国资委"创建世界一流示范企业名单"，成为入选该名单的 7 家地方国有企业之一。

投资建设提质提能，重点项目有序推进。梅山二期工程、金塘大浦口集装箱码头工程通过竣工验收，宁波舟山港成为目前全球唯一拥有双"千万箱级"单体集装箱码头的港口。"走出去"步伐加速迈进。义新欧"金东平台"开行班列累计突破 2000 列；东南亚、南亚、西非、欧洲等海外项目加快推进。宁波舟山港的国际影响力稳步提升。第七届海丝论坛成功举办，两项论坛成果被列入《第三届"一带一路"国际合作高峰论坛成果清单》。

创新深化推向纵深，四港联动加速蝶变。"四港"云平台注册企业总数达 1.14 万家，获评国务院国企数字场景创新专业赛二等奖，入选浙江省"地瓜经济"提能升级"一号开放工程"首批最佳实践案例。智慧码头稳步落实，"打造世界一流智慧港口"项目列入浙江省数字经济创新提质"一号发展工程"标志性成果清单。鼠浪湖实现全流程自动化作业，梅山、金塘港区形成自动化作业链运行模式。绿色港口统筹推进，集装箱港区实现高压岸电全覆盖全投用。2023 年，岸电使用量同比增长 446.6%。

第三节　综合整治

20 世纪 90 年代末，由于城市防洪的提出，绍兴市率先开展城市防洪河道综合整治工程。环城河"举社会之力，治古越河道"；古运河"传承古越文脉，展示水乡风情"。通过工程实施和文化建设，运河被治理建设成集防洪、绿化、休憩、航运、旅游等多功能于一体的水清岸绿、历史文化特色鲜明、景色宜人的文化、旅游和休闲带。

一、河道景观

（一）绍兴河道景观

1. 环城河

1999 年，绍兴市对浙东运河连通绍兴古城的环城河实施综合治理。建设主要内容包括：重整白玉长堤；治理河道污染；提高防洪标准；再造绿化休闲带；展现历史水文化。同时，实施沿河保留房屋立面改造和城区内 15 条内河的整治工作。以上工程总投资 10 余亿元。经政府与民众鼎力共建、艰苦努力，工程历时 720 天基本完成。新建环城河的九大景点分别为：

（1）稽山园

稽山园位于绍兴城区东南角，面积6.8万平方米。原为稽山村，东有历史老桥稽山桥。稽山园内有各具特色的桥18座。园内"南浦小集""迎岚阁""浣花草堂""农家乐"等各具水乡特色，登"迎岚阁"往南可眺望南部稽山镜水风光，往北可赏绍兴城市景观。

（2）鉴水苑

鉴水苑东邻稽山园，占地3.38万平方米，内有大型音乐喷泉、下沉式休闲广场、悦茗楼等，富有现代化水城公园之气势和风貌。

（3）治水广场

治水广场位于绍兴古城区西南角，占地3.1万平方米，由纪念广场、治水纪念馆、碧水小筑等组成。广场上有大禹、马臻、汤绍恩等治水先贤塑像及治水碑记，还有鉴湖水利图、西墅斗门遗址、若耶溪镇水龟等，显示出一幅古今绍兴水利史长卷。

（4）西园

西园为五代吴越国时始建，今在原址上依据宋代园林布局重建而成，占地2.69万平方米。西园以王公池为中心，主要有望湖楼、飞盖堂、漾月堂、龙山诗巢及春荣、夏荫、秋芳、冬瑞四亭等景点。西园与东卧龙山相连，形成了一幅自然与人相结合的越中山水画图。深得"越中之水无非山，越中之山无非水，越中之山水无非园"[①]之妙。

（5）百花苑

百花苑位于环城西河西侧，占地1.4万平方米，是一座完整的小型滨河公园，园中以植物造景为主，布置有兰、桂、桃、柳等百余种花木。在园中之游，百花杂树使人应接不暇。

（6）河清园

河清园位于昌安桥西北侧，占地2.4万平方米，内有嬉水池、可憩堂，是一处以生态园林为特色的休闲活动场所。

---

① （明）祁彪佳：《越中园亭记》，楚人胡恒序。

（7）都泗门

今都泗门是在绍兴城东原址上重建而成的。《梁书·何胤传》记梁天监十三年（514），衡阳王萧元简离会稽太守任，与何胤告别。何胤"送至都赐埭，去郡三里"[1]。后绍兴城屡经扩修，城东水门曰"都泗门"，都泗即都赐，系晋时王音修。门有堰，即都泗堰，北接运河，南控鉴湖水，使其不致倾泻。古代都泗堰位置重要，为越城名堰。

（8）迎恩门

今迎恩门是在原址上重建而成的，为旧时从绍兴西北经西兴运河入城的主要水陆城门。唐末已有迎恩门记载：董昌称帝，钱镠劝阻，董昌不听，"镠乃将兵三万诣越州城下，至迎恩门见昌"[2]。原有箭楼，其下传是句践卧薪处。据载：楼去城百余步，上供句践像，下即通衢，有"古卧薪楼"额。[3] 新建迎恩门由城楼、生聚阁、送贤堂等组成。

（9）风则江廊桥

风则江廊桥位于市环城西路南端，横跨环城西河风则江。因桥上筑有造型优美、亭廊相连的廊桥，故名。风则江廊桥全长 180 米，桥面宽 33 米，为五跨拱桥，全桥建筑面积为 1400 平方米，2003 年 9 月建成。风则江廊桥上有大量的楹联匾额，人称"百联廊桥"。

2003 年，环城河工程被水利部定为国家水利风景区。

2. 运河园[4]

2002 年，绍兴市开展对浙东运河水环境整治工作，其中一期工程范围东起绍兴城西郭立交桥，西至与柯桥区交界河段，全长 4.5 千米，名为"运河园"。运河园按"古今同源"的理念规划，集历史、文化、生态于一体，按"传承古越文脉、展示水乡风情"的主题建设，是 21 世纪初浙东运河文化保护、传承、利用的典范工程。总投资 6000 余万元。

---

① （唐）姚思廉：《梁书·何胤传》卷五十一，第 738 页。

② （宋）司马光编著，（元）胡三省音注：《资治通鉴》卷第二百六十，第 8464 页。

③ （清）悔堂老人：《越中杂识》下卷《古迹》，浙江人民出版社 1983 年版。

④ 主要参考邱志荣主编：《浙东古运河——绍兴运河园》，西泠印社出版社 2006 年版。

（1）"运河纪事"——记载历史文化

运河园"运河纪事"段集中展示了古运河的历史变迁。清代《九省运河泉源水利情形图》显示了绍兴府为中国大运河南端。牌坊入口处设置了当代著名专家、学者的图文、诗赋等内容。贺循塑像耸立在"庆池"石船基座之上，彰显出这位西兴运河缔造者和"当世儒宗"的气质风范。园内以老石材原汁原味地做了纤道，并合理布置了古华表、古石池等。

（2）"沿河风情"——集聚水乡风物

运河园"沿河风情"段展现了运河沿岸风俗民情的精华。诸如清代牌坊群、老石台门、明代绍兴三江闸缔造者太守汤绍恩手书的"南渡世家"横额，都可谓越中之宝。"老祠堂"有祠堂碑、义田碑、进士旗杆石、祠联等遗存。古"钟灵毓秀"、光绪皇帝"乐善好施"石刻横额，及范仲淹后裔祠堂石柱刻石遗存、汉大儒孔安国所撰《报本堂碑记》等，都尤为珍贵。酒文化展台上，"知章醉骑"塑像将酒乡、名人、水乡生动地融合为一体。"玉山斗门"系北宋工程遗存。运河园建设过程中对散落于民间的古旧精品老石材进行搜集、整合、使用，仅老条石、老石板就分别有2万余米和5万余平方米。它们被恰当地布置于园景之中，展示了不可复制的古典美。

（3）"古桥遗存"——展示桥乡精品

运河园"古桥遗存"段汇聚绍兴水乡的石桥风貌。一是整桥移建，把现代建设中废弃的石桥、古亭集中迁建，共15座；二是组合古桥，将古石桥构件用传统石作工艺进行组合，共12座；三是众多部件展示，展示有古桥代表性的残存石构数百件。

（4）"浪桨风帆"——再现千艘万舻

运河园"浪桨风帆"段重现了古越水运繁盛的景象。"浪桨风帆"由风帆组船、蓬莱水驿、长风亭、水天一色阁等组成。王城西桥，以千古名寺而得名，是为宁绍平原第一高拱石桥。桥头广场置清代"双龙戏珠"照壁和"钟灵毓秀"刻石，配有古桥亭"继志亭"，古朴雄浑，精美绝伦。

（5）"唐诗之路"——笑看挥手千里

运河园“唐诗之路”段的古石上刻有诸多唐代著名诗句，其中巨石“挥手石”，刻有李白乘舟览运河时有感而发的“挥手杭越间”之句。

（6）“缘木古渡”——难忘前师之鉴

运河园“缘木古渡”段以宋高宗于此避战乱的故事为主题设置，主要布置碑亭、鉴桥、连廊、古树等。“水吟石廊”全长 450 米，由数百支古旧石柱建成。

2006 年底，“运河园”工程被中国风景园林学会评为优秀园林古建工程金奖；2007 年 8 月，“运河园”工程被水利部列为国家水利风景区。陈桥驿先生称“运河园”为“宏伟真实的纪念园林”，“国际水利园林中的一绝”。①

3. 龙横江②

龙横江位于绍兴城河西缘鹿湖庄边，是浙东运河连接市区西片河网，主要的东西向沟通河道和环城河的主入口区。史载康熙、乾隆两帝南巡莅绍，曾驻跸于此。龙横江工程于 2004 年 8 月开工，2006 年 4 月建成开园，总投资 4300 万元。龙横江工程由鹿湖园、永和园、环翠园组成，绿化景区面积达 3 万余平方米。该工程按“以人为本，自然和谐”的理念设计，以“帝王文化、鹿文化、生态文化”为主题建设。

（1）鹿湖园

鹿湖园景区面积达 2.2 万平方米。鹿湖园以形似奔鹿的鹿湖为中心设计布局。景区主入口由无疆石、砖雕壁画和康乾驻跸浮雕碑等组成，浮雕碑再现了两帝南巡绍兴驻跸鹿湖庄时气势恢宏的历史场景。碑上阴刻乾隆撰写的《阅海塘记》③全文，该文系乾隆五下浙江，四巡古越海塘留下的唯一水利著述。

景区东入口处与环城河百花园连接，文化景墙一刻徐渭手书的《初进白鹿表》文，一刻著名历史地理学家陈桥驿教授撰书的《鹿湖园记》。码

---

① 邱志荣主编：《绍兴运河园·运河记事文化景观》，《绍兴水利》增刊。

② 主要参考邱志荣主编：《绍兴龙横江·鹿湖园》，学林出版社 2009 年版。

③ 嘉庆《山阴县志》卷首《皇言》。

头区由御码头、"宸游龙横"牌坊、敬诚亭、龙横桥和鹿湖桥组成。其中，"宸游龙横"牌坊是帝王纪念牌坊之精品。

（2）永和园

永和园东接鹿湖园，西连快阁，南临永和天地，北滨龙横江，因地处著名的绍兴沈永和酒厂原址而得名。景区面积为8.5千平方米。园以越地风格的古建筑永和楼为中心，配以"永远和气"刻石、经典酒雕、水轩、曲廊、折桥、廊桥等。整体呈现了江南水乡淡雅清静的风光神韵。

（3）环翠园

环翠园为面积不足三亩的小园。绍兴佛教有悠久历史，民间又多信奉者，处于越中名寺云栖寺近处的环翠园便以淡雅的佛教文化为主题进行布置，给附近民众提供一个修心养性的场所、了解和感悟佛教文化的空间。"环翠园"蕴含着云栖寺大殿主联"莲花开兴教池涛漾玉净禅心，翠竹围云栖台榭屯阴园色相"之意。

4. 柯水文化带[①]

2002年，继绍兴市区段开展古运河整治后，绍兴柯桥区段亦开展运河整治，建成的景区主要有以下几处。

（1）柯亭公园

以东汉文学家蔡邕椽笛和古柯亭的故事为主题重建柯亭于运河北岸，立蔡邕雕像于亭前等。柯亭公园占地1万余平方米。

（2）紫气东来

柯桥向为浙东重镇，浙东古运河穿境而过。古代水陆码头众多，万商云集，千篙林立，百舸竞发，为财气集聚之地。在运河东段古河埠处，布置有千篙亭、流金亭、涵虚亭、明清台门以及"千篙船影"等景观，使运河重镇更添风光。

（3）纤道风韵

以古纤道为主线，沿路设置古纤道纪念馆、望江亭、揽秀亭，以及

---

① 主要参考邱志荣：《上善之水·绍兴水文化》第三章，学林出版社2012年版。

"竹林七贤""阮氏酤酒""鉴水渔歌""双亭映月"等景观，并对悠长的古纤道进行全面修整，展示了纤道文化和水乡景色。

（4）柯东廊桥

柯东廊桥位于古运河边上，由水阁、望楼、连廊组成，古意浓重，气势宏壮，为古柯桥标志性建筑物之一。

（5）太平桥公园

太平桥公园位于太平桥北侧。三面环水，内开小河同运河水相通。占地1.7万平方米，以绍兴古桥文化为主题，内设三大景点——"古桥展览馆""待月楼""古风亭"，以及仿建历史名桥6座，展览馆展示绍兴历史名桥近百座。

（6）柯水园

柯水园工程开工于2006年9月，2007年9月建成开园。用地面积1万平方米，投资2700万元。园内设稽山鉴水图、柯水地刻，以及"鉴湖三曲""覆请天下"两块石浮雕等景观。同时建成的还有总投资近1000万元的柯水长廊，柯水长廊中主要布置绍兴农民河中捻泥雕塑和反映稽山镜水风光、山阴典故的线刻图等。近水楼台，池沼弯回。柯笛悠远，商旅云集。柯水园为"国际纺织中心"再添古典园林景观。

（7）蠡园

蠡园位于管墅江中段，南起山阴路，与柯水长廊和柯水园相接，北至新开河，全长约440米，由范蠡广场、沿河园景和古村落三部分组成，占地面积为1.7万平方米。文化布置有范蠡雕塑、范蠡浮雕碑和钱币形树池等，集中反映了范蠡商业文化主题，并与中国轻纺城商业文化相融合。

5. 曹娥江景观

曹娥江景观位于曹娥江上虞段，以围绕曹娥江"一江两岸，一动一静"的规划设想，按照人水和谐的新理念，着力打造曹娥江右岸"十八里亲水型绿色文化长廊"和曹娥江左岸"十二里亲水型绿色运动走廊"的思路建设。曹娥江景观融上虞历史文化与现代文明，城市防洪与观赏、休闲、旅游等功能，是一个集防洪、休闲、观赏、旅游、运动、文化于一体的城防景观带。该工程于 2002 年动工，2007 年完工。2008 年 9 月，曹娥江景观被列为国家水利风景区。

（二）宁波河道景观

1. 三江百里文化长廊

21 世纪初，宁波建设三江文化长廊，并首先在宁波中心城区三江濒水核心地段，实施文化保护与文化景观建设工程。[①]

（1）区位优势

宁波老城三江口一带，历史上就是对外贸易的繁华港埠。现仍完整地保留在三江口一带的钱业会馆（国保单位）、和义路宋代码头、甬江女中、瓮城遗址、华美医院、庆安会馆（国保单位）、安澜会馆、天主教堂（国保单位）、浙海关（省保单位）和老外滩（名城历史街区）等建筑群落，系统而清晰地反映了宁波金融、航运以及中外文化相互交融的历史脉络。

（2）三江文化长廊

此工程使杭甬运河主航道通过区域沿江的重要文化景观得到了充分保护，并与大剧院、美术馆、城展馆、和义大道、书城与工业创意园区等当代城市文化建设项目融为一体，展现出千年运河、古老港城历史文明与现代文明交相辉映的繁华气象。

（3）"沿江百里文化长廊"

2004 年，规划"沿江百里文化长廊"建设工程，把姚江、甬江、奉化江三江六岸全部列入文化长廊保护建设的范围之内。提出了"区域以文化求个性、城市以文化论输赢、环境以文化为灵魂"的城市建设文化观，设定了"构筑整体文化图景、整合沿江空间布局"的规划建设目标，把"航运功能、水利功能、景观功能、生态功能和文化功能"结合起来，并着力体现以文化、生态、旅游、商贸和居住功能为主导的优化组合，形成以三江为空间轴线，串联沿江文化资源的"风扇型"文化空间网络体系。

---

① 《宁波：保护杭甬运河（宁波段）的主要措施》，全国政协文史和学习委员会办公室编：《中国大运河 2007—2008》，中国文史出版社 2009 年版，第 267 页。

此体系覆盖了杭甬运河（宁波段）的几乎所有空间，包括沿线名城、名镇、名村、各级文物保护单位的历史建筑，运河航道两岸生态保护区，运河腹地文化走廊等。以上内容全部得到相应程度的保护，给运河文明带来了长远的发展与建设空间。

（三）萧山河道景观 [①]

1. 湘湖

1958 年编制的萧山县《城厢镇规则总图》提出湘湖"风景优美，远景将成为萧山的一个大公园及休闲的佳地"。1960 年，更明确提出了"逐步建设湘湖风景区"的规划。1995 年，经萧山市人民政府报告，浙江省人民政府批准，湘湖度假区建立。至 2016 年，湘湖三期开发全部完成，水域面积为 6.1 平方千米。

（1）湘湖一期开发

湘湖一期开发恢复湖面 1.2 平方千米，初步形成"一心、一湖、二带、二区"的格局。共形成跨湖桥、城山、湖上、湘湖、越楼等五大景区。2006 年 4 月 22 日正式对外开放。

（2）湘湖二期开发

2010 年，湘湖二期开发开始，总开发面积为 5.95 平方千米。东北与一期相连，西南与以后的三期相接。延续一期历史文化、自然生态、休闲度假三大定位。2011 年 9 月中旬，湘湖二期正式对外开放，成为第二届世界休闲博览会的主园区。二期总投资 60 亿元。经过两期建设，形成"一湖、二带、三园、四中心、五大酒店、十大景区、五十个景点"。

（3）湘湖三期开发

湘湖三期开发工程于 2015 年 10 月全面开工。翌年 4 月 30 日完成土方挖运和桥梁下部工程，5 月 1 日第一次蓄水，6 月 1 日第二次蓄水，6 月 30 日完成乔木种植，8 月 30 日全面完工，9 月 1 日试开园，10 月 1 日正式对

---

① 主要参考邱志荣主编：《通江达海 好运天下：浙东运河博物馆文本解读》，第 424 页。

外开放。

至 2016 年 9 月，整个湘湖保护与开发的政府性投资，一期为 30 亿元，二期为 60 亿元，三期为 130 亿元，总建设资金为 220 亿元。

（4）效益

湘湖一、二、三期建设，开挖土方近千万立方米，修建景区交通道路 29.5 千米、电瓶车观光慢行道路 17.8 千米、步行道 41.6 千米、景观桥梁 108 座，恢复湖面 6.1 平方千米。湘湖西与钱塘江三江口相通，东与南门江水系相连，南与东方文化园相接，引入活水、建设环湖景观绿化面积为 2.6 平方千米，使江、湖、山、园四景融为一体，成为萧山最美丽、最聚人气的山水"大盆景"。

通过湘湖水域的修复治理、区域生态系统的完善配套、历史文化的保留利用，湘湖成为杭州魅力山水的新代表，是浙东运河风景廊道上的一颗璀璨明珠，成功升级为国家级旅游度假区。

2. 衙前镇官河

2015 年底，杭州市萧山区对衙前镇官河两岸进行整治，对官河进行了疏浚，进一步改善了官河的水质，打响"红色衙前、古韵官河"旅游品牌，全面建设"古运河经济带"。

二、清水生态

面对 20 世纪 90 年代初期出现的水质污染，浙东地区加强水环境治理，开展持续的清水工程，对保护运河生态环境、改善水质起到了重要作用。

（一）清水工程

1. 绍兴段[①]

（1）"水清、流畅、景美"

1995 年，绍兴市开展以运河水系为主体的河道清草、清淤、清障的

---

① 主要参考邱志荣主编：《绍兴水利志》，中国水利出版社 2021 年版。

"三清"工作，这是水环境保护的一项重要举措。1999年，绍兴市开展了城市防洪河道综合整治工程，之后又广泛开展以"水清、流畅、景美"为目标的河网地区河道综合整治工程，千里清水河道整治的范围不断扩大。

至2007年，绍兴市决定全面开展以清淤、截污、整治和引水为主要内容的"清水工程"，以早日实现河道水质变清的目标。之后，绍兴市统一部署，围绕引水、清淤、截污、整治四大工作任务，全面加强组织领导，建立健全体制机制，迅速实施各项工程建设和专项整治，经过6年努力，至2012年市区清水工程已实现了河道水质检测达标率提升、水环境明显改善的阶段性成果。

（2）古运河环境治理

2010年，绍兴市实施浙东古运河绍兴段环境治理三年行动，决定每年计划安排300万元专项资金作为运河治理考核奖励等工作经费。提出以古运河申遗为契机，坚持以人为本、保护优先，标本兼治、稳步推进，突出水污染治理、文物保护和河道综合整治的工作重点，全面加强对古运河及周边环境的保护、整治和利用，为古运河申遗提供基础性保障。主要措施包括：截污染、清污物、护河埠、植绿化、兴旅游、查违法等。至2012年，环境整治取得明显成效。

（3）鉴湖整治

2009年，绍兴市政府启动了鉴湖（古鉴湖西鉴湖越城区段）水环境综合整治工程。该工程是绍兴市委、市政府决策实施的重点工程和民生工程。项目以鉴湖为主线，东起偏门大桥，西至壶觞大桥，全长5.35千米，规划面积为125.92公顷，总投资97309万元。通过整治将鉴湖建设成为集中展示绍兴地方历史、风光、民俗风情等的标志性水景观，水上旅游重要的游线之一，周边居民休闲健身的公共水岸空间。

一期工程东起漓渚铁路桥，西至壶觞大桥，整治面积达85.81余公顷，总投资2.3亿元，以"挖掘鉴湖诗歌文化"为主线，沿河建设了"钟堰问禅""快阁揽胜""鉴湖诗廊""画桥秋水""渔耕晚唱"等公园景点。一期工程于2011年9月完工，并获得"浙江省河道生态建设优秀示范工程"和

"浙江省水土保持示范工程"等荣誉称号。

二期工程东起偏门桥，西至漓渚铁路桥，全长 2.15 千米，整治面积达 25 公顷，总投资 3.5 亿元。工程于 2011 年 12 月开工，2013 年 11 月完工。该工程以打造"江南文化复兴示范区"为主题，对马太守庙和马太守墓进行保护性修缮，沿线建成飞虹近月、山阴古街、南山画界、湖山太守等十景。新增建筑 3.45 平方千米，修缮民居 149 户，共 8.26 平方千米，整治河坝 4.24 米，新增绿化 4 公顷。

三期工程位于胜利西路北侧，绍齐公路东侧。规划实施面积达 12.8 公顷，总投资 3.8 亿元。三期工程于 2015 年 12 月正式动工。该工程包括陆游故居、西村、东村、养生体验区和旅游集散中心，旨在建造一个南宋乡村生活及士大夫隐居的古典诗意场所，是一个集文化休闲、餐饮娱乐、商业、养生于一体的旅游集散地。

（4）曹娥江引水工程

曹娥江引水工程从上虞小舜江附近的四峰山设泵站，将曹娥江水通过总长约 15 千米的隧洞引到绍兴平水东江后汇入绍兴城河，按引水量达 10 米³/ 秒，多年平均引水量约为 2.5 亿米³/ 年。此工程除作为绍兴城河清水工程的主要措施之一，也将成为补充绍兴平原中部、东部、浙东运河山阴故水道段水资源量的重要工程。该工程于 2007 年 10 月 16 日开工建设，2011 年 2 月 14 日正式运行。

（5）建筑泥浆专项整治

2012 年 7 月，绍兴市政府印发《绍兴市区建筑泥浆处置管理暂行办法》。8 月成立了市区建筑泥浆处置管理领导小组，并出台配套实施细则。绍兴市水利局联合相关部门（单位）开展了为期 3 个月的绍兴市区河道泥浆污染集中整治活动，全面加强浙东运河绍兴市区河道水域泥浆下船码头、弃置场地运行情况和船只运输行为的监管，强化对向河道偷漏排泥浆违法行为的执法力度。绍兴市交通局制定了《绍兴市交通运输局关于贯彻〈绍兴市区建筑泥浆处置管理暂行办法〉的实施意见》，累计出动执法人员 796 人次，车艇 263 艘（辆）次，检查泥浆运输船舶 85 艘、泥浆装卸点 22 个，行政处罚立案 31 起，办结 27 起，绍兴环城河分时段、分航段、分吨位禁航，建筑泥浆转运码头和运输船舶的管理得到进一步规范。

（6）环境专项整治

2012 年，绍兴市政府部署开展了为期 3 个月的浙东运河等河道沿河环境专项整治行动，集中治理河道环境，共清理河道 729 条，打捞水草及各类垃圾 14215 吨，清理乱搭建、乱堆放 1480 处，共计 10041 平方米，查处违法案件 145 起。绍兴市水利局组织对市区二环线以内 31 条河道中的 61 艘沉船进行了集中清理。

2. 宁波段 [①]

（1）1977—1979 年鄞县整治六条塘河

鄞县对鄞西、鄞东南六条塘河进行全面疏浚挖深，两岸砌石固塘，部分桥梁拆建拓宽的大规模整治。鄞县成立塘河整治指挥部，下设办公室。工程由各区、各公社分河分段包干，组织农民工疏挖。

①鄞西

南塘河由鄞江区 7 个公社及樟村公社组织近万名民工，自鄞江镇定山桥至段塘分段治理。治理长度为 22.73 千米，疏挖土方 45 万立方米。河塘砌塝 6.27 千米，石方 2.8 万立方米。改建桥梁 10 座，迁拆民房 180 间，国家拨款 30 万元。

中塘河、西塘河（后塘河）由望春区组织 10 个公社近 2 万人疏挖。其中中塘河自横街至望春桥长 13 千米，疏挖土方 27 万立方米。砌河塝 13.74 千米，石方 3.9 万立方米。拓建桥梁 1 座，迁移民房 87 间，国家拨款 15.89 万元。西塘河自翁家村方家后门至望春桥长 7000 米实行全面疏浚。回龙桥至上游河 400 米截弯取直，疏挖土方 27 万立方米。砌河塝 13.18 千米，石方 2.7 万立方米。拓建桥梁 2 座，国家拨款 14.6 万元。

②鄞东

南前塘河由邱隘、姜山、横溪三区组织有关公社分段整治。中塘河、

---

① 主要参考宁波市鄞州区水利志编纂委员会编：《鄞县水利志》，中华书局 2009 年版。

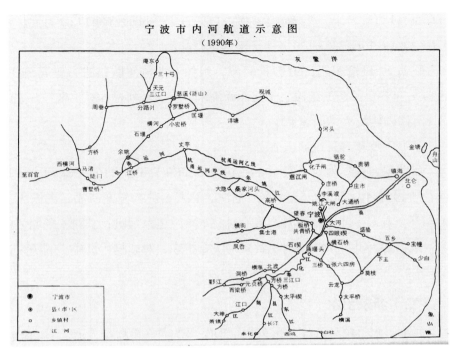

宁 波 市 内 河 航 道 示 意 图
(1990年)

1990 年宁波市内河航道示意图（引自《宁波市交通志》1996 年版）

后塘河由邱隘区组织整治。三条塘河组织民工近 4 万人。

前塘河，自横溪镇至宁波白骨桥长 19.5 千米，疏挖土方 30.5 万立方米。河岸砌墈 30.97 千米，石方 10.80 万立方米。拆迁房屋 43 间，拓宽桥梁 6 座。其中横溪镇挖新河 1.4 千米，填老河 1.84 千米，国家拨款 25.76 万元。

中塘河，自莫枝至横石桥长 8.95 千米，疏挖土方 12 万立方米。重修中塘河塘（西塘）石墈 2.69 万立方米，国家拨款 8.95 万元。

后塘河，自东吴、宝幢至下茅塘，其中五乡街道段、东吴段，河道截弯取直，治理总长度为 20.75 千米，开挖土方 32 万立方米。河塘修砌石方 5.9 万立方米，拓建桥梁 5 座，国家拨款 22.45 万元。

塘河疏浚要求：鄞东南三条塘河挖至吴淞零米高程，鄞西三条塘河挖至吴淞 0.5 米高程。平均挖深约 1 米，局部地段挖深超过 2 米。六条塘河开挖总长度为 98.11 千米，疏挖土方 173.5 万立方米。砌河墈 92.16 千米，石方 30.79 万立方米。拓宽重建桥梁 24 座，国家补助经费 117.65 万元。

（2）1989 年鄞县对 20 条主干河道进行整治

配备 12 只挖泥船，50 艘拖驳船，组织专业施工队伍进行常年施工。至 1996 年冬，共清淤疏浚主干河 200 千米，直河及河槽 500 千米，并完成部分河岸砌墈及桥梁拓建工作。

（3）1999 年春千米河道清淤

鄞县规划五年内对全县 1989—1997 年尚未清淤的 1100 千米河道（其中主河 19 条 193 千米，支河及河槽 907 千米）进行全面清淤，清淤土方 1126 万立方米，并结合清淤，清除河面水草及违章建筑物。对 6 条塘河中 45 千米重要行洪排涝河段两岸做浆砌块石护岸，对影响行洪排涝的桥梁进行拓宽。

（二）浙东引水

浙东引水工程是确保浙东萧绍宁地区经济社会可持续发展、有利于浙东运河保护、传承、利用的重大水资源配置工程。[①]

1. 曹娥江大闸

曹娥江大闸位于曹娥江河口与钱塘江交汇处，距绍兴城北东约 30 千米。该工程是国家批准实施的重大水利项目，是中国在河口建设的规模最大的水闸工程，也是浙东引水的枢纽工程。工程效益以防洪（潮）、治涝为主，兼顾水资源开发利用、水环境保护和航运等综合利用功能。大闸建成后曹娥江两岸防洪标准将从 50—100 年一遇提高到 200 年一遇，闸上游曹娥江将变成淡水内河，相应库容达 1.46 亿立方米，总可利用调水量多年平均可达 6.9 亿立方米，使萧绍平原和姚江平原连为一体，十分有利于富春江引水经曹娥江大闸水库，向宁波、舟山等地供水。主体工程于 2005 年 12 月 30 日开工，2011 年 5 月通过竣工验收并正式投入运行，工程总投资 12.38 亿元。

---

① 主要参考邱志荣主编：《绍兴水利志》，中国水利出版社 2021 年版。

2. 萧山枢纽

萧山枢纽位于钱塘江、富春江、浦阳江三江汇合口义桥镇。工程设计引水量为 8.9 亿米³/年。此工程使萧绍平原和姚江平原连为一体，富春江引水经曹娥江大闸水库，向宁波、舟山等地补充工业和农业一般用水。在改善水环境的同时改善航运条件，杭甬运河曹娥江段 500 吨航运保证率可从建曹娥江大闸前的 50% 左右提高到 90% 以上。至 2013 年 2 月 28 日，浙东引水工程的萧山枢纽、曹娥江大闸枢纽、曹娥江至慈溪引水等三个子项目已基本建成，经浙江省人民政府同意开始引水。2021 年 6 月 29 日，曹娥江至宁波引水工程（引曹南线）启动试运行，浙东引水工程全线贯通。

3. 姚江上游西排工程

姚江上游西排工程位于绍兴市上虞区。工程主体工程于 2017 年 2 月开工建设，2020 年 11 月主体工程完工。2020 年 12 月通过浙江省水利厅组织的机组启动验收。

西排工程是浙江省委、省政府研究确定的姚江流域防洪排涝治理工程和浙东引水工程重要组成部分，是解决姚江流域洪涝灾害和宁波、舟山地区水资源短缺的关键性工程。西排工程任务以防洪排涝、引水为主，兼顾改善水环境等综合利用，通过新开辟的姚江向曹娥江的涝水外排通道，减轻姚江干流及余姚城区防洪压力，提高上虞区四十里河沿岸防洪排涝能力，同时结合浙东曹娥江至宁波引水工程，保障宁波、舟山水资源需求。

工程由梁湖枢纽（排引水闸站及其配套工程）和通明闸改造工程两部分组成。梁湖枢纽排水泵站设计排水流量 165 米³/秒，引水泵站设计引水流量 40 米³/秒，梁湖闸净宽 20 米；调节池面积约 7 万平方米，新开河道 1.9 千米；新建总干渠闸及倒虹吸箱涵。改造通明闸实现引水功能，净宽维持 1 孔 ×10 米。工程概算总投资 12.33 亿元。工程建成后，效益显著。

2021 年春节前后，浙东地区出现罕见干旱，姚江下游水位持续偏低时，宁波和舟山从姚江取水和用水紧张。姚江上游西排工程及时开展应急抗旱引水，累计向下姚江引水超 1 亿立方米，不仅有效缓解了姚江下游工农业用水和舟山大陆引水压力，改善了姚江水生态环境，也为下步姚江上游西

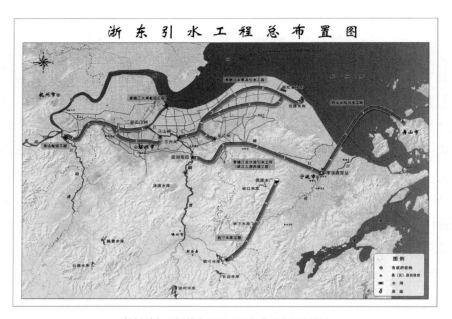

浙东引水工程总布置图（绍兴市水利局提供）

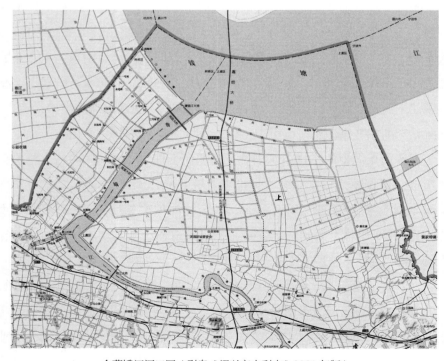

今曹娥江河口图（引自《绍兴市水利志》2021年版）

排工程常态化运行积累了经验。

2021 年防御"烟花"台风期间，姚江西排工程累计排水 3984 万立方米，其中强排到曹娥江的有 3530 万立方米，配合四明湖水库的拦洪错峰，姚江水位降低约 30 厘米，将余姚站水位控制在了 3.6 米以内，减少余姚城区高水位持续时间 10 小时以上。上虞区丰惠平原主要交通和居民生产生活基本正常，总干渠上游村庄未受淹，老百姓普遍反映"姚江上游西排工程作用明显"。

2022 年出梅以来，西排工程积极引水抗旱，截至 8 月 20 日已累计引水 2.2 亿立方米，其中抗旱期间已引水近 1 亿立方米。

第四节　运河申遗

浙东运河是浙东人民的母亲河。在中国大运河还未开始申遗之际，浙东沿线的人们就有着很强的文化自信、历史责任感，以及开展文化研究和保护意识。到了中国大运河开始申遗的重要历史时期，当地的政府和民众便以浙东运河丰富的历史文化遗存和人文优势，厚积薄发，积极有序开展运河申遗。实至名归，浙东运河最终作为中国大运河三段之一，被列入《世界遗产名录》。

一、基础研究

历史上浙东地区人才辈出，是文献名区。而该地区自 20 世纪 80 年代开始全面加强浙东水利、运河的基础研究，并且为众多的专家学者所重视。他们在前人基础上，持之以恒，取得了丰硕的学术成果。

（一）鉴湖运河水利研讨会

1990 年 4 月，中国水利学会水利史研究会、浙江省水利厅和绍兴市人民政府联合发起"纪念鉴湖建成 1850 周年暨绍兴平原古代水利研讨会"，研讨会集聚了中国水利史研究学科领头人姚汉源、周魁一，历史地理学科领头人陈桥驿等全国一批著名专家学者。会议主要学术成果主要集中在盛鸿郎主编的《鉴湖与绍兴水利论文集》①中：

陈桥驿《绍兴水利史概论》认为：绍兴在中国水利史上有特殊地位。这个地区的第四纪海侵，当时宁绍平原成为一片浅海。海退以后，越族从浙东山区重新进入平原，兴修水利，改造沼泽地，从事垦殖。经过汉代的鉴湖工程以及此后的河网的整治、海塘建筑等，逐渐改变了平原的面貌。而 1537 年三江闸的建成，形成了一个统一的三江水系，绍兴平原成为一片富庶的鱼米之乡。

姚汉源《浙东运河史考略》分上下二篇：上篇叙述至南宋时期，记载浙东运河逐渐成形的过程；下篇叙述元、明、清三代运河的变化。

盛鸿郎、邱志荣《古鉴湖新证》在前人研究的基础上，经过全面深入的实地考察，运用地质、测绘新成果与水利技术知识，考证出鉴湖的堤坝总长为 56.5 千米，集雨面积为 610 平方千米，水面面积为 172.7 平方千米，正常蓄水量为 2.68 亿立方米，总库容至少为 4.4 亿立方米，同时还论证出修筑鉴湖堤堰时已使用的木桩及沉排等施工技术。

周魁一、蒋超《古鉴湖兴废及其历史教训》在鉴湖的科学技术水平及社会经济效益的论述上，取得了显著进展，并从鉴湖埋废的历史教训中，提出了"应注意审慎保护和顺应自然，要深刻理解和正确运用自然规律，以谋求人与自然和谐，并在和谐中求得共同发展"的精辟论述。

陈鹏儿、沈寿刚、邱志荣《春秋绍兴水利初探》一文较翔实地论证了春秋末期，於越部族在山、原、海不同地形上，兴建了众多特色鲜明的水利工程，形成立体的工程体系。该文中探讨了本地区水利的起源、水利与

---

① 盛鸿郎主编：《鉴湖与绍兴水利》，中国书店 1991 年。

地理环境的关系及水利在社会政治经济中的地位和重要意义。此文章也是《越绝书》对照实地考察研究成果的重要创新突破。

研讨会的学术论述范围，包括绍兴春秋战国时期的古水道、富中大塘、东汉的鉴湖到明代的三江应宿闸，直至今日的新三江闸和平水江水库，涉及历史、地理、农业、文物考古等学科。

鉴湖运河水利研讨会在现代绍兴水利史、运河史、水文化研究上具有开创性的重大意义，不但形成了"没有水利，就没有绍兴"的共识，同时也由此培养形成了绍兴、宁波、萧山等当地的一批水利史志、水文化、运河文化的专业研究人才。

（二）"大运河与海上丝绸之路"宁波论坛

2010 年 12 月 8 日，来自全国的文化遗产研究专家和大运河与海上丝绸之路申遗城市代表汇聚宁波，参加"大运河与海上丝绸之路"宁波论坛。与会代表围绕"21 世纪文化遗产新机遇、新挑战、新发展"的主题进行深入研讨，达成了"保护文化遗产、共享文明硕果、促进社会进步"的共识。

论坛上与会代表一致通过的《宁波共识》称：

> 当前，在研究、保护与利用的文化遗产中，我们应当有所发现，有所发明，有所创造，有所前进，不断从必然王国走向自由王国，使文化遗产始终保持应有的神圣与尊严，成为经济社会可持续发展的软实力。
>
> 大运河不仅是沟通中国南北，而且是连接世界的大通道，在历史上中国开辟的丝绸之路，为世界开拓了和谐发展、友好往来、变革创新的文明之路。今日对大运河与海上丝绸之路对接与融合的价值认知和重视，极具战略气魄，无疑是中国对人类文化遗产的重大奉献。

《宁波共识》中指出："中国大运河与海上丝绸之路是人类文明史上最具影响力的文化遗产之一，是中国对人类文明的卓越贡献。"要站在人类文明的高度，以全球视野、世纪意识和敢于创新、勇于实践的自信，使大运河与海上丝绸之路成为最具国际价值的中华民族文化遗产，并为中国崛起、文明复兴起到独特的、不可替代的作用。

与会专家们认为："要以'大遗产观'对大运河与海上丝绸之路实施多视角、多路径、多学科和全方位、整体性的保护。"在"大资源观"引领下，加强大运河、海上丝绸之路城市间的文化交流与合作。以人为本，强化公众的参与意识和主体地位，尽快建立公众参与保护大运河与海上丝绸之路的多元化渠道。

《宁波共识》号召有识之士："创新中国大运河与海上丝绸之路及相关领域的研究，探索建构'运河学'和'丝绸之路学'的学科基础和具有中国特色的线性文化保护模式，让世界不时听到来自中国充实与创新的话语。"

（三）运河水利遗产论坛 [①]

1. 概况

2013 年 11 月 30 日至 12 月 2 日，在中国大运河申遗成功前夕，"中国大运河水利遗产保护与利用论坛"在绍兴举行，并取得圆满成功。会议由中国水利学会和中国文物学会主办，全国政协学习和文史委员会、绍兴市人民政府等为支持单位。中国水利学会水利史研究会、绍兴市水利局是主要组织和承办单位。会议共收到学术论文约 40 篇，与会代表超过 100 人。

全国政协文史委副主任周国富对这次论坛充分肯定，在会议上指出：

> 学术支撑，是保护大运河、实现其价值发现和价值传承的基础。这次会议，在某种意义上也可以说是一种创新。以往是政府部门、政协组织召集各个领域的专家座谈研讨，或根据工作需要成立涉及各个领域的专家委员会。本次会议是分属不同部委的学

---

① 内容详见邱志荣、李云鹏主编：《运河论丛——中国大运河水利遗产保护与利用战略论坛论文集》，中国文史出版社 2014 年版。

术团体自觉地走到一起，共同研究大运河保护与发展的全局性问题。绍兴会议接地气，是2013年中国大运河保护工作中一个新的亮点。

中国水利政研会会长、中纪委驻水利部纪检组前组长张印忠指出：

> 大运河绝大部分河段及水利工程仍在发挥水利功能，并且与南水北调东线工程关系密切。跨流域、跨地区、在用的水利工程遗产的保护和发展，是水利和文物等部门共同面临的新课题。如何兼顾和统筹遗产的保护与利用、文化的传承与发展，是大运河申遗后面临的重点问题。大运河是中国的骄傲，也是人类共同的遗产，保护好大运河遗产，延续大运河生命，是历史赋予我们的责任。值此大运河申遗关键时期，召开"中国大运河水利遗产保护与利用论坛"具有重要的历史意义和现实意义。

会上，文化部党组成员、故宫博物院院长、中国文物学会会长单霁翔作《大运河文化遗产保护为我们带来了什么》主旨报告。中国水利学会水利史研究会名誉会长周魁一作《运河文化价值管窥》主旨报告。全国政协原委员、中国建筑集团总公司原党组书记郭涛作《关于加强大运河历史文化的基础研究与宣传的建议》主旨报告。

2. 第二届"水利遗产保护奖"

会议期间由中国国家灌溉排水委员会、中国水利学会水利史研究会颁发第二届"水利遗产保护奖"。

（1）第二届"水利遗产保护奖"获奖项目介绍

> 2013年水利遗产奖的获得奖项是大运河浙东段。这一项目由绍兴市环城河、运河绍兴段整治和运河沿岸历史街区保护组成。
> 绍兴运河是浙东运河最具代表性河段，源于战国时期的山阴故水道，反映了水与文明的密切关系。绍兴运河也是在用古代水利工程，是区域水运、灌溉、排涝的重要基础设施。

1999年至21世纪初，绍兴市和绍兴县对浙东运河绍兴段实施了综合治理。主要建设内容包括运河水道、城河及城区内内河清淤和污水减排，修复古老的砌石长堤，整治河岸。经过治理，运河水系达到百年一遇防洪标准，形成了沿河岸绿化带。结合城河整治工程，还完成了沿岸房屋外立面的改造。整治后运河全面恢复了水利功能。

　　整治工程的领导者和建设者对文化遗产的保护同样予以高度重视，通过相关工程实施，保护或复原了代表浙东运河遗产的标志性建筑：古纤道、码头、绍兴城墙及迎恩门、都泗门。建设者们注重了整治工程的文化内涵，在运河管理范围内，为公众提供了认知运河的展示场所，以及休憩娱乐的公园，将运河风貌全面系统地展示给公众。其中西兴运河绍兴段沿河道4.5千米的"运河园"，为保护历史遗存，收集传统建筑材料，散落或残损的古桥、牌坊、石亭、石碑，运河园成为展示运河历史、地域文化的重要场所。

　　通过细致的规划，保护及复原了浙东运河沿岸水乡的历史风貌。建设者们通过相关工程实施，河道沿岸留下了稽山园、鉴水苑、治水广场、西园、百花苑、河清园、柯亭公园、太平桥公园、廊桥公园、蠡园等园林景观，为公众提供了认知和宣传本土文化遗产的场所，为公众提供了休憩娱乐公园，将运河文化影响力全方位地传递给公众。

　　整治工程中注意了与运河历史街区保护的结合。在中心城区以城中水街为主线，保护了八字桥、鲁迅故里、仓桥直街等历史街区，为绍兴城典型的河街格局提供了历史见证。

　　绍兴运河整治工程中多个项目获奖。其中运河园2006年被中国风景园林学会评为优秀园林古建工程金奖。2007年被水利部批准为国家水利风景区。2003年9月，仓桥直街区被联合国教科文组织亚太地区委员会评为"文化遗产保护优秀奖"。

在 2006 年以来，大运河申遗考察中，绍兴段运河整治工程所实施的各项目，得到了全国政协委员，文物、水利等行业专家的肯定，在近期开展的大运河申遗工作中也起到了积极的促进作用。我们对绍兴运河整治项目的总体评价是：项目达成了水利工程可持续性目标，使古老的运河工程体系继续发挥应有的功能。整治工程的实施体现了对浙东运河遗产本体——"河道原真性整体性保护的理念，并通过工程和非工程措施周到地传递了古越文化的民俗风情"。

（2）集体奖颁奖辞

致绍兴市水利局：

这里是华夏民族的祖先大禹所终之地，这里是有着深厚水文化底蕴的灵杰之地。绍兴的水利人，光荣的从业者，你们以智慧和才干，为我们中国人和我们的后代维护着大运河重要的段落。虽然它仅是运河三千里的百分之五，却为我们提供了如何保护水利遗产，如何维护水利工程可持续性的典范。从山阴水道至今，绍兴的运河，承载着国家和区域 2500 多年的历史。运河有舟楫之利，更是浙东平原的生命之源，是农业、工业和防洪的安全之本。今天，我们向绍兴的水利人致以崇高的敬意，是你们卓越的工作，使先人创造的水利工程依然保留独特的魅力，依然造福一方人民。正是这些古老工程，让更多的人能够领略运河、感悟历史。

（3）个人奖颁奖辞

致陈桥驿、张伟波、邱志荣、余茂法、邹志方、屠剑虹等获奖者：

你们热爱故土，心系运河。你们是千百位运河水利工作者的一分子，虽所处不同岗位，却都牢记使命，主动实践，敏锐把握，细致地呵护着每一个古老工程，全力地保护着身边的文化遗产。

因为有你们，运河的古桥、纤道，才能如此安然横亘古今，将一段历史如画卷般展开；因为有你们，浙东运河才能清澈澄净、汤汤流淌；因为有你们，古老的城墙、码头、迎恩门、都泗门，才能与山河同在。通过对运河及工程体系的保护与治理，你们给先人以慰藉，还公众以碧水，传后人以物质和精神的财富，充分实践了水利的可持续发展之道。

3.《运河论丛——中国大运河水利遗产保护与利用战略论坛论文集》

会后，邱志荣、李云鹏主编《运河论丛——中国大运河水利遗产保护与利用战略论坛论文集》。该论文集收录会议上有代表性的、最新的相关研究成果，分为序、大运河水利遗产价值及保护利用研究、大运河浙东专题研究、其他、附录等，共 39 篇，由中国文史出版社于 2014 年 3 月出版。

（四）浙东（宁绍）水利史学术研讨会

2015 年 12 月 17 日，由宁波市水利局、绍兴市水利局联合举办的"浙东（宁绍）水利史学术研讨会"在宁波饭店举行。该研讨会的主题是"传承、保护与发展"。中国水利学会、中国水利博物馆、中国水利学会水利史研究会等为支持单位，宁波市水文化研究会、绍兴市鉴湖研究会为承办单位。参加会议的代表有近 60 人，收到论文近 30 篇，内容涉及水利史、水文化、大运河、文化遗产、文保、人文、环境等学科。论文涉及的地域西起钱塘江畔，东到宁波三江口。会后，宁波水文化研究会、绍兴市鉴湖研究会编著《浙东水利史论——首届浙东（宁绍）水利史学术研讨会论文集》，该书于 2016 年由宁波出版社出版。

二、申遗举措

为响应大运河申遗，浙东运河沿线各级政府有效组织开展工作，卓有成效地完成了各项任务。

（一）申遗机构

按照文物"属地管理"的原则，其保护机构主体是杭州市、绍兴市、宁波市各级文物管理部门。为了更好地保护和管理运河遗产，各市政府组织成立了运河申遗领导小组，以市发展改革委、财政、水利、交通等23个政府部门作为成员单位。领导小组办公室设在各市文物管理局。

各地在政府主要领导的带领下组织市文物、财政、规划、交通、水利、建设、环保等运河申遗领导小组成员单位的负责人，实地调研检查浙东运河各段工作。召开了大运河申遗迎检工作部署会。要求各级政府和相关部门要进一步提高思想认识，切实做好运河申遗的迎检各项工作，确保在全国运河申遗工作中不拖后腿，能够出彩。

2013年9月23日，国际古迹遗址理事会（ICOMOS）派出专家莉玛·胡贾（Rima Hooja）女士对中国拟申报世界文化遗产的中国大运河（绍兴段）进行实地考察评估。绍兴市设立大运河（绍兴段）申遗项目考察评估临时指挥部，负责国际专家现场考察评估各项工作的总体指挥和组织协调。绍兴市人民政府副市长冯建荣任总指挥长。

（二）编制规划

1.《大运河遗产保护与管理总体规划（2012—2030）》

《大运河遗产保护与管理总体规划（2012—2030）》由国家文物局委托，主持单位为中国文化遗产研究院，参编单位为东南大学建筑设计研究院、中国城市规划设计研究院等6家，GIS支持单位为清华大学。项目聘请了张廷皓为总顾问。2011年4月2日，此总体规划在大运河保护和申遗省部际会商小组第三次会议中审议并原则上通过。此后进行了多轮征求意见和修改完善，经国务院领导同志审阅同意后，在2012年12月27日公布实施。

此总体规划共十三章，其后附详细规划与设计方案编制要求、河道名称对照表。此规划实施，切实推进了大运河遗产保护整治和展示利用工作，为大运河申遗成功和永续发展和利用奠定了坚实基础。

2.《大运河（浙江段）遗产保护规划》

《大运河（浙江段）遗产保护规划》由浙江省文物局委托，中国城市规划设计研究院承担，参编单位为浙江省文物考古研究所。成果由规划文本、规划图纸与附件三部分组成，2012年9月送审，2012年12月31日经浙江省人民政府批复通过。

该保护规划确定了对已列入《世界文化遗产预备名单》的文化遗产的保护和控制办法，明确了界限原则及标准划定保护范围和建设控制地带，也是对大运河（浙江段）文化遗产实施保护和管理的依据。

3.《大运河（杭州段）遗产保护规划》

《大运河（杭州段）遗产保护规划》由中国城市规划设计研究院、浙江省文物考古研究所、杭州市运河综合保护委员会共同编制。遗产河道包括京杭运河（大麻至三堡）、支河（余杭塘河、西塘河、贴沙河、东河等）、上塘河和浙东运河，全长385.5千米，浙东运河（萧山段）长约20千米。杭州市人民政府2012年9月30日批复通过该规划。

4.《大运河（绍兴段）遗产保护规划》

《大运河（绍兴段）遗产保护规划》由绍兴市文物局委托，中国城市规划设计研究院承担，协调方为浙江省文物局，会同绍兴市运河申遗工作领导与专家成员共同编制。规划成果由规划文本、规划图纸与附件三部分组成，2012年9月送审，2012年12月20日经绍兴市人民政府批复通过。

该保护规划是指导一个时期大运河（绍兴段）遗产保护工作的重要依据，实施好该规划，对提升绍兴城市地位，彰显城市个性，传承优秀历史文化，促进地方经济社会发展能产生深远影响。

5.《大运河（宁波段）遗产保护规划》

《大运河（宁波段）遗产保护规划》由宁波市人民政府委托，中国城市规划设计研究院承担，协调方为浙江省文物局，会同大运河（宁波段）保护与申遗领导小组办公室共同编制。规划成果由规划文本、规划图纸与附件三部分组成，2010年11月送审，2013年10月11日公示。

6. 专家审查

2009 年 9 月 8 日至 10 日，浙江省文物局在宁波主持召开大运河（宁波段、绍兴段）遗产保护规划省级论证会。国家大运河保护与申遗工作专家委员会委员和浙江省大运河保护与申遗专家组部分成员，浙江省发改委、财政厅、国土资源厅、住房和城乡建设厅、港航局、水利厅、文物局、旅游局等省级职能部门，浙江省文物考古研究所及宁波、绍兴市大运河保护和申遗领导小组有关成员单位参会。会议认为规划基本明确了宁波、绍兴市域内大运河文化遗产的构成及其保护要求，基础工作扎实，调查研究和评估较为深入，规划指导思想和保护原则明确，规划框架合理，内容全面，符合《大运河遗产保护规划第一阶段编制要求》，原则上可行。同时，会议还从遗产构成及专项评估、与相关专项规划的关系、保护区划和管理规定及文本和图纸等方面就规划的修改完善提出了具体意见。

（三）依法保护

1.《浙江省鉴湖水域保护条例》

《浙江省鉴湖水域保护条例》由浙江省人大常委会于 1988 年 7 月审议、颁布。该条例系统地确定了保护鉴湖的法律规范和行政、技术措施。全文共分 21 条，主要内容有鉴湖的保护范围、水质控制标准、工业污染控制、面源污染防范、奖惩及执行程序、保护鉴湖的监督管理机关等。该条例公布以来，各级、各部门进行了认真的宣传、贯彻，并按照边宣传、边执行的原则，加强法治建设和执法检查，使鉴湖、运河的保护工作走上了法治的轨道。2009 年 4 月 1 日，浙江省第十一届人民代表大会常务委员会第十次会议对《浙江省鉴湖水域保护条例》作第五次修改决定。

2. 执法

2012 年绍兴市环保局严格环境执法监管，加强对运河沿线污染企业治理，组织开展"蓝剑""双控""利剑""飞鹰"等环保专项执法行动 26 次，分别对排放口、企业污水治理设施、在线监控设施运行、固废管理台账及贮存场所和处置去向、在线监测反映超标的企业进行检查。全市环保部门累计出动执法人员 51564 人次，检查企业 26949 家，依法办理环境违法案件 373 起，罚款 1857 万元，关停企业 211 家。绍兴市环保局联合绍兴市公安局开展了联合执法行动月活动，有效打击了环境违法行为。

2012 年 7 月 10 日，绍兴市水政监察支队深夜查获一起泥浆偷排大案，绍兴市委书记张金如 7 月 13 日批示：请市公安、水利调查、侦查清楚，明确责任，严肃处理。

2012 年，该案在浙江省"清除河障、改善生态"专项执法行动中被浙江省水政监察总队评选为全省十大水事典型案例。

（四）工程推进

1. 纤道修缮

（1）柯桥区段（原绍兴县段）

1988 年 1 月 13 日，绍兴古纤道被国务院公布为第三批全国重点文物保护单位。之后，当时的绍兴县文物部门根据文物保护和维修原则，积极开展古纤道及周边环境相应的保护。

①设立标志

在古纤道起止点等处设置永久性石刻保护标志。申报了古纤道的保护范围和建设控制地带，1994 年浙江省人民政府以浙政发〔1994〕204 号文件正式批准公布了全国重点文物保护单位古纤道的保护范围和建设控制地带。

②修复保护

自 1989 年开始，根据古纤道残损情况，制定"点线结合，突出重点，不改变文物原状"的原则，并在实际施工整修中依照文物保护法的相关要求，坚持"整旧如旧，保持现状，恢复原貌"的维修原则，做到修复后的古纤道外观保持原粗犷、自然的建筑风格。为保持古纤道的时代特征，所添配的石材要求是旧石材，其规格、质地与纤道石材相同，风貌一致。其间，在浙江大学建筑系的协助下，绍兴县文物部门对全长 7.5 千米的古纤道进行了全面测绘，1992 年底，经过专业人士的实地测量和查典寻据，古纤道"四有"档案资料工作基本完成。

2001年5月，针对玉带桥段、宝带桥段双面临水古纤道多次遭到自然和人为损毁的实际情况以及柯华大桥以东至上谢桥残损较甚的现状，文物部门邀请浙江省古建筑设计研究院制定《全国重点文物保护单位绍兴古纤道保护维修方案》上报国家文物局。同年，国家文物局拨款50万元，县文物部门安排专业施工力量，对上述地段的古纤道进行了全面修复。

③综合整治

2003年，古运河环境整治被绍兴县委、县政府提到议事日程。此次规划整治的范围涉及全国重点文保单位古纤道、浙江省文保单位太平桥、绍兴县文保单位古柯亭的保护范围和建设控制地带。

2004年3月17日，按照国家文物局文物保函〔2004〕304号文件，县文物部门对古纤道上谢桥段至轻纺大桥段进行局部保护维修。

2013年2月19日，县文物部门要求省文物局大运河申遗专家组对古纤道整治工作进行现场辅导。根据申遗要求和专家意见，凡是视野所及不协调的都要进行整改。如专家对废弃电线的处理、广告牌的安放以及废弃建筑、管线、水质的改造等提出了整治意见和建议。为此，绍兴县分别就空气质量、河道水质、立面效果、管线处理、河岸保洁、沿河绿化、街面整治、展馆建设等8个方面制定了具体的整治方案。

2013年3月，绍兴县文物部门招标并邀请绍兴市城市规划设计研究院编制《大运河申报世界文化遗产绍兴县段整治方案》。该方案对古纤道4处坍塌、27处基础倾斜、路面石板断裂，沿岸5处污水管道口，4处废弃建筑设施，均作了详细记录，并提出整治措施。同时制定《古纤道局部保养加固维修工程保护方案设计》。

2013年4月底，古纤道周边环境整治工作顺利完成。全面处理古纤道沿线的垃圾、废弃建筑、违章物、绿化、无序广告、管线、工业污染等问题，达到古纤道沿途视野内无垃圾，工业废气符合国家规定的排放标准；沿线各断面水质均不低于V类；河道中无船坞、明显淤积及废弃渔业设施、桥墩等；河岸无排污管，污水口及其他管网隐蔽，通信、电力线缆入地，使沿线环境整洁、有序、美观。

（2）越城区段

2012 年起，绍兴市河道综合整治投资开发有限公司对浙东古运河（皋埠段）进行保护整治。工程位于绍兴市皋埠街道，主要建设内容包括河道砌坎和环境改造两部分，通过砌坎等工程措施，保护运河，改善运河水环境，同时结合沿线绿化、立面改造等，改善运河沿线周边环境。

在工程建设过程中，根据绍兴市文物局绍文物〔2012〕6 号文件，按照《中华人民共和国文物保护法》关于"对不可移动文物进行修缮、保养、迁移时，必须遵守不改变文物原状的原则"，尽量保护文物建筑的真实性。

一期工程东起集体村，西至塘下赵村东湖风景区，全长 2.6 千米。2012 年 6 月 12 日正式施工，至 2013 年 2 月 2 日完工。主要工程量包括重建河坎 915 米，修复老河坎 1653 米，保留现状河坎 1627 米，新建围墙305 米，围墙改造 930 米，立面改造 12280 平方米，绿化 1026 平方米，铺装 22 平方米，修复桥梁 2 座。概算总投资为 1815.06 万元。

二期工程西起集体村，东至樊江村，北侧紧邻 104 国道，整治长度 5.3千米。主要工程量包括修缮原有河坎 1282.4 米，维修河坎 3091 米，土坡挡墙加固 583 米，绿化布置 5230 平方米，原址恢复古桥梁和古亭各 1 座。概算总投资 1555.66 万元。工程于 2013 年 10 月 20 日正式开始施工，至2014 年 3 月 27 日完工。

2. 迎恩门环境改造工程

2007 年，绍兴市决定对浙东古运河进入绍兴城西大门迎恩门西至公铁立交桥全长约 1.8 千米，总面积 50 余万平方米的区块进行全面改造，总投资 20 余亿元。此区块为浙东运河进入绍兴城的门户，自古商贸繁华，行船如织，古迹众多，文化深厚，被誉为有"王气""商气""文气"之地。按照目标定位，该区块将成为绍兴古城西部以运河为主轴线特色鲜明的水街，成为浙东古运河上一个新的亮点，并与浙东运河众多景点连成一体。

3. 八字桥环境整治

2012 年 11 月下旬，绍兴市政府召开了大运河（绍兴段）遗产保护整治工作推进会，向各部门分派了运河遗产保护整治的各项任务，下达对八字桥历史街区内河道和街巷的环境整治工作任务。

（五）非遗保护

2006 年 5 月 31 日，第二届文化遗产保护与可持续发展国际会议在浙江绍兴举行。这次会议由中国国家文物局、中国住房和城乡建设部、联合国教科文组织、世界银行共同主办，浙江省文物局、绍兴市人民政府承办。会议目的是促进世界各地文化遗产保护经验的交流，进一步改善日益增长的城市人口的生活环境和文化氛围，同时学习、借鉴、引进世界文化遗产保护的先进理念和方法，促进中国文化遗产保护与可持续发展。参加会议的有来自 16 个国家和地区的文化遗产保护、城市规划、旅游发展等方面的 200 余名专家、学者、官员。

至 2020 年，绍兴市共有国家级非物质文化遗产 24 项，省级非遗项目 85 个，市级非遗项目 241 个。全市有非遗国家级传承人 14 名，省级传承人 86 名，市级传承人 297 名。

至 2023 年宁波有国家级传承人 16 人，省级传承人 101 人；市级传承人 445 人；县级传承人 1130 人；国家级项目 28 项；省级项目 106 项；市级项目 369 项；县级项目 1046 项。国家级传承基地（保护单位）28 家，省级 105 家，市级 396 家。非遗展示馆 55 家。

（六）重要人物

在当代浙东运河保护、研究和申遗过程中，社会各界人士、诸多专家学者作出积极努力和杰出贡献，载入史册。

1. 姚汉源

姚汉源（1913—2009）长年耕耘水利史等学科研究，一生著作颇丰。所著《中国水利史纲要》《京杭运河史》是公认的现代水利史、运河史的权威著作。"生平遍走南北，常慕浙东贤豪，山阴风物以不得一睹为憾。"①

---

① 盛鸿郎主编：《鉴湖与绍兴水利·序》，中国书店 1991 年版。

姚汉源先生的浙东情结也很深厚。

在 1990 年 4 月绍兴的鉴湖会议上发表论文《浙东运河史考略》,全文约 33000 字,分上、下两篇。[①] 此文史实资料扎实丰富,许多资料是当时首引;不但使浙东运河的历史沿革基本得到系统完整记述,还精准地进行了水利、航运、社会发展之间的关系史论,其中的《宋代浙东运河图》是姚汉源先生经精心考证而绘制的,是学界公认的权威浙东运河地图。

姚汉源先生欣闻运河园建设成就,作《九十一岁自述忆旧游》诗:

> 少涉千层浪,壮思万里流。
>
> 浙东好山水,运河可泛舟。
>
> 友朋结同气,愿作十日游。
>
> 拙笔写情意,四载志未酬。
>
> 欲歌旧胸臆,耄耋空怀忧。
>
> 又忆唐贤语,老大念故丘。

表达了他对浙东山水的热爱,对泛舟运河的感悟,以及对越中的深厚情谊,写得情真意切。真迹题刻在绍兴运河园内。

2. 罗哲文

罗哲文(1924—2012)曾任国家文物局古建筑专家组组长、中国文物研究所原所长、全国历史文化名城保护专家委员会副主任等,中国人民政治协商会议第六、七、八届全国委员会委员。主要著作有《中国古塔》《中国古代建筑简史》《长城》《长城赞》《长城史话》《中国帝王陵》等。

2005 年 12 月,罗哲文与郑孝燮、朱炳仁一起发表公开信,向京杭运河沿岸 18 个城市的市长发出呼吁,建议立即以创新的思路,通过申报世界遗产,对大运河加以综合保护与利用。此建议得到北京、杭州和扬州等城市有关方面的积极回应。

罗哲文对浙东运河申遗工作也不遗余力地关心支持。2008 年 6 月,全

---

① 盛鸿郎主编:《鉴湖与绍兴水利》,中国书店 1991 年版。

国政协副主席陈奎元带队视察浙东运河，罗哲文是主要成员，其间作重要指导。为鼓励和支持绍兴运河保护和申遗，他先后题词作诗，真迹题刻于绍兴运河园内。

其《绍兴运河文化园补壁》：

其一

天下古桥说绍兴，八字立交负盛名。

最是纤桥世罕有，悠悠千载运河情。

其二

千古浙东大运河，至今千里泛清波。

江南鱼米之乡地，众口同声赖此河。

庚寅初夏，年方八十七岁。

3. 潘家铮

潘家铮（1927—2012）是土木工程和水利水电工程学家，绍兴人。1950年7月毕业于浙江大学土木系。1985年任水电部总工程师，1988年任能源部总工程师。1980年当选为中国科学院（技术科学部）学部委员。1994年被选聘为中国工程院（土木、水利与建筑工程学部）院士，并当选为中国工程院副院长。

潘家铮关心家乡的发展，尤其是水利事业的发展。在曹娥江大闸建设期间，他担任曹娥江大闸专家组顾问，虽年事已高，但先后三次参加大闸专家组活动，提出了"把曹娥江大闸建成为一座能长期安全运行、发挥综合效益的造福工程，一座依靠科学技术、反映开拓创新的时代工程，一座生态健康、环境优美、体现以人为本的和谐工程"的设想，并深入大闸工地现场亲自指导，对大闸工程建设技术难题的突破起到了重要的作用。他对大闸水文化的布局建设也提出了具体创造性的建议，将大闸命名为"中国第一河口大闸"并题词，还为《中国第一河口大闸——曹娥江大闸建设纪实》一书作序。

潘家铮先生在获悉家乡整治古运河的讯息后，欣然命笔并托专人带给古运河整治办。其诗激情奔放,其书笔力雄健,一片爱乡、恋乡、诵乡、咏水和为古越文化自豪、为绍兴繁华而感奋之情跃然纸上。诗名《浙东古运河整治纪盛》:

> 舟船辐辏,纤道蜿蜒。
>
> 工商并茂,河海相连。
>
> 新容旧貌,碧水蓝天。
>
> 懿欤盛世,欲赋忘言。

4. 陈桥驿

陈桥驿(1923—2015)原名陈庆均,绍兴人。曾任中国地理学会历史地理专业委员会主任,是如今公认的郦学泰斗。

历经70年笔耕不辍,出版地理学、郦学、吴越文化、方志学等方面著作70余种,发表各类论文400多篇。90岁时获得浙江大学竺可桢奖,91岁时获得中国地理科学成就奖。他20世纪60年代初在《地理学报》发表的关于山会平原的农田水利、绍兴附近森林变迁的研究,对于现代中国历史地理学的建立,具有开拓性的学术意义;长期致力于《水经注》的研究,出版多个校本,厘清郦学门径,开创了郦学的地理学一派。在拓展历史城市地理研究,深化地名学理论,更新方志学理念,开展地理科普等学科领域多有重要建树和引领影响及地位。陈桥驿在积极致力学术研究的同时,充满了对家乡的热爱,不忘报效桑梓。他关于大禹文化、宁绍平原、鉴湖运河水系、城市聚落等的研究和传播,为绍兴市水利发展、城乡建设、旅游开发提供了历史文献依据。他的《绍兴史话》《绍兴地方文献考录》《吴越文化论丛》等专著的出版发行,不仅为绍兴地区研究吴越文化夯实了基础,也推进了地方文献的搜集、整理、研究和运用的进程。

陈桥驿独树一帜,将大禹文化的研究推前到了25000年开始的假轮虫海侵时期,具有杰出的时代性、科学性和合理性,为学界所认同,也使绍兴的大禹文化研究的保护和传承有了明确的方向和主题。

绍兴水文化、水利史是陈桥驿长期关注和精心培育的领域,他不但基础研究硕果累累，水文化理论研究和实践成果也走在全国前列。

浙东运河能与京杭运河、隋唐运河同作为中国大运河三段组成部分，在 2014 年 6 月 22 日第 38 届世界遗产大会申遗成功，陈桥驿功绩卓著。他明确率先提出应将"京杭大运河"改为"南北大运河"，把浙东运河纳入大运河申遗范围。2005 年底主编《中国运河开发史》，浙东运河成为主要的著述内容之一。确立了浙东运河为中国大运河南端、海上丝绸之路南起始段的崇高地位。

陈桥驿还积极参与家乡的规划决策论证、编修史志、水环境保护等活动，并提出了许多宝贵的建议。

陈桥驿有《绍兴水利史》诗：

> 洪波已随海退去，平野茫茫仍沮洳。
>
> 越水重浊越民愚，夷吾之言实不虚。
>
> 惨憺句践营富中，斗胆马臻创镜湖。
>
> 改天换地三千年，缵禹之绪一部书。

揭示了绍兴历史上自然、社会发展及其与水利的关系。真迹题刻于绍兴运河之中。

5. 邹逸麟

邹逸麟（1935—2020），浙江宁波人，复旦大学教授，第三、四届国务院学位委员会历史学科评议组成员，2019 年版《辞海》副主编，中国历史地理学界重要代表人物之一。

邹逸麟长期从事中国运河史研究，对大运河之于中国历史的意义有着深刻而辩证的思考。他先后提出"从生态文明角度看大运河负面影响""运河对中华文明发展厥功至伟"等集合自然、人文多要素认识大运河史的精辟论断。邹逸麟早年运河史研究成果《从含嘉仓的发掘谈隋唐时期的漕运和粮仓》《山东运河历史地理问题初探》《试论我国运河的历史变迁》《略论历史上交通运输与社会经济发展的关系》等至今仍被奉为运河研究圭臬。2008 年邹逸麟先生在陈桥驿先生主编的《中国运河开发史》中发表《山东运河开发史研究》。2019 年 9 月，邹逸麟先生任总主编的 1400 万字巨著《中国运河志》首发，充分体现了邹逸麟在运河史研究领域的权威地位与专业积淀。

邹逸麟不忘桑梓，对浙东水利史研究关心颇多。1985 年邹逸麟在《中国历史地理论丛》上发表《广德湖考》，对古代浙东名湖——广德湖的兴废加以全面梳理。2004 年他又于《宁波通讯》刊发《一颗消失的明珠——鄞州广德湖》科普文章，向学术界以外的读者介绍了广德湖的水利、环境历史。此外，邹逸麟经典著作《中国历史地理概述》《中国历史自然地理》均对浙东历史环境，特别是水域生态变迁进行了全方位考察，具有极高学术价值。

三、申遗成功

（一）世界文化遗产

世界文化遗产是一项由联合国发起、联合国教育科学文化组织负责执行的国际公约建制，以保存对全世界人类都具有杰出普遍性价值的自然或文化处所为目的。世界文化遗产是文化的保护与传承的最高等级，属于世界遗产范畴。

（二）申遗过程

2008 年 3 月，杭州、嘉兴、湖州、绍兴、宁波等 33 个大运河沿线城市成立"大运河申遗城市联盟"，会议达成并发表了《大运河保护与申遗扬州共识》。

2004 年起，中国人民政治协商会议全国委员会（以下简称全国政协）、国家文物局及众多专家提出大运河申遗意向，沿线各地纷纷响应，陆续开展相关调研工作。2006 年 3 月，58 位全国政协委员联名向全国政协十届四次会议提交《应高度重视京杭大运河的保护和启动申遗工作》的提案；5 月，国务院将京杭大运河公布为全国重点文物保护单位。

2006 年 6 月 17 日在杭州召开的"京杭大运河保护与申遗研讨会"上，陈桥驿明确提出大运河申遗应包含浙东运河。

2006 年 12 月，国家文物局重新公布并报送联合国教科文组织世界遗产中心第二批《中国世界文化遗产预备名单》，共计 35 项，大运河入选其中。浙江省位于大运河南端，大运河跨越嘉兴、杭州、湖州、绍兴、宁波等 5 个设区市，保存了大量相关文化遗迹。

国家文物局根据相关省级人民政府的推荐，将隋唐大运河、浙东运河遗产整体纳入大运河项目，并报请国务院公布为第七批全国重点文物保护单位。

2007 年 6 月，在北京召开大运河保护及申遗工作协调会，申遗涉及城市从 18 个增至 24 个。

2008 年 3 月，杭州、嘉兴、湖州、绍兴、宁波等 33 个大运河沿线城市成立"大运河申遗城市联盟"。5 月 14 日，浙江省文物局组织召开大运河浙江段保护及申报世界文化遗产工作会议，部署浙江省大运河保护和申遗工作任务。6 月 22 日，全国政协副主席陈奎元、国家文物局局长单霁翔等率大运河保护与申遗工作调研组专家对大运河浙江段进行实地考察。11 月，浙东运河被列入中国大运河申遗项目。11 月 11 日，省文物局组织召开浙东运河保护及申报世界遗产工作会议，就浙东运河保护与申遗工作进行动员和部署。12 月，绍兴、宁波启动申遗前期大运河遗产资源调查工作。

2009 年 6 月 18 日，浙江省文物局发出《关于成立浙江省大运河保护与申报世界文化遗产专家组的通知》（浙文发〔2009〕157 号），专家组由 18 位成员组成。

（三）卡塔尔多哈第 38 届世界遗产大会

北京时间 2014 年 6 月 22 日 15 点 23 分，在卡塔尔多哈召开的联合国教科文组织第 38 届世界遗产委员会会议，审议通过中国"大运河"项目列入《世界遗产名录》。大运河是在世界范围内具有广泛影响和号召力的超大型线性文化遗产。

世界遗产委员会评价：

　　大运河是世界上最长的、最古老的人工水道，也是工业革命前规模最大、范围最广的工程项目，它促进了中国南北物资的交流和领土的统一管辖，反映出中国人民高超的智慧、决心和勇气，以及东方文明在水利技术和管理能力方面的杰出成就。历经两千余年的持续发展与演变，大运河直到今天仍发挥着重要的交通、运输、行洪、灌溉、输水等作用，是大运河沿线地区不可缺少的重要交通运输方式，自古至今在保障中国经济繁荣和社会稳定方面发挥了重要的作用。符合世界遗产标准（Ⅰ）、（Ⅲ）、（Ⅳ）。

最终，大运河申遗成功，京杭运河、隋唐运河、浙东运河包含其中。

（四）浙江运河河道段和遗产点[①]

1. 浙江运河河道 5 段，运河遗产点 13 个

浙江运河河道 5 段：江南运河嘉兴—杭州段、江南运河南浔段、浙东运河萧山—绍兴段、浙东运河上虞至余姚段、浙东运河宁波段。

浙东运河遗产点 13 个：湖州南浔镇历史文化街区、嘉兴长虹桥、嘉兴长安闸、杭州富义仓、杭州凤山水城门遗址、杭州桥西历史街区、杭州西兴过塘行码头、杭州拱宸桥、杭州广济桥、绍兴八字桥、绍兴八字桥历史街区、绍兴古纤道和宁波庆安会馆。

2. 浙东运河河道 3 段

（1）浙东运河萧山—绍兴段

萧绍运河西起西兴镇，向东流经萧山城区，到衙前镇后进入绍兴市柯桥区钱清镇与西小江汇合，再向东，通过上虞区抵曹娥江，全长 78.5 千米。

（2）浙东运河上虞—余姚段

上虞段大运河属浙东运河，西从东关街道担山村入境，东至驿亭镇长

---

① 主要资料由浙江省文物考古研究所监测研究室傅峥嵘提供。参见浙江省文物局编：《浙江省第三次全国文物普查新发现丛书·大运河遗产》，浙江古籍出版社 2012 年版。

坝入余姚，中间沟通曹娥江，包括萧曹运河（浙东运河杭州萧山—曹娥江段）和虞余运河（浙东运河上虞—余姚段）两段河道，全长26.4千米。

（3）浙东运河宁波段

浙东运河宁波段第一段为浙东运河上虞—余姚段中的宁波段，从五夫升船机至曹墅桥，属于六级航道，航道平均宽22米，水深1.5米。

浙东运河宁波段第二段为大运河（宁波段），经余姚、江北、海曙、鄞州、江东、北仑、镇海等地，由姚江、甬江、慈江、刹子港、杭甬运河等河道组成，是第七批全国重点文物保护单位。这是运河文明与"海丝"文明对接的通道，横贯宁波北部，全长133千米。

以上属浙东运河遗产河道段共138千米，其中杭州萧山—绍兴段90千米，上虞—余姚段25千米，宁波段23千米。

3. 浙东运河遗产点5个

（1）杭州西兴过塘行码头

西兴过塘行码头位于钱塘江南岸的西兴古镇，自古为"浙东首地，宁、绍、台之襟喉"。古代西兴万商云集，出现了专替过往客商转运货物的转运行，也叫"过塘行"。南北客商、东西货物都需集此中转，故过塘行布满西兴，是西兴商业全盛时期的标志。全盛时期，西兴拥有七十二爿过塘行。

（2）绍兴八字桥

绍兴八字桥位于绍兴城区八字桥直街东端，处广宁桥、东双桥之间。其作为我国最早的"立交桥"，据嘉泰《会稽志》记载，始建于南宋嘉泰年间（1201—1204），南宋宝祐四年（1256）重建，"两桥相对而斜，状如八字，故得名"。2001年6月25日，八字桥被列入第五批全国重点文物保护单位。

（3）绍兴八字桥历史街区

绍兴八字桥历史街区包括广宁桥、东双桥，还有附近新修复的都泗门城楼，主要传承和展示的是传统古石桥、水城河道格局、传统民居建筑与百姓习俗等。八字桥以西亦有一座教堂，兼有罗马式与巴洛克风格，为绍兴市文物保护单位。

（4）绍兴古纤道

绍兴古纤道位于绍兴市境内浙东运河绍兴—萧山段，唐元和十年（815）观察使孟简所建，又名"官塘""运道塘"。其卧伏于西兴运河，是萧绍运河上的一大奇观。所用材料皆为青条石、青石板，因有"白玉长堤"之称。绍兴古纤道历史久远，形制独特，为国内所罕见。

（5）宁波庆安会馆

宁波庆安会馆位于浙江省宁波市区三江口东岸，为甬埠行驶北洋的舶商所建，始建于清道光三十年（1850），落成于咸丰三年（1853），既是祭祀天后妈祖的殿堂，又是舶商、航工娱乐聚会的场所。它是中国八大天后宫和七大会馆之一，也是现在江南仅存的两处融天后宫与会馆为一体的古建筑群之一。2001年6月，庆安会馆作为清代古建筑，被国务院公布为第五批全国重点文物保护单位，后改建为全国首家海事民俗博物馆。

四、灌排遗产申遗

（一）宁波它山堰申遗

它山堰位于宁波海曙区鄞江镇（原属鄞州区）的它山旁，甬江支流鄞江樟溪出口处，于唐代大和七年（833）由县令王元暐创建，主要功能为御咸蓄淡、引水灌溉。

1. 工程概况

它山堰拦河坝工程是我国历史最悠久的条石砌筑重力坝，坝底倾向上游，倾角为5度，较现代坝基倾斜理论提出早1000余年。坝体弧线形结构起到拱坝作用，并在很大程度上减少了洪水对两岸的冲刷，与近代力学提出的效能理论一致。唐代明州城迁址三江口，得益于它山堰灌溉引水渠系的效益和功能完善。它山堰灌溉工程沿用至今已千余年，历代不断完善管理和维修制度，现为全国重点文物保护单位。

2. 申遗过程

2013 年下半年，鄞州区水利局开始为它山堰申报世界灌溉工程遗产。因当时它山堰灌溉工程申报准备工作不充分，在 2014 年国际灌溉排水委员会筛选中，它山堰申遗未获成功。

之后，鄞州区水利局与当地政府，加大对它山堰灌溉工程的基础研究和保护力度，对水利工程周围环境进行整治，拆除违建；又对沿线在建或即将要建设的水利工程进行排查，坚持在确保它山堰工程原真性和工程安全前提下，才能修建新的水利工程。

2015 年 5 月，进入第二次申遗评选环节。国家灌溉排水委员会递交了 3 个项目给国际灌溉排水委员会，它山堰位列其中。经世界灌溉排水委员会秘书长会议研究，全世界通过初审的项目为 25 个。第二轮评审，淘汰 6 个项目，在国际专家组评审环节，又淘汰 3 个项目。2015 年 10 月 11 日至 17 日，在法国文化名城蒙彼利埃，第 26 届国际灌排委员会举行欧洲与地中海会议暨第 66 届国际执行理事会全体会议，中国代表团一行共 36 人赴蒙彼利埃。16 个项目逐个进行 10 分钟左右的陈述和影像播放。之后，全体理事进行表决。它山堰被国际灌溉排水委员会评定为世界灌溉工程遗产，申遗获得成功。

（二）诸暨井灌申遗

1. 工程概况

浙东运河最早的主要功能是农业灌溉。浙东地区提水灌溉有着多种形式。其中位于会稽山麓诸暨赵家镇的桔槔井灌是最为原始的农业灌溉形式，至今犹存，成为独一无二以井灌形式申报的世界灌溉工程遗产。

诸暨井灌工程位于诸暨赵家镇的泉畈村，地处会稽山走马岗主峰下的黄檀溪冲积小盆地，区域降水丰富，地下水资源丰富、埋深浅、回补快，为提水井灌创造了良好的自然条件。数百年来，凿井并用桔槔提水成为泉畈村居民灌溉的主要方式，至今仍在使用，发挥着灌溉和生活供水效益。

2. 申遗过程

自 2014 年起，水利部农村水利司、中国水利学会水利史研究会、绍兴市水利局、绍兴市鉴湖研究会同诸暨市水利局等为申请世界灌溉工程遗产事宜而多次实地调研，并由中国水利水电科学研究院水利史研究所、中国水利学会水利史研究会编制了中国诸暨井灌工程遗产申报书。

诸暨井灌工程遗产申请世界灌溉工程遗产的专家认为：桔槔提水灌溉这一古老的灌溉方式仍在浙江诸暨赵家镇保留和沿用。有据可考诸暨井灌工程遗产至少早在 12 世纪，以何、赵两姓为主的移民充分利用这里丰富的地下水资源条件，凿井汲水灌溉，用最古老和简易的水利工程设施维持了千百年的农业、人口发展并形成村落。他们对于地下水循环机理的认知不亚于现代水文科学，而基于土地分配的水资源配置、以农户为单位的相对独立的灌溉工程管理为我们展现了可持续灌溉的特殊模式。桔槔井灌在 21 世纪科技社会高度发达的今天仍在诸暨延续，有其特殊的文化意义，是井灌工程的活化石。

2015 年 10 月 14 日《中国水利报》报道：

> 正在法国召开的国际灌排委员会第 66 届国际执行理事会 10 月 12 日公布了 2015 年入选的世界灌溉工程遗产名单，中国申报的诸暨桔槔井灌工程、寿县芍陂及宁波它山堰三个项目全部入选。今年共有 16 个项目入选。
>
> 诸暨桔槔井灌工程位于浙江省诸暨市赵家镇，这里的桔槔提水井灌最早可追溯至南宋，这种最为古老的灌溉方式至今仍在泉畈等村使用，堪称灌溉文明的活化石。芍陂又称安丰塘，位于安徽省寿县，是历史最悠久的大型陂塘蓄水灌溉工程，历经 2600 多年演变，至今仍灌溉 67 万亩农田。它山堰位于宁波市鄞州区的鄞江镇，始建于唐大和七年（833），拦河坝的设计和建造代表了当时大型砌石结构水利工程的最高成就，至今仍在发挥功能。
>
> 世界灌溉工程遗产名录自 2014 年开始在全球范围评选。第

一批共有 17 个项目入选，包括中国的通济堰、东风堰、紫鹊界梯田和木兰陂 4 个项目。①

五、后申遗时期

（一）科学规划

1.《杭州市大运河世界文化遗产保护规划》

《杭州市大运河世界文化遗产保护规划》由杭州市运河综保委委托杭州市城市规划设计研究院和中国建筑设计院有限公司于 2015 年 9 月联合编制。2019 年 1 月 15 日，杭州市人民政府正式发文批复。

本规划积极落实大运河申遗文本和中国大运河遗产管理规划的总体原则，将遗产保护的宏观要求和大运河杭州段的六个遗产点及 110 千米的遗产河道的沿线空间相结合。创新点是"多规合一"，把遗产保护规划与杭州城市总体规划、土地利用规划衔接，整合港航、水利等专项规划，实现了遗产保护、城乡规划、国土、港航、水利、防洪、水环境、旅游等多规划融合。

2.《萧山城市发展历史脉络与历史文化保护利用研究（成果）》

《萧山城市发展历史脉络与历史文化保护利用研究（成果）》由杭州市萧山区规划研究院于 2015 年 12 月编制。主要内容包括：历史文化保护利用概论；萧山区域与城市发展历程概述；萧山区域与城市发展特征分析；萧山城区历史文化资源挖掘提炼；历史文化保护利用案例分析借鉴；萧山城区历史文化的保护利用。

3.《滨水空间的复兴——浙东运河（萧山段）保护与利用研究》

《滨水空间的复兴——浙东运河（萧山段）保护与利用研究》由杭州市萧山区规划研究院、杭州天元建筑设计研究院有限公司于 2016 年联合编制。主要内容包括：历史沿革；现状与问题分析；保护利用总体思路；

---

① 《中国水利报》2015 年 10 月 14 日"建设管理版"。

总体空间格局；重点景观节点保护利用方案。

4.《浙东运河绍兴段文化带建设前期专题研究》

《浙东运河绍兴段文化带建设前期专题研究》（简称《专题研究》）由绍兴市发展和改革委员会委托绍兴市鉴湖研究会 2017 年 9 月编制。

《专题研究》对浙东运河（萧山西兴至宁波镇海）200 千米主要航线从"变迁沿革""现存运河""历史地位"三个方面展开基础研究，理清运河历史发展脉络；对绍兴市内 101 千米的人工运河从越国、汉晋、唐宋、明清、现代各个时期的形成、发展开展了全面调查、分析、研究；对浙东运河如何保护、传承、利用、开发提出了建设性发展目标和措施；根据绍兴市实际情况进行分析研究，研究了国家、省、市、县 77 个文保单位保护措施方案；提出了 55 个沿运河带可建项目。资料翔实，有理有据，有利于进一步开展运河的规划工作。

2017 年 10 月，绍兴市在全省各市率先完成高质量的《专题研究》，受到省领导表扬。《专题研究》还受到全国政协委员、中国文化遗产研究院原院长、研究员、中国文物学会副会长张廷皓，中国水利水电科学研究院教授、中国水利史研究会原会长周魁一等专家的充分肯定。

> 《专题研究》把握准确，符合历史和实际需要；在梳理绍兴段运河历史的基础上，对运河遗产的文化与技术价值进行了全面评估，予绍兴运河在中国大运河地位以客观定位；对绍兴段运河开展全面的调研，基本摸清了文化资源、遗产存续现状，以及管理体制、环境、宣传等方面的情况，并在此基础上分析了存在的主要问题；针对运河遗产的历史地位、水利功能和现状，提出了保护与传承的建议。

5.《中国大运河浙东运河绍兴段文化带保护、传承、利用规划》

《中国大运河浙东运河绍兴段文化带保护、传承、利用规划》由绍兴市发展和改革委员会委托绍兴市鉴湖研究会编制，2018 年完成。

其基本思路是：以大运河文化带建设为重要机遇和载体，结合绍兴文创举措，抓住优势发挥产业振兴的空前重大历史机遇，打造"传承古越文脉，展示水城风情；泛舟千里清波，创立百世伟业"的大运河绍兴段特色典范和标志性品牌，促进绍兴各项事业的全面发展；以古越文化为主体，彰显世界遗产东方水城特色保护带；以水清、流畅、景美为目标，建设运河生态文明示范带；以黄酒、丝绸等传统产业为主导，振兴沿运开放经济带；以"千古运河，唐诗之路"为特色，打造全域游融合带。

主要内容包括：总则、大运河（绍兴段）概况、运河遗产构成、价值评估、国际优秀运河案例分析、规划总体要求、规划空间导向、规划主要任务、规划重大工程、实施保障等。

以"河为线，城为珠，线串珠，珠带面"的开发思路，构建浙东运河绍兴段"一核、三片、多节点、全域游"的开发格局。全面建设绍兴运河段璀璨文化带、绿色生态带、缤纷旅游带，实现运河水域、岸线及沿岸珍贵文化遗产、生态、旅游等资源要素点带汇聚、有机组合和高效匹配。

2018年9月29日，在北京组织召开了由我国多位大运河著名专家组成的专家评审会。评审意见如下。

该规划编制符合国家大运河文化带建设工作部署与原则要求，走在了前列；编制基础工作扎实、问题分析准确，对绍兴区域的历史文化的构成梳理清晰，内容完整，分类科学，为规划编制奠定了良好的基础；体例完备，文本内容系统、翔实，图集编绘规范，附录丰富。专家组一致同意《中国大运河浙东运河绍兴段文化带保护、传承、利用规划》通过评审验收。

6.《绍兴古桥群保护规划》

《绍兴古桥群保护规划》由绍兴市文物局、绍兴市城市规划设计研究院于2017年编制。主要内容由绍兴古桥概述、文物基本情况、大运河规划衔接、总则、专项评估、规划框架、保护区划、保护措施、环境规划、展示利用规划、其他专项规划等组成。

7.《绍兴古纤道保护规划》

《绍兴古纤道保护规划》由绍兴市城市规划设计研究院根据 2015 年 6 月 12 日国家文物局批复文件，启动绍兴古纤道保护规划编制工作。主要内容由绍兴古纤道概述、现状分析与规划衔接、规划等组成。

（二）依法规范

1.《杭州市大运河世界文化遗产保护条例》

为加强中国大运河世界文化遗产保护，促进中国大运河世界文化遗产突出价值的保存、研究与展示，发挥文化遗产在城市发展中的作用，根据《中华人民共和国文物保护法》《历史文化名城名镇名村保护条例》等法律、法规，制定《杭州市大运河世界文化遗产保护条例》。条例共 38 条。2016年 12 月 29 日杭州市第十二届人民代表大会常务委员会第四十一次会议审议通过，2017 年 3 月 30 日浙江省第十二届人民代表大会常务委员会第三十九次会议批准，自 2017 年 5 月 1 日起施行。

2.《关于加强大运河（绍兴段）世界文化遗产保护、利用、传承工作的实施意见》

2014 年 6 月 22 日大运河申遗成功，2014 年 9 月 4 日，中共绍兴市委办公室、绍兴市人民政府办公室发布《关于加强大运河（绍兴段）世界文化遗产保护、利用、传承工作的实施意见》，明确了保护利用工作与经济发展的关系，建立长效保护管理机制，加强监测保护工作、遗产环境和景观保护工作、宣传展示和旅游管理几方面的工作，并界定有关部门工作职责和近期工作任务，对下一阶段遗产保护管理工作提出新的要求。

3.《绍兴古城保护利用条例》

《绍兴古城保护利用条例》，2018 年 8 月 29 日由绍兴市第八届人民代表大会常务委员会第十五次会议通过，2018 年 9 月 30 日浙江省第十三届人民代表大会常务委员会第五次会议批准，2019 年 1 月 1 日实施。条例共七章 48 条，由总则、保护规划与名录、保护要求与措施、合理利用、监督检查、法律责任以及附则组成。条例为绍兴古城的保护和利用，继承优秀历史文化遗产，促进可持续发展提供了法律保障。条例也为古城内运河河道水系的保护管理提出了法律规范依据。

4.《绍兴市大运河世界文化遗产保护条例》

为加强大运河世界文化遗产的保护，促进大运河文化保护传承利用，根据《中华人民共和国文物保护法》《历史文化名城名镇名村保护条例》等法律、法规，结合绍兴市实际，制定《绍兴市大运河世界文化遗产保护条例》。条例共 30 条。2019 年 8 月 30 日绍兴市第八届人民代表大会常务委员会第二十五次会议审议通过，2019 年 9 月 27 日浙江省第十三届人民代表大会常务委员会第十四次会议批准。该条例自 2020 年 1 月 1 日起实施。

5.《宁波市大运河遗产保护办法》

为了加强对大运河遗产的保护，规范大运河遗产的利用，促进大运河沿线经济社会全面协调可持续发展，根据《中华人民共和国文物保护法》和《宁波市文物保护管理条例》等相关法律法规，结合宁波市实际，制定《宁波市大运河遗产保护办法》。办法共 22 条。2013 年 7 月 1 日宁波市人民政府第二十八次常务会议审议通过，2013 年 7 月 5 日宁波市人民政府令第 205 号公布，自 2013 年 9 月 1 日起施行。

（三）水环境保护

1. 五水共治

2013 年 11 月 29 日浙江省委十三届四次全会提出"五水共治"。"五水共治"具体是指治污水、防洪水、排涝水、保供水、抓节水五项。此举对浙东运河水环境系统保护起到了十分有益的作用。

治污水：以"清三河""剿灭劣 V 类水""污水零直排区"建设为抓手，紧扣"截、清、治、修"四大环节，着力推进城镇污水收集与处理基础设施建设、河湖内源污染清淤、工业农业生活污染防治、河湖生态修复等重点工程建设，实现"水清、岸绿、景美、流畅"的"美丽河湖"格局。

防洪水：重点推进强库、固堤、扩排等"三大类"工程建设，着力治理洪水之患。

保供水：重点推进开源、引调、提升等"三大类"工程建设，着力保障饮水之源。

排涝水：重点推进强库堤、疏通道、攻强排等"三大类"工程建设，着力消除易淹易涝区。

抓节水：深入实施最严格水资源管理制度，全面推进水资源综合科学利用，着力形成全社会亲水、爱水、节水的良好习惯。

2. 河长制

（1）由来

河长制即由各级党政主要负责人担任"河长"，负责组织领导区域内相应河湖的管理和保护工作。因此，浙东运河各段的管理责任更加落实到位。

2003 年，浙江省长兴县在全国率先实行河长制。2016 年 12 月，中共中央办公厅、国务院办公厅印发了《关于全面推行河长制的意见》，并发出通知，要求各地区各部门结合实际认真贯彻落实。2017 年元旦，习近平总书记在新年贺词中发出"每条河流要有'河长'了"的号令。

（2）主要任务

河长的主要任务包括：加强水资源保护落实；加强河湖水域岸线管理保护；加强水污染防治；加强水环境治理；加强水生态修复；加强执法监管。

（3）工作职责

各级河长负责组织领导相应河湖的管理和保护工作，包括水资源保护、水域岸线管理、水污染防治、水环境治理等，牵头组织对侵占河道、围垦湖泊、超标排污、非法采砂、破坏航道、电毒炸鱼等突出问题依法进行清理整治，协调解决重大问题；对跨行政区域的河湖明晰管理责任，协调上下游、左右岸，实行联防联控；对相关部门和下一级河长履职情况进行督导，对目标任务完成情况进行考核，强化激励问责。河长制办公室承担河长制组织实施具体工作，落实河长确定的事项。各有关部门和单位按照职责分工，协同推进各项工作。

3. 浙江绍兴鉴湖国家湿地公园

2017 年 12 月，经国家林业局审批，浙江绍兴鉴湖国家湿地公园获批试点建设。2019 年 2 月 1 日列入国家规划之中。[①]

（1）工程概况

浙江绍兴鉴湖国家湿地公园（试点）地处陶堰街道、皋埠街道，主要包括山阴故水道主体部分，古鉴湖余留洋湖泊、百家湖、白塔洋三个湖和周边部分农田。湿地公园范围西起东湖风景区边界（樊江桥），东至越城、上虞两区交界处，东西长约 10.6 千米；北面以浙东古运河河岸线为界，南面至洋湖泊、白塔洋湖岸，南北宽约 2.9 千米，建设总面积约 8400 亩（水域面积约 6100 亩，耕地面积约 2000 亩，村庄宅基地面积共约 260 亩）。湿地公园内生态保存较为完好，生物多样性较为丰富，其中国家一级保护野生动物有 1 种，国家二级保护野生动物有 7 种，国家二级保护野生植物有 2 种。

浙江绍兴鉴湖国家湿地公园总平面图（绍兴市鉴湖湿地管委会提供）

2020 年 8 月，浙江绍兴鉴湖省级湿地公园管理委员会（以下简称管委

---

① 2019 年 2 月 1 日中共中央办公厅、国务院办公厅《大运河文化保护传承利用规划纲要》"滨水生态空间建设"项目。

会）成立，与陶堰街道办事处合署办公。2022 年 4 月，中共浙江绍兴鉴湖省级湿地公园工作委员会建立。

（2）综合治理

围绕"重塑越乡风情地、原生态风貌展示地"目标。目前，已通过湿地公园整体设计方案，完成湿地公园标桩立界招投标工作；近年来，在百家湖沿岸新建生态砌块挡墙护岸 1000 米、松木桩护岸 2000 米，并投资875 万元对百家湖进行清淤种植，清淤量 6.3 万立方米，水生植物种植 4.1万平方米。同时，在湿地公园内 7 个水面监测断面，各项指标均达到功能要求，其中 4 个断面，水质从Ⅲ类提升为Ⅱ类水。全面清理围网、内部界箔等养殖设施，已完成洋湖泊、百家湖、白塔洋三个湖内的围网、界箔的清理工作，共计清理 5102 米。按照保洁专业化、智能化、机械化的要求，集中开展一体化水面保洁服务，严禁在河湖内投喂饲料。发展渔业生态养殖，探索实行人放天养、以鱼养水的生态养殖模式，形成健康、合理、有效的生态生物链，促进水域生态环境的良性循环。在 2021 年底全省迁徙水鸟调研中，陆续发现鸳鸯、罗纹鸭、凤头鼎鹏等新增的国家级、省级保护鸟类，发现新增国家重点保护野生动物两种，其中国家一级保护野生动物 1 种（黄胸鹀），国家二级保护野生动物 1 种（日本松雀鹰）。截至 2023年底，鉴湖国家湿地公园（试点）范围内的国家重点保护野生动植物增加到10 种，其中国家一级保护野生动物 1 种、国家二级保护野生动物 7 种、国家二级保护野生植物 2 种。

（3）建设美丽田园综合体

流转公园内和公园周边土地，统一租赁给农业企业开展规模化农业生产，充分利用平原湿地特点，探索"鉴湖水、鉴湖稻，酿绍兴酒"，联合古越龙山黄酒集团打造糯稻基地，植入黄酒文化，建设糯稻农文旅千亩示范区。截至 2022 年 4 月，已流转周边土地 2082 亩；建设东鉴湖农旅观光体验区。

（4）开展文旅融合

依托当地深厚文化优势，通过"互联网＋农业""文创＋农业"的融合，站在产业发展的高度，去串联运河文化、鉴湖风光，串点成线，发展休闲农业、观光农业，以观光、采摘、民宿、露营等形式打造新的经济增长模式；举办首届陶堰东鉴湖旅游文化节，策划举办一年一度的湿地油菜花节，纳入"捕鱼节""稻田文化节""湿地日""爱鸟周"等活动。

（四）公益诉讼

1. 基本依据

公益诉讼是指损害国家利益和社会公共利益的违法行为，由法律规定的国家机关或社会组织向人民法院提起诉讼的制度。根据被诉对象的不同，公益诉讼可以分为民事公益诉讼和行政公益诉讼。而根据提起诉讼的主体不同，公益诉讼又分为检察机关提起的公益诉讼、法律规定的国家机关或社会组织提起的公益诉讼。

2. 主要目标

2017 年 7 月以来，绍兴市越城区检察院公益诉讼工作紧紧围绕"美丽绍兴建设""五水共治""运河保护"等中心工作，以守护水乡"青山绿水"为重点，以强化固体废物污染环境防治，耕地、基本农田保护为切入点，扎实推进生态环保检察，督促行政机关依法履职，共同筑牢生态保护防线。

3. 典型案例①

（1）案例一：古桥保护

2018 年 7 月，绍兴市越城区检察院通过实地调查和详细论证，向越城区文化广电新闻出版局发出检察建议，建议其依法履职，全面排查，查处文物违法行为。越城区文广局采纳建议，组织力量对辖区内运河及其沿线80 余处古桥文物开展排查，会同属地政府制定修缮、监控方案，建立长效监管机制。越城区政府专门出台《关于进一步加强越城区不可移动文物保护管理工作的实施意见》，推动了全区不可移动文物的保护工作。越城区检察院保护古桥文物的做法被绍兴市检察院在全市推广，全市检察机关开展国有文物保护专项监督，有效保护了绍兴的历史文脉，掀起了"古桥保

---

① 案例资料主要由越城区检察院尹晓峰提供。

护热"。该案被浙江省人民检察院评为全省检察机关践行"枫桥经验"优秀案例、全省检察机关公益诉讼工作两周年优秀案例。

（2）案例二：三江闸保护

2019年8月，越城区检察院在检察公益诉讼专项监督活动中发现，越城区斗门街道辖区内的省级文物保护单位三江闸桥面及两岸、市级文物保护单位三江所城东城门附近环境管理存在严重问题，多处文物虽经修缮，但修缮的部分改变了原貌。越城区检察院在长期跟踪调查发现上述问题后，进一步收集了相关文献资料、保护等级、专家意见等。鉴于文物行政部门与属地政府疏于对上述文保单位的日常监管，越城区检察院分别向区文广局和斗门街道办事处发出检察建议，建议二机关严格依法履行文物保护的监督管理职责，加强日常监管，共同做好文物的保护工作。收到检察建议后，两单位立即采取措施：清理文物周边垃圾，整治周边环境，选择具备文物保护工程资质的施工单位进行专业修缮；申报三江闸为第八批全国重点文物保护单位，提升保护级别；针对斗门街道内多处文保单位周边临近拆迁等要求编制保护方案。之后，三江闸、三江所城东城门及周边环境亦均有较大改善。

（3）案例三：三江所城保护案

2021年6月，越城区检察院在调研中发现，距今已有600多年历史的明代抗击倭寇的屯兵场，重要的军事要塞——三江所城，古城门爬满了藤蔓，城墙几乎完全被植物覆盖，古城门的原本面貌已经难以分辨。

越城区检察院及时成立专案组，并邀请具有文史专业知识的三名特邀检察官助理参与案件调查和研讨。专家一致认为，三江所城东城门系石质文物，现有大量植物长期附着在城墙表层生长，将对文物造成物理性破坏，影响了文物的整体性保护。另外，植物所衍生的微生物日益改变着石质文物的内部结构，如藻类、苔藓等依附在石质表面和裂隙深处，其生长和繁殖会导致石质材料的劣化，长此以往城墙主体将面临坍塌、毁损的风险。

"作为绍兴目前保存最为完整的古城门，三江所城东城门是绍兴军民抗倭的实物见证，也是研究明代卫所制度的实物史料，已于2011年列入绍兴市文物保护单位，属于重点文物保护单位。"在专家咨询会上，公益诉讼检察部门办案人员进一步了解了三江所城东城门的历史、文化、建筑艺术价值。

2021年7月19日，越城区检察院向相关部门发出公益诉讼诉前检察建议，督促做好三江所城东城门附着植物的清除工作，尽快恢复城墙、城门风貌，落实日常监管职责，加强文物保护巡查管理。

相关部门收到检察建议后，立即对三江所城东城门受损情况进行评估，并会同公益诉讼检察部门商定应急处置方案和长效监管机制。在此基础上，相关部门联合园林部门全面清除古城门附着植物及周边杂草。

有人赞誉："一纸检察建议书，扭转了文物监管保护的被动局面，凝聚了更多文物保护的社会共识，让蒙尘的文化遗产明珠焕发新光彩。"

（五）文化守护

1. 八字桥老人王一飞义务宣传河道保洁、剪贴报纸

2004年，王一飞从上虞棉纺厂退休，回到绍兴越城区八字桥社区章家台门的老房子居住。老人喜爱读报，看到有用的报纸内容，舍不得丢弃，便收集起来整理成册。每一本都特别小心地做了标题，然后分类，剪报内容丰富多彩。自1990年做第一册开始，已经整理了300多册。他牵挂家乡的点滴变化，小心翼翼地剪下报纸新闻保存起来，其中大运河有几本专集，如2014年6月22日大运河申遗成功的新闻剪报。厚厚的剪报里，是老人对家乡朴实的爱。平时，王一飞还会义务担任社区志愿者，守护家园。老街上，家家户户开门是河沿，老辈人洗衣淘米都去河边。为了让乡邻们改变这一习惯，保护运河水，他挨家挨户去劝说。

2. 重要水利航运文物的发现与保护[①]

2018年9月27日，浙江省建工水利水电有限公司在绍兴越城区城东则水牌村文昌阁跨龙桥南侧进行河道拓宽施工，在混里江与大长坂交界处发现明代则水牌一件，该石碑上部略有破损，尺寸为210厘米×30厘米

---

① 本资料由越城区现场施工技术人员张海敏提供。

×34厘米，四面分别刻有春季水牌铭文、夏季水牌铭文、秋季水牌铭文、冬季水牌铭文，还有不同水位刻线。

文物发现现场

施工单位于同年10月26日向项目法人单位区建投公司进行情况汇报，越城区建投公司通知越城区农水局，越城区农水局组织现场查看石碑，分析该石碑可能为古代用于测水位的三种石碑中的季水牌。此则水牌对绍兴水利、航运的发展历史具有宝贵的研究价值，越城区农水局当即要求施工单位妥善保存该石牌并通知越城区文广局。

绍兴市文物考古研究所、越城区文广局、东湖街道居委会于2018年10月29日再至现场调查，鉴定该石为明代则水牌，属于文物，根据《中华人民共和国文物保护法》具体规定，协商决定由绍兴市考古所接收。2018年10月30日上午，绍兴市文物考古研究所将明则水碑运至绍兴市文物局保存。2023年，明则水牌展陈于浙东运河博物馆内。此案例说明绍兴市相关单位和个人，文物保护意识在不断加强。

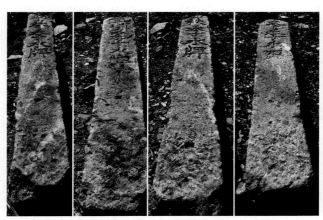

明则水牌（2019年则水牌村发现）

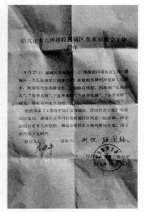

文物移交清单

六、浙东运河文化园（浙东运河博物馆）建设 ①

（一）选址

浙东运河文化园（浙东运河博物馆）建在绍兴运河园蓬莱水驿。此地处于浙东运河核心，区域环境优越，位于 2003 年建成的获国家园林金奖的国家水利风景区——占地 25 万平方米的著名运河露天博物馆"运河园"之中，北近东浦古镇，南通古鉴湖，东接绍兴古城，西连柯桥古镇；符合国家规划"共抓大保护，不搞大开发"，以及创造性转化和创新性发展要求；交通条件优越，融合区块；带动文化、旅游发展，见效快。

（二）规划定位

主题：天人合一、文史璀璨；通江达海，好运天下。

定位：中国大运河浙东运河标志性建筑和文化中枢。古为今用，传承古越文脉，记载水运历史。融自然科学与人文历史为一体，实现文化与旅游、生态与产业完美结合；走在全国前列，进入世界舞台。

建设思路：站位国家战略，整合区域、市域资源；理清来龙去脉，全面梳理文化；把握核心价值，体现浙东特色；融合古今园景艺术，加强数字服务创新；建设国际运河经典品牌。

主要功能：记载千秋伟业，聚焦文化遗产；传承弘扬教化，研究交流互鉴；充当旅游集散中心和民众休闲场所。

（三）工程概况

2020 年 2 月，浙东运河文化园（浙东运河博物馆）建设工程——建筑工程 EPC 总承包项目实施。项目位于越城区、柯桥区交界处的运河园区域，总用地约 337 亩，分博物馆、文商旅两大功能。布置运河博物馆主馆、运河博物馆副馆（淡水鱼水族馆）、国际垂钓竞技中心、文商旅、公园等，

---

① 主要参考邱志荣主编:《通江达海 好运天下：浙东运河博物馆文本解读》，广陵书社 2022 年版。

总建筑面积约 12.4 万平方米，总投资概算约 15 亿元。

（四）设计创意

浙东运河文化园（浙东运河博物馆）整体规划以水波为笔，帆船为墨，水墨丹青、千年画卷的形象和立意为核心；园区从整体形态上营造烟雨江南、千帆竞过的古运河形象。

浙东运河文化园场外文化景观布展（引自《通江达海 好运天下：浙东运河博物馆文本解读》2022 年版）

（五）目标愿景

一部浙东运河宏伟史诗；一篇越地文化璀璨华章；一幅宁绍山水风物画卷。浙东运河文化园（浙东运河博物馆）于 2020 年 3 月 1 日开工，至 2023 年 9 月开园。

附　录

通江达海，利济天下无穷尽
——再论浙东运河的历史价值、地位与特性

浙东之名，在《水经注》记载为"句践霸世，徙都琅邪，后为楚伐，始还浙东"①。

浙东运河主要航线：西起钱塘江南岸，经西兴古镇到萧山，东南到钱清镇（历史时期另一主要起点在富春江边渔浦，通西小江），再东南过绍兴城至曹娥江，过曹娥江以东至梁湖镇，东经上虞丰惠旧县城到达通明坝而与姚江汇合，全长约 125 千米，此段为人工运河。之后，经余姚、宁波会合奉化江后称为"甬江"，东流镇海以南入海，此段以天然河道为主，亦有部分人工改造工程。自西兴镇到镇海招宝山单线全程 200 余千米。

之前，有关浙东运河历史地位和特色多有学者研究，有着精辟论述、独到见解。随着对运河文化研究的深入，对新思想、新理念的学习和理解，在中国大运河申遗成功十周年纪念日，就此作一新的梳理和探索，以求方家指导。

---

① （北魏）郦道元:《水经注》卷四十。

一、统一性

"来风来云来际来会稽禹功,之南之北之东之西兴货殖。"[①] 中国大运河分别由京杭运河、隋唐运河、浙东运河组成,浙东运河在中国大运河中有着重要的地位。

(一)中国大运河三条运河之一

1. 我国最早的人工运河之一

《越绝书》记载:"山阴故水道,出东郭,从郡阳春亭,去县五十里。"[②] "山阴"之地名起于秦代,《越绝书》是一部流传于先秦,编撰成书于东汉的著作,"山阴"之"故"说明这条运河在先秦时期句践建都城之时(即公元前490年,早于邗沟的公元前486年)已经存在;它既是越国的基础设施,也是最大的公益性基础工程,而且通过钱塘江沟通吴越两地,通过沿海连通海外。

2. 中国大运河的南端

自秦始皇巡越开始,浙东运河就一直是中国大运河不可分割的重要组成部分;清代朝廷绘制的《九省运河泉源水利情形图》中标记浙东运河为大运河南端。

3. 海上丝绸之路起始点

越国对外贸易、文化交流以山阴故水道为主要航线。从越国的固陵、句章开始形成的对外港口,随着经济社会的发展逐渐繁华,绍兴丰盛的物产与宁波良港融为一体,中国大运河南端的浙东运河成了唯一直接海上丝绸之路的运河段。

---

① 周魁一:《题浙东运河联》,邱志荣主编:《通江达海 好运天下:浙东运河博物馆文本解读》,第20页。
② (汉)袁康:《越绝书》卷八。

（二）国家统一的重要基础工程

1. 越国建立时期的基础设施保障

以山阴故水道为枢纽的水利交通设施，连通了越国的核心生产基地富中大塘，越国的农业生产、养殖、冶炼、园林（灵文园）、外交迎送都在这里发生。此区域是越王句践"十年生聚，十年教训"①的根基和生发地。

2. 运河通达会稽是统一国家的重要标志

除秦始皇沿大运河巡越外，北宋《吴郡图经续记》记载"隋大业六年敕开江南河，自京口至余杭郡八百余里，面阔十余丈，拟通龙舟巡会稽"②，说明隋炀帝开挖江南运河的目的之一也是南到会稽。

至宋代浙东运河成为国家运河最重要的一段，南宋定都临安，政治、经济形势发生巨大变化，浙东运河的重要性更加显现，浙东运河也成为当时临安与海外联系的重要通道。南宋状元王十朋《会稽风俗赋》描述浙东运河繁华景象："堰限江河、津通漕输；航瓯舶闽、浮鄞达吴；浪桨风帆，千艘万舻。"③

3. 大运河和大禹陵

历史上，大运河是国家南北统一的标志，而禹会会稽，大禹归葬大禹陵有着重要象征意义，故多有古代帝王沿大运河南巡会稽祭禹之举。浙东运河周边地区，也是大运河沿线禹迹最集中的核心区域之一。

（1）秦始皇祭禹

《史记·秦始皇本纪》载："三十七年十月癸丑，始皇出游。……十一月，行至云梦，望祀虞舜于九疑山。浮江下，观籍柯，渡海渚。过丹阳，至钱唐。临浙江，水波恶，乃西百二十里从狭中渡。上会稽，祭大禹，望于南海，而立石刻颂秦德。"④

秦始皇来东南巡视，其主要目的：一是为加强对这一地区的政治控制；

---

① 《春秋左传·哀公元年》载："越十年生聚，而十年教训，二十年之外，吴其为沼乎！"
② （宋）朱长文：《吴郡图经续记》卷中。
③ （宋）王十朋：《会稽三赋》卷上。
④ （汉）司马迁：《史记·秦始皇本纪》卷六。

二是为祭禹。这次巡视表明：其一，从长江至苏州（已有泰伯渎、吴古故水道等），经嘉兴再到钱塘江的航道已经形成；其二，以秦始皇万乘之尊的浩大船队，要求通航的航道条件必定较高，规模亦较大；其三，秦始皇原是在今钱塘江口渡江过固陵直达山会平原，走水上主航道山阴故水道的，后虽因钱塘江风急浪高而改道，但仍足以证明当时这条东起炼塘，西至固陵的山阴故水道航道已存在，并有相当规模。同时，秦始皇来越巡视，必定会对山会平原的主要道路和航道作过一次较大规模的整治和沟通。

（2）康乾南巡祭禹

清康乾盛世时，康熙、乾隆两位帝王尤重拜祭大禹，因此在乘龙舟途经浙东运河时留下了辉煌的篇章，为清代大运河增添异彩。据《清史稿·圣祖本纪》载："二十八年己巳春正月庚午，诏南巡临阅河工。丙子启銮。"二月"丁未，驻杭州。……辛亥，渡钱塘江，至会稽山麓。壬子，祭禹陵，亲制祭文，书名，行九叩礼，制颂刊石，书额曰'地平天成'。癸丑，上还驻杭州"[①]。

乾隆十六年（1751）三月初八日，乾隆皇帝祭禹陵，为禹庙题匾"成功永赖"；撰联"绩奠九州垂万世，统承二帝首三王"[②] 等。《南巡盛典》记载了当时为迎接乾隆皇帝祭禹整治浙江海塘、浙东运河的情况，以及乾隆途经之地和其所写的诗文。

（三）大运河六大文化高地、五大片区之一

2019 年 2 月 1 日，中共中央办公厅、国务院办公厅印发的《大运河文化保护传承利用规划纲要》（中办发〔2019〕10 号）明确大运河六大文化高地分别为京津文化高地、燕赵文化高地、齐鲁文化高地、中原文化高地、淮扬文化高地、吴越文化高地。一般将长江下游和浙闽一带归为吴越文化，浙东运河区域是吴越文化的核心之地。

《大运河文化保护传承利用规划纲要》还提出一条主轴、五大片区，

---

① 赵尔巽:《清史稿·本纪七》，二十八年己巳。
② （清）梁诗正:《西湖志纂》卷六。

"一条主轴"即京杭大运河和浙东运河，"五大片区"即京杭大运河黄河以北片区（含雄安新区）、京杭大运河黄河以南片区、浙东运河片区、隋唐大运河北片区、隋唐大运河南片区，从中可见浙东运河战略地位之重要。

二、完整性

"千古浙东大运河，至今千里泛清波；江南鱼米之乡地，众口同称赖此河。"[1] 完整性主要指浙东运河区域古今的地理环境，运河的发展变迁的延续性，河道与遗存依旧保存完好等内容。

（一）区域的完整性

钱塘江以南，浙东运河区域的自然态势除海岸线的扩展变化外，古今变化不大，主要呈"山—原—海"的地貌分布。其中主要山脉由会稽山、四明山、天台山组成。主要的平原即萧绍宁平原位于钱塘江、杭州湾南岸，东临东海，包括萧绍平原、姚江平原、鄞奉平原三大片，总面积7633平方千米。

（二）发展的完整性

浙东运河区域河流众多、洪潮出没，滩涂变迁、沧海桑田。因此，各段运河的开凿时间不同，人工运河和自然河流交接，主线和复线也随时代而变化。就整体而言，各河段的源头有迹可循，建设年代和变迁脉络清楚，形成了完整的发展系统。

萧绍运河，主要由山阴故水道、鉴湖、西兴运河等组成；上虞－余姚段，主要由四十里河、十八里河、虞余运河等组成；宁波段，主要由姚江－甬江航道，慈江－中大河，刹子江－中大河等组成。

---

[1]　罗哲文：《绍兴运河文化园补壁》，邱志荣主编：《通江达海　好运天下：浙东运河博物馆文本解读》，第19页。

（三）河道的完整性

随着时代的变迁，如今运河沿岸兴建有公路、高速路、高架路、铁路、地铁，城镇也在快速扩张与发展。浙东运河约 200 千米航道从形成到今天，基本保存完好，是当代正在使用的活态的交通博物馆。

2003 年，绍籍著名科学家、两院院士潘家铮先生在获悉家乡整治古运河的讯息后，欣然命笔诵赋，其赋名《浙东古运河整治纪盛》：

> 舟船辐辏，纤道蜿蜒。
> 工商并茂，河海相连。
> 新容旧貌，碧水蓝天。
> 懿欤盛世，欲赋忘言。[①]

是浙东运河时代新风貌的活力和功能写照。

三、创新性

"水德含和，变通在我。"[②] 时代变迁，运河的水工技术、保护方式不变将有碍于时代进步，所以创新发展是永恒的主题。

（一）水工技术创新

浙东运河的水工技术在各个历史时期，随着自然环境、水利形势和政治、经济和生活方式的改变不断创新，在世界运河史上有着杰出的地位。所谓"一些很少受到物理及水平测量原理教育的人，竟然能将如此伟大的

---

① 参见邱志荣主编：《通江达海 好运天下：浙东运河博物馆文本解读》，第 26 页。
② （北魏）郦道元：《水经注》卷十二。

工程完成得尽善尽美，真是让人难以相信"[1]。

1. 越国"山—原—海"水利

越国建山阴故水道、富中大塘、吴塘、水闸、灵氾桥等水利工程。

2. 东汉鉴湖水利

东汉建成我国长江以南最古老的大型水利工程——鉴湖，"沿湖开水门六十九所"[2]，水利、航运功能兼具。

3. 唐代开运道塘

唐代开运道塘是西兴运河南岸塘路合一的河岸工程，部分主要路段应已从泥塘改建为石塘路。

4. 宋代著名堰坝

北宋知明州军蔡肇（？—1119）曾记载了他从杭州到明州运河沿途所见是："三江重复，百怪垂涎；七堰相望、万牛回首。"[3] "三江重复"，是指把运河分隔成多个段落的钱塘江、钱清江、曹娥江三条潮汐河流，一条接一条横截运河，最后总归杭州湾；"百怪垂涎"，是指运河沿途上游山区河流众多，蜿蜒而下，变化多端；"七堰相望"则指西兴堰、钱清北堰、钱清南堰、都泗堰、曹娥堰、梁湖堰及通明堰接连可望；"万牛回首"，指小者挽牵、大者盘驳，主要依靠牛力，老牛负重，盘旋回首，步履艰难地拖船过堰的场景。

5. 明代三江闸

明嘉靖十五年（1536 年）七月，绍兴知府汤绍恩主持兴建了著名的滨海三江大闸，正常泄流量可达 280 米³/ 秒。三江闸建成，山会海塘连成一线，始与后海隔绝，山会平原形成了以三江闸为排蓄总枢纽的绍兴平原内

---

① ［法］李明：《中国近事报道（1687—1692）》，郭强、龙云、李伟译，郑州：大象出版社 2004 年版，第 108 页。李明（Louis Lecomte），法国传教士，引文出自其写给当时的法国国务秘书克莱西伯爵的信《关于中国的气候、土地、运河、河流和水果》。参见张廷皓、于冰《大运河遗产中的工程哲学与工程价值》一文。

② （北魏）郦道元：《水经注》卷四十。

③ （宋）施宿：《会稽志》卷十。

河水网，完成了从鉴湖水系向运河水系的演变，绍兴平原河网格局基本形成，也开创了绍兴水利史上通过沿海大闸全控水利形势的新格局。

6. 清及民国古纤道

今所见纤道多建于清及民国时期。纤道可分单面临水及双面临水两部分：单面的塘路依河平铺砌石护岸；双面临水多筑于河面宽广之处，又可分为呈梁式平桥型和实体式两类。纤道以北河道宽广，系主航道，称"外官塘"；以南河道相对较窄，称里官塘，旧时主要为小型农用船通行、水生作物养殖，以及风急浪大时船只避风之地。

古纤道以柯桥以西至阮社板桥 7.5 千米的塘路建筑最为古朴奇特。在阮社太平桥以西一线，又多以呈梁式平桥型的纤道桥形式设置，河中每隔约 2.5 米置一桥墩，上架三块大小大致相同的大石梁，桥面宽一般 1.5 米。阮社《纤道桥碑记》载："自太平桥至板桥止，所有塘路以及玉、宝带桥，计贰百八十一洞，光绪九年八月，乡绅士章文镇、章彩彰重修。匠人毛文珍、周大宝修。"不但记载了规模，还记载了当时修筑纤道是民间捐修之举，以及建筑责任人的铭刻。

（二）文化创新

1. 思想创新

从大禹治水、胆剑精神到新时代的胆剑篇。

（1）大禹治水精神的核心

鲧因治水没有成功而被杀，禹的伟大之处是不计个人的恩仇，而以国家、民族的利益为重，肩负起了治水的重任。禹以十三年治水之功，遍行高山大川，历尽千难万险，终获治水成功。大禹治水成功的过程，同时也是禹建立夏王朝的过程。

正是大禹这种绝对以民族利益为重、克己奉公的思想，任劳任怨、万难不屈的意志，才使他赢得了广大人民的拥戴，为成功治水打下基础，让大禹治水的传说千古传颂。

（2）大禹治水、胆剑精神一脉传承

"禹陵风雨思王会,越国山川出霸才。"①越民为大禹治水及大禹陵在会稽而感到自豪，有一种巨大的感召力量和忠诚于国家的意识。

《史记》称句践"盖有禹之遗烈焉"②。卧薪尝胆、生聚教训,反败为胜、中兴越国的历史，表明了句践崇仰并继承了大禹精神，并在特定的历史背景下得到升华和演绎。

（3）大禹治水、胆剑精神在绍兴的弘扬光大

"境绝利博,莫如鉴湖。"③东汉会稽太守马臻为建鉴湖,不惜以生命为代价,含冤被惨杀。

谢安在今上虞东山再起。《世说新语》称谢安"悠然远想,有高世之志"。谢安在与王羲之对话时说:"夏禹勤王,手足胼胝;文王旰食,日不暇给。"④可谓"东山隐居心忧天下,忠诚国家建功立业"。

陆游《示儿》诗"但悲不见九州同"⑤,壮怀激烈,感天动地。

南宋"绍兴"得名,"绍祚中兴"蕴含复兴之意。

王阳明在大禹得天书的宛委山、阳明洞"修心""致良知"。

辛亥革命徐锡麟、秋瑾、陶成章慷慨赴死,气壮山河。

鲁迅《理水》,传承弘扬大禹治水精神。又在《〈越铎〉出世辞》中称:"其民复存大禹卓苦勤劳之风,同勾践坚确慷慨之志,力作治生,绰然足以自理。"⑥

毛泽东高度评价:"鉴湖越台名士乡,忧忡为国痛断肠。剑南歌接秋风吟,一例氤氲入诗囊。"⑦"痛断肠"就是绍兴名士对国家和文化的自信、自

---

① （明）陈子龙:《钱塘东望有感》,（清）翟均廉:《海塘录》卷二十四。

② （汉）司马迁:《史记·越王句践世家第十一》卷四十一。

③ （宋）王十朋:《会稽风俗赋》,《王十朋全集》卷十六,第825页。

④ （南朝宋）刘义庆:《世说新语》卷一。

⑤ （宋）陆游:《剑南诗稿》卷八十五。

⑥ 鲁迅著,陈漱渝、王锡荣、肖振鸣编:《序的解放》（上）,广东人民出版社2019年版,第1页。

⑦ 毛泽东:《七绝二首·纪念鲁迅八十寿辰》（其二）,《人民日报》1996年9月20日,第11版。

觉与担当。

时至今天，胆剑精神已概括为："卧薪尝胆、奋发图强、敢作敢为、创新创业。"[①] 绍兴人民正在努力谱写新时期的"胆剑篇"。

2. 艺术创新

"会稽有佳山水，名士多居之。"[②] 永和九年（353年），王羲之与群贤由运河会集兰亭，饮酒赋诗，畅叙幽情，留下了举世无双的《兰亭序》；谢灵运是我国山水诗开创者，多有浙东运河、鉴湖佳作。

唐代诗人来越，或游览，或朝圣，形成"唐诗之路"。李白"镜湖水如月，耶溪女似雪"[③]，杜甫"越女天下白，鉴湖五月凉"[④]，令人回味无穷。

南宋陆游泛舟运河，有"稽山何巍巍，浙江水汤汤"[⑤]，"千金不须买画图，听我长歌歌镜湖"[⑥] 等绝妙好诗。明袁宏道的"钱塘艳若花，山阴芋如草。六朝以上人，不闻西湖好"[⑦] 流传久远；清齐召南的"白玉长堤路，乌篷小画船"[⑧] 脍炙人口。

3. 对外交流创新

"海上丝绸之路"泛指全球东西方通过海洋进行商贸往来和文化交流的通道。"浙东海上丝绸之路"，主要指浙东地区通过浙东古运河东到宁波港，西至杭州港形成的对外贸易和文化交流通道。早在7000—6000年前，越人足迹已到过"台湾、琉球、南部的印度支那等地"[⑨]。浙东海上丝绸之路印记了中外文化，禹迹、佛教、书画、纺织、印刷、造船、航海等对海

① 参见《浙江宣传|今天为何更需要"胆剑精神"？》，2022年11月05日，https://zjnews.zjol.com.cn/zjxc/202212/t20221215_25190561.shtml。
② （唐）房玄龄：《晋书·列传第五十·王羲之》，卷八十。
③ 《御定全唐诗》卷一百八十四《越女词五首》。
④ 《御定全唐诗》卷二百二十二《壮游》。
⑤ （宋）陆游：《剑南诗稿》卷六十五《稽山行》。
⑥ （宋）陆游：《剑南诗稿》卷十一《思故山》。
⑦ （清）嵇曾筠：《浙江通志》卷二百七十二《山阴道上》。
⑧ 徐世昌：《晚晴簃诗汇》（《清诗汇》）卷七十一。
⑨ 陈桥驿：《吴越文化和中日两国的史前交流》，《吴越文化论丛》，第59—60页。

外，尤其对日本、朝鲜文明产生的深远影响，在世界运河史上留下了光辉灿烂的一笔。至于日本僧人成寻、朝鲜官员崔溥的运河日记，则成了经典文献。

（三）保护传承利用创新

1. 浙东引水

浙东引水工程是浙东水利一体化，确保浙东萧绍宁舟地区经济社会可持续发展的重大水资源配置工程。干线总长 323 千米，由萧山枢纽、曹娥江大闸、曹娥江至慈溪引水工程、曹娥江至宁波引水（引曹南线）工程、新昌钦寸水库、舟山大陆引水二期工程等 6 项骨干工程组成。

萧山枢纽，位于钱塘江、富春江、浦阳江三江汇合口的义桥镇。工程设计引水量为 8.9 亿米^3/ 年。

曹娥江大闸，位于曹娥江河口与钱塘江交汇处，在绍兴城北东约 30 千米。该工程为国家批准实施的重大水利项目，是中国在河口建设的规模最大的水闸工程，也是浙东引水的枢纽工程。工程效益以防洪（潮）、治涝为主，兼顾水资源开发利用、水环境保护和航运等综合利用功能。大闸建成后曹娥江两岸防洪标准将从 50—100 年一遇提高到 200 年一遇，闸上曹娥江将变成淡水内河，相应库容达 1.46 亿立方米，总可利用调水量多年平均值可达 6.9 亿立方米。主体工程于 2005 年 12 月 30 日开工，2011 年 5 月通过竣工验收并正式投入运行。

引曹南线工程全长 92 千米，头部上虞枢纽兼具引水、排涝功能，引水线路穿上虞、余姚至宁波市区，90% 保证率年引水量 3.19 亿立方米。

浙东引水工程使萧绍平原和姚江平原连为一体，富春江引水经曹娥江大闸水库，向宁波、舟山等地补充工业和农灌一般用水。在改善水环境的同时也改善航运条件，杭甬运河曹娥江段 500 吨级航运保证率可从建曹娥江大闸前的 50% 左右提高到 90% 以上。

截至 2013 年 2 月 28 日，浙东引水工程的萧山枢纽、曹娥江大闸、曹娥江至慈溪引水工程等三个子项目基本建成，开始引水；2021 年 6 月 29 日，引曹南线工程启动试运行，浙东引水工程全线贯通。

2. 水环境综合整治

20 世纪 90 年代起，因城市防洪要求，绍兴市率先开展城市防洪河道综合整治工程，环城河"举社会之力，治古越河道"；2002 年，开展古运河"传承古越文脉，展示水乡风情"，建设运河园等工程，把运河流域治理建设成集多功能于一体的水清岸绿、历史文化特色鲜明、景色宜人的文化、旅游和休闲带。

21 世纪初，宁波建设三江文化长廊，并首先在宁波中心城区三江濒水核心地段，实施文化保护与文化景观建设工程。

3. 新杭甬运河

杭甬运河自 1983 年 7 月 40 吨级航道全线贯通之后，对提高浙东地区水上货物运输能力和促进宁波市及沿线县市的经济繁荣起到一定的作用。按 40 吨级航道建设的杭甬运河沿线受升船机和局部航段限制，实际只能通过 25 吨级船舶，严重地制约了浙江东部地区的经济发展。

新杭甬运河命名和改造工程被列入浙江省"十四五"重点工程项目，按四级航道标准改造，全长 239 千米。新杭甬运河主要河段已北离浙东运河，航道更为宽广和顺畅。杭甬运河通过京杭运河与浙北内河网及江苏、上海相连；沟通钱塘江、曹娥江、甬江三大水系，通过钱塘江，可上溯新安江至浙西南及皖东南地区，通过甬江与宁波深水港相通。工程于 2002 年开工，至 2009 年 9 月基本全线实现通航。

新杭甬运河的建成，不仅拓展了航道，推动了航运事业发展，而且还对古老的浙东运河水资源的调配、文化的保护、旅游的发展起到了关键作用。

守正创新，久久为功。站位国家运河、世界文化遗产的高度和视野，从统一性、完整性、创新性的基点来认识浙东运河的历史价值地位与特性，能更深切地认识到在保护、传承、利用上下功夫，让古老大运河焕发时代新风貌的重要意义和我们这一代人的历史责任。

邱志荣　张卫东

参考文献

一、古籍文献

［1］（汉）司马迁:《史记》,中华书局 1959 年版。

［2］（汉）袁康,（汉）吴平辑录:《越绝书》,浙江古籍出版社 2013 年版。

［3］（汉）赵晔撰:《吴越春秋》,中华书局 1985 年版。

［4］（汉）王充著:《论衡》,商务印书馆 1934 年版。

［5］（北魏）郦道元著,陈桥驿校证:《水经注校证》,中华书局 2007 年版。

［6］（南朝宋）刘义庆著,张万起、刘尚慈译注:《世说新语译注》,中华书局 1998 年版。

［7］（南朝梁）沈约:《宋书》,中华书局 1974 年版。

［8］（宋）孔延之编:《宋元浙江方志集成·会稽掇英总集》,杭州出版社 2009 年版。

［9］（宋）沈作宾修,（宋）施宿纂:嘉泰《会稽志》,载绍兴丛书编辑委员会编:《绍兴丛书》,中华书局 2006 年版。

［10］（宋）张淏纂修:宝庆《会稽续志》,载绍兴丛书编辑委员会编《绍兴丛书》,中华书局 2006 年版。

［11］（宋）陆游:《陆放翁全集》,中国书店 1986 年版。

［12］（宋）王十朋著,梅溪集重刊委员会编:《王十朋全集》,上海古籍出版社 1998 年版。

［13］（元）脱脱等:《宋史》,中华书局 2000 年版。

［14］（元）陈恬撰：《上虞县五乡水利本末》，载冯建荣主编《绍兴水利文献丛集》，广陵书社 2014 年版。

［15］（明）王守仁撰，吴光、钱明、董平、姚延福编校：《王阳明全集》，上海古籍出版社 2011 年版。

［16］（明）萧良幹修，（明）张元忭、（明）孙鑛纂：万历《绍兴府志》，载绍兴丛书编辑委员会编：《绍兴丛书》，中华书局 2006 年版。

［17］（明）杨维新修，（明）张元忭、（明）徐渭纂：万历《会稽县志》，载绍兴丛书编辑委员会编：《绍兴丛书》，中华书局 2006 年版。

［18］（明）黄宗羲著，沈善洪主编，吴光执行主编：《黄宗羲全集》，浙江古籍出版社 2005 年版。

［19］（清）彭定求等编，黄钧、龙华、张铁燕等校：《全唐诗》，岳麓书社 1998 年版。

［20］（清）吕化龙修，（清）董钦德纂：康熙《会稽县志》，载绍兴丛书编辑委员会编：《绍兴丛书》，中华书局 2006 年版。

［21］雍正《浙江通志》，凤凰出版社 2010 年版。

［22］（清）程鹤翥撰：《闸务全书》，载冯建荣主编：《绍兴水利文献丛集》，广陵书社 2014 年版。

［23］（清）李亨特修，（清）平恕、（清）徐嵩纂：乾隆《绍兴府志》，载绍兴丛书编辑委员会编：《绍兴丛书》，中华书局 2006 年版。

［24］（清）徐元梅修，（清）朱文翰等纂：嘉庆《山阴县志》，载绍兴丛书编辑委员会编：《绍兴丛书》，中华书局 2006 年版。

［25］（清）商盘辑：《越风》，国家图书馆出版社 2016 年版。

［26］（清）金鼎撰：《上虞五乡水利纪实》，载绍兴丛书编辑委员会编《绍兴丛书》，中华书局 2006 年版。

［27］（清）悔堂老人：《越中杂识》，浙江人民出版社 1983 年版。

［28］（清）张廷玉等：《明史》，中华书局 1974 年版。

［29］（清）王念祖编纂：《麻溪改坝为桥始末记》，载冯建荣主编：《绍兴水利文献丛集》，广陵书社 2014 年版。

［30］绍兴县修志委员会辑：民国《绍兴县志资料》第一辑，1937—1939 年版。

二、国内今人著作

［1］武汉水利电力学院、水利水电科学研究院《中国水利史稿》编写组编：《中国水利史稿》上册，水利电力出版社 1979 年版。

［2］方诗铭编著：《中国历史纪年表》，上海辞书出版社 1982 年版。

［3］陈桥驿：《绍兴地方文献考录》，浙江人民出版社 1983 年版。

［4］盛鸿郎主编：《鉴湖与绍兴水利》，中国书店 1991 年版。

［5］绍兴县交通局编：《绍兴县交通志》，中国大百科全书出版社上海分社 1993 年版。

［6］浙江航运史编委会编，童隆福主编：《浙江航运史·古近代部分》，人民交通出版社 1993 年版。

［7］耿相新、康华标点：《标点本二十五史》，中州古籍出版社 1996 年版。

［8］任桂全总纂：绍兴市地方志编纂委员会编：《绍兴市志》，浙江人民出版社 1996 年版。

［9］钱起远主编：《宁波市交通志》，海洋出版社 1996 年版。

［10］浙江省水利志编纂委员会编：《浙江省水利志》，中华书局 1998 年版。

［11］钱塘江志编纂委员会编：《钱塘江志》，方志出版社 1998 年版。

［12］姚汉源：《京杭运河史》，中国水利水电出版社 1998 年版。

［13］绍兴县地方志编纂委员会编，傅振照主编：《绍兴县志》，中华书局 1999 年版。

［14］陈桥驿：《吴越文化论丛》，中华书局 1999 年版。

［15］浙江省水利厅编，袁汝强、汪恒强编纂：《浙江省河流简明手册》，西安地图出版社 1999 年版。

［16］张㧑之、沈起炜、刘德重主编：《中国历代人名大辞典》，上海古

籍出版社 1999 年版。

［17］《甬江志》编纂委员会编：《甬江志》，中华书局 2000 年版。

［18］邹志方等编：《历代诗人咏鉴湖》，新华出版社 2001 年版。

［19］绍兴县文物保护管理所：《绍兴县文物志》，浙江古籍出版社 2002 年版。

［20］罗关洲：《绍兴古桥文化》，中华书局 2004 年版。

［21］姚江志、干凤苗主编：《姚江志》，中国水利水电出版社 2004。

［22］金普森、陈剩勇主编：《浙江通史》，浙江人民出版社 2005 年版。

［23］陈志富：《萧山水利史》，方志出版社 2006 年版。

［24］宁波"海上丝绸之路"申报世界文化遗产办公室，宁波市文物保护管理所，宁波市文物考古研究所编著：《宁波与海上丝绸之路》，科学出版社 2006 年版。

［25］邱志荣、陈鹏儿主编：《浙东运河史（上卷）》，中国文史出版社 2014 年版。

［26］冯建荣主编：《绍兴水利文献丛集》，广陵书社 2014 年版。

［27］邱志荣、李云鹏主编：《运河论丛——中国大运河水利遗产保护和利用战略论坛论文集》，中国文史出版社 2014 年版。

［28］邱志荣主编：《中国鉴湖》1—8 辑，中国文史出版社 2014—2023 年版。

［29］浙江省水利厅编著：《浙江省河流手册》，中国水利水电出版社 2016 版。

［30］绍兴市地方志编纂委员会办公室编：《绍兴市志（1979—2010）》，浙江古籍出版社 2018 年版。

［31］邱志荣主编：《绍兴市水利志》，中国水利水电出版社 2021 年版。

三、国外今人著作

［1］［日］中村新太郎：《日中二千年》，张栢霞译，吉林人民出版社 1980 年版。

［2］［日］藤家礼之助:《日中交流二千年》,卞立强译,北京大学出版社1982年版。

［3］［美］施坚雅主编:《中华帝国晚期的城市》,叶光庭等译,中华书局2000年版。

［4］［日］释成寻:《参天台五台山记》,白化文、李鼎霞校点,花山文艺出版社2008年版。

［5］［英］斯当东:《英使谒见乾隆纪实》,叶笃义译,上海书店出版社2014年版。

后 记

潮落江平未有风，扁舟共济与君同。

时时引领望天末，何处青山是越中。

——唐·孟浩然《渡浙江问舟中人》

2014 年我曾与陈鹏儿先生合著了《浙东运河史（上卷）》（以下简称《上卷》），此书是当时我国第一部较系统完整的浙东运河史著作，也是向当年中国大运河申遗成功所献的一份厚礼。

之后，我的学术任务繁重，先后完成了《其枢在水——绍兴水利文化史》《绍兴市水利志》《绍兴禹迹图》《浙江禹迹图》《绍兴禹迹标识导读》《中国禹迹图》《浙江尧舜遗迹图》等著作。

2019 年，绍兴市决定建设浙东运河文化园（即"浙东运河博物馆"），我作为课题负责人、主笔，在 2020 年完成了"浙东运河博物馆陈列大纲文本""浙东运河文化园场外文化景观布展大纲"等课题。由于上述种种原因，《浙东运河史（下卷）》一直未能成稿，是一件令人遗憾和常为同人问询之事。

为深入挖掘浙东运河历史文化资源，讲好运河故事，绍兴市鉴湖研究会获绍兴市社会科学界联合会（以下简称"绍兴市社科联"）课题，启动编纂绍兴文化研究工程 2021 年度重大项目"浙东运河文化研究"系列丛书，我除了是主编、总课题负责人外，还要负责该丛书中《浙东运河简史》《浙东运河工程文化遗存》的撰写工作。

冬去春来，至 2023 年年中本书初稿基本完成，本书至少具有以下几方面意义。

第一，本书弥补了之前《浙东运河史（上卷）》有上卷而缺下卷（主要是文化和遗存部分）的不足，是一部较完整的浙东运河史书。

第二，本书在体例上更规范，内容上更整体。《上卷》为合著，不同作者有不同的观点，撰写各有侧重点；本书为独著，更能形成全篇统一的格局。

第三，本书融入了诸多新的理念和考证成果。我开始研究浙东运河是1989年，当时和盛鸿郎先生写了论文《我国最早的人工运河——山阴故水道》，记得此文在1990年"纪念鉴湖建成1850周年暨绍兴平原古代水利研讨会"上进行交流。之后，关于水文化、运河文化、园林文化等我又受到陈桥驿先生和周魁一先生多年精心的专业的学术指导。正因如此，我在2002年主持建设浙东运河绍兴运河园时已经积累了较丰富的水利、运河、文保知识，并以此为理念引导，在浙东运河原真性保护和文化挖掘上取得了成功的创新实践。该工程先后获中国风景园林学会"优秀古建工程金奖"、水利部"国家水利风景区"称号。

2017年以来，中国大运河文化得到国家的进一步重视。2019年2月1日国家出台的《大运河文化保护传承利用规划纲要》（中办发〔2019〕10号）中对大运河文化内涵有了精准定位——大运河遗存承载的文化、大运河流淌伴生的文化、大运河历史凝练的文化。自此，开展大运河文化研究有了更明确的方向。

21世纪以来的学术研究和工作实践使我的视野变得更宽广，研究成果也更丰富，于是我可以从全国运河网的角度回望浙东运河，认识到浙东运河具有"统一性""全面性""创新性"卓越历史地位。同时我也将多学科的研究手段融入浙东运河研究的学术成果中。本书图纸均有出处和说明，摄影图片大多由作者拍摄，余不再一一出注。

综上所述，本书是在以往对浙东运河长期、全面研究基础上又一次新的实践探索，是开展文献研究、野外考察、综合比较的最新研究成果。无论是在学术性、思想性还是可读性上，都有了明显进步。

本书为"浙东运河文化研究"系列丛书之一，客观上具有综合性、全局性的特点。因此在写好本书的同时，还要考虑自身的重点与丛书间的平衡。丛书作者们通过艰辛努力，不负期望终著成这一套优秀而内容丰富的历史文化精品。

　　本书撰写过程中得到了著名学者周魁一先生、张廷皓先生、谭徐明女士、孙竞昊先生的指导和帮助，绍兴市社科联王静静主席、王晶副主席、张恬秘书长的鼓励和支持，以及中国水利报社原副总编张卫东，绍兴市鉴湖研究会副秘书长戴秀丽，绍兴文理学院学生程丹、高方鸣悦等人的鼎力相助。本书出版还得到浙大出版社责任编辑韦丽娟、责任校对赵珏等老师的精心校正与辛勤修改，在此一并致谢。

　　在本书撰写到最后的关键时刻，我的母亲林民桃女士于 2023 年 6 月去世，母亲在运河边生我养育我，带给我早年对稽山鉴水的生活体验，和关于水文化的启示和感受。她生前曾多次鼓励我集中精力做好学术研究，完成考察任务并写好本书。我深感痛心，常常自责未尽孝道。书稿既成，本书也寄托了我对她的怀念与哀思。日月之行，精神不朽。

　　"稽山何巍巍，浙江水汤汤。"浙东运河文化博大精深，对浙东运河的保护、传承、利用仍任重道远。限于本人的经历、学术水平、理解能力，书中若有不当、失误或疏漏之处，敬请同人批评指正。

邱志荣

2023 年 9 月